本书获国家社会科学基金重点项目"经济全球化和网状经济时代商业模式创新发展与应用研究"（10AGL005）资助

1P 理论

[完整版] | 第三方买单的商业模式与模式营销

王建国 ◎ 著

北京大学出版社
PEKING UNIVERSITY PRESS

图书在版编目(CIP)数据

1P理论：第三方买单的商业模式与模式营销/王建国著.—北京：北京大学出版社，2016.1

ISBN 978-7-301-26367-9

Ⅰ.①1… Ⅱ.①王… Ⅲ.①市场营销学—研究 Ⅳ.①F713.50

中国版本图书馆CIP数据核字（2015）第241312号

书　　　名	1P理论：第三方买单的商业模式与模式营销 1P LILUN
著作责任者	王建国　著
策划编辑	刘　京
责任编辑	周　玮
标准书号	ISBN 978-7-301-26367-9
出版发行	北京大学出版社
地　　　址	北京市海淀区成府路205号　100871
网　　　址	http://www.pup.cn
电子信箱	em@pup.cn　　QQ：552063295
新浪微博	@北京大学出版社　@北京大学出版社经管图书
电　　　话	邮购部 62752015　发行部 62750672　编辑部 62752926
印　刷　者	北京中科印刷有限公司
经　销　者	新华书店
	730毫米×1020毫米　16开本　22.25印张　376千字 2016年1月第1版　2016年7月第2次印刷
印　　　数	6001—12000册
定　　　价	58.00元

未经许可，不得以任何方式复制或抄袭本书之部分或全部内容。
版权所有，侵权必究
举报电话：010-62752024　电子信箱：fd@pup.pku.edu.cn
图书如有印装质量问题，请与出版部联系，电话：010-62756370

推荐序一

著名经济学家、新制度经济学奠基人之一　张五常

　　地球不断转，发神经，转个不停，于是，今天发生的事情，昨天无法想象。王建国的《1P理论》是地球的转动转出来的。

　　不过十年前，没有谁可以写出这样的一本书。回忆童稚时，在香港中环见到一个橱窗外多人群集，挤进去看个究竟，原来他们是在看电视，很小的一部机器，黑白的，这些人像我一样，从来没有见过。后来在美国见到电视有色彩，奇哉怪也。这些都是人类事前无法想象到的。

　　数十年前，一个美国天才发明了半导体，"数码"这回事跟着出现了。当时没有谁会想到，因为数码科技存在，互联网与信息的传达会是怎样的一回事。王建国这本书，分析的是整个数码现象的一小部分，可以赚钱的。没有谁不想赚钱，赚不到也要知道一下他人是怎么赚的。赚得奇怪，赚得出乎意料，让王建国告诉你吧。

推荐序二

著名经济学家、澳大利亚科学院院士、澳大利亚莫纳什大学教授 黄有光

王建国是我带出的许多博士中最可圈可点的一位。

第一个印象是建国的口才。当时,我们几个会讲汉语的师生(包括已故经济学家杨小凯),经常聚餐谈天。几乎每次都是建国的话题最多,最会引人发笑,虽然有时候他讲的内容要打一些折扣。

第二个印象是建国的诗词。我向来不敢写没有平仄对仗与押韵的现代诗,因为所读过的现代诗很少有佳品,知道很难写得好。然而,建国给我看的他的多首现代诗,我认为真的很不错。我也自认自己所写的一些旧体诗还算可以,但是,当我读了建国的《中秋怀京》时,不禁拍案叫绝,才知道自己的诗词水平比起建国的,相差不能以道里计。如果没有记错,《中秋怀京》如下:

> 眉低友朋影,目举云月斗。
> 去岁一轮分外明,京城君叙旧。
> 雾浊银辉稀,霜重黄花瘦。
> 今又秋月中天时,燕赵泪沾袖!

第三个印象是建国的天地不怕的劲头。他还在攻读博士时,就自告奋勇地替 Monash 大学经济系组织了一次讨论中国经济问题的国际会议,请到不少知名学者,会议很成功。会议结束时,系主任上台,以主办者身份发言致谢。建国认为他才是真正的主办者,于是不顾及是否得罪系主任,再次上台,把系主任已经发言致谢一事当作全未发生,以主办者的身份再致谢词。

第四个印象是建国的创造性。他以天地不怕的精神,想出、说出许多他人想不到的稀奇古怪的想法。你可以责问其想法的可行性,也可以不相信其故事的真实性,但你不能说建国没有创造性。

我不是研究营销学的,严格地说,没有评论或介绍本书的资格。不过,既然同意替建国写序,就学一学建国天地不怕的劲头,大胆给一些评论。

以建国的创造性、口才与文才,以及建国的现代经济学与营销学的功底,加上他对当代中国社会与文化的深入了解,我相信本书一定有不少贡献,非常值得修读,可读性也很强。我读了部分书稿,证实了这个看法。贡献之处,留给读者去慢慢发现。

我认为本书的书名值得商榷。所谓1P理论,核心就已经超越1P(即只用产品的价格作为营销手段),涉及了第三方付费。多数情形下,根本不用价格,而免费让消费者使用。1P营销战略之所以得以实现,是因为引入了第三方利益相关者,达到多收入、少花钱,最终实现企业利润最大化。例如建国在自序中所谈的1P营销战略的最好案例Google的情形:"目标顾客免费使用搜索,即产品或服务价格为零;搜索者和使用时间的增加不会增加Google的成本;它的盈利来自第三方顾客买单。因搜索免费,其顾客群日益庞大,Google对那些想让搜索者优先搜到自己信息的第三方顾客的吸引力越来越大,第三方顾客也因此愿意支付Google越来越多的费用。Google能创出自动营销,神奇在于免费!免费还能盈利,神奇在于第三方买单!"建国把这叫做"1P理论",大概因为主要以低价格,甚至免费把产品卖出。但我认为,这忽略了第三方付费的重要因素。其次,所谓"1P理论",一般并不排除传统多P营销战略中的其他P。要点在于第三方付费,不在1P。

"1P理论"虽然在命名上值得商榷,但其内容却很丰富,而且在今后会越来越重要。对于这么重要的一个概念,是否可以叫作"第三方付费营销战略"?

再版序

《1P 理论》2007 年 5 月出版后，获得 2007 年度最佳商业图书评比独辟蹊径奖；2009 年获得国家社会科学研究最高奖——中国高校人文社会科学研究优秀成果一等奖。八年来，互联网和"互联网＋"经济风起云涌，商业模式创新和研究已成学商两界热点。然而，《1P 理论》不仅没有过时，而且还卖断了货。在学界聚集了一批研究 1P 理论学者的同时，商界也涌现出大量运用 1P 理论进行商业模式和模式营销创新的企业家。我相信读者不仅在乎名家们和我的再版序言，更期待由学以致用的读者、企业家和 EMBA 学员来谈他们学用 1P 理论的体会、感悟和案例，来验证 1P 理论的学术价值和实践效果。所以，再版增加了"1P 理论之学以致用"，权当读者为《1P 理论》再版写的长跋，极具可读性。建议读者可以先读跋，再读《1P 理论》，1P 理论的价值和魅力，读跋可见一斑。我从跋中摘录了只言片语，附在再版序言后面，以先睹为快。

我也相信读者更想知道再版对首版《1P 理论》有哪些提升？《1P 理论》出版后，又获得了 2010 年国家社科基金重点项目（批准号：10AGL005）的支持，把 1P 理论全面提升为 1P 商业模式理论和模式营销理论，对 1P 商业模式的分类、设计、创新和 1P 商业模式营销进行系统的深度提升研究，与战略营销互补，构建完整的 1P 商业模式和模式营销体系，形成完整的原创理论体系和对网络经济的全面应用研究。2007 年首版《1P 理论》的理论框架，可以说是完全独立的原创，仍存在许多缺陷。(1) 在商业模式研究方面，没有全面整合和融入学界有关商业模式理论的研究成果；在商业模式的概念、分类、创新与设计上，还没有形成逻辑一致的完整理论系统；在商业模式的分类、创新和设计方面，研究还不深入、不全面，没有形成完整的 1P 商业模式设计理论和方法。(2) 在模式营销理论方面，最主要的缺陷是没有清晰地定义和区分商业战略营销和商业模式营销；没有形成商业模式营销不仅是超越商业战略营销，也是对战略营销互补的成熟理论。

(3)在案例分析方面,涵盖的产业范围相对狭小,主要集中在互联网、互联网+的产业范围和国内经济范围。(4)在网络价值的形成方面,主要将其看作现代科学、信息和文化发展的结果,没有深入研究商业的生态网络性质和网络价值跨越时空的一般存在性。(5)在发现网络价值存在和整合第三方买单的规律方面,还不够深入和全面。(6)在用1P商业模式突破战略定价空间扩大盈利空间以及整个理论体系的构建方面,缺乏数学模型和几何解析。首版《1P理论》后,经过8年多的深入思考和研究,尤其是纳入国家社科基金重点项目后这5年的研究,完成了上述6个方面的全面提升,较好地解决了上述6大问题,基本完成了完整系统的1P理论体系重塑。这就是呈现在读者面前的《1P理论》完整版。

我把这些研究成果的主要部分(全部成果将单独出版),浓缩在本书第一章"商业模式与模式营销"、第二章"1P商业模式创新与设计"、第三章"1P商业模式案例分析",共计7万多字,是《1P理论》完整版的精华。首版基本保留不变,但顺序上第一章变为完整版的第四章,以此类推;由于篇幅所限,完整版删除了首版第六章的"附二、附三、附四和附五"、首版第七章后面的"企业家学员谈1P理论"、"领导者的五维执行力与六维管理"和"新品牌战略"三篇附文,用"1P理论之学以致用"和附记替代;首版其他各章完全保持了原貌。对于没有读过《1P理论》第一版的读者,可以先读从第四章开始的首版内容,再回过头来读完整版增加的第一至三章。

第一章"商业模式与模式营销"对1P理论有深度提升。(1)模式思维与战略思维是两种完全不同的思维方式。企业所处的环境是相互依存的商业生态网,企业之间、顾客之间以及企业和顾客之间相互竞争又相互合作。然而长期以来,战略营销只看到了线性竞争的一面,而忽视了网络合作的一面;只看到了行业产品市场的线性价值,而忽视了商业生态的网络价值。本章用生态网络思维重新审视战略营销,拓展1P理论,把商业模式理论融入营销学体系,建立模式营销理论,从营销学和经济学的双重角度,解释为什么产品价格低于平均成本,免费或者负价格还能盈利?为什么一些垄断企业产品定价比完全竞争下的产品定价还低,甚至采用免费和负价格营销?(2)进一步明确了1P理论的概念内涵:1P理论既是运用商业模式进行营销的模式营销理论,也是商业模式理论,它的核心是用第三方买单突破商业战略定价空间的上下限,通过突破定价空间(pricing space),扩大盈利空间（profits space）。1P 理论即突破定价空间盈利的理论。（3）模式营销创造卖方营销和自动营销，它超越战略营销的奥秘在于：即使目标顾客支付产品的价格小于平均成本、免费甚至负价格，企业仍然可以盈利，而且常常是获得更多利润的前提条件。（4）商业模式和商业战略都是企业用来创造价值、捕获价值、获得竞争优势和提升业绩的营销手段，它们既互补并存又动态交替。（5）网络价值和商业模式一直存在，不是现代经济的产物，而是分工和交换的产物。（6）战略营销是企业创造和捕获产品市场价值的线性逻辑，模式营销是企业、顾客和伙伴共同创造和交易网络价值的关联网络价值逻辑。前者注重扩大产品市场份额的零和竞争，后者注重扩大网络价值创造的合作共赢。（7）商业模式分类是商业模式创新的理论基础，商业模式创新是模式营销的本质和关键，是颠覆战略营销、跳出零和竞争、创造营销奇迹的上佳选择。（8）任何企业都有自己的商业模式，同一网络价值市场商业模式之间的竞争是商业战略竞争。商业模式创新能够跳出商业模式之间在原有市场的战略竞争，但无法逃避新的商业模式在新商业生态网络市场上的战略竞争。本章解决了商业模式研究一直悬而未决的几个难题：（1）给出了解决商业模式得以统一分类的商业模式新定义。（2）解决了逻辑一致、标准统一的商业模式分类问题和网络价值计算问题。（3）从理论上解释了为什么产品价格低于平均成本还能盈利的商业和经济逻辑。（4）把商业模式理论全面融入营销学体系，建立起与战略营销互补的模式营销理论。上面第三点贡献和由我原创的边际非稀缺经济概念，对经济学的意义比对营销学还要重要，因为营销学的经济逻辑来自经济学。本章事实上已经给出了在商业生态网络环境中企业的利润函数和隐含其中的生产函数，若非篇幅限制，也可以讨论消费者的效用函数，从而为解释网络经济的经济理论研究奠定基础。

  第二章"1P 商业模式创新与设计"在第一章建立的 1P 商业模式分类方法的基础上，提供了 1P 商业模式创新的方法和步骤，创建了别具一格的 1P 商业模式设计理论和方法。本章揭示了 1P 商业模式创新的关键在于跨类创新，通过扫描商业生态网络价值，发现与选择创造和交易网络价值的逻辑、交易结构和交易内容，整合第三方买单，获得新的竞争优势，达到突破商业战略的定价和盈利空间的目的。1P 商业模式设计颠覆了把对目标顾客的价值主张放在中心模块的设计思路，把定价放到了中心位置，把网络价值逻辑和交易结构作为商业模式设计的灵魂，把定位和锁定第三方买单提到了前所未有的高度，并作为 1P 商业模式设计的核心任务。1P 商业模式设计逻辑清晰，设计简单，适用于所有大中小企业。

第三章"1P 商业模式案例分析"运用 1P 商业模式和模式营销理论，分析了八个具有代表性的大、中和小微企业案例，这些案例选自国际、国内和不同的网络市场。通过精彩纷呈的案例分析，读者可以了解如何运用 1P 商业模式理论创新和设计企业的商业模式，创造和交易网络价值，突破商业战略的红海竞争，进入真正合作共赢的蓝海商业生态。第三章的案例分析由我指导北京大学光华管理学院 MBA 学生编写和分析，然后由我修改提升。

感谢国家社科基金将拓展深化 1P 理论研究作为重点项目支持，不仅从资金上也从任务压力上促使我不敢懈怠。感谢我的学生和 EMBA 学员们，在教授 1P 理论的过程中，互教互学，给我很多启发、支持、批评和改进意见，给我提供很多素材和运用 1P 理论的鲜活案例，也贡献了他们的切身体会和感想；感谢八年来读者的支持、赞扬、批评和讨论，感谢他们带给我鼓励和动力；感谢我的老师张五常和黄有光教授写序，给予《1P 理论》高度评价；感谢我的老师杨小凯教授，虽然他已经离开了我们，但他对我的学术生涯影响深远；感谢诺贝尔经济学奖得主埃德蒙德·菲尔普斯教授，在把商业模式运用到经济发展模式研究方面我们进行了深入探讨和合作研究；感谢南洋理工大学商学院院长黄海、复旦大学商学院院长陆雄文、清华大学营销系主任赵平、北京大学光华管理学院教授符国群和何志毅、招商银行前行长马蔚华以及蒙牛集团董事长牛根生对《1P 理论》的极力推荐，感谢吴晓波老师和陈春花老师花费宝贵的时间阅读我的书稿和极力推荐《1P 理论》；感谢周建慧老师的助研、探讨和支持；感谢北京大学光华管理学院和同仁的支持；感谢北京大学出版社林君秀主任、刘京和周玮编辑对《1P 理论》再版的鼎力支持和辛勤付出。我相信，《1P 理论》再版也是对亡妻熊卓为教授的最好纪念，祈祷她天堂快乐！

2015 年 6 月

首版序

Google 和百度搜网是网状经济时代的奇迹和典型代表,是运用 1P 理论的最好案例。Google 仅由两人创建,起始投资几可忽略,然而短短几年,其市值已达一千多亿美元。Google 的发展速度、营销模式和盈利模式在传统经济条件下是无法想象的:目标顾客免费使用搜网,即产品或服务价格为零;搜网者和使用时间的增加不会增加 Google 的成本;它的盈利来自第三方顾客买单。因搜网免费,其顾客群日益庞大,Google 对那些想让搜网者优先搜到自己信息的第三方顾客的吸引力越来越大,第三方顾客也因此愿意支付 Google 越来越多的费用。中国的百度网,在中国同样创造出了像 Google 一样的奇迹!Google 和百度能创出自动营销,神奇在于免费!免费还能盈利,神奇在于第三方买单!

1P 理论的思想产生于 1997 年或更早,当时我和妻子熊卓为教授都任教于新加坡国立大学。我们在澳大利亚和新加坡的日常生活中,经常得到和看到好多免费赠品,如打火机、食品袋、报刊、杂志、方便面、机票、旅游等,和一些比生产成本还要低的超低价商品。我妻子老问我一个问题:"谁为这些免费或超低价物品买单?否则这些商家还不亏本!"我回答说:"肯定有第三方为我们买单,是第三方帮我们把钱付给了商家。问题是,第三方为什么为我们买单?"妻子说:"也许是我们对第三方有什么利用价值吧。"一语点破,豁然开朗。再看这些免费或超低价商品,果然有些上面印有第三方劝诱我们消费他们商品的广告,有些是第三方想引诱我们去他们那里消费。我后来的研究发现,关联和网络效果是信息和知识经济时代的本质特征,而第三方为关联和网络效果买单是网状经济时代的普遍营销现象。1998 年,我受北洋咨询公司之邀去青岛的一个营销论坛演讲,题目就是《营销产品与产品的营销化》,那是我的第一次关于 1P 理论的演讲。之后,从新加坡国立大学再到北京大学,我一边研究 1P 理论,一边把研究成果融入教学之中,历时十年时间,方有此书问世。由此我深深体会到:学习别人的理论容易,自主创新理论艰难！

营销既是科学更是艺术，它的生命在于创新。以往的经验和教训告诉我们，照搬西方的现代管理和复古中国的传统管理都是失败的。前者食洋不化、教条不适地；后者食古不化、教条不宜时。我们只有把管理的普遍原理与中国的具体管理实际相结合才能产生中国式管理，才是中国管理现代化的出路。

中国的市场经济是通过渐进式改革由计划经济转型而来，它带有公有与私有、计划与市场的双轨制特征。中国企业怎样在从双轨制的市场经济到逐渐完善的市场经济转型过程中，怎样在经济信息化、知识化、网络化和全球化的过程中发挥优势，克服劣势，提升营销效率和效益，赢得市场竞争，是中国营销管理的一大难题。这一难题的解决，唯有依靠把营销的普遍原理与中国营销的具体实际相结合，即依靠营销战略创新。1P理论是我在营销理论自主创新方面的艰难尝试和抛砖引玉之作，希望我们共同努力，为在中国建立起一整套融贯中西的营销理论和管理理论体系而奋斗。

本书有几个明显的特点和优势：第一，不像传统的营销战略从4P、5P、6P到10P、20P、30P……不断向P战略增加和发散，使营销战略变得杂乱无章，难以掌控。1P理论把所有的P战略收敛到价格一个P之上，把营销战略的核心归结为价格战略问题，使营销战略变得简单而容易。第二，1P理论不仅是营销战略，也是策划方法和企业管理的一般战略，它具有超越蓝海战略思维的方法论意义。蓝海战略没有超出线性的行业思维，它主要是在企业自身想办法，是线性思维的变换。而1P理论打破行业界限，主要是在关联企业和关联顾客上想办法，是非线性的网状思维。蓝海战略不是合作战略，而是竞争的逃避战略，严格地说是泛红战略；1P理论则完全通过合作盈利，是真正的蓝海战略。1P理论也可说是"比长尾理论更长"，因为在价格为零时不再有长尾需求存在。《长尾理论》的作者不能提供价格为零时还能盈利的办法，所以不能尽其长尾。而1P理论却提供了尽其长尾需求的方法。第三，多P战略是工业经济时代的营销战略，而1P理论是信息、知识和网状经济时代的营销战略，具有前沿性和时代特征。第四，1P理论是完全自主创新的系统营销理论，它是十年潜心研究的结果。第五，1P理论是真正的和谐营销，它依靠合作多赢盈利，而不是冲突竞争盈利。第六，本书除了采用国际案例，还采用了大量的中国本土案例。

在本书的写作过程中，我的研究生们功不可没。没有他们的协助，本书不仅要推迟出版，也不会有这么丰富的案例和内容。在这里我要特别感谢朱华伟同学在第三、第四和第五章中，胡浪球同学在第六章中，陈海杰同学在第七章中，李屹松同学、陈鲁蛟同学在第八章中所作的编写和案例整理协助工作。我还要感谢我的 EMBA 学员和我教过的遍布全国的企业家们对 1P 理论的丰富和案例搜集方面所作的贡献。我也要感谢我的导师黄有光、杨小凯、张五常和 Piet Vanden Abeele 对我在经济学和营销学理论方面的多年指导培养，使我能够把经济学和营销学结合起来研究。没有经济学的根底，是很难把营销的多 P 战略归结为价格战略的。我也要感谢北京大学光华管理学院、新加坡国立大学商学院和经济系、澳大利亚新南威尔士大学（UNSW）经济与商学院、新加坡南洋理工大学南洋商学院、澳大利亚莫纳什大学经济与商学院以及香港华润公司和中创公司的同事们给过我的帮助和启发。

我最要感谢的还是爱妻卓为。是她给了我人间最深沉无私的爱，是她支撑了我的整个生活和工作，是她启发了我最初的灵感。然而，我一生最悲惨的事情发生在 2006 年春节，当时，我深爱的母亲刚刚逝世两个半月，我的爱妻卓为又因一个小小的脊柱移位手术导致术后肺栓塞，死在了她为之奉献的北大医院。接连失去母亲和妻子，我顿感没有了生命的依托和乐趣，经历着无法忍受的悲伤和孤独。感谢卓为冥冥之中给我鼓励，要我完成她的遗愿，努力奉献于社会。感谢我的家人给我温暖、分担和照看，感谢我的学生、朋友和同事给我安慰和帮助，使我化悲伤为力量，重新启程。

《1P 理论》出版之后，我将继续努力，尽快出版列入我写作计划的《六维管理》《易经智慧与品牌战略》《思维的效率》《随笔》《演讲集》等，献给我的母亲和妻子。

企业家学习《1P理论》的体会和感想摘录

1P理论是高屋建瓴的具有高度概括性和指导性的一个理论,对于我们每个人所处的行业以及企业所实施的商业模式都具有非常大的理论指导意义。

北京大学光华管理学院EMBA　张立民

1P理论之所以可行,关键在于回答了如何发现第三方利益攸关企业和顾客,如何为第三方利益攸关企业和顾客创造价值。

北京大学光华管理学院EMBA　白雪

第三方参与是1P商业模式的核心。要实现由商业战略向商业模式跃升,必须有第三方参与,并且能够提供收入或分担成本,才能形成获取超额利润的商业模式。

北京大学光华管理学院EMBA　朱大庆

1P理论是对生产力的一次重要解放(牛根生语),是冲击红海、跨入蓝海、实现长尾需求的盈利模式,更是在网状经济下创新商业模式的理论基础。

新加坡南洋理工大学EMBA　黄远昌

学习1P理论,是在EMBA学习中收获最大的一次,也是对未来工作很有指导意义的一次。非常感谢王教授的深度思维、独特创新和深入浅出的分享。

北京大学光华管理学院EMBA　黄安鑫

《1P理论》浓缩了王建国教授十年研究的精华,是一部突破西方营销理论的创新力作,是一把开启商界精英盈利思维的钥匙。

新加坡南洋理工大学EMBA　刘文意

1P理论给人以全新的视角和深刻的启迪，对管理者而言，如获至宝！

新加坡南洋理工大学EMBA　夏建新

学习1P理论，我感觉自己的事业变得更加宽阔，它颠覆并彻底超越了传统营销的思维范式，深切契合了网状经济的特征。

北京大学光华管理学院EMBA　李进钊

王教授打通了数学、经济学、管理学、营销学等学科的边界，创造性地建立了具有独立知识产权的1P理论体系和思维方式，并且用这套理论涵盖和解释了从传统管理、经济学到现代经济、网络思维的深刻内涵。

北京大学光华管理学院EMBA　赵光明

王教授对于商业模式的认知及对互联网经济的剖析给了我很大的启发和震撼，可谓独树一帜。

北京大学光华管理学院EMBA　沈黎新

王教授关于商业战略和商业模式的分析，令我耳目一新。经济本身是网络的，商业模式是网络经济的价值逻辑。一切新企业和行业的出现都是商业模式创新的结果。

北京大学光华管理学院EMBA　夏巍峰

用1P理论列举的商业模式类型令我印象深刻，每一种商业模式都能在这个模型中找到对应的位置。

北京大学光华管理学院EMBA　林毓飞

1P理论要求企业在经营活动中，不要作茧自缚，而是要通过生态网络思维和逆向思维，将自身的资源应用最大化。

北京大学光华管理学院EMBA　马建华

1P理论发挥出了令人难以置信的威力。1P理论并不是简单的"第三方付费营销战略"，它所阐述的是在网状经济环境下众多利益攸关方之间的平衡关系，为产业链上各个利益攸关者提供了一个可以各取所需的平台。

北京大学光华管理学院EMBA　周文茜

目 录

第一章 商业模式与模式营销 1
一、战略营销概述及其存在的问题 /2
二、商业模式与模式营销 /6
三、构建商业模式的交易结构和商业模式分类 /16
四、发现和定位第三方关联顾客和合作伙伴的网络价值逻辑 /23
五、模式营销的定价空间和盈利空间 /30
六、结论和对未来研究的展望 /33

第二章 1P 商业模式创新与设计 35
一、1P 商业模式创新 /36
二、1P 商业模式设计 /40

第三章 1P 商业模式案例分析 51
一、淘宝的 1P 商业模式 /52
二、Facebook 的 1P 商业模式分析 /60
三、苹果公司的模式营销 /68
四、海外工程承包项目的商业模式创新 /77
五、HiAll 商业模式分析 /82
六、小米手环案例分析 /89
七、从 1P 理论看罗辑思维 /92
八、1P 理论在小微企业中的应用 /99

第四章 1P 理论概述 103
一、传统 STP＋4P 营销战略存在的问题 /104
二、从网状经济到网状营销 /105

三、1P 理论 /107
四、1P 理论的贡献 /113
五、1P 理论的类型与规律 /114
六、从"超级女声"看 1P 理论 /115
七、运用 1P 理论策划项目 /120
附 传统营销理论的 STP + 4X 战略 /124

第五章 传统定价策略 143

一、传统营销的定价基本原理和价格空间 /144
二、传统的定价策略 /145
三、对传统价格策略的总结和评价 /153

第六章 网状经济与网状营销 155

一、网状经济产生网状营销 /156
二、网状经济下的营销革命 /164
附 知识的约束 /171

第七章 第三方营销 175

一、1P 理论的目的与含义 /176
二、1P 理论的核心问题 /180
三、为第三方创造价值，寻求第三方支付 /181
四、1P 理论的 11 种类型 /183
五、1P 理论的五大规律 /186
六、1P 理论的五大规律在 11 种类型中的应用 /211
附 边际非稀缺经济 /215

第八章 营销产品与产品营销化 217

一、iTunes 音乐风暴 /218
二、营销产品和产品营销化的概念 /220
三、产品营销化的四大步骤 /222
四、产品营销化的利益冲突问题 /230

五、产品营销化战略的实施 /233

　　六、对于产品营销化的进一步思考 /234

第九章　1P理论在企业价值链中的应用　237

　　一、价值链的回顾 /238

　　二、把第三方引入价值链 /240

　　三、1P理论在价值链的基本活动中的应用 /249

　　四、在价值链的支持活动中探寻1P理论的应用 /261

　　五、从企业的无形资产探讨1P理论的应用 /263

第十章　营销1P化：1P理论实践案例分析　267

　　一、导读 /269

　　二、案例及分析 /269

　　三、1P理论的综合应用 /288

　　四、总结与问题讨论 /301

1P理论之学以致用　303

附记　321

第一章

商业模式与模式营销

经济学和营销学正面临一场理论危机:僵化的行业线性思维导致现有的理论脱离现实,无法解释为什么产品价格低于平均成本、免费甚至负价格还能盈利?为什么一些垄断企业产品定价比完全竞争下的产品定价还要低?甚至免费?战略营销理论就是行业线性思维的产物。本章用生态网络思维重新审视战略营销,拓展1P理论(王建国,2007)[①],把商业模式理论融入营销学体系,建立模式营销理论,试图从营销学和经济学的双重角度,解答上述问题。本章分为六个部分:第一部分,战略营销概述及其存在的问题;第二部分,商业模式与模式营销;第三部分,构建商业模式的交易结构和商业模式分类;第四部分,发现和定位第三方关联顾客和合作伙伴的网络价值逻辑;第五部分,模式营销的定价空间和盈利空间;第六部分,结论和对未来研究的展望。

一、战略营销概述及其存在的问题

研究模式营销的目的是克服战略营销的局限性。为此,我们有必要介绍战略营销的概况,并讨论其存在的问题。

1. 战略营销概述

营销是识别和预测消费者的需要并用产品和服务满足其需要以获得竞争优势,达到盈利目标的管理过程。它注重研究买方市场条件下卖方的市场营销问题,注重研究企业在激烈竞争和不断变化的市场营销环境中,如何识别、分析、评价、选择和利用市场机会,如何满足其目标顾客需要,提高企业经营效益,求得长期生存和发展。

营销过程由一系列的战略和执行活动构成。自从 Borden(1964)[②]提出市场营销组合的概念以来,战略营销逐步形成 STP+4P 的逻辑框架。STP 战略即市场细分(market segmentation)、目标市场(target market)和产品定位(positioning);营销组合战略即产品(product)、价格(price)、渠道(place)和促销(promotion),简称 4P。这一营销战略系统的逻辑框架说明,营销的本质是战略营销的过程,即把一系列的营销战略融入一个综合性计划中,变为实施营销战略和具体执行方案,以达到企业目标。而营销战略则是商业战略在营销

---

① 王建国:《1P 理论——网状经济时代的全新商业模式》,北京大学出版社,2007 年。
② Borden, Neil H., "The Concept of the Marketing Mix", *Journal of Advertising Research*, 1964, 4(June): 2—7.

上的运用,所以,战略营销又可以理解为用商业战略做营销。

市场细分、目标市场与产品定位战略(STP),又称目标营销战略。在目标营销中,销售者区分出主要细分市场,把一个或几个细分市场作为目标,为每一个细分市场定制产品和开发方案。他们采用的不是分散营销努力的方法,而是把营销努力集中在具有最大购买兴趣的买主身上。目标营销以市场需求为导向:首先,企业按一定标准确立细分市场;其次,企业评估每一个细分市场,并选择最有吸引力的细分市场作为目标市场;最后,企业对每一个目标市场确定可能的定位观念,即产品定位。

营销组合是企业用于满足其目标市场的可控变量的组合。4P营销组合战略分为产品、价格、渠道和促销,每一类又进一步分为更为具体的营销工具。产品:品种、质量、设计、功能、品牌、包装、服务;价格:定价、折扣、补贴、付款期限、信用证条款;渠道:分销渠道、覆盖范围、分类、位置、库存、运输、物流;促销:广告、人员推销、销售促进、公共关系。分别称为"产品组合"、"价格组合"、"渠道组合"和"促销组合",它们相互关联,通过设计和实施,构成特定企业用战略营销创造和捕获价值的商业逻辑、组织架构及价值链流程。

由Borden(1964)提出的营销组合概念,经McCarthy(1964)[1]等人概括总结为4P,后又经Kotler(1971)[2]等人修订,形成营销4P战略理论,成为主流营销组合理论。4P理论的精髓在于,它认为一次成功和完整的市场营销活动,意味着以适当的产品、适当的价格、适当的销售渠道和适当的促销手段,将企业的产品与服务投放到特定市场。4P的提出对现代市场营销理论与实践产生了深刻的影响,被认为是对企业营销活动的最精练概括。

后来,又有人提出了多P营销战略,特别是Booms and Bitner(1981)[3]将过程(process)、实物证据(physical evidence)和参与者(participants)纳入营销组合范畴,从而将4P扩展到7P,并在服务营销研究领域获得了广泛认同。

---

[1] McCarthy, Jerome E., *Basic Marketing: A Managerial Approach*. Homewood, IL: Irwin, 1964.

[2] Kotler, P., and G. Zaltman, "Social Marketing: An Approach to Planned Social Change", *Journal of Marketing*, 1971, 35(3), July: 3—12.

[3] Booms, Bernard H., and Mary J. Bitner, "Marketing Strategies and Organization Structures for Service Firms", *Marketing of Services*, American Marketing Association, 1981: 47—51.

Lauterborn(1990)[1]提出,应从购买者的角度来设计营销工具,提出了与 4P 对应的 4C:顾客所需所欲(customer needs and wants)、顾客的成本(cost to the customer)、便利(convenience)和沟通(communication)。不过,Lauterborn 自己也认为,其 4C 与 McCarthy 的 4P 存在一一对应的关系。相对于 4P 的生产者导向,4C 在追求顾客满意和以顾客驱动方面取得了进展,但仍未达到以客户为中心的高度。

Dev and Schultz(2005)[2]提出以客户为中心的 SIVA(solution, information, value, access)模型,即解决方案、信息、价值、访问模型。该战略基本上是 4P 的改名,即把 4P 供给导向营销战略改为以顾客和需求为关注焦点的 SIVA 营销战略,把产品/解决方案、促销/信息、价格/价值、渠道/访问一一对应。SIVA 比 4C 组合更进一步,把需求和顾客放到了营销战略的中心位置,与以生产者为中心的 4P 组合战略完全对调了。

与 STP + 4P 营销战略模型相关的还有很多商业战略模型,都是为战略营销服务的。例如,Ansoff(1957)[3]提出的产品/市场成长四个战略选择:市场渗透成长,用现有产品开拓现有市场;市场开发成长,用现有产品进入新市场;产品开发成长,新产品进入现有市场;混合成长,新产品进入新市场。Porter(1980,1985)[4]提出通用竞争战略,它描述一个企业在其选择的市场范围内追求竞争优势。其中包含三个通用战略:低成本、差异化和聚焦。聚焦则分两种市场范围:聚焦细分市场或聚焦行业市场。他认为,在与竞争对手竞争时,要么选择低成本获得低价竞争优势,要么选择差异化保有高价优势,不能二者混合,否则会陷入战略泥潭。后来,有学者批评通用战略太僵化,并证明有些公司运用低成本差异化混合战略甚至做得更好。Porter 后来接受

---

[1] Lauterborn, B., "New Marketing Litany: Four Ps Passé: C—Words Take Over", *Advertising Age*, 1990, 61(41): 26.

[2] Dev, Chekitan S., and Don E. Schultz, "In the Mix: A Customer-Focused Approach Can Bring the Current Marketing Mix into the 21st Century", *Marketing Management*, 2005, 14(1).

[3] Ansoff, I., "Strategies for Diversification", *Harvard Business Review*, 1957, 35(5), Sep—Oct: 113—124.

[4] Porter, M. E., *Competitive Strategy*. New York: Free Press, 1980; Porter, M. E., *Competitive Advantage: Creating and Sustaining Superior Performance*. New York: Free Press, 1985.

了这一观点，并把混合战略纳入他的通用战略体系之中。有学者还从市场控制的角度提出了市场领导、市场挑战、市场追随和市场聚焦战略，也有学者根据产品生命周期不同阶段的特点提出了营销战略，等等。

尽管学者们对 4P 营销战略提出了批评，并从各方面试图改善，但本质上不过是用 4X 替代 4P，并没有从根本上动摇 4P 营销组合。Kotler and Keller (2006)[①]仍坚持用 4P 战略定义营销，Kotler 认为 4P 战略营销模式仍然为王。

2. 战略营销存在的问题

STP＋4P 营销战略的形成基于一系列假设。(1) 产业之间边界明显；企业任何特定产品的目标顾客都是单一市场，产品与目标市场之间是一一对应的线性关系；企业对顾客(B2C)与企业对企业(B2B)是两个截然分离的市场。(2) 企业之间竞争是发生在产品细分市场内和同一行业内的零和战略竞争。(3) 不同行业之间的企业没有跨行业合作关系；也没有竞争关系，除非存在高度替代。(4) 产品销售价格的下限是长期平均成本，上限是顾客的愿意价格。(5) 获得竞争优势是为了垄断，只有垄断才能盈利。(6) 仅以本企业的优势资源为竞争基础，在一个行业内通过市场细分、目标市场选择和产品定位的 STP 营销战略把自己的目标市场不断缩小，以减少竞争。(7) 生产商与消费者、生产者与生产者以及消费者与消费者截然分开，不产生关联价值，没有共同价值创造。(8) 产品生产成本全部由生产商承担，产品价格全部由目标顾客支付，等等。

这些假设来自经济学。企业之间在同行业内竞争，企业是否得到利润，依赖市场结构。在完全竞争市场和垄断竞争市场的情况下，每个企业都无法取得长期竞争优势。短期而言，可能有利润；长期而言，价格等于平均成本，$P=AC$，企业利润为零。只有在寡头垄断和独家垄断的行业，企业才有可能长期保有价格大于平均成本定价，即 $P>AC$，从而取得垄断利润。从图 1-1 可见，一个有垄断力的企业，它产品的价格下限是平均成本 AC，上限是消费者的意愿价格 WP，公司、顾客和竞争对手三方的利益是对立的零和游戏。行业内竞争越激烈，产品价格越低，定价空间和利润空间越小，企业越受损，消费者越得益；行业内企业的垄断越强，产出越低，产品价格越高，定价空间和利润空间越大，消费者越受损。在这样的假设下，战略营销的路越走越窄。

---

① Kotler, P., and K. Keller, *Marketing and Management*. Pearson Prentice Hall, Upper Saddle River, NJ, USA, 2006.

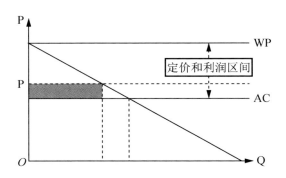

图 1-1　传统营销战略的定价和利润空间

虽然对 STP＋4P 营销战略提出了各种批评，也做了许多修正，例如，4C、SIVA 等营销战略模型，强调消费者主导修正了生产主导，但 STP＋4X 营销战略的基本框架结构并没有改变，也没有改变原有战略思维和假设前提，更没有改变生产者和消费者之间的交易结构，所以，不可能从根本上改变定价和盈利空间。4X 营销战略不过是 4P 营销战略的改名而已。这些营销战略模型只能告诉公司如何玩窝里斗的分饼游戏，不能突破行业市场的约束，把饼做大，解决在价格大于消费者意愿价格时还能促销、价格小于平均成本时还能盈利的问题。

随着 20 世纪 90 年代网络经济和经济全球化的发展，对商业模式研究热络起来，营销界开始了对 4X 营销战略思维进行颠覆性的思考和改造。从美国营销协会董事会在 2013 年 7 月批准的官方营销新定义，我们看到了营销思维革命的到来："营销是为创造、沟通、传递和交换对顾客、客户、合作伙伴乃至社会具有价值之提供物的活动、机构设置和流程。"这几乎是对用商业模式做营销进行的描述，可惜的是，这种营销学新思维还没有在营销学理论中得到反映，其体系仍然在战略营销的框架里。我的 1P 理论（2007）是用生态网络思维，把模式营销融入营销学体系的开创之作。

二、商业模式与模式营销

用商业战略进行营销称为战略营销，用商业模式进行营销称为模式营销。不同于战略营销，模式营销用生态网络思维替代机械线性思维，用跨行业思维替代行业思维，用合作共赢思维替代零和竞争思维，重新审视生产者、产品和顾客的概念和作用，重塑生产商与顾客之间的商业逻辑和交易结构，用创新商业模式作为企业提升业绩、获得竞争优势和互利共赢的营销手段。

试想，如果麦当劳坚持战略营销的商业逻辑，不用连锁特许加盟模式创新原有的单店商业模式，以合作共赢替代与原有竞争对手的零和竞争，化敌为友，把竞争对手和潜在竞争对手转化为合作伙伴，即使它有再好的营销战略，再强的竞争优势，能把一个小小的饼店开到全世界？能做成世界500强企业？在这里，连锁特许加盟是一种新的商业模式，单店经营是原有的商业模式。这是典型的用模式营销替代战略营销，即用商业模式创新替代商业战略博弈，用企业、伙伴和顾客合作共赢，创造和交易网络价值，替代他们之间原有创造和捕获产品市场线性价值的零和竞争，以赢得竞争优势。这种商业逻辑，战略营销是没有的；这种结果，无法用战略营销理论解释。

当然，这不等于说战略营销就不需要了。商业模式是可以模仿的，当肯德基等其他公司以麦当劳类似的连锁特许经营进入快餐行业之后，它们之间又开始了营销战略竞争，直到更新的商业模式替代出现。也就是说，模式营销可以通过商业模式创新颠覆原有的战略营销，但又会进入新一轮的战略营销。麦当劳不是个案，也不是当代经济才有的现象，模式营销与战略营销从过去到现在，并行不悖，交替出现，普遍存在。

（一）市场经济的生态网络性质

从短期和表面的现象看，市场经济似乎是机械线性的，即行业鲜明，生产和消费分离，产品和顾客一一对应。但从长期和本质上看，市场经济是生态网络的，非线性的，不存在行业界限，消费和生产浑然一体，它们相互竞争，相互依存，自生自灭，如同生态网络系统。营销战略的假设和商业逻辑正是基于短期的表面的现象，只看到线性竞争，忽略了合作共赢。

据在线百科全书大不列颠百科全书（2010），生态系统是"生物、物理环境以及在某个单位空间内，它们之间关系的一个复杂系统"[①]。Moore（1996）首次提出了"商业生态系统"概念。商业生态系统，是指以组织和个人的相

[①] Ecosystem(n. d.), In Encyclopedia Britannica Online. Retrieved from http://www.britannica.com/EBchecked/topic/178597/ecosystem＞. Accessed：2010，22 September.

互作用为基础的经济联合体,是供应商、生产商、销售商、市场中介、投资商、政府、消费者等以生产商品和提供服务为中心组成的群体。它们在一个商业生态系统中担当着不同的功能,各司其职,但又形成互赖、互依、共生的生态系统。在这一商业生态系统中,虽有不同的利益驱动,但身在其中的组织和个人互利共存,资源共享,注重社会、经济、环境综合效益,共同维持系统的延续和发展,形成生态价值网,具备复杂、立体、多维的特点。商业生态系统作为一种新型的企业网络,能充分体现企业之间资源的相互协调和聚集。①

在自然界中,不同的物种互相帮助,创造财富和整个群体的繁荣,在生态系统中,合作是其网络性质的结果。同样,企业、顾客和伙伴合作共赢、创造价值,而不只是在零和竞争中捕获价值,在商业生态中,合作也是其网络性质的结果。Adner and Kapoor(2010)②发现,一个创新企业的成功往往依赖于它所在环境中第三方进行的活动。我(2007)提出了关联网络价值及关联网络价值度概念,全面阐释了第三方买单的营销逻辑。价值存在于相互关联的网络中,网络即价值,网络价值逻辑即创造和交易网络价值的盈利逻辑。

商业生态是如何形成的?网络价值在哪里?任何经济活动都存在不同程度的外部效果,在一定条件下,这些外部效果可以通过网络价值的形式创造出来。比如,碳排放是生产和消费的一种负外部效果,对企业、消费者和商业生态中的所有存在都造成影响,减排就表现为网络价值,创造和交易这种网络价值就形成了低碳网络经济。如知识、信息和文化可产生正外部效果,形成规模庞大的生态网络价值。

追根溯源,商业生态网络主要由专业化分工和交换产生。分工和交换经济越发达,生态网络价值存在就越普遍,网络价值量就越大。在早期经济阶段,生产者和消费者同体,没有专业化分工,没有交换,没有市场,所有消费品自给自足。随着分工、交换和市场经济的出现,生产和消费开始分离,生产者为他人生产,通过交换获得各种消费品。从此,经济不仅形成行业状

---

① Moore, J.F., *The Death of Competition: Leadership and Strategy in the Age of Business Ecosystems*. New York: Harper Business, 1996.

② Adner, R., and R. Kapoor, "Value Creation in Innovation Ecosystems: How the Structure of Technological Interdependence Affects Firm Performance in New Technology Generations", *Strategic Management Journal*, 2010, 31: 306−333.

态，同时形成生态网络状态。同一个消费者是许多生产者的顾客，同一个生产商是许多消费者和其他生产商的供应者，这就形成了相互依存的商业生态网络。经济繁荣和衰退周期，反映了这种相互依存的生态网络关系。

自给自足的经济进入专业化分工的市场经济后，形成多个行业。假设某个行业有 N 个个体专业化生产者生产产品 X，竞争 M 个顾客的需求，产生 N×M 次交易，形成一个网状交易矩阵，潜藏网络价值。当 N×M 足够大时，就会有人出来做中间商，把 N×M 次交易减少到 N+M 次交易，其节省的交易次数乘以每次的交易费用，就是中间商创造的网络价值。假设有 5 个品牌生产商，有 8 个消费者，形成 5×8＝40 次交易。假设每次交易费用为 100 元，总交易费用就是 4 000 元。如果生产商和消费者之间冒出一个创业的中间商，交易次数就降为 5+8＝13 次，总交易费用降为 1 300 元，节省的 2 700 元是中间商、生产商和顾客三方共同创造的网络价值。比如，各分 900 元就是一个合作共赢的局面，这个中间商则是用创新商业模式创业。当信息、物流和金融技术发展到一定高度，就会出现电商，放大传统中间商的规模。比如，一个有 3 000 个品牌商和 1 亿顾客的电商，可以节省 3 000 亿减去 1 亿 3 千的交易次数，再乘以 100 元，是个多大的数字？如果整个经济有 K 个行业，假设每个行业大小一致，中间商能够创造网络价值的空间等于 K×N×M －(K+N+M)。当 K、N、M 非常大时，这个网络价值空间是个天文数字，而这还只是无数种网络价值之中的一种。可见，商业生态中的网络价值不仅存在而且巨大，可以通过某种商业模式创造出来，计算出来，作为网络价值交易分配的定价依据。

中间商把共同创造的网络价值与生产商和消费者之间做一个适合的互利的交易分配，达到三方共赢，这与商业战略的零和竞争形成鲜明的对照，这就是商业模式带来的效果，也是中间商企业和行业自然产生形成商业生态网络的过程。互联网电商平台不过是现代互联网技术、物流技术和金融技术与生态网络经济结合的产物。就商业逻辑而言，它和传统中间商是同类商业模式，互联网不是思维，而是生态网络思维与互联网和电子技术结合的产物。

再看一个有 N 个个体生产商的行业，当产品市场需求足够大，个体生产商 N 的数量足够大，就会有人出来建立企业，雇用同行个体生产者，用工资收入替代他们的销售收入，用企业替代市场。只要工资收入高过个体生产商的销售收入，这些人就会愿意被雇用；只要企业出售的同质产品价格低于个体生产商的产品价格，顾客就宁愿购买企业的产品。企业通过节省市场交易费用、创造规模经济和专业化分工合作，大大提升效率和效益，创造出足够大的网络价值。用企业替代个体竞争，把竞争对手变为企业内部的员工合作伙伴，达到企业、合作伙伴和顾客多赢的局面，就是用合作共赢的商业模式替代零和竞争的商业战略的过程，也是创业的过程。可见，虽然商业模式创新不一定是创业，但创业一定是商业模式创新。可以说，一切新组织的出现都是商业模式创新的结果，商业模式创新的理论也就是创业的理论。

随着各个行业个体生产商被企业替代，同类商业模式的企业又进入企业之间的战略竞争，新的商业模式再度出现替代，竞争与合作交替出现，这就是每个行业内部商业生态网络生成的过程。

产品、顾客和企业本身同样具有商业生态网络性质。战略营销假设产品与目标顾客是线性对应关系，产品和它的功能一次只能卖给一个目标顾客，这种假设显然与现实不符。例如，一个附有苹果公司广告的打火机可以同时卖给两个顾客，把它的传媒功能卖给苹果公司，把它的点火功能卖给打火机的使用者；一部苹果手机在卖给手机使用者的同时，也卖出了音乐唱片商或支付宝使用者。可见，产品和顾客不一定是线性关系，而可以是网络关系。传统战略营销认为顾客只是消费者，但在现实中，顾客不仅是消费者，也可以同时是价值的创造者甚至是产品本身。例如，Google 免费提供搜索服务给顾客的同时，把顾客资源卖给了第三方，因为顾客在搜索和点击时等于主动把需求信息告知了第三方，顾客消费服务的同时也在创造价值。再如，Facebook 和 Wikipedia 的顾客同时是产品的生产者和价值的创造者，而生产者反而成了消费者。顾客作为消费者，同时是网络价值的创造者，消费是生产，生产是消费。传统营销战略把企业仅仅看成目标顾客产品的生产者和提供商，但在现实中，生产企业不仅是顾客产品的生产者，同时也可以是其他企业的联合生产、促销和渠道合作伙伴，甚至是合作伙伴和顾客供给物的消费者。如湖南卫视和蒙牛、天娱公司联合制作《超级女声》节目；打火机厂商把上岛咖啡作为自己的联合分销渠道；生产者也可以是顾客的劳动、服务和提供物的消费者，如 Priceline。分工、交换和市场虽然把生产和消费分离，但并没有改变消费者原本同时是生产者或第三方合作伙伴的性质。可见，生产者之间、消费者之间、生产者和消费者之间、合作伙伴之间并没有鲜明的线性界限，而是一种相互或共同创造价值和交易价值的网络关系。

我（2005）①首次提出边际非稀缺经济概念，并且形成理论，比杰里米·里夫金的《零边际成本社会》②中提出零边际成本经济早得多，它是创造和放大网络价值最重要的来源之一。经济学开篇就说没有稀缺就没有经济学，这里说的稀缺没有区分稀缺和边际稀缺。实际上，边际非稀缺资源比边际稀缺资源更为重要，边际非稀缺产品比边际稀缺产品更重要，边际非稀缺经济比边际稀缺经济更重要。什么是边际非稀缺经济？知识、信息、文化和科技这些生产要素有一个共同特点，就是无形且重复使用而没有追加成本，即边际成本永远为零。边际使用成本为零的资源是边际非稀缺资源；边际成本为零的产出是边际非稀缺产品；边际非稀缺资源生产边际非稀缺产品。例如，软件就是典型的边际非稀缺产品，它们可以被无穷复制而没有追加成本。通俗地说，边际非稀缺产品就是只有固定成本分摊而没有可变成本的产品，它具有产出规模越大，产品平均成本就越趋近于零的性质。边际非稀缺经济又称零边际成本经济，对经济学的理论意义重大。经济的质量主要由边际非稀缺经济相对于边际稀缺经济的比重决定，边际非稀缺经济的比重越大，经济的质量越好。又因为边际非稀缺经济增加产出却不耗费资源，创造价值却没有排放，所以，它是纯粹的绿色经济，也是衡量绿色经济最好的指标体系。

Google 搜索平台，没有人搜索还是有 20 亿人搜索，这两者的平台成本是一样的，增加搜索人数不增加成本。正因为搜索平台的零边际成本性质，Google 才能用免费搜索吸引顾客，然后通过卖顾客资源赢得更多的利润。奔驰轿车与桑塔纳轿车所耗原料差不多，但价值相差数倍。为什么？因为二者的设计、工艺和生产流程及品牌价值不同。奔驰轿车之所以贵，就贵在它的设计、工艺、流程及品牌上。我们知道，原料是边际稀缺的，对边际稀缺资源需求的不断上升会导致其价格不断上升。但设计、工艺、流程和品牌是边际非稀缺的，一旦通过一个固定成本生产出来，就可以零成本无限复制，对它们的需求增加没有资源约束，其产量完全由需求决定。因此，对奔驰轿车需求的上升，不仅不会导致其设计、工艺、流程和品牌供应的短缺从而推高其价格，反而会使其设计、工艺和流程的单位分摊成本下降，获得更大的降价空间。

奔驰轿车的现象是普遍的，如管理模式、产品模式、生产流程、软件、设计、工艺和平台等都属此类。无形资产如知识、信息、文化、观念等，一旦被生产出

---

① 王建国：“应重视非稀缺经济学的理论成果”，《人民日报》理论版，2005 年 6 月 22 日。
② 〔美〕杰里米·里夫金：《零边际成本社会：一个物联网、合作共赢的新经济时代》，赛迪研究院专家组译，中信出版社，2014 年。

来就会成为边际非稀缺资源，对它们无限追加使用没有资源约束，不会增加追加成本。一切产品，多少都有边际非稀缺资源成分，只是比重不同而已。

前面谈到，电商和传统中间商属于同一类商业模式，具有相同的商业逻辑，它之所以能创造出商业奇迹，横扫门店，只是把现代信息科技、物流科技和金融科技这种零边际成本资源与传统中间商的商业模式相结合的结果。它们不改变商业模式的商业逻辑，但它们却可以把商业模式的市场规模成倍扩大，达到传统中间商不可企及的效率、效果和效益。同时，商业模式也是把科技的潜在价值转化和实现为市场价值的强大工具。没有商业模式，科技难以转化为生产力和市场价值。

总之，从过去到现在，交换经济不仅是线性的，更是生态网络的，只不过电子和互联网技术的出现，把市场经济这种固有的网络性质，表现得淋漓尽致。所有经济活动主体都有多重角色，几乎所有产品和服务都有多种功能，几乎所有经济活动都有某种外部效果，所有经济活动的参与者都是不同程度的利益攸关者，从而为企业、顾客和合作伙伴之间的相互合作共赢提供了巨大的网络价值空间。

(二)商业模式研究的状况及存在的问题

近十多来年，商业模式逐渐成为研究的热点，主要集中在四个方面：商业模式的概念、要素、分类以及与商业战略的异同。取得比较一致的看法包括：(1)它是一种新型分析，超出了传统的分析范围。例如，对公司和网络的分析。(2)它是一个整体系统化的概念，不仅关注企业做什么，还关注企业怎么做到这一点。(3)它以活动为中心，包括企业或它的供应商、合作伙伴和客户的组织活动。(4)它聚焦价值，倾向于同时关注价值创造和价值捕获。并且，在实现技术中的潜在价值过程中发挥至关重要的作用。存在的问题主要是：(1)在商业模式的概念上各持己见，有的甚至认为它只是实现了的战略。(2)对商业模式到底由哪些要素构成争论不休。(3)无法对商业模式做逻辑统一的分类。例如，不能用统一标准把电商模式与其他行业的商业模式进行标准一致的分类(Zatt et al., 2011)[①]。

[①] Zott, C., R. Amit, and L. Massa, "The Business Model: Recent Developments and Future Research", *Journal of Management*, 2011, 37(4): 1019−1042.

对商业模式的概念各持己见，无法一一列举。整体而言，商业模式被称为一种声明、一类描述、一种陈述、一个架构、一项概念工具或模型、一种结构化模板、一种方法、一个框架、一种模式以及一套活动系统，等等。例如，Amit and Zott(2001)①认为，商业模式是一个组织"为了创造由开发商机发现价值所设计的交易的结构、内容和管理方式"。Shafer et al.（2005）提出："商业模式是一个企业在价值网中创造和捕获价值的核心逻辑和战略选择的表现。"② 在讨论和综合各方观点后，Fielt(2013)③对商业模式定义如下：商业模式是一个组织如何创造和捕获顾客价值的价值逻辑，它由相互关联的客户、价值主张、组织架构和经济维度要素来表现。正是因为概念不清，导致至今无法找到逻辑一致的商业模式分类标准。

在商业模式与商业战略的区别方面，Zott and Amit(2013)④有比较全面的综述。虽然商业模式和商业战略都追求提升企业业绩和竞争优势，但商业模式与产品市场战略确实在概念上是不同的。商业战略强调竞争和垄断，商业模式强调合作、合伙、联合价值创造和共赢(Magretta，2002)⑤。商业模式更关心价值创造，产品市场战略更关注企业相对于竞争对手的定位(Zott and Amit，2008)⑥，更强调如何捕获价值并维持(Chesbrough and Rosenbloom，2002)⑦。产品市场战略的首

---

① Amit, R., and C. Zott, "Value Creation in E-business", *Strategic Management Journal*, 2001, 22(6−7): 493−520.

② Shafer, S. M., H. J. Smith, and J. Linder, "The Power of Business Models", *Business Horizons*, 2005, 48: 199−207.

③ Fielt, E., "Conceptualising Business Models: Definitions, Frameworks and Classifications", *Journal of Business Models*, 2013, 1(1): 85−105.

④ Zott, C., and R. Amit, "The Business Model: A Theoretical Anchored Robust Construct for Strategic Analysis", *Strategic Organization*, 2013, 11(4): 403−411.

⑤ Magretta, J., "Why Business Models Matter", *Harvard Business Review*, 2002, 80: 3−8.

⑥ Zott, C., and R. Amit, "The Fit between Product Market Strategy and Business Model: Implications for Firm Performance", *Strategic Management Journal*, 2008, 29: 1−26.

⑦ Chesbrough, H. W., and R. S. Rosenbloom, "The Role of the Business Model in Capturing Value from Innovation: Evidence from Xerox Corporation's Technology Spinoff Companies", *Industrial and Corporate Change*, 2002, 11: 533−534.

要作用是追逐竞争优势(Mansfield and Fourie，2004)①。商业模式关注价值主张和顾客角色的作用，以顾客为焦点进行价值创造，商业战略关注顾客需求，等等。我(2007)对此有更具体的表述，关于商业战略竞争："在一个企业之间竞争买主的买方市场上，其竞争手段无非是多花在产品、渠道、促销之上以提高产品质量、降低价格以减少顾客购买产品的成本。企业之间相互进行多花少收竞争的结果是'鹬蚌相争，渔翁得利'，导致利润互损。"关于商业模式合作："企业在为自己选定目标顾客的时候，尽量使其同时成为某些利益攸关企业的目标顾客；在为自己进行市场或产品定位的时候，尽量使其同时符合某些利益攸关企业的产品定位；在为自己制订产品、促销和渠道战略的时候，尽量使其同时成为某些利益攸关企业或顾客的产品、渠道和促销战略；在为自己的目标顾客创造价值的同时，尽量为第三方利益攸关顾客创造价值……"

总之，目前还没有形成真正逻辑一致的商业模式理论，即便那些比较有共识的观点，仍没有抓住商业模式的本质。要建立真正意义上的商业模式理论，就必须从本质上把商业模式与商业战略区分开来。把价值主张、以活动为中心、系统化、客户、组织架构、价值创造和价值捕获看成商业模式的本质要素，是把商业模式的表现形式看成了本质。道理很简单，一个实现了的商业战略，照样可以满足上述所有要素表现的要求，这些要素表现照样可以作为实现商业战略的手段，但显然不是商业战略本身。难怪Casadesus-Masanell and Ricart(2010)②把商业模式看成企业实现了的战略的反映。

商业战略和商业模式对于提升业绩、强化竞争优势和盈利的动机是一样的，它们的根本区别在于它们的思维方法和商业逻辑。如前所述，商业模式对企业、顾客、竞争对手乃至整个经济的性质有着与商业战略完全不一样的假设。前者用生态网络思维，通过与顾客和价值关联伙伴共同创造和交易网络价值达到合作共赢的目的；后者用线性思维，通过创造行业内部线性价值

---

① Mansfield，G. M.，and L. C. H. Fourie，"Strategy and Business Models—Strange Bedfellows? A Case for Convergence and its Evolution into Strategic Architecture"，*South African Journal of Business Management*，2004，35(1)：35—44.

② Casadesus-Masanell，R.，and J. E. Ricart，"From Strategy to Business Models and to Tactics"，*Long Range Planning*，2010，43：195—215.

链，与竞争对手竞争并捕获产品市场价值份额。所以，商业模式与商业战略的区别不在于关注价值创造，因为二者都要关注价值创造，而在于创造什么性质的价值。网络价值还是线性价值？谁创造价值？与顾客和伙伴共同创造还是企业单独创造？在哪里创造？在一个行业内价值链上创造还是在跨行价值网中创造？它们之间的区别也不在于关注价值捕获，因为二者都关注价值捕获，而在于：从哪里捕获价值，是细分市场内，行业内，还是跨行业的网络市场中？用什么方法捕获价值，是合作共赢的交易方法，还是零和竞争的争抢方法？至于用什么要素，用什么流程，用什么活动系统，用什么组织结构，这都是具体实施的问题，不是商业模式的本质，也不是商业战略的本质，而是流程管理和组织管理的本质。即使被看作商业模式中最重要的要素价值主张，也不是区别商业模式与商业战略的本质要素，因为商业战略照样可以把价值主张当作战略目标。它们之间的根本区别在于对谁主张，只对顾客还是也对第三方关联顾客，或者三方之间相互主张？主张什么性质的价值，是网络价值还是线性价值？商业模式和商业战略的本质区别是它们的价值主张、创造价值和获得价值以盈利的商业逻辑不同，价值性质不同。与商业战略一样，商业模式是要描述它的商业逻辑，而不是它的实施方案；商业模式的实施是流程管理和组织管理的问题，商业模式的实施方案是流程和组织的设计问题。

从文献资料中，我们还发现商业模式研究的一个致命伤——它没有对为什么产品价格小于产品的平均成本、等于零甚至小于零还能盈利，大于顾客的意愿价格还能促销做出理论证明和逻辑解释。只要不解决这个问题，就无法从理论上证明商业模式与商业战略到底有什么本质区别？到底有什么存在价值？优越性到底在哪里？而且很难对网络价值量的创造和交易进行计算和比较。

用表现形式替代本质特征，是商业模式概念模糊的根本原因。概念模糊导致商业模式分类的混乱。没有逻辑一致的标准对商业模式进行分类，就无法说清楚什么是不同的商业模式、什么是商业模式创新。说不清商业模式创新，商业模式就失去了作为提升业绩、强化竞争优势、超越商业战略和改变盈利方法的作用。

我(2007)把商业模式的本质聚焦在企业如何发现、创造和交易网络价值以达到与顾客和伙伴合作共赢的关联网络价值逻辑和交易结构之上，而不是放在具体多变的关键资源、活动系统、业务流程和组织框架等难以进行商业模式分类的实施要素之上。这样就有了商业模式分类的内在逻辑和统一标准，从根本上解决了商业模式分类的问题。有了清晰的商业模式分类，就能判断商业模式如何创新和是否创新的问题。有了清晰的交易结构分类，也就知道了不同商业模式的成本收益结构。这不仅可以用来进行商业模式定位、设计，计算一个特定商业模式可以创造多少网络价值，而且可以用来计算企业、顾客和伙伴各自对总价值创造的贡献，为交易价格提供依据，解释为什么产品价格小于平均成本、等于零甚至小于零还能盈利，大于顾客意愿价格还能促销的营销奇迹。

与其他研究者一样，我(2007)也犯了一个认知上的错误，即认为商业模式是现代知识、信息、网络和科技经济的产物，有了商业模式，商业战略就不再重要。其实，经济的生态网络性质，生产者用商业模式替代商业战略，以合作共赢替代零和竞争，创造和交易网络价值，皆与分工和交换经济与生俱来，商业模式与商业战略交替使用，竞争合作形影不离。商业模式和商业战略一样，是一个动态发展和自然产生的过程，从产生组织的那一刻起它就产生了，或者说，组织本身就是商业模式的产物，只不过我们的思维方法屏蔽了它的存在。

三、构建商业模式的交易结构和商业模式分类

在构建商业模式之前，需要明确商业模式的内涵。根据上面的讨论，我们把商业模式定义为一个企业与顾客、关联顾客和合作伙伴在价值网中共同创造和交易价值达到共赢的网络价值逻辑及相应的交易结构。这个定义既延续了1P理论的网络价值逻辑和交易结构的思想，也参考了上述Fielt(2013)、Amit and Zott(2001)、Shafer et al.(2005)的定义。而商业战略则是一个企业在产品市场与对手竞争的价值链中创造和捕获产品市场价值的线性价值逻辑和手段的线性组合方式。用我们的定义，可以把商业模式和商业战略清晰地区分开来，可以运用关联价值逻辑，把战略营销的线性组合结构改造成商业模式的网络交易结构，解决商业模式分类问题。

战略营销通过构建STP+4P(或4X)战略系统，用商业战略营销企业和产品。企业用STP战略定位目标顾客和竞争对手，发现行业产品市场的目标线性价值，用4P战略与竞争对手竞争，创造和捕获价值。与战略营销不同，模式营销通过构建交易结构系统，用商业模式营销企业和产品。模式营销采用

与战略营销不同的假设，改变 STP+4P 结构的内在商业逻辑，把它的线性结构变为矩阵网络结构，构建商业模式的交易结构体系。

我们把 4P 按照收益和成本的性质分开，其中价格 P，是单位产品收益；产品 P、渠道 P 和促销 P，简称 3P，是单位产品花费，即平均成本 AC，3P=AC。π 代表单位产品利润，Q 代表产量，那么，单位产品利润 $\pi=P-3P$，总利润 $\Pi=Q(P-3P)$。

按照战略营销的线性价值假设，产品价格 P 全部由目标顾客支付，所以 $P=P_C$，单位产品成本 AC 全部由企业 E 自己承担，所以 $AC=AC_E$，产品价格必须大于或等于平均成本 $P \geqslant AC$，即 $P_C \geqslant AC_E$，否则亏本。当利润为零时，$\pi=P-AC=0$，即 $\pi=P_C-AC_E=0$，$P_C=AC_E$。但按照模式营销的假设，产品价值具有生态网络性质，可以同时卖给目标顾客和第三方关联顾客，如 Google 的搜索服务可以同时卖给搜索顾客和广告主。这时单位产品价格 P 不再只等于目标顾客的支付价格 P_C，还要加上第三方顾客支付的价格 P_B，即 $P=P_C+P_B$，$P_C=P-P_B<P$；当利润为零时，$\pi=(P_C+P_B)-AC=0$，$P_C=AC-P_B<AC$。这就证明了卖给目标顾客的产品价格部分小于产品价格和小于平均成本可以盈利。

同理，产品、渠道和促销过程也具有生态网络性质。合作伙伴，即第三方企业或顾客，可以与企业共同生产。所以，3P 的平均成本 AC 不必全部由企业 E 自己负担，即不必 $AC=AC_E$，还可以由第三方合作伙伴 F 分摊，即 $AC=AC_E+AC_F$，$AC_E=AC-AC_F<AC$。当单位产品利润为零时，$\pi=P-AC_E=P-(AC-AC_F)=0$，$P=AC-AC_F<AC$。这说明企业自己承担的产品平均成本部分小于产品的平均成本可以盈利。

把买单的第三方关联顾客和分摊生产成本的第三方合作伙伴放在一起，当单位产品利润为零时，我们有 $\pi=P-AC_E=(P_C+P_B)-(AC-AC_F)=0$，$P_C=AC-(P_B+AC_F)<AC$。在线性价值的假设下，$P_B+AC_F=0$，$P_C=AC$；在网络价值的假设下，当 $P_B+AC_F>0$ 时，$P_C<AC$；当 $P_B+AC_F=AC$ 时，$P_C=0$；当 $P_B+AC_F>AC$ 时，$P_C<0$。这就证明了，用商业模式营销，产品价格小于平均成本，或等于零，或小于零，都可能盈利，依赖于第三方关联顾客支付价格和第三方合作伙伴分摊成本的大小。

一个企业能用小于平均成本的价格销售产品还能盈利，这是什么营销？这是卖方市场营销！用免费或负价格销售还能盈利，这是什么营销？这是自动营销！这种营销，企业、顾客和第三方合作伙伴都能从中得益，合作共赢。如果一个企业想用战略营销在产品市场形成卖方市场，就必须有垄断。垄断不仅很难完成，而且伤害消费者的利益，伤害竞争对手的利益，还造成损人不利己的社会绝对损失（dead-weight-loss）。这是零和游戏，也是负和游戏。

战略营销用 STP 战略发现行业产品市场的线性价值在哪里？目标顾客是谁？竞争对手是谁？谋划怎样同竞争对手争夺市场份额，取得垄断地位，捕获垄断价值。战略营销思维是内向的、封闭的、敌对的、争夺的、分饼的线性思维。模式营销也重视细分市场、目标市场和产品定位（STP）的运用，但用的是生态网络思维。第一，模式营销要寻找网络价值市场在哪里？发现在行业和跨行业市场中谁是最具有关联网络价值量的目标顾客、第三方关联顾客和第三方合作伙伴？而不是只寻找行业产品市场中的线性价值、目标顾客和竞争对手。第二，模式营销注重企业与目标顾客和合作伙伴共同创造的网络价值量，通过交易网络价值达到合作共赢，而不是只由企业创造产品线性价值在产品目标市场与对手竞争顾客价值和市场份额。第三，模式营销的商业逻辑是关联网络价值，尤其是关联网络价值量、共同创造价值和合作共赢，而不是相反。所以，模式营销所使用的细分变量、选择目标顾客和确定合作伙伴的标准与战略营销的 STP 战略有本质区别。企业与顾客、关联顾客和合作伙伴的关联网络价值量是它的关键标准，一切 STP 变量都要围绕它来选择确定。

我们沿袭和拓展 1P 理论构建商业模式的方法，把 4P 按产品、渠道和促销 3P 的成本性质和价格 P 的收入性质分成两个维度。把企业、生产合作伙伴和产品平均成本放在一个维度，是共同创造价值的成本交易结构维度，用 Y 轴表示；把目标顾客、关联目标顾客和价格放在一个维度，是相互交易价值的支付交易结构维度，用 X 轴表示。按照合作伙伴参与生产过程的成本交易程度，在 Y 轴上分为 N 类；按照关联顾客参与共同支付价格的交易程度，在 X 轴上分为 M 类。这样，企业、顾客、关联顾客和合作伙伴之间，就会呈现出矩阵的网络价值创造和交易的 M×N 种交易结构，每一种交易结构就是一类商业模式。因为空间所限，X 和 Y 轴上只各取 5 类交易，构成 25 类交易结构。如图 1-2 所示。

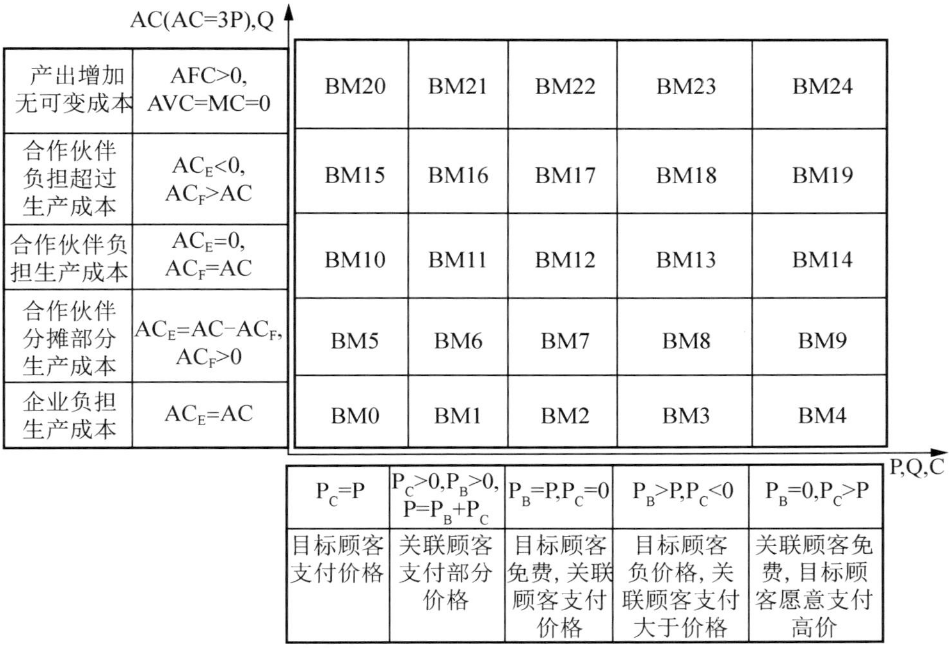

		$P_C=P$	$P_C>0,P_B>0,$ $P=P_B+P_C$	$P_B=P,P_C=0$	$P_B>P,P_C<0$	$P_B=0,P_C>P$
产出增加无可变成本	$AFC>0,$ $AVC=MC=0$	BM20	BM21	BM22	BM23	BM24
合作伙伴负担超过生产成本	$AC_E<0,$ $AC_F>AC$	BM15	BM16	BM17	BM18	BM19
合作伙伴负担生产成本	$AC_E=0,$ $AC_F=AC$	BM10	BM11	BM12	BM13	BM14
合作伙伴分摊部分生产成本	$AC_E=AC-AC_F,$ $AC_F>0$	BM5	BM6	BM7	BM8	BM9
企业负担生产成本	$AC_E=AC$	BM0	BM1	BM2	BM3	BM4
		目标顾客支付价格	关联顾客支付部分价格	目标顾客免费,关联顾客支付价格	目标顾客负价格,关联顾客支付大于价格	关联顾客免费,目标顾客愿意支付高价

纵轴为 AC(AC=3P),Q；横轴为 P,Q,C

图 1-2　企业、顾客和合作伙伴 25 种网络价值交易结构构成 25 类商业模式

X 轴表示交易支付结构。X 轴上的 P 表示产品整体价格 P，P_C 是产品整体价格中目标顾客支付的部分，P_B 是产品整体价格中关联顾客支付的部分，目标顾客和关联顾客对 P 的支付结构分为 5 类，见表 1-1。至少还可以加上 4 类：$P_B>P$，$P_C=0$；$P_B=0$，$P_C=0$；$P_B>P$，$P_C>P$；$P_B<0$，$P_C<0$。X 轴上的 Q 表示产品的销量；顾客量 C 是 P 和 Q 的函数，P 和 C 负相关，Q 和 C 正相关。顾客量在商业模式中非常重要，因为顾客不仅是消费者，也是网络价值的共同创造者，并且顾客资源本身就是产品。

表 1-1　目标顾客和价值关联顾客对产品整体价格 P 的支付结构分类

$P_C=P$	$P_C>0,$ $P_B>0,$ $P_C=P-P_B$	$P_B=P,$ $P_C=0$	$P_B>P,$ $P_C<0$	$P_B=0,$ $P_C>P$
目标顾客支付价格	关联顾客支付部分价格	目标顾客免费,关联顾客支付价格	目标顾客负价格,关联顾客支付大于价格	关联顾客免费,目标顾客愿意支付高价

Y 轴表示成本交易结构。Y 轴上的 Q 表示产量；AC 表示单位产品的生产成本，它是单位产品在 3P 上的平均花费，所以 AC＝3P；AC_E 表示单位产品平均成本中企业承担的部分，AC_F 表示单位产品平均成本中合作伙伴分摊的部分，$AC_E＝AC－AC_F$。企业和合作伙伴对产品整体平均成本分摊结构分为 5 类，见表 1-2。至少还可以加上 4 类：$AC_E＝0$，$AC_F＝0$；$AC_E＜0$，$AC_F＜0$；$AC_E＝0$，$AC_F＞AC$；$AC_E＞AC$，$AC_F＜0$。Q 与 AC 负相关，与关联合作伙伴的分摊成本正相关，因为合作伙伴是否愿意分摊生产成本，不仅要考虑生产什么的关联网络价值量，还要考虑生产多少的关联网络价值量。

表 1-2　企业和共同创造网络价值的合作伙伴对产品平均成本的分摊结构分类

$AC_E＝AC$	$AC_E＝AC－AC_F$，$AC_F＞0$	$AC_E＝0$，$AC_F＝AC$	$AC_E＜0$，$AC_F＞AC$	$AFC＞0$，$AVC＝MC＝0$
企业负担生产成本	合作伙伴分摊部分生产成本	合作伙伴负担生产成本	合作伙伴负担超出生产成本	产出增加，无可变成本

X 轴上 5 类产品顾客和关联顾客的价格支付结构与 Y 轴上企业和合作伙伴的 5 类成本分摊结构，构成一个包含 25 种(81 种或更多)交易结构，表现创造和交易网络价值的关联网络价值逻辑，即 25 类(81 类或更多)商业模式，用 $BM_i(i＝1,2,\cdots,25)$ 表示，见图 1-2。

25 类商业模式中的任何一类，它的网络价值交易结构都会在收益成本结构中表现出来，可以用单位产品的利润公式表达：$\pi＝P－AC_E＝(P_C＋P_B)－(AC－AC_F)$，当 $\pi＝0$ 时，$P_C＝AC－(P_B＋AC_F)$。只要满足 $P_B＋AC_F＞0$，那么 $P_C＜AC$。等式两边同乘以销量 Q，结论仍然成立，但 Q 的大小却会影响对商业模式类型的选择，因为 Q 会影响关联网络价值量。任何一类商业模式，都是顾客、第三方关联顾客和第三方生产合作伙伴参与共同创造和交易网络价值的一种收益成本交易结构，交易结构不同，商业模式的类型就不同，反之亦然。

如前所述，消费者可能同时是生产者，生产者也可能同时是消费者。所以支付价格的第三方关联顾客既可以是消费者 C，也可以是企业 B；分摊成本的第三方生产合作伙伴既可以是企业 B，也可以是消费者 C。

图 1-2 中的 25 类商业模式，是表 1-1 和表 1-2 中分别 5 组内容的组合，每一组合对应于图 1-2 中相应的商业模式类型，描述了那一类商业模式的网络价值逻辑和收益成本交易结构。

让我们选择其中几类商业模式做示范分析。先看商业模式 BM0，它既没有关联客户，也没有生产合作伙伴，产品成本全部由企业自己承担，产品价格全部由目标顾客支付。所以，$P_B=0$，$AC_F=0$，$P_C=P$，$AC_E=AC$，$\pi=(P_C+P_B)-(AC-AC_F)=P-AC$。当 $\pi=0$ 时，$P=AC$，如果 $P<AC$，$\pi<0$，企业亏本。这正是战略营销描述的企业在产品市场竞争的情况。之所以把 BM0 看成商业模式，因为这类企业的产生是企业主、个体生产商和顾客三方用合作共赢平台，即企业，替代产品个体生产商之间战略竞争的产物。所以，BM0 可以是创业的商业模式，创业之后，进入商业战略竞争。任何企业都属于某类商业模式，任何企业都是商业模式替代商业战略的结果。在同一市场中，一旦产生两个或两个以上商业模式的企业，商业模式之间就会开始新的战略竞争。商业模式和商业战略都是提升业绩和赢得竞争优势的手段，不同的只是他们赢取竞争优势获得利润的商业逻辑不同，二者之间是一个没有尽头的不断替代的动态过程。

再看商业模式 BM6，它既有关联顾客参与支付部分产品的价格，又有合作伙伴分摊部分产品成本，所以，$P_C>0$，$P_B>0$，$AC_E>0$，$AC_F>0$，$AC_E=AC-AC_F$，$\pi=P-AC_E=(P_C+P_B)-(AC-AC_F)$。$\pi=0$ 时，$P_C=AC-(P_B+AC_F)<AC$，企业可以以小于平均成本的产品价格卖给目标顾客。例如，湖南卫视的《超级女声》节目，天娱公司和蒙牛作为第三方关联生产合作伙伴分摊制作成本，关联客户广告主和目标顾客投票粉丝分摊支付价格。这里生产和交易的是网络价值，结果，湖南卫视、生产合作伙伴、关联客户和目标顾客互利共赢。如果湖南卫视对目标顾客免费，让 $P_C=0$，其他条件不变，那就是 BM7 免费商业模式。苹果手机、浙江卫视《中国好声音》节目等也属于这类商业模式，它们都同时有第三方关联顾客和关联生产伙伴分别参与成本分摊和价格支付。

BM3 是企业提供目标顾客负价格的商业模式。产品生产成本全部由企业承担。关联客户支付价格大于产品价格，$P_B>P$；目标顾客不仅免费，而且反过来支付消费产品的报酬，$P_C<0$。例如，某歌舞厅，男士跳舞收费 100 元，女士跳舞免费，结果只来 10 位女士和 30 位男士，总收入 3 000 元。歌厅改为女士跳舞不仅免费，还有 50 元报酬。结果来了 50 位女士，增加成本 2 500 元；来了 100 位男士，总收入 10 000 元，增加 7 000 元，减去 2 500 元负价格成本，采用负价格增加纯收入 4 500 元。

BM4，通过关联价值顾客提高目标顾客的意愿价格，对目标顾客的产品价格高于没有关联客户时目标顾客所愿意支付的价格，产品生产成本全部由企业承担，$AC_E=AC$，$P_C>P$，$P_B=0$。例如，某款服装，原价 1 000 元，销量不佳。通过与某知名服装品牌建立长期合作关系，提升品牌联想价值，涨价到 2 000 元一款，销量反而大增。BM4 商业模式借助关联顾客创造网络价值，高价还能促销。

BM22，企业生产边际非稀缺产品，即增加产出不增加可变成本，边际成本为零，产品的平均可变成本等于零，平均固定成本随产出的增加不断下降。当产出规模足够大时，产品的平均成本趋近于零，比如微软的软件、Google 的搜索服务等。微软软件的边际成本虽然为零，但对目标顾客软件价格不为零，销量受顾客有效需求限制，企业仍靠目标顾客支付赚钱，属于商业模式 BM20。Google 不同，它免费提供目标顾客搜索服务，$P_C=0$，吸引顾客搜索而不增加可变成本，再把搜索顾客的需求信息卖给关联客户，达到三方共赢的目标。所以 Google 商业模式是 BM22。腾讯 QQ 和微信、Facebook、Wikipedia 等商业模式也属于 BM22，都是通过顾客消费创造价值，即顾客免费，把顾客的需求信息卖给第三方，只是顾客用消费创造价值的方式与 Google 不同。

BM5 是产品价格全部由目标顾客支付，即 $P_C=P$，合作伙伴支付部分生产成本，即 $AC_E=AC-AC_F$。如小米公司，它通过发现与优酷土豆、美的和腾讯之间的关联网络价值，进行联合研发和推广，分摊生产成本。例如，与优酷土豆在互联网视频领域开展内容和技术的深度合作，共同研发视频移动端播放等技术，向优酷土豆投资并在自制内容及联合制作、出品和发行方面紧密合作。小米也用在线销售替代门店销售小米手机，把产品生产与电商销售合体，节省渠道分销成本。

25 类商业模式还可以通过相互组合产生新的商业模式。例如麦当劳、肯德基等企业就是采用 BM0＋BM20 的组合商业模式。作为母公司、母店，它销售的产品成本全部由自己承担，产品价格全部由目标顾客承担，这属于 BM0 模式，但它同时出售零边际成本特许加盟权给第三方合作加盟商，这是 BM20 模式。

总之，不管什么商业模式，其类别都被商业模式分类矩阵所涵盖；不管是这个分类矩阵中哪一类商业模式，都能在商业生态中找到它的存在。这个分类矩阵模型是开放式的，它远不止 25 类或 81 类，还可演绎出更多。

由商业模式分类矩阵还可看出，除跨类创新商业模式，还可组合创新商业模式，25 类商业模式两两组合有 625 类，除去 25 类同类组合无法形成组合创新，还有 600 类组合创新商业模式；81 类两两组合创新则有 6 480 类组合创新商业模式，依此类推。

在同一价值网中，不管是同类还是异类商业模式之间，都会产生相互的战略竞争。所以，有多少类商业模式，就有多少类商业战略。商业模式不同，商业战略就不同，因为在行业价值链上竞争和跨行价值网中竞争的性质不同，不同性质的价值网中，商业竞争的性质也不同。例如，迈克·波特的低成本、差异化和市场聚焦三大商业竞争战略，适合传统的 BM0 商业模式之间的竞争。一般而言，不适合其他类型商业模式之间的竞争，如京东、苏宁和阿里巴巴之间的竞争。

商业战略的分类也具有重要的理论和实践意义，因为它是商业战略创新的依据。从一类商业战略跨越到另一类商业战略，意味着它们的商业逻辑和表现形式将会产生结构性的变化，这正是商业战略创新的实质所在。因为篇幅所限，我们需要另文对此做专门探讨。

由此可见，商业模式通过与顾客、第三方关联顾客和伙伴合作共赢，在价值网中创造和交易价值，替代在价值链上创造和捕获价值、与竞争对手零和互损，颠覆了原有商业战略竞争，获得了相对于原有竞争对手的竞争优势，提升了企业业绩，但又进入了新的商业模式之间的战略竞争。商业模式不是也不能消灭商业竞争和商业战略，而是通过商业模式创新，在价值网络中合作竞争替代价值链上零和互损竞争，超越原有低层次的商业战略，进入高层次的网络价值竞争。

商业模式和商业战略是企业的软硬两手，一手软一手硬，以软的跳出红海进入蓝海，以硬的面对未来新红海的到来。

四、发现和定位第三方关联顾客和合作伙伴的网络价值逻辑

逻辑一致的商业模式分类，使企业能够依据企业、目标顾客、第三方关联顾客和第三方生产合作伙伴的收益成本交易结构的改变，发现新的商业模式，判别企业是否改变了网络价值逻辑和创新了商业模式。但如何发现和定位第三方关联顾客和合作伙伴的价值逻辑和规律，找到第三方共同创造和交易网络价值，即找到第三方关联顾客支付价格和生产合作伙伴分

摊成本，是创新商业模式的关键。而关键中的关键是网络价值的逻辑分类和信息分类。

1. 发现和定位第三方关联顾客和合作伙伴的网络价值逻辑

首先，我们作出企业、目标顾客、关联顾客、合作伙伴的定位和网络价值逻辑导图，再讨论如何发现和定位第三方的规律，然后讨论信息分类和商业模式定位；最后以 Google 为案例，说明如何运用这些规律。

如图 1-3 所示：C 是企业 E 的目标顾客，C_C 是消费者类型目标顾客，C_B 是企业类型目标顾客；B 是企业 E 的第三方关联顾客，B_B 是企业关联顾客，B_C 是消费者关联顾客，它们因为与目标顾客 C 或企业 E 或生产合作伙伴 F 有网络价值关联而愿意为企业 E 的产品或服务支付价格；F 是企业 E 的第三方生产合作伙伴，F_B 是第三方企业生产合作伙伴，F_C 是第三方消费者生产合作伙伴，第三方生产伙伴 F 因为与目标顾客 C 或关联顾客 B 或企业 E 有网络价值关联，而愿意为企业 E 分摊生产成本。图 1-3 中的虚线表示企业、目标顾客和第三方关联顾客的网络价值关联，同时表示目标顾客和关联顾客向企业 E 支付收益以及生产合作伙伴与企业 E 分摊生产成本。

在网络经济中，生产者和消费者已经没有明显的边界，它们常常在一个价值创造过程中共同创造价值，相互供需产品或服务，导图简洁地勾画了它们之间的这种关联价值结构。由图 1-3 可见，E、C、B_B、B_C、F_B、F_C 之间，可以演绎出很多类型 B 和 C 之间的组合和排列，这些组合和排列就是我们日常讲的商业模式结构。如 B2C、C2B、B2B2C、B2C2C、B2B2B2C，等等。然而，从图 1-2 可以看出，这不是描述商业模式的准确方法，而是发现和创新商业模式的企业和客户的结构类型。B 和 C 之间的不同组合和排序，作为创新和设计商业模式的导图，非常重要，但它们却不能从商业逻辑和收益成本的交易结构上全面揭示商业模式的本质，也无法逻辑统一地进行商业模式分类。

这个逻辑导图之所以重要，是因为任何商业模式的商业逻辑和成本收益结构都可以用此导图来演绎。图 1-3 中的 ECB、ECF、EFB、ECFB 四类关联价值组合和衍生的排列结构对发现和创新商业模式尤为重要，后面的章节会用大量案例来说明如何运用这一逻辑导图定位第三方，确定商业模式的类型。在此之前，我们需要讨论发现第三方网络价值关联的规律和方法。

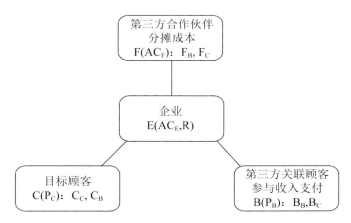

图 1-3 1P 商业模式交易结构逻辑导图

注：产品的平均成本 $AC=AC_E+AC_F$；企业负担产品平均成本的部分 $AC_E=AC-AC_F$；企业总成本 $C=AC_E×Q$；单位产品收入 $r=P=P_C+P_B$，$P_C=P-P_B$；总收入 $R=r×Q$，总利润 $Π=R-C$。

如前所述，商业生态网络和相应的网络价值起源于分工和交换，因文化、信息、知识、科技等因素推动分工交换复杂化而放大。在网状经济中，企业与企业之间、企业与顾客之间、顾客与顾客之间、行业与行业之间相互依存，形成无所不在的价值网络关系。如何发现网络价值，整合网络资源，发现第三方关联顾客和伙伴，共同创造网络价值，达到合作共赢？《1P 理论》第一版中总结了五种引入第三方买单的规律，即发掘产品的潜在功能、战略利益、范围经济和规模经济、资源整合、边际非稀缺资源。

（1）发掘产品的潜在功能：利用产品隐性功能显性化、增加产品的新功能和卖点创新来引入第三方买单。例如传统营销只卖打火机点火功能，需要点火功能的是企业的单一目标顾客市场。通过开发打火机的信息载体传媒功能，企业就能找到第三方价值关联企业顾客，用它们的促销预算购买打火机，然后免费送给打火机的原来目标顾客，再通过这些顾客传播促销第三方企业的产品或服务。这样，企业通过跨行业合作，创造和交易了网络价值，达到三方共赢。

（2）战略利益：当一个企业的顾客或生产经营活动对第三方具有战略利益时，第三方就会愿意为企业的产品或服务买单或分摊生产成本。例如，顾客对第三方企业的战略利益；顾客对企业自身的战略意义；一部分顾客对另外一部分顾客的战略利益；企业提供平台，顾客相互提供的战略利益；顾客对产品或服务消费而产生的额外利益；产品的战略利益；等等。所以，企业通过发掘和创造自身对第三方的战略利益，就能有效整合第三方买单。

（3）范围经济和规模经济：当联合生产同一产出量所花费的成本小于分开生产所花费的成本时，存在范围经济；更大规模产出的平均成本更低的情况下，存在规模经济。企业可以通过发现企业和企业、企业和顾客、企业和消费者之间的范围经济，发现与第三方关联顾客的合作经营范围，利用原材料、生产或产品之间的网络价值关联，降低整体成本或提高整体收益。网络价值关联是获得范围经济的关键。范围经济可以分为纵向的范围经济和横向的范围经济：纵向的范围经济是指两种（或以上）产品或服务具有程序上的前后性或者流程上的串联性；横向的范围经济是指两种（或以上）产品或服务在程序或流程上同时进行。在规模经济存在的地方，通过并购第三方等方式以扩大生产规模。尤其需要强调的是顾客规模经济，在顾客资源同时是产品的情况下，扩大顾客资源也就是扩大生产规模。免费提供顾客产品或服务以扩大生产顾客资源的规模，用出售顾客资源给第三方关联顾客替代出售产品或服务给目标顾客盈利，是当今最流行的商业模式之一。如 Google、360 这类企业，就是采用的这种商业模式。

（4）资源整合：企业之间、企业与顾客之间、顾客之间、企业与政府之间、企业与消费者之间、企业与社会组织之间、企业与国际市场之间，都会不同程度存在各种资源，尤其是关键资源之间优势劣势资源的互补关系和同类优势资源之间不同效率的替代关系。通过整合这些第三方网络价值关联资源，就可以找到第三方关联顾客，节省交易成本，提高整体收益。最常见的整合有：并联平台整合，如阿里巴巴；串联平台整合，如麦当劳；并联串联交织整合，如微信；等等。尤其值得强调的是闲置资源的整合，如闲置时间、空间、资本和产品的整合。Uber 是整合有车阶级的闲置人时、闲置车时和闲置兴趣的最典型商业模式。

（5）边际非稀缺资源：边际非稀缺资源或边际非稀缺生产要素的最大优势，来自一旦这种资源用一个固定成本生产出来，用它们作为生产要素追加产出没有追加成本，即以零边际成本或零可变成本生产任何产量。随着产出的增加，其产品的固定平均成本可以趋近于零。边际非稀缺资源或资本不仅能获得巨大的成本竞争优势，也是整合第三方买单最有力的关键资源。下面要分析的 Google 案例，会详尽解释如何运用这一规律整合第三方买单。

当然，发现和整合第三方买单创新商业模式，提升竞争优势和企业业绩，

并不只限于这五大规律和方法,它们是一个开放的方法论系统。比如:

(6) 外部经济或曰外部效果:任何活动,或多或少、或好或坏都有外部效果。如果能有效地整合集中这些外部效果,就可以找到第三方关联顾客买单。通过碳市场和政府政策为企业找到关联第三方买单是整合有害外部效果的典型例子。通过整合教育的正外部效果找到第三方买单创立免费大学,也是典型的例子。又比方,一个 EMBA 学员愿意用 30 万元购买课程知识,30 万元购买与 49 个同学的关系,因此,他愿意支付 60 万元学费。这时商学院作为第三方,把 50 个学员和 20 个教员整合在一起,获得 1 500 万元同学关系的外部效果,把 500 万元回馈学员,收每个学员 50 万元学费,再支付 250 万元给教员,学院还可赚到 750 万元,三方共赢,皆大欢喜。

(7) 节省交易成本:交易成本是网络经济中最为普遍、数量巨大的网络价值。对此,前面有详尽的分析。例如,互联网、交通、信息、物流、金融等科技的出现和创新,能够用来大大降低交易成本,催生商业模式创新。又例如,第三方中间商的出现,其交易次数的减少等于品牌商的数量乘以顾客数量减去品牌商的数量加上顾客的数量,其差再乘以每次交易所产生的费用,就是第三方中间商整合品牌商和顾客所节省的交易费用。

如此等等,难以尽述。

2. 用信息分类和分类信息组合定位商业模式

我们按图 1-3 所示,可以把信息依企业、目标顾客、第三方关联顾客和第三方合作伙伴分为四类,然后根据上述发现关联网络价值的规律或曰逻辑,对企业、目标顾客、第三方关联顾客和第三方合作伙伴四个目标进行信息扫描、搜集,分别放入四类分类信息之中,再进行分析和筛选,发现最有关联网络价值量的各类信息,再对这些信息进行组合,发现业务项目与范围,然后选择最有可行性的交易结构,确定第三方关联顾客和生产合作伙伴,最后选择和定位商业模式的类型。

3. 边际非稀缺资源的网络价值逻辑与商业模式:对 Google 案例的分析

以 Google 为例,运用边际非稀缺资源的网络价值逻辑,看企业如何改变价值逻辑和交易结构,以商业模式替代商业战略,以合作共赢替代零和互损,以创造和交易网络价值替代创造和捕获产品或服务市场线性价值,创新商业模式,达到目标顾客免费、关联顾客、广告主、第三方买单,企业、顾客和关联顾客共赢。按照图 1-3,Google 属于 ECB 价值关联结构,属于图 1-2 中的 BM22 网络价值收益成本交易结构,即图 1-2 中的第 22 类商业模式。

Google 商业模式中企业、顾客和关联顾客之间的网络价值逻辑如图 1-4 所示:

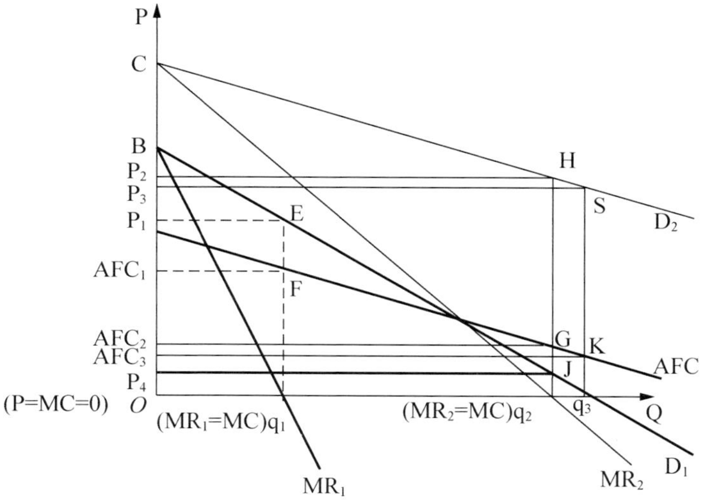

图 1-4　Google 商业模式中企业、顾客和关联顾客之间的网络价值逻辑

Google 搜索平台具有边际非稀缺资源性质,无人搜索还是 20 亿人搜索的搜索平台成本相等,搜索服务具有可变成本为零也即边际成本为零的性质,即 $MC=0$。按经济学原理,企业利润最大化的产出量和定价由边际收益等于边际成本,即 $MR=MC$ 的位置确定。D_1 为顾客搜索供给信息的需求曲线,MR_1 为 D_1 的边际收益曲线;D_2 为第三方产品供应商对搜索顾客需求信息的需求曲线,MR_2 为 D_2 的边际收益曲线。搜索服务的分摊平均固定成本 AFC 是递减的。如果 Google 用商业战略思维与竞争对手争夺顾客搜索服务的市场价值,它会在边际收益等于边际成本的 q_1($MR_1=MC=0$)处产出并定价 P_1,Google 捕获 AFC_1P_1EF 矩形面积的总利润。搜索顾客获得 BEP_1 三角形面积的消费者剩余,搜索服务产出仅为 q_1。

Google 现在用商业模式替代商业战略,用生态网络思维替代线性竞争思维,用合作共赢替代零和互损,把顾客不仅作为消费顾客,同时作为网络价值的共同创造者,为顾客提供免费搜索,使搜索服务的产出量为 q_3。搜索顾客在为满足需求寻找供给信息的同时,也为第三方供给商提供了精准的需求信息量 I_3,以 P_3 的价格把 I_3 出售给对搜索顾客需求信息有需求的第三方产品供应商,获得 AFC_3P_3SK 矩形面积的总利润,远大于从搜索顾客那里收取搜索服务费所捕获到的 AFC_1P_1EF 矩形面积的总利润。

如果 Google 追求利润最大化，那么，在 $MR_2=MC=0$ 的 q_2 处，搜索顾客提供相应的需求信息量为 I_2，I_2 是利润最大化产出，P_2 为利润最大化的定价。在 q_2 处，Google 收取搜索顾客 P_4 的服务价格，不影响搜索顾客创造 I_2 的需求信息量。所以，Google 最大化总利润为 P_4Jq_2O 矩形面积与 AFC_2P_2HG 梯形面积之和。这会比定价在 P_3 获得更多的利润。当然，q_2 的位置也许与 q_3 重合，也许在 q_3 的右边，依赖于 D_2 和相应 MR_2 的位置。

我们也可以用代数式表达两类不同商业模式的价值逻辑、交易结构和盈利空间。从图 1-4 中可见，搜索收费模式的总利润 $\Pi=q_1(P_1-AFC_1)$，只有当 $P_1 \geqslant AFC_1$ 时，企业才不会亏损。在免费模式中，企业的收益来自第三方关联顾客买单，企业的总利润 $\Pi=I_3(P_3-AFC_3)$，或者，$\Pi=I_2(P_2+P_4-AFC_2)$，它们不仅远超总成本，也远超收费模式创造的总价值量。这也正是低于平均成本或免费甚至负价格销售产品或服务不仅还能盈利，而且盈利更多的新经济学。

Google 的免费搜索模式（B2C2B）和传统的收费搜索模式（B2C）的本质差别在哪里？（1）Google 用生态网络思维发现 C2B 的网络关联价值逻辑，即搜索顾客搜寻供给信息的同时为产品供应商创造搜索顾客的需求信息，而这些需求信息正是供应商求之不得的优质精准需求信息，对供应商具有巨大的商业价值。（2）这种 C2B 的关联价值逻辑使搜索顾客在消费搜索服务的同时创造需求信息价值，消费顾客同时成为网络价值的创造者，Google 把消费者 C 转化为生产者 B，把 B2C 转化为 B 和 C 共同为第三方 B 创造价值。（3）搜索顾客越多，为第三方关联顾客创造的关联网络价值量越大。由于搜索平台和信息的边际非稀缺经济性质或曰零边际成本性质，增加搜索顾客不增加可变成本，而分摊平均固定成本反而越来越低。因此，采取免费方式吸引天量搜索顾客，搜索顾客创造的关联网络价值量远远大于搜索顾客消费搜索服务的价值量。（4）通过向第三方 B 收费捕获 C 的关联网络价值，把 B2C 的交易结构转化为 B2C2B 的交易结构，把创造和捕获线性市场价值转化为创造和交易商业生态网络价值，获得比收费搜索模式多得多的利润。（5）三方合作共赢而不是零和互损：搜索顾客完全免费甚至享受负价格搜索服务，在图 1-4 中，BOq_3 大三角的面积全部成为消费者剩余；Google 从第三方关联顾客那里获取的利润远远大于从传统收费模式中获得的利润；第三方关联顾客用低廉的价格获得了更精准的高质量顾客需求信息。

Facebook、Twitter、Wikipedia、Priceline、百度、360、微博、微信、达

人秀等，都属于这一类俗称 B2C2B 的商业模式。它们的本质特征是 B 为 C 提供低价或免费的产品或服务，在 C 的消费过程中企业 B 与 C 共同为第三方关联顾客 B 创造关联网络价值，从第三方关联顾客那里收取费用，捕获关联网络价值。在这里，顾客不再是单纯的消费者，而且同时是关联网络价值的创造者。

此段分析虽短，却用案例原创性地说清楚了四大理论问题：揭示了网络经济学和线性经济学的根本区别，解释了为什么网络经济中的企业在价格低于平均成本甚至等于零或小于零，可以盈利更多；揭示了网络经济学与线性经济学价格理论的本质区别；揭示了边际非稀缺经济学的巨大理论意义和商业价值；揭示了商业模式与商业战略的本质区别以及二者之间定价空间和盈利空间的本质区别。

我们还可以把对 Google 商业模式的分析进一步推向负价格创新，即图 1-2 中 BM23 的商业模式。在图 1-4 中，搜索顾客提供的需求信息量在 q_3 处，这时，零价格以上的需求全部实现，包括在第一象限中需求曲线的全部长尾需求。我们把价格轴向第四象限延伸，选定一个负价格水平，其价格水平线与第四象限的长尾需求曲线相交，其交点垂直向上与 Q、I 轴相交在 q_4、I_4 处（未标出）。只要 Google 花费负价格购买这部分有负价格搜索需求的顾客所花费的总成本小于出售这部分顾客生产出的 I_3 至 I_4 的需求信息总收益，则负价格能使 Google 赚取更多的收益。可见，长尾需求其实是价格问题，只要解决价格低于平均成本还能盈利的问题，就解决了实现长尾需求的问题。由上面的分析可见，边际非稀缺资源和商业模式是实现长尾需求最有力的手段。

运用上面的规律、图 1-2 的商业模式分类和图 1-3 的导图，我们不仅可以发现、创新、设计商业模式，而且可以清晰地解释商业模式网络价值的来源、创造、交易和通过网络定价进行分配。

五、模式营销的定价空间和盈利空间

营销的目标不仅是顾客和价值，更是什么顾客和什么价值。商业战略通过发现产品市场，企业创造产品线性价值和目标顾客交换，在既定的行业或目标细分市场与竞争对手竞争，争夺目标市场份额，提升垄断力，获得垄断利润。商业模式则通过发现网络价值市场，企业、顾客和合作伙伴共同创造及交易网络价值，在合作共赢中扩大市场范围，突破顾客意愿价格和产品平均成本的上下限,扩大定价空间和盈利空间。模式营销可以达到战略营销无法达到的效果,麦当劳、谷歌、苹果、阿里巴巴都是很好的案例。

为了进一步理解模式营销与战略营销的区别,我们来比较二者的定价空间、盈利空间和市场规模,如图1-5所示。

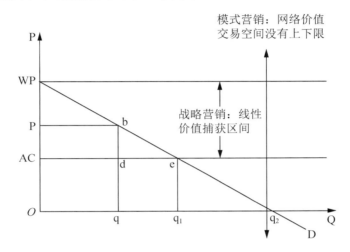

图1-5 模式营销与战略营销的定价空间和盈利空间比较

在战略营销的假设下,没有第三方生产关联价值伙伴参与产品成本分摊,也没有第三方关联网络价值顾客参与产品的价格支付。单位产品利润为目标顾客支付产品全部价格P减去企业承担产品全部平均成本AC,即$\pi=P-AC$。企业定价空间上限为顾客的意愿价格WP,下限为产品的平均成本AC,总利润空间为$\Pi=q(P-AC)$,如图1-5中PbdAC矩形所示。在不断竞争的情况下,产品价格会下降,直至等于平均成本。如果垄断加强,价格会上升,但不可能高于顾客意愿价格。当价格等于平均成本时,最大产量为q_1;在完全歧视价格的情况下,消费者剩余WPeAC三角全部变为企业的利润。从图1-5可以看到,企业、顾客和竞争对手三者之间是零和游戏,其中任何一方多得,另外两方就会少得:企业垄断增加,利润增加,产量就会减少,价格就会上升,消费者剩余就会减少;企业之间竞争加剧,消费者剩余增加,企业就会相互损害,一方市场份额所得是另一方的市场份额所失。所以,战略营销是个画地为牢、走不出的死胡同。

模式营销有生产关联网络价值的第三方伙伴参与产品成本分摊,也有第三方关联网络价值的顾客参与产品的价格支付,所以,单位产品利润为$\pi=$

$P-AC_E=(P_C+P_B)-(AC-AC_F)$。当 $\pi=0$ 时，$P_C=AC-(P_B+AC_F)$。当 $(P_B+AC_F)>0$ 时，$P_C<AC$；当 $(P_B+AC_F)=AC$ 时，$P_C=0$；当 $(P_B+AC_F)>AC$ 时，$P_C<0$。可见，第三方参与成本分摊和价格支付足够大时，对目标顾客的单位产品价格 P_C 可以小于平均成本、等于零或小于零，企业仍然可以盈利。当第三方参与对目标顾客的意愿价格提升足够大时，企业还可以用高于目标顾客原有的意愿价格促销。价格小于平均成本是卖方营销，小于或等于零是自动营销。在模式营销的假设下，不存在定价空间的上下限问题，也不存在平均成本对产出量的限制，即图 1-5 中的 q_1。当价格 P_C 为零时，销量可以达到 q_2；当价格 $P_C<0$ 时，销量可以大于 q_2。例如谷歌、360 等用的就是免费模式。我(2007)之所以把模式营销称为 1P 理论，是因为模式营销的核心问题是用第三方买单突破战略营销定价空间的上下限，扩大定价空间或曰盈利空间(pricing space/profits space)，即 1P。

从图 1-5 中可见，企业、顾客、网络价值关联顾客和生产合作伙伴是互利共赢的。当产品价格小于平均成本、等于零或小于零时，顾客的消费者剩余越来越大，甚至等于或大于产品对顾客的全部价值。同时，企业从第三方得到的收入远远大于来自目标顾客的收入。第三方则从共同创造和交易的网络价值中节省了成本或增加了价值。正如谷歌那样，搜索顾客免费，广告主节省寻找精准顾客的成本，谷歌从广告主那里获得销售搜索顾客需求信息资源的收入，远远大于直接向搜索顾客收取搜索服务费的收入。三者之间的网络价值关联度，决定了越免费越赚钱。

相对于战略营销，模式营销确实威力无比。然而，模式营销也有它的问题，即使是网络价值，也有范围和需求总量的限制。新的商业模式确实可以走出原有商业模式之间的战略竞争格局，但又会进入新的同类商业模式在同类产品、顾客、关联顾客和关联合作伙伴的网络市场，开始与新的竞争对手进行商业战略竞争。比如，电商放大了门店模式(B2B2C)，跳出了门店竞争的泥潭，但很快又进入了高一个层次的电商模式之间的商业战略竞争。要跳出电商模式之间的战略竞争，又需要进一步的商业模式创新，比如，通过商业模式的组合创新，进入阿里巴巴式的电商平台的平台，即电商的电商模式(B2B2C)2B，新一轮的战略竞争又再度开始，乃至无穷。可见，模式营销是一个商业模式不断创新和动态替进的过程，它与商业战略既互补又交替，从竞争到合作，又从合作到竞争。一波红，一波蓝，蓝的更比红的强。它们如影随形，弃而不离，离而不弃，不可因为模式营销的优越而忽视了无法避免的战略营销。但毫无疑问，只有战略营销没有模式营销的营销学是有红海无蓝海，片面而无法自圆其说的。

六、结论和对未来研究的展望

模式思维与战略思维是两种完全不同的思维方式。企业所处的环境是相互依存的商业生态网，企业之间、顾客之间以及企业和顾客之间相互竞争又相互合作。然而长期以来，战略营销只看到了线性竞争的一面，忽视了网络合作的一面；只看到了行业产品市场的线性价值，忽视了商业生态的网络价值。本章用生态网络思维重新审视战略营销，在战略营销理论和1P理论的基础上，吸收商业模式的最新研究成果，构建模式营销理论，得出了如下结论：（1）模式营销创造卖方营销和自动营销，它超越战略营销的奥秘在于，即使目标顾客支付产品的价格小于平均成本、免费甚至负价格，企业仍然可以盈利，而且常常是获得更多利润的前提条件。（2）商业模式和商业战略都是企业用来创造价值、捕获价值、获得竞争优势和提升业绩的营销手段，它们既互补并存又动态交替。（3）网络价值和商业模式一直存在，不是现代经济的产物，而是分工和交换的产物。（4）战略营销是企业创造及捕获产品市场价值的线性逻辑，模式营销是企业、顾客和伙伴共同创造及交易网络价值的关联网络价值逻辑。前者注重扩大产品市场份额零和竞争，后者注重扩大网络价值创造合作共赢。（5）商业模式分类是商业模式创新的理论基础；商业模式创新是模式营销的本质和关键，是颠覆战略营销、跳出零和竞争、创造营销奇迹的最佳选择。（6）任何企业都有自己的商业模式，同一市场的商业模式之间的竞争是商业战略竞争。商业模式创新能够跳出原有市场的商业模式之间的战略竞争，但无法逃避新商业模式之间在新市场的战略竞争。

本章解决了商业模式研究一直悬而未决的几个难题：（1）给出了解决商业模式得以统一分类的商业模式新定义。（2）解决了逻辑一致、标准统一的商业模式分类的问题和计算网络价值的问题。（3）从理论上解释了为什么产品价格低于平均成本还能盈利的商业和经济逻辑。（4）把商业模式理论全面融入营销学体系，建立起与战略营销互补的模式营销理论。上面的第三点贡献和前面讨论的边际非稀缺经济概念，对经济学的意义远比对营销学重要，因为营销学的经济逻辑来自经济学。本章事实上已经给出了在生态网络环境中企业的利润函数和隐含其中的生产函数，若非篇幅限制，也可以讨论消费者的效用函数，从而为解释网络经济的经济理论研究奠定基础。

　　本章是 1P 理论的纵深研究，它批判和吸收了近十来年商业模式的研究成果，把其内涵提升到更为系统化的 1P 理论——1P 商业模式理论和模式营销理论。本章用生态网络思维重新审视战略营销，开创性地把商业模式理论全面融入营销学体系，建立与战略营销互补的模式营销理论。本章重新定义了商业模式，解决了逻辑一致、标准统一的商业模式分类问题和网络价值计算问题，解决了为什么产品价格低于平均成本还能盈利的理论难题。我们发现：（1）模式营销注重企业、顾客和伙伴合作共赢共同创造和交易网络价值；（2）模式营销可以创造卖方营销和自动营销；（3）商业模式和商业战略都是企业用来获得竞争优势和提升业绩的营销手段，它们既互补并存又动态交替；（4）商业模式分类是商业模式创新的理论基础，商业模式创新是模式营销的关键，是颠覆战略营销、跳出零和竞争的最佳手段。

第二章

1P 商业模式创新与设计

第一章解决了商业模式的分类问题和发现第三方买单的价值逻辑问题，回答了为什么商业模式能突破商业战略的定价空间和盈利空间，使价格小于企业产品的平均成本还能盈利，大于顾客的意愿价格还能促销。本章聚焦在 1P 商业模式的创新和设计，为企业提供 1P 理论实操的路径、方法和工具。

一、1P 商业模式创新

商业模式和商业战略是两种不同的思维。模式思维是外向网络思维，聚焦在发现、创造和交易商业生态网络价值，达到合作共赢的网络价值逻辑和交易结构；战略思维是内向行业思维，聚焦在发现、创造和捕获线性价值，达到独赢的竞争逻辑和捕获手段。前者注重企业与顾客和伙伴的合作，从扩大价值总量中共赢获利；后者注重打败竞争对手、垄断目标顾客，从给定的产品市场价值总量中扩大份额以实现盈利。

任何一个企业都有自己的商业模式，所以企业之间的竞争一定是商业模式之间的商业战略竞争。除非发现新的网络价值和合作伙伴，创新商业模式替代原有商业模式，创造和交易网络价值，否则企业走不出原有商业模式之间的零和竞争僵局。所以，商业模式创新的动力来自走出原有商业模式之间的商业战略竞争，通过发现、创造和交易网络价值，整合第三方买单，突破商业战略竞争定价的上限和下限，获得新竞争优势，扩充盈利空间。

没有商业模式之间的商业战略竞争，商业模式不可能维持它的存在；没有商业模式创新，企业走不出商业战略竞争的原有格局和市场范围，不可能做久做大做强。研究商业模式的目的，正是用商业模式创新开拓前所未有的网络市场，获得新的竞争优势和业绩。

商业模式创新是用新商业模式替代原有商业模式的过程。商业模式分类是商业模式创新的理论基础。没有商业模式分类，就无法辨别和确定是否有商业模式创新，也难以自觉有效地发现新的商业模式和制定商业模式创新的策略和路径。

一般而言，对于采用同类交易结构商业模式的企业，因不同的价值主张、关键资源和企业文化等具体情况，在选择用什么组织架构和活动流程表现这类商业模式方面，其设计安排千变万化，演变出同类商业模式各具个性的表现形式。这些表现形式不会改变同类商业模式的商业逻辑和交易结构，这就是为什么不能用商业模式的实施要素进行商业模式分类和判别商业模式创新的原因。

cre新是把创意转化为创造财富的过程，而这个过程正是创建商业模式及其组织形式的过程。什么是商业模式创新？商业模式创新是改变创造和交易网络价值的价值逻辑和交易结构的组织化过程。商业模式创新分两个层次：一是跨类创新，即创新网络价值逻辑(关联网络价值量的盈利因果逻辑)、交易内容(产品/服务等价值构成)和交易结构(企业、顾客和第三方的收入分配和成本分摊结构)，它包括：(1)用新类商业模式替代原有商业模式，如第一章中用 BM22 替代 BM20；(2) 商业模式之间组合创新，如麦当劳组合 BM0 和 BM20，门店创新成为加盟连锁店，通过组合 25 类相互独立的基本模式(见图 1-2)，派生出大量组合模式。二是同类创新，在同类商业模式的要素组合设计和安排上个性化创新，它包括：(1) 通过整合新科技等方法降低交易成本的手段放大原有模式的规模，如利用互联网、物流和金融科技，把中间商门店模式放大为中间电商模式，虽然商业逻辑和交易结构没变，但可以大大节省交易成本，扩大规模，剧增销量；(2) 对所选商业模式的组织框架和活动流程等具体表现形式做出选择和个性设计。第一个层次是商业模式创新的战略和科学层次；第二个层次是商业模式创新的战术和艺术层次，因为它不改变创造和交易网络价值的商业逻辑、交易内容和交易结构，严格地说，它属于商业战略创新的范畴。对于第二个层次，个性化设计是关键，很难有逻辑一致的分类标准。

跨类创新是商业模式创新的核心，也是区别于商业战略的本质特征。而同类商业模式创新和商业战略设计创新没有本质区别，实现商业战略照样要有组织框架和活动流程设计。比如创造网络价值的价值网流程设计和创造线性价值的价值链流程设计，被设计的要素都包括在产品、渠道和促销的 3P 之中，在技术层次上并无本质不同，价值网流程不过是价值链流程结构的嵌入而已。它们之间的本质区别在于价值性质和网络价值逻辑而不在于表现形式。价值链的概念由 Porter (1985，1996)[①]提出，用来描述产品增值和传递价值给顾客过程中企业所进行的活动序列。相应地，价值网的概念是用来描述产品增值和传递网络价值给顾客、关联顾客和合作伙伴过程中，企业和合作伙伴所进行的活动系列网络结构。

从商业模式分类可以看出，商业生态网络的价值逻辑和交易结构客观自

---

① Porter, M. E., *Competitive Advantage: Creating and Sustaining Superior Performance*. New York: Free Press, 1985; Porter, M. E., What is Strategy? *Harvard Business Review*, 1996, 74: 61—78.

然存在。所以，商业模式的跨类创新不是创造模式，而是发现和选择模式；但在同类商业模式的设计创新上，它是具体的表现而不是抽象的逻辑本身，所以它是艺术性的创新。

一个企业，怎样才能进行有效的商业模式创新呢？关键是用生态网络思维重新审视企业、顾客、竞争对手、供应商乃至整个商业环境的经济性质，评估企业内外的关联网络价值量，发现关联网络价值量高的目标顾客、第三方关联顾客和第三方生产合作伙伴，深入研究他们之间的关联价值逻辑和交易结构，发现新的替代商业模式，共同创造和交易网络价值，达到合作共赢的目的。关于如何发现第三方关联顾客和合作伙伴的规律和方法，第一章从产品功能开发、产品和顾客的战略利益、企业生产或服务流程的范围经济、企业本身在社会价值网中的地位和作用、资源整合、价值流程改造，以及企业所掌握的无形资产的价值和作用等方面，以及通过信息分类、组合和比较分析进行商业模式选择和定位，有比较深入的研究和探讨。诸如，企业可以通过整合新科技和新方法，放大企业现有商业模式的效能，比方电商替代门店，如京东；或组合创造新模式，如阿里巴巴。企业也可以通过开发产品隐性功能找到第三方合作伙伴，如苹果手机开发音乐下载和支付宝功能，找到第三方共同创造网络价值，合作共赢，等等。在商业模式具体表现形式的设计创新方面，可以参考运用 Osterwalder and Pigneur(2010)[1]提出的商业模式设计方法，Osterwalder(2004)[2]提出的 BMC 商业模式画布方法，Zott and Amit(2010)[3]提出的 NICE 设计方法，即新颖性(novelty)、锁定(lock-in)、互补性(complementarities)和效率(efficiency)设计原则；如何有效整合资源、聚焦销售模式，实现运营模式和资本模式的相互协同，设计企业经营商业模式，可以参考 Casadesus-Masanell and Ricart(2011)[4]；如何发现商业模式创

---

[1] Osterwalder, A., and Y. Pigneur, *Business Model Generation*: *A Handbook for Visionaries*, *Game Changers*, *and Challengers*. Hoboken: John Wiley and Sons Ltd, 2010: 278.

[2] Osterwalder, A., *The Business Model Ontology*: *A Proposition in a Design Science Approach*, Ph. D. Theses, 2004.

[3] Zott, C., and R. Amit, Business Model Design: An Activity System Perspective, *Long Range Planning*, 2010, 43: 216—226.

[4] Casadesus-Masanell, R., and J. E. Ricart, How to Design a Winning Business Model, *Harvard Business Review*, 2011, 89, nos. 1—2 (January - February): 100—107.

新的机会，克服其障碍，并设计出可选择的商业模式，可参考 Chesbrough (2010)[①]。关于商业模式创新的类型和设计，还可以参考 Giesen et al. (2007)[②]：(1) 产业模式创新：通过进入新产业，重新定义所处产业或是创造出新产业改变产业价值链；(2) 盈利模式创新：创新盈利的获得方式，例如通过重新配置产品和服务的组合或制定新的定价模式；(3) 企业模式创新：改变公司在价值链中的角色，拓展企业及雇员、供应商、客户和其他利益团体组成的网络，包括重新配置资产和能力。然而，因为没有逻辑一致的商业模式分类标准，这些商业模式的设计创新方法无规律可循，无法用来发现第一层次上的跨类创新，只能用来进行第二层次具体表现形式上的设计创新。如前所述，这种表现形式上的设计创新与实施商业战略过程中的设计创新并无本质差别。所以，商业模式的设计，关键在于定位第三方关联顾客，画出关联网络价值逻辑导图和按照这种逻辑导图确定它的交易结构。

发现、创新和选择商业模式的步骤：

第一章讨论发现、创新和选择商业模式，以达到价格小于平均成本或等于零、小于零还能盈利，大于顾客意愿价格还能促销的模式营销。对其讨论做一个整体逻辑安排，就是发现、创新和选择商业模式的步骤：

第一步，画出定位关联第三方的价值逻辑导图作为发现和选择商业模式的路径和分析框架，见图 1-3。

第二步，定位目标顾客，明确价值主张，明确提供目标顾客何种独特产品或服务的可信价值承诺。

第三步，确定企业关键资源和核心能力，尤其是企业核心价值观和知识能力，为满足对顾客可信价值承诺的背书。

第四步，把企业和顾客放到一个足够大的商业生态网络环境中考虑(参见第一章 Moore 关于商业生态系统概念的论述)，根据第一章所述第三方关联顾客的七类价值逻辑和规律(不限于七类)，列出所有可能具有关联网络价值的生产合作伙伴和关联顾客，统称关联客户，以及所在的网络市场。

第五步，比较分析这些网络市场和关联客户，根据企业关键资源和核心

---

① Chesbrough, H., Business Model Innovation: Opportunities and Barriers, *Long Range Planning* 2010, 43: 354—363.

② Giesen, E., S. J. Berman, R. Bell, and A. Blitz, Three Ways to Successfully Innovate Your Business Model, *Strategy and Leadership*, 2007, 35: 27—33.

能力的互补性需求,选择和定位关联网络价值量足够大的最佳生产合作伙伴和关联顾客,确定对他们的价值主张和业务范围。

第六步,按照企业、顾客和第三方关联顾客合作共赢创造和交易网络价值的关联价值逻辑,从表 1-1 和表 1-2 中(不限于表中的五类)选择确定整合第三方关联顾客支付价格的收益结构和第三方生产合作伙伴分摊成本的成本结构。

第七步,组合收益结构和成本结构,从图 1-2 商业模式分类中找到相应的商业模式,到此,商业模式的发现、创新和选择基本完成。

第八步,根据图 1-5 和参考图 1-4,对模式营销与战略营销的定价和盈利空间进行比较分析,评估创新的商业模式是否能够达到合作共赢、创造和交易网络价值,对原有目标顾客的产品定价,是否小于企业支付的产品平均成本或等于零甚至小于零还能盈利,或大于目标顾客的意愿价格还能促销?如果是,就可以确定第七步中选择的商业模式作为企业实施的商业模式;如果不是,就要重复前面的步骤,重新选择商业模式。

商业模式选定之后,就可以按照上述八个步骤确定的关联网络价值逻辑和第三方定位,着手设计它的组织框架和价值链流程系统的网络结构,用来实施所选定的商业模式。

二、1P 商业模式设计

如前所述,关联网络价值逻辑,企业、目标顾客、第三方关联顾客、合作伙伴共赢创造网络价值的收益成本交易结构,是发现和创新商业模式的本质和核心,是商业模式的真正含义。而组织架构和活动流程系统是商业模式的表现形式,是现象。虽然实施商业模式不是商业模式本身,就如同实施商业战略不是商业战略本身一样。但要实施商业模式,区别于同一网络市场竞争对手的个性化组织架构和活动流程系统设计,以获得持续竞争优势和良好业绩,就变得非常重要,相对于那些采用同类商业模式的竞争对手,尤为重要。

虽然如此,但如果组织架构和活动流程系统的设计偏离了关联网络价值逻辑,以及相应的交易结构和成本收益结构,这种设计不管有多么漂亮、多么个性,都只能是缘木求鱼。因此,根据目标顾客、关联顾客和合作伙伴定位,确定关联网络价值逻辑、相应的交易结构和成本收益结构,画出其价值逻辑导图和按照这种逻辑导图设计组织架构、活动系统和流程，仍是有效商业模式设计的关键。

对于商业模式的组织框架、活动系统和价值链流程设计，Porter(1985，1996)，Osterwalder and Pigneur(2010)，Zott and Amit(2010)，Casadesus-Masanell and Ricart(2011)，Chesbrough(2010)和Giesen et al.(2007)都有很深入的研究，提出了各种可行的设计方法和技巧，国内一些学者也有不少介绍，而1P理论强调的则是有效商业模式设计的灵魂和关键：对企业和目标顾客尤其对第三方的定位；三方合作共赢创造和交易关联网络价值逻辑和收益成本交易结构；基于这种逻辑结构的商业模式分类和逻辑导图；以及网络市场的盈利空间和定价空间的图示分析和价值量计算。对于一个企业家，这些远比商业模式的组织架构和活动流程系统设计来得重要和关键，因为后者可以找技术人员设计，但如果企业家手中没有清晰的商业模式，技术专家又如何为你设计组织架构和活动流程系统呢？

商业模式分类揭示了商业生态网络的价值逻辑和交易结构的客观存在性。所以，商业模式创新不是创造模式，而是发现和选择模式。而商业模式设计则是一套把商业模式关联网络价值逻辑用组织形式表现出来的设计理论和方法，它不是创造商业模式，而是为实施所选定的商业模式进行组织和流程设计，与实施商业战略的组织和流程设计一样，它属于组织管理和流程管理的范畴。1P理论把发现、创新和选择商业模式与设计所选定的商业模式鲜明地区别开来，而大多这方面的学者却把二者混为一谈，认为商业模式本身是设计出来的而不是发现和选择的。

只有把发现、创新和选择商业模式与实施商业模式的组织和流程设计相结合，商业模式设计才会有灵魂、有逻辑，才会有完整的系统和步骤。

1. 1P商业模式设计的步骤

（1）设计方案：选定商业模式之后，就可以着手制订商业模式设计方案。在设计方案中，需要：第一，明确指出企业的目标顾客、关联顾客、生产合作伙伴是谁，竞争对手是谁，企业所处的生态网络市场，对顾客、关联顾客、生产合作伙伴、竞争对手和网络目标市场的定位，企业和关联客户之间的关联网络价值和价值量，对顾客和关联客户的价值主张、提供物、业务范围和渠道。第二，明确指出企业的核心能力、核心业务和关键资源，可以整合与企业和目标顾客互补的关联客户的能力和资源，竞争对手的核心能力和关键资源。第三，明确指出企业与生产合作伙伴的成本交易结构，与目标顾客和关联顾客的收入交易结构和成本分摊结构。第四，明确指出为达到选定商业模式的价值目标所制定的成本收入等各项指标体系。第五，明确指出选定商业模式设计要达到的各项设计标准。总之，商业模式设计方案要对产品和价值主张，客户管理设计中的客户定位、价值关联、交易结构和渠道，管理框架和流程设计中的资源配置、核心能力和客户关系，以及财务指标的成本收益结构，有明确清晰的界定、描述和要求。商业模式表现形式中的设计方案相当于商业战略表现形式设计中的计划。

（2）设计方法：设计方法由交易结构、构成要素、模块分类、系统框架和原则标准五个方面构成。第一，交易结构：如图 1-3 和图 1-2 所示，确定企业、顾客、关联顾客和生产合作伙伴共同创造和分配网络价值的交易结构等于确定商业模式的类型，这是设计商业模式的前提和出发点。第二，构成要素：商业模式的构成要素主要有价值逻辑、交易结构、价值主张、目标顾客、关联客户、客户关系、渠道、核心能力、核心业务、关键资源、成本结构和收入结构。第三，模块分类：把构成要素按其职能、作用和价值逻辑分类区隔，作为商业模式的子模式设计的构成要素。一般而言，可以分为提供物模块：价值主张；客户模块：顾客细分和定位、渠道、物流和客户关系；管理模块：核心能力、核心业务、关键资源、合作伙伴；财务模块：成本结构和收入来源。根据产品和客户模块要素类别可以设计出营销模式以及它的活动系统、价值流程和协调机制；根据管理模块的类别要素可以设计出运营模式以及它的活动系统、价值流程和协调机制；根据财务模块要素可以设计出盈利模式和资本运作模式以及它的活动系统、价值流程和协调机制。第四，系统框架：按照各模块之间的价值逻辑、流程顺序和协同耦合机制构建商业模式系统框架整体。第五，原则标准：商业模式达到设计要求必须符合一定的原则和标准。综合专家学者的研究，一般认为商业模式设计需要遵循效率性、一致性、独特性、匹配性、利润增进、互补性、锁定性、新颖性、持续性、稳健性、异质性、适应性、顾客效率效益、参与路径依赖性等原则标准。1P 理论则特别强调价值网络性、客户关联性、第三方参与、共创价值和互利共赢。

（3）个性化设计：由于企业所选定的商业模式类型不同、所在的网络市场不同、顾客和第三方关联顾客不同、所面对的竞争对手不同、企业文化和关键资源不同、业务范围不同和所要达到的目的不同等，具体到不同的企业，即使是与竞争对手同类的商业模式，商业模式设计也必须具有鲜明的个性化特征。这些个性化特征可能表现在价值逻辑不同、价值主张不同、与第三方的合作方式不同、侧重的模块或曰子模式不同、价值链的关键点不同、构成价值网的价值链结构不同、价值链之间的嵌入和耦合方法不同等。个性化设计对于防止对手模仿、锁定顾客和关联客户、保持商业模式的持续竞争优势和业绩至关重要。比如，同样是 B2B2C 的电商，有的物流配送外包，有的则自己拥有物流配送系统，例如京东。

2. 1P 商业模式设计的方法

按照商业模式设计的步骤和方法，在借鉴 Osterwalder and Pigneur (2010)、Osterwalder(2004)的基本设计框架和 Casadesus-Masanell and Ricart (2011)用子模式构成商业模式的方法的基础上，结合 1P 理论的关联网络价值逻辑和交易结构的导图，建立 1P 商业模式设计框架如图 2-1 所示：

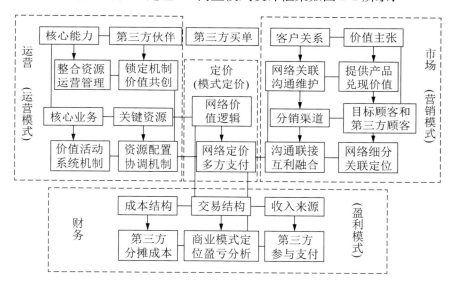

图 2-1 1P 商业模式设计框架

Osterwalder(2010)对商业模式设计提出了 5 个问题：(1) 提供什么？(2) 向谁提供？(3) 如何提供？(4) 收入多少？(5) 成本多少？然后将其分为 4 个设计模块——提供物、基础设施、顾客和财务，以及 9 个要素——提供物模块：要素价值主张；顾客模块要素：顾客细分、分销渠道和顾客关系；基础设施模块：关键资源、核心业务、伙伴网络；财务模块：成本结构和收入来源。Osterwalder 的设计框架清晰，但缺少了 3 个关键问题，补充如下：(6) 为什么提供？这是商业模式的价值逻辑，即商业逻辑，回答为什么会盈利的问题。(7) 收入由谁支付？(8) 成本由谁分摊？这些是商业模式的交易结构问题，回答商业模式如何定位，如何增加收入和降低成本的问题。一旦解决(7)和(8)两个问题，(4)和(5)这两个问题就迎刃而解，所以，这两个纯粹财务会计问题，在商业模式设计中没有多大的设计意义，我们把它合并到(7)和(8)两个问题中，一并放入财务模块。相应地，还要加上2个关键要素：网络价值逻辑和交易结构。这两个要素是如此重要，以至于没有它们俩，就没有商业模式：网络价值逻辑是商业模式存在的基础和理由，交易结构则决定商业模式的类型和创新(见图1-2)。商业模式设计中没有了这两个要素，就失去了它的灵魂，与商业战略设计再无半点差别。在Osterwalder的设计模型中，我们看不到这两个要素，不知道它与商业战略设计到底有何差别？或者说，Osterwalder的模式设计，不过是把营销战略设计、运营战略设计和财务会计设计做了一个对接拼装而已。

在要素模块分类方面，1P商业模式设计框架也与Osterwalder的要素模块分类有本质的不同。1P设计把产品放入顾客模块，把定价作为独立模块放入中心位置，网络价值逻辑替代价值主张作为定价模块的核心要素位置。这是由1P理论的理论逻辑决定的，对此，下面还有详细的解释。同时，交易结构是由谁分摊成本的成本结构和由谁支付收入的收入结构的组合，它决定商业模式的类型和定位，因此被放入财务模块，不仅成为盈利模式的核心要素，而且决定商业模式设计的全局。

并且，企业战略设计同样要提出这8个问题、4个模块和11个要素。要把商业模式设计和商业战略设计区别开来，必须明确回答商业模式8个问题中6个问题的本质内容。1P商业模式设计的回答如下：(1)为什么提供？通过第三方买单达到互利共赢的网络价值逻辑。(2)提供什么？提供网络价值主张。(3)向谁提供？向目标顾客、生产合作伙伴和第三方关联顾客提供。(4)如何提供？企业、目标顾客和第三方合作伙伴共同创造价值，甚至相互提供。(5)由谁支付收入？由第三方关联顾客参与收入支付增加收入。(6)由谁分摊成本？由第三方生产合作伙伴，可以是企业，也可以是顾客，分摊成本降低产品成本。为此，1P模式设计对Osterwalder的设计模型在结构形式上有颠覆性的改变，在内容上注入了商业模式的灵魂：网络价值逻辑、交易结构、第三方买单、定价空间和盈利空间(见图2-1)。

1P商业模式设计的结构布局分为4个设计模块(见图2-1)：市场、财务、运营和定价，相应完成营销模式、盈利模式、运营模式和模式定价的设计，对应4大设计任务。(1)营销模式的设计任务：为盈利模式发现网络价值，为运营模式确定业务范围和价值共创的生产合作伙伴；细分网络市场，运用网络价值逻辑关联定位目标顾客、网络价值关联的第三方顾客和第三方生产合作伙伴；确定相应的价值主张和业务范围。（2）盈利模式的设计任务：运用商业模式的网络价值逻辑，选定商业模式的交易结构，定位相应的商业模式；计划成本多少，确定谁作为价值共创的第三方生产合作伙伴分摊成本的成本结构；计划收入多少，确定谁作为第三方网络价值关联顾客参与支付收入的收入来源结构。（3）运营模式的设计任务：按照营销模式提供的业务范围和合作伙伴，遵循盈利模式计划的成本分摊结构和运营成本预算，设计价值共创的活动系统、价值活动之间的逻辑联系和流程、价值链之间的网络结构和嵌入机制以及人财物等资源的配置和运行机制(谁应该安排在什么位置？负什么责任？用什么和多少资源？进行什么活动？完成什么任务？得到多少报酬和奖惩？等等)。（4）模式定价(区别于战略定价)的设计任务：遵循网络价值逻辑，按照营销模式提供的目标顾客、第三方关联顾客和第三方生产合作伙伴的网络关联价值量和价值主张，按照运营模式提供的合作伙伴价值共创的价值贡献和成本分摊，遵循盈利模式中交易结构确定的商业模式定位，即第三方生产合作伙伴分摊成本的结构和第三方关联顾客支付收入的结构，确定模式定价的定价空间和定价水平，以实现盈利模式所确定的盈利目标。

要达到4个模块设计的4大任务，企业必须有相应的能力和资源为基础。在1P商业模式设计中(见图2-1)，确定了12大要素：网络价值逻辑、交易结构、价值主张、目标顾客和第三方客户、分销渠道、客户关系、核心能力、第三方伙伴、核心业务、关键资源、成本结构、收入来源。箭头指向部分表示分析时需要考虑的子要素，表示要素的作用及发挥作用的条件和活动；实线表示要素间存在的联系，对一个要素分析时应该连带考虑与之相连的要素；虚线框表示四大支柱各包含的要素。

定价模块的要素是网络价值逻辑，它是企业、顾客和第三方关联顾客之间的网络价值关联度，企业对顾客和第三方顾客的价值主张，互利的关联网络价值定价，及企业盈利之交易结构的价值逻辑。它回答为什么要提出价值主张？为什么要搞商业模式？为什么交易结构要是这样不是那样？它是模式定价、盈利模式设计、营销模式设计和运营模式设计的主导逻辑。

财务模块包括交易结构、成本结构和收入来源结构3个要素。交易结构是企业、目标顾客、第三方关联顾客和生产合作伙伴之间的网络价值共创、互利共赢的价值分配结构。成本结构是企业与第三方生产合作伙伴的成本分摊结构，收入来源结构是目标顾客和第三方关联顾客之间的价格和收入的支付结构。交易结构定位商业模式的类型，和网络价值逻辑一起，主导企业的盈利模式设计。

营销模块包括目标顾客、第三方关联顾客和第三方合作伙伴在网络市场中的细分和定位、价值主张、客户关系和分销渠道。与战略营销仅仅在产品市场中对目标顾客细分和定位不同，模式营销需要在跨行跨界的网络市场中对目标顾客、关联顾客和关联伙伴进行网络细分定位，细分定位变量和方法会有很大的不同，难度也会大大增加。例如，在营销模式设计中，对目标顾客的价值主张、细分和定位的关键变量是他们与第三方关联顾客的网络价值关联度和量。这个网络价值关联度越高、量越大，第三方关联顾客买单的比重就越大，甚至可以达到让目标顾客免费和负价格的程度。这说明，企业应该从只关心目标顾客转向更关心价值共创的第三方买单者，因为在商业生态价值网中，第三方参与者常常成为获得网络价值的关键。所以，对目标顾客的价值主张常常还不如对买单的第三方关联顾客的价值主张来得重要。这也是 1P 商业模式设计把对目标顾客的价值主张要素从中心位置移开，用网络定价替代的重要原因之一。

价值主张是企业对顾客提供产品或服务，是以企业的文化价值、信誉、能力和资源为背书的，可信的个性价值和解决方案的承诺。在战略营销中，价值主张是产品定位和产品策略的合体，是要在产品市场中满足目标顾客的个性需要，在目标顾客心目中树立区别于竞争对手产品的鲜明个性形象。但在模式营销中，是要在网络市场中不仅满足目标顾客的个性需要，还要同时甚至更要满足买单的关联顾客和合作伙伴的个性需要，同时在他们心目中分别树立区别于网络价值竞争对手产品的鲜明个性形象。这显然要比战略营销中的价值主张来得复杂。

分销渠道是为顾客提供获得企业产品的方便，与中间商的有效沟通和连接以保证顾客的方便尤其重要。客户关系是与顾客之间的有效沟通，以建立长久、稳定和互利共赢的锁定关系。模式营销与战略营销的分销渠道和客户关系的不同之处在于，要考虑顾客的多元性、网络性和关联共存。

运营模块包括核心业务、第三方合作伙伴、核心能力和关键资源 4 个要素。核心业务范围由企业网络价值逻辑、交易结构以及对目标顾客、关联顾客和合作伙伴的价值主张确定，核心业务也描述与第三方的合作方式、活动的内容、所需要的核心能力和关键资源及其关系。第三方合作伙伴可以是参与共同创造价值的其他企业，也可以是目标顾客或关联顾客，它描述企业与伙伴之间的合作内容、方式、协议和锁定机制。在 1P 运营模式设计中，第三方合作伙伴这个要素极为重要，它对降低企业担负的产品成本具有奇效。关键资源描述实施商业模式所必要的资源，尤其是核心业务所需要的资源。核心能力描述从采购、生产到产出整个运营所需要的运营管理能力，包括整合资源、配置资源、构建活动流程和研发创新能力等。

3. 1P 商业模式设计的本质特征

1P 商业模式设计与过往商业模式设计的根本区别在于四点：（1）把网络价值逻辑和交易结构作为商业模式设计的核心要素。（2）把价格替代提供物（产品/服务）、网络价值逻辑替代价值主张，放在商业模式设计的中心模块。（3）把定位商业模式的企业、目标顾客、关联顾客和生产合作伙伴创造和交易网络价值的交易结构放在财务模块，成为设计盈利模式的核心要素。（4）发现和锁定第三方买单，网络价值共创，互利共赢，以突破战略定价空间、扩大盈利空间，是 1P 商业模式设计追求的核心目标、策略和路径。

我们先看财务管理模块的交易结构要素与相应的收入支付结构和成本分摊结构。在 Osterwalder 的设计框架中，财务模块只做财务会计处理，把收入来源和成本结构放在账目结构上，没有赋予商业模式设计的战略与路径的意义。在 1P 商业模式设计框架中，财务模块是作为盈利模式来设计的，并且具有至关重要的设计意义。只要在网络价值的创造和交易结构中，找到第三方关联顾客参与支付收入，找到第三方生产合作伙伴分摊成本，企业就可以突破商业战略定价的上限和下限，有效扩大定价空间和盈利空间。这就为顾客模块（即营销模式）设计提供了价值逻辑和根本任务，即运用关联网络价值逻辑在网络市场找到第三方买单。第三方关联顾客参与目标顾客支付价格，增加收入；第三方生产合作伙伴参与企业分摊成本，降低企业的生产成本。收入提高，成本降低，定价和利润空间自然增大，这就使得企业以低于产品平均成本的价格、零价格甚至负价格销售产品还能盈利，高于目标顾客的原有意愿价格还能促销成为现实，使价格或定价空间成为营销的关键，成为 1P 商业模式设计的核心问题。这就是为什么我们在 1P 商业模式设计框架中，用定价替代产品，用网络价值逻辑替代价值主张，用第三方买单替代产品生产参与者，并放到了商业模式设计的中心位置。

找到第三方生产合作伙伴也是运营模块（即运营模式）设计的关键问题。企业的核心能力是，整合网络资源，运用关联网络价值逻辑，找到第三方生产合作伙伴的能力。企业的关键资源是，能用来整合第三方生产合作伙伴的资源。一旦有了第三方参与共同生产，即联合运营、价值共创、分摊成本，就会大大降低企业的生产和运营成本、甚至可以达到零成本、负成本生产和运营。

在财务模块的设计中,资本模式设计也很重要。资本模式主要指企业获得资本的方式以及资本运行的方式,它是企业正常运行和发展的保证。显然,第三方买单的盈利模式,也是资本模式,虽然资本模式不限于第三方买单。

营销模式设计和营销战略设计,除了价值逻辑和交易结构不同,在具体的活动系统和价值流程设计上并没有什么两样。价值网络不过是多条价值链的相互嵌入,各价值链由不同价值流程和不同的参与者构成,他们相互价值关联,通过企业组织构成价值逻辑一致的价值网。因此,我们可以借鉴企业战略的组织设计和价值链流程设计方法。从图 2-1 可见,营销模式的结构与营销战略一样,也是由 STP 和 4P 的结构构成,不同的是营销模式的 STP 定位在网络市场里进行,它不仅要对目标顾客,而且要对第三方顾客进行网络关联定位,这当然要比营销战略来得复杂。我们知道,4P 营销组合战略分为产品、价格、渠道和促销,每一类又进一步分为更为具体的营销工具,产品——品种、质量、设计、功能、品牌、包装、服务;价格——定价、折扣、补贴、付款期限、信用证条款;渠道——分销渠道、覆盖范围、分类、位置、库存、运输、物流;促销——广告、人员推销、销售促进、公共关系。分别称为"产品组合"、"价格组合"、"渠道组合"和"促销组合",它们相互关联,通过设计和实施,构成企业用战略营销创造和捕获价值的商业逻辑、组织架构和价值链流程。在营销模式设计中,同样需要对这些系统活动和价值链流程进行设计,不同之处在于,营销模式设计面对的是网络活动系统和价值网流程,它需要特别注重构成价值网的价值链嵌入机制的设计。网络活动系统是线性活动系统的交错、叠加、模块串联或并联的平台连接,所以,保持价值网活动一致性和稳健性的连接耦合机制设计非常重要。在 1P 商业模式设计框架中,我们把 4P 中产品价格 P,即单位收入,与产品、渠道和促销 3 个 P,成本 3P,分开来,它们之间的差是单位产品利润,乘以产品销量等于总利润。如前所述,这样分开非常重要,因为这个差既是盈利空间,也是定价空间。只要能从网络市场整合第三方分摊产品成本和支付产品价格,那么营销模式就可以突破营销战略的定价空间和盈利空间,达到低于平均成本销售还可以盈利,高于意愿价格还可以促销。这就是为什么这本书叫"1P 理论",即通过第三方买单突破战略营销价格的下限和上限,扩大定价空间或盈利空间的理论。这也是为什么 1P 商业模式设计把定价放在中心位置,而不是把价值主张放在中心位置的道理。

类似营销模式设计，运营模式设计和运营战略设计也有很多类似之处，运营战略也需要设计组织框架、活动系统和价值链流程用以有效执行运营战略。一般而言，运营管理按照组织管理的四大职能，即计划、组织、领导和控制，进行设计。计划是战略的实施方案，它必须清楚说明商业战略的线性价值逻辑，把战略目标指标化以及确定评价其他职能设计的标准。组织设计要确定活动系统的要素，设计配置资源完成计划任务的组织框架和协调机制，如科层结构、权力指令系统、管理跨度、信息系统、收入报酬机制、资源配置机制、企业文化机制、活动流程和价值链等。领导职能要设计权力机制、选拔晋升机制、激励机制和沟通机制等。控制设计要制定控制标准，确定控制类型和关键控制点，以及建立风险防范和处理机制等。

设计运营模式，同样需要设计组织框架、活动系统和价值流程等以有效执行商业模式，所以，对运营模式设计，可以借鉴运营战略设计的方法。但运营模式和运营战略的根本不同在于有来自于跨行跨界商业生态网的第三方关联伙伴参与合作，与企业和顾客共同创造网络价值，共赢交易和分配网络价值。在这里，企业内部的组织内设计要转变为跨行跨企业的网络组织设计，价值链设计要转变为价值网设计，企业文化机制设计要转变为多元跨文化机制设计，如此等等。平台、嵌入、耦合、叠加、模块化等设计方法显得尤为重要。

1P商业模式设计的一个重要长处在于它简单易行，不仅大企业可以用，中小企业照样可用。只要企业能抓住一个关键点：发现第三方愿意买单的网络价值逻辑并有办法锁定这个第三方！本书有很多案例分析，都是黑虎掏心，直接冲买单的第三方下手。第三章将通过案例分析，帮助读者深入理解和运用1P商业模式设计的逻辑和方法。

本章揭示了1P商业模式创新的关键在于跨类创新，通过扫描商业生态网络价值，发现和选择创造和交易网络价值的逻辑、交易结构和交易内容，整合第三方买单，获得新的竞争优势，达到突破商业战略的定价和盈利空间的目的。1P商业模式设计颠覆了把对目标顾客的价值主张放在中心模块的设计思路，把定价放到了中心位置，把网络价值逻辑和交易结构作为商业模式设计的灵魂，把定位和锁定第三方买单提到了前所未有的高度，作为1P商业模式设计的核心任务。1P商业模式设计逻辑清晰，设计简单，适用于所有大中小企业。

第三章

1P 商业模式案例分析

不论做什么事，违反共性必然失败，没有个性不能成功。要创新商业模式获得更大的盈利空间，就不能违反网络价值盈利逻辑这个共性，即必须发现和整合第三方共创价值，分摊成本和支付收入，达到互利共赢、收入共享，否则，1P商业模式创新必然失败；同时，创新商业模式不能没有个性，即必须在商业模式分类中找到适合本企业个性的商业模式类型，并且在实施过程中体现个性设计。

案例分析的目的，就是通过案例分析，检验1P商业模式理论对具体企业商业模式创新的共性逻辑和个性适应的应用效果与解释能力。本章运用1P商业模式和模式营销理论，分析了八个具有代表性的大、中和小微企业案例，它们选自国际、国内和不同的网络市场。通过这些精彩纷呈的案例分析，读者可以了解如何运用1P商业模式理论创新和设计企业的商业模式，创造和交易网络价值，突破商业战略的红海竞争，进入真正合作共赢的蓝海商业生态。本章的案例分析由我指导MBA学生编写和分析，然后由我修改提升。

一、淘宝的1P商业模式*

（一）关于淘宝

"淘宝网（taobao.com）是中国深受欢迎的网购零售平台，目前拥有近5亿的注册用户数，每天有超过6 000万的固定访客，同时每天的在线商品数已经超过了8亿件，平均每分钟售出4.8万件商品。截至2011年年底，淘宝网单日交易额峰值达到43.8亿元，创造270.8万直接且充分就业机会。随着淘宝网规模的扩大和用户数量的增加，淘宝也从单一的C2C网络集市变成了包括C2C、团购、分销、拍卖等多种电子商务模式在内的综合性零售商圈。目前已经成为世界范围的电子商务交易平台之一。"①

---

* 案例编者：张毅、刘明、赵雯。本案例参考文献：中国人民银行：《非金融机构支付服务管理办法》；《中华人民共和国合同法》；于明、魏东、刘冰："淘宝的1P理论分析"，北京大学光华管理学院，2014。

① 淘宝官网，http：//www.taobao.com/about/? spm：a21bo.7724922.1997523009.23.jTn5bI，登录时间：2015年11月12日。

"截至2003年，易趣网占领了中国C2C近72%的市场份额。2002年，ebay以3 000万美元的价格收购了易趣33%的股权，2003年ebay完全控股易趣，总花费1.8亿美元。在获得了ebay的支持后，易趣几乎占领了中国C2C市场90%的市场份额，可谓是风光无限。

　　"易趣在成立之初，就有着先天的缺陷，没能引入第三方降低成本，不能和其他C2C平台拉开差距，建立商业壁垒，这也为后来马云的淘宝发展留下了巨大的机会。

　　"而马云在筹备淘宝时，发现了易趣没有引入第三方支付平台的缺陷，因此在淘宝2003年5月成立的短短5个月后，淘宝就推出了自己的第三方支付平台——支付宝。

　　"依据2012年淘宝数据，每年通过支付宝平台交易的金额高达1万亿人民币，通过整合这些平时看似无用的现金流，支付宝每年获得了近10亿的资金利息收入。因此淘宝借助引入第三方支付宝，极大地降低了平台的运营成本，可以在无需额外资金的支持下，实施平台免费策略，实现商户在平台上免费卖货，与竞争对手拉开了差距，并且建立了成本壁垒。而易趣由于没有引入第三方降低成本，即使在有ebay的大量资金支撑下，也很难实施免费策略（会面临巨额亏损）。

　　"淘宝通过引入第三方支付宝分摊商家的网店成本，获得了巨大的竞争优势和商业壁垒，在易趣迷失方向的5年里，淘宝从2003年成立时8%的市场份额，在2005年短短两年时间便占领了约59%的C2C市场，取代易趣成为中国C2C老大，并且在2011年几乎垄断了中国C2C市场90%的份额，而昔日老大易趣仅占有市场的0.60%。

　　"无论是从资金实力、团队还是电商经验来看，淘宝相对于易趣都处于劣势，而正是由于淘宝积极地引入了第三方支付宝，获得巨大的成本优势，才在其他方面处于绝对劣势的情况下获得了空前的成功，实现了逆转成就了淘宝神话。"①

（二）关于1P商业模式分类中的MB8模式

　　传统的4P理论，在1P理论下的解读是：企业自己支付产品、渠道和促

---

① 于明、魏东、刘冰："淘宝的1P理论分析"，北京大学光华管理学院，2014。

销，即 3P 的成本，收益售卖 3P 的价格，即 1P。

1P 商业模式是对 4P 商业战略的一种创新，创新的关键在于引入第三方：引入第三方企业参与分摊企业 3P 的成本；引入第三方顾客参与支付顾客购买 3P 的价格 1P。第三方关联顾客和合作伙伴、边际非稀缺性经济及关联网络价值，提供构建 BM8 商业模式的价值基础。

在 1P 理论商业模式矩阵中，模式编码越大，位于矩阵中越是偏上或偏右位置的商业模式，其与传统的 4P 理论下的商业模式差异越大，或者说越有创新难度。以淘宝 BM8 商业模式（见图 1-2）为例，在这个模式中：价格的 1P 有两个组成部分，其中，目标顾客支付负价格，而第三方支付正价格；成本一侧（3P）也有两个组成部分，其中，企业本身负担经营成本，同时有第三方进行成本的分担。

（三）如何理解淘宝网与 BM8 模式的关系

1. 淘宝网的价值主张和核心产品服务

我们先来看看淘宝自己怎么说："淘宝网致力于推动'货真价实、物美价廉、按需定制'网货的普及，帮助更多的消费者享用海量且丰富的网货，获得更高的生活品质；通过提供网络销售平台等基础性服务，帮助更多的企业开拓市场、建立品牌，实现产业升级；帮助更多胸怀梦想的人通过网络，实现创业就业。"[①]

从淘宝的自我介绍中，我们可以发现几个关键字："海量且丰富的网货"、"网络销售平台"、"开拓市场、建立品牌，实现产业升级"以及"通过网络，实现创业就业"等。

基于淘宝的描述和我们的讨论，淘宝的核心价值主张可以概括为几个词：商品海量且丰富、交易便捷安全、引领潮流生活等。

淘宝网这个交易平台以及配套的支付宝平台、阿里旺旺等放在一起就是淘宝网的核心产品组合，通过这种产品组合将淘宝网的价值主张传递给顾客。

2. 淘宝网与 BM8 模式的联系

BM8 模式中，价格的 1P 有两个组成部分，其中，目标顾客支付负价格，而第三方支付正价格；成本一侧（3P）也有两个组成部分，其中，企业本身负

---

① 淘宝官网，http://www.taobao.com/about/? spm：a21bo.7724922.1997523009.23.jTn5bI，登录时间：2015 年 11 月 12 日。

担经营成本,同时有第三方进行成本的分担。

BM8：价格/收入

结合淘宝网具体实例,从 1P 即价格/收入方面看,淘宝网的目标顾客是普通淘宝卖家和网购消费者,他们支付负价格或零价格。淘宝网的第三方关联顾客是天猫入驻商家,他们支付正价格。

零价格/负价格

由于淘宝从创立伊始直至今日,"免费"都是该公司一直所主张的,因此,在这里我们将普通的淘宝卖家和网络消费者定义为淘宝网的目标顾客,因此只有他们才最符合淘宝所主张的免费原则。

这里的免费,或者理解为零价格,不是指商品的免费,而是说淘宝网向这些目标顾客提供的产品、服务本身是免费的,即使用淘宝网的交易平台进行交易无须向淘宝网支付任何价格。

而 BM8 模式中,我们说目标顾客是负价格的,为什么这里又是零价格呢?网络交易与日常的交易有一个非常大的差异,即交易双方在达成交易协议的同时并不在同一空间地点,因此没法实现资金和商品的当面钱货两清,而且由于淘宝上绝大部分的交易双方都是并不具有公众信用的个人卖家买家,信用的缺失也阻碍了各种"先款后货"、"先货后款"的大规模实现。

为此,2003 年 10 月 18 日,淘宝网推出了支付宝服务。支付宝最初作为淘宝网为了解决网络交易安全所设的一个功能出现,后来独立成为一家公司。该功能为首先使用的"第三方担保交易模式",由买家将货款打到支付宝账户,由支付宝向卖家通知发货,买家收到商品确认后指令支付宝将货款放于卖家,至此完成一笔网络交易。支付宝对于网络交易双方的价值不言而喻,它的推出大大促进了淘宝平台的交易量提升。支付宝的诞生是为了解决淘宝的在线支付问题,而淘宝脱胎自阿里巴巴。支付宝的起源和它相对独特的业务模式,使它表现出一种独特的"混搭"文化。

支付宝的服务与国际贸易中通常使用的信用证有着非常类似的功能,而差别就在于银行的信用证服务是收费的,而支付宝对于这些淘宝网的目标顾客而言是完全免费的。从这个意义上讲,淘宝网的目标顾客在享受免费的交易平台服务的基础上,又额外获得了极具价值的支付宝服务,可以理解为目标顾客享受了负价格。

第三方正价格

淘宝网的初步定位是为小商家、消费者提供交易平台服务,而随着交易量的提升，消费者、商品的聚集，淘宝已然成为网络购物的潮流前线，日益吸引着大商家、品牌商家的目光。并且零散交易中各种假冒伪劣货品的充斥，消费者对于正品的诉求的提升，也为大商家、品牌商家的入驻提供了契机。于是，淘宝商城在2008年4月上线，后于2012年1月11日更名为"天猫"。

这些"淘宝商城"或者"天猫"的入驻商家，对于原有的目标顾客——消费者、普通淘宝卖家（个人卖家、小商家）而言，在此可以理解为第三方。相对于目标顾客而言，这些大商家一方面有网络销售的需求，同时淘宝商城或者天猫也成了它们企业形象或者品牌形象展示的窗口，通过网络平台，有助于提升这些大商家本身的企业品牌形象，形成了一种第三方价值，因此淘宝对于这里我们定义的第三方顾客（商城或天猫的入驻商家）收取入驻费，同时与交易相关的支付宝服务也收取一定费用。

BM8－成本

淘宝网承担日常的交易平台以及配套服务的各项运营成本，第三方分摊维护支付宝平台运营的各项成本，通过第三方物流节省物流成本。与此同时，随着淘宝网的发展、用户的积累、交易数据的积累、商家交易者信用记录的积累、眼球关注度的聚集等，不仅节省了信息成本，而且各种价值实现了量变到质变的过程，开始有第三方愿意为此买单，帮助淘宝网分担成本。

如果说淘宝最初的"免费"是为了打败易趣获取江湖地位的不得已而为之，我们可能会担心其不可能长久，那么当第三方分担成本出现之后，我想，我们对于"免费"就可以有一种常态的预期。因为现在的"免费"已经不再是价值链上4P之一的"促销"竞争战略，而是成为了以淘宝网为核心的价值网络里，利益分配格局的一种稳定状态。下面讲一下我们对于以淘宝网为核心的价值网络的理解。

（四）淘宝网的价值网

1. 传统的价值链理论

传统价值链理论的逻辑，即线性价值创造、一次性价值传递和捕获，如图3-1所示。

从图3-1中可以看到，企业付出3P凝结成产品将价值传递给客户，客户通过支付价格给企业，完成整个价值传递的一个简单闭环。在这个链条上，存在一些客观的限制约束条件，例如：从长期来看，价格（1P）势必要高过（至

图 3-1　没有第三方参入买单，价格 1P＞产品成本 3P 时企业才能盈利

少是不低于)企业的成本(3P)，才有可能维系这个价值链条的正常活动。

在这样一个框架下，企业为了获得更多的利润，势必从两个角度出发：降低成本和提升消费者意愿价格。传统竞争理论中的成本领先战略(降低成本)或者差异化战略(提升定价)都是如此假定的，并以此帮助企业在图 3-1 的不等式的前提下获取更大的利润。而至于零价格、负价格，在传统的价值链理论中，最多作为一种短期的促销手段出现，而长期的零价格、负价格在传统价值链理论中，无异于自残，无法成为长期战略。

2. 淘宝的价值网

淘宝通过过去 10 年的发展，从价值链出发，不断地织起一张价值网络，从而让其核心目标客户的长期零价格、负价格成为可能。在显示淘宝价值网的图 3-2 中，我们可以看到，由于淘宝构建了多个第三方关联顾客支付收入，多个第三方合作伙伴分摊成本，使淘宝突破了价格小于平均成本的下限，低

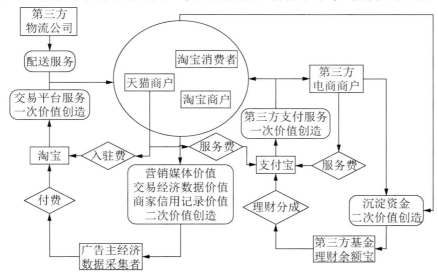

图 3-2　淘宝价值网

于意愿价格的上限。在图 3-2 的沉淀资金部分中，设计余额宝，通过第三方天弘基金合作开展互联网金融，降低了资本运作成本，成功地实现了沉淀资金的二次价值创造，互利共赢，同时提高了顾客、天弘基金和企业的收入。

在淘宝的价值网中：

（1）大量目标顾客免费享用淘宝提供的服务，从而实现巨量用户的访问、交易的达成、资金的流转，而这些都具有强烈的外部性。

（2）用户访问量和关注度、巨量的交易、交易数据以及支付的沉淀资金等外部性结果对于其他第三方形成了高度关联的价值，从而吸引了各种大商家入驻、第三方物流参与、广告主的广告投放等。而巨量的交易数据和信用记录在目前中国这个缺乏而又亟须信用记录的时代，其潜在价值不言而喻，并且已经有消息称一些银行正在与淘宝就小商家的交易信用数据方面进行合作。而支付宝沉淀资金更是一个未开掘的金矿。

在原有价值链活动中，利用活动的外部性创造第三方关联价值，从而形成第三方买单的格局，扩大了原有价值链上的定价空间，完成了整个价值网络的构建，形成了具有一定稳定状态的价值/利益分配格局，如图 3-3 所示。

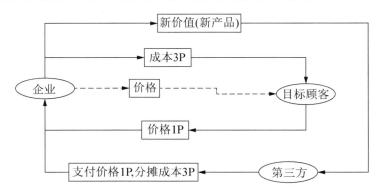

图 3-3　整合第三方，互利共创网络价值，扩大定价和盈利空间，
导致价格 1P＜产品成本 3P 更盈利

（五）总结

1P 理论的价值在于它创造了营销的蓝海，让有价值关联度的几方合作，创造新的价值并实现共赢，从而突破了传统理论中的顾客福利和企业利润之间的矛盾对立，实现了顾客福利与企业利润同时增加的双赢。

淘宝作为典型的网络经济模式和世界上最成功的C2C(B2C)商业网站之一,它的很多做法(如免费交易、第三方支付等)都开创了网络经济类型和应用模式的先河,也符合1P理论的精髓。在支付功能上,淘宝打造了最诚信和最安全的网上交易市场。淘宝与支付宝和余额宝的结合,最大限度地符合会员的强烈要求,就是共同建造网上交易诚信环境,让买家敢于尝试网上购物,让卖家能取信于客户。淘宝是免费的,甚至对店主是负价格,因为淘宝可以赚钱,所以吸引了无数买家、卖家来尝试新鲜事物。庞大的用户数及流量,使淘宝成为最具价值的电商平台。

如果市场对于一种产品的需求不断增长,产品供给可以随之增长而不受资源的约束,我们就称这样的产品为"边际非稀缺产品",如电脑软件、影视作品等。而"淘宝网"和"支付宝"所提供的电子商务平台及第三方支付服务也可以说是一种"边际非稀缺产品"。"淘宝网"建成后,可以为数以亿万计的小商家和消费者提供交易平台;而"支付宝"也可以给亿万人家提供安全的支付手段,同时增加的人员和物质消耗极低。

因此,这种"边际非稀缺"的产品特性,给了该类产品的提供者以极大的竞争优势。例如,同为电器销售商,"国美电器"需要靠多开门店来扩张自己的经营范围,而开门店所需的市区土地资源是极为稀缺的,这就极大地限制了国美的发展。与此同时,"淘宝"和"京东商城"的经营模式,决定了它们的经营规模不会受门店数量的限制。它们只需在郊区荒地建立物流中心,就可以满足商品配送需求,成本大大低于国美电器。因此,"淘宝"、"京东"、"亚马逊"等网上商城在与传统卖场的竞争中获得了领先的优势。

对于这类"边际非稀缺产品"来说,由于再生产成本极低,因此扩张经营规模便成了企业的第一要务。不论国外的亚马逊商城还是国内的京东商城都不外如此。它们宁愿牺牲短期利润而换取规模增长,从而希望获得更加长远的发展。规模越大,相伴产生的信息流和外部性就越大,就给它们的产品提供了更为宽广的利润空间,给客户提供了更加丰富的选择、更加优质的服务。而中国企业未来的竞争力和盈利前景,必定在于它们产品中边际非稀缺资源所贡献的价值比重;中国人未来的竞争力,必定在于他们所拥有的边际非稀缺资本的多少!

二、Facebook 的 1P 商业模式分析*

（一）背景介绍

Facebook 是一家位于美国加利福尼亚州门洛帕克的在线社交网络服务网站。其名称的灵感来自美国高中提供给学生包含照片和联系数据的通讯录（或称花名册）昵称"face book"。

Facebook 是在 2004 年 2 月 4 日由马克·扎克伯格与他的哈佛大学室友们所创立。Facebook 的会员最初只限于哈佛学生加入，但后来逐渐扩展到其他在波士顿区域的同学也能使用，包括一些常春藤名校与斯坦福大学等。接着逐渐支持其他大学和高中学生加入，并在最后开放给任何 13 岁或以上的人使用。现在 Facebook 允许任何声明自己年满 13 岁的用户注册。

用户必须注册才能使用 Facebook，注册后他们可以创建个人文件、将其他用户加为好友、传递消息，并在其他用户更新个人文件时获得自动通知。除了文字消息之外，用户可发送图片、视频和声音等媒体消息（现在也可以发送其他文件类型，如 Word 文件、Excel 文件等，但是压缩文件可能会被禁止发送）给其他用户，以及通过集成的地图功能分享用户的所在位置。此外用户也可以加入有相同兴趣的组群，这些组群依据工作地点、学校或其他特性分类。用户亦可将朋友分别加入不同的列表中管理，例如"同事"或"挚友"等。截至 2012 年 9 月，Facebook 已有超过十几亿个活跃用户，其中约有 9% 的不实用户。截至 2012 年，Facebook 每年共产生 180 帕字节的数据，并以每 24 小时 0.5 帕字节的速度增加。统计显示，Facebook 上每天上传 3.5 亿张图片。

Facebook 创始人马克·扎克伯格是世界上最著名的 CEO 之一。而马克·扎克伯格曾经的朋友与商业合作伙伴爱德华多·萨维林在新加坡亦十分知名。

---

* 案例编者：孔祥一、杨曦。本案例参考文献：德鲁克：《德鲁克日志》，上海译文出版社，2010 年；Berman, Dennis K, "The Game The Big Hole in Facebook's IPO Filing", *Wall Street Journal*, 2011 年；李孝群："微博发展的新趋势及其商业应用分析"，《新闻界》，2011 年第 6 期；贺佳莹："微博盈利模式研究"，中国科技论文在线，2011 年。

(二)Facebook 商业模式分析

1. Facebook 的价值主张

Facebook 公司的任务是让世界更加开放和连接更为顺畅。人们使用 Facebook 与朋友和家人保持连接、发现周围所发生的大事、共享和表达人们关注的事情。

开发者借助 Facebook 平台开发应用程序和网站,并集成在 Facebook 中以覆盖全球网络用户,创造更具个性化、社交性和迷人的产品。

广告商可以与 Facebook 上的逾 8 亿月活跃用户或部分用户基于后者选择共享的信息进行互动,这其中包括年龄、地理位置、性别和兴趣等。他们为广告主提供了独一无二的覆盖度、关联性、社交环境和参与度组合来提升广告价值:"我们相信,对于加快、简化、丰富人们相互之间的交流方面,我们站在业界的最前列。"

(1) 价值定位

• 顾客:Facebook 的目标顾客是所有希望通过网络及时交流、参加网络社交群体的 PC、移动设备或其他能接入互联网的客户端用户。所有使用 Facebook 发消息的人都是其顾客,其核心是顾客资源。

• 第三方:Facebook 的第三方主要分为以下几类:平台合作伙伴,包括出版商、媒体和开发者在内的平台合作伙伴;广告主;数据合作伙伴。

• 竞争对手:作为社交网络的一分子,Facebook 的竞争对手是众多社交网络公司,就目前来看,Facebook 最大的竞争对手是 Twitter。

(2) 价值承诺

对顾客

对于顾客其价值主张即为其理念:公共、实时、对话和分发。这个理念表现出来即为顾客会发现和关注他们认为最具吸引力的个人和组织,从而消费内容并从事令其感兴趣的对话。

对第三方

• 平台合作伙伴:包括出版商、媒体和开发者在内的平台合作伙伴,增加了为用户创造的价值。这些平台合作伙伴通过 API(应用编程接口)与 Facebook 进行整合,从而为平台贡献它们的内容,通过它们的平台传播 Facebook 上的内容,以及利用 Facebook 上的内容和工具为它们的网站和应用增色。

• 广告主：Facebook 可以通过一系列独特的广告服务帮助它们覆盖庞大的全球受众。基于 Facebook 对用户的深刻了解进行广告瞄准，创造了进行免费媒体宣传的机会。广告主可以免费使用 Facebook 与粉丝直接互动，也可以选择购买其广告服务，以更广更深的方式进一步推广它们的品牌、产品和服务。

• 数据合作伙伴：Facebook 向数据合作伙伴提供数据授权，从而允许它们访问、搜索和分析平台上的历史和实时数据。企业使用 Facebook 的方式主要有两个：一个是作为消费者对公司的评价信息来源，另一个是作为与消费者交流的平台。数据合作伙伴利用这些数据进行数据分析并从中盈利，它们能判断用户的心态、影响力和其他趋势。

（3）关键资源

• 丰富的软件基础设施：在与规模、财力都在其之上的 Google 的竞争中，Facebook 使用了一个非常好的途径——采用开源项目。Facebook 在开源方面的力度非常大，为全球软件行业提供了众多优秀的开源组件。这使得 Facebook 可以使用很少的成本即可快速构建稳定、高效的系统。

• 雄厚的硬件基础设施：全球顶级的大型数据中心、丰富的带宽资源，这些硬件设施作为软件的支撑，为 Facebook 打造了一个持久、稳定、有竞争力的核心网络。

• 一流的软件人才：通过将自己的产品开源，不仅是软件，还有很多硬件设计，Facebook 吸引了全球大量的优秀的开发者为其工作。

• 大量向已存在的实体社区提供辅助的网络在线服务的能力：Facebook 网站最初的成功是通过向大学生提供实体社区不能获取的信息服务，这是一种交互式的学生指南，包括每个学生的课程计划和社交网络。

• 大量实名注册用户：通过限制用户注册来创建理想的在线服务，Facebook 作了很重要的产品决策，保证实体社区和在线服务之间的协调和信任。在早期的 Facebook 网站上，30%的用户在自己的资料上准确地公布了手机号码，这些数据表明，用户彼此信任浏览自己资料的学生。此外，Facebook 已经实行了一系列隐私控制，允许用户准确地控制谁能够查看他们所提供的信息。

正因为 Facebook 具备这些关键资源，在 Facebook 这个实时平台上，用户可以接收极具广度和深度的各种信息，其涉及的话题非常广泛；拥有独一无二的覆盖范围和传播速度,"第二屏"形成了对传统媒体的补充;而且用户还能与世界各地的其他用户进行对话,除了参与对话之外,用户还能关注对话,表达对某一对话的兴趣。这个平台的开放性帮助 Facebook 本身和其他人突破其服务的限制,扩大内容的覆盖。

这些优质资源也是 Facebook 能够向全球用户提供社交网络以及为第三方公司提供信息服务的基础保障。Facebook 能够对平台合作伙伴提供独特的传播渠道、互补性的相关实时内容、信息卡片;以 Facebook 内容作为素材,平台伙伴可以利用推文提升用户体验。Facebook 能够对广告主提供独特的原生于用户体验的广告形式——推广产品、推广推文、推广账号和推广趋势,可以让广告主有机会接触用户,又不会有损用户的体验;它可以提供精准的广告投放方式、免费的媒体报道和病毒式的全球覆盖传播方式。

Facebook 在社交网络下,通过用户经验、观点和感情的持续不断的表达已经创造出了一个庞大的商业生态系统,为产品开发者、媒体公司、大型零售商以及对冲基金和其他投资者提供了洞察消费者习惯和心理的良好途径。拥有着公共实时数据流的 Facebook 能够为社交数据公司提供更为有价值的数据。

2. Facebook 的价值创造和传递战略活动

(1) 价值网

Facebook 的价值网如图 3-4 所示。

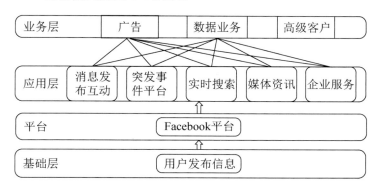

图 3-4 Facebook 的价值网

(2) 价值创造

关于 Facebook 是什么,一直都存在着争论,它是一个关系网络,收集、共享并传播信息。Facebook 正在发生变化,越来越多的人通过 Facebook 获取信息，很多企业也在使用 Facebook。Facebook 拥有比肩 Google 部分盈利特性的潜力。简单地说，Facebook 的内容由用户免费创造，它花相对有限的钱就能取得巨大的规模。Facebook 和投资者非常清楚这种文化优势，所以 Facebook 的价值越来越高。

Facebook 模式的高明之处在于顾客免费创造价值。公司本身不用为每日用户发出的数亿条内容更新支付一分钱，是用户本身在心甘情愿、乐此不疲地免费创造内容。而这些内容和信息及其病毒式的传播方式吸引来了众多的平台合作伙伴、广告主和数据合作商，为 Facebook 带来了非凡的收入。

3. Facebook 的价值捕获战略

（1）Facebook 的定价——零价格甚至负价格

Facebook 从推出便对其用户实行免费使用的方针，因为所有收费的方案都存在一个问题：任何收费的服务都可能会让 Facebook 的用户扩张减慢。作为一个社交网络，只有越来越多的人使用 Facebook，它的实用性和价值才能获得指数级别的增长。

从另一方面来看，用户在 Facebook 上甚至可以享受到原本需要收费的服务，比如：《华尔街日报》(*Wall Street Journal*) 网站与 Facebook 合作，在网站上加入了一项名为"Seen This"的新功能，该功能"允许读者查看哪些《华尔街日报》的故事文章受到了自己 Facebook 好友的欢迎"。福克斯新闻(Foxnews)也与 Facebook 合作，在 Facebook 中开设了页面。

（2）Facebook 的运营成本

Facebook 成本的最大部分是研发，其中很大部分为工程师的工资；以及维护其基础设施和其扩张公司业务领域的道路上的并购行为所需费用。此外，Facebook 的合作伙伴也在为这个平台的发展分担着部分成本，比如发行商、媒体和开发者向 Facebook 贡献着内容，在它们的服务中广泛传播来自 Facebook 的内容。同时 Facebook 向平台合作伙伴提供的开发工具，使得合作伙伴的应用程序界面和嵌入工具与 Facebook 进行无缝的整合。这些都是第三方向 Facebook 贡献的成本分担，如图 3-5 所示。

（3）Facebook 的收入

关于盈利模式，Facebook 有很多选择，但第三方的投入似乎是最佳方案。Facebook 也可以仿照 AT&T 这样的公共事业公司，向那些经由它的通道的流量收费；或者成为一家像 Netflix 那样的订阅服务提供商，然后向使用

图 3-5　Facebook 的成本

Facebook 的人收取月费或者年费；再或者，它原本可以选择将各种免费增值服务混搭。但是所有上述的方案都存在一个问题：任何收费的服务都可能让 Facebook 的用户扩张减慢。作为一个社交网络，只有越来越多的人使用 Facebook，它的实用性和价值才能获得指数级别的增长。所以，Facebook 的收入主要是对第三方的收费，对于普通的用户是免费的。按照其收入的比例，目前 Facebook 的收入主要有：

• 广告服务：Facebook 的大部分营收都来自其推广平台的广告服务。广告客户的目标包括打造长期品牌知名度及刺激消费者的立即购买等。Facebook 提供的广告解决方案，被设计为对用户具有更高的参与度和关联性，从而帮助广告客户更好地实现它们的目标。

• 第三方合作和支付市场服务：当用户从 Facebook 平台购买虚拟和数字礼物时，Facebook 将会按照比例收取一定的手续费。目前，大体上发生在 Facebook 的用户和平台开发者之间的所有支付交易，均为社交游戏中购买的虚拟礼物交易。

（4）理论分析

传统经济学理论认为，定价不能长期低于产品平均成本，因为企业无法盈利必然不能长存。但在 1P 理论中，企业通过引入第三方分摊或支付企业成本，使定价可以长期低于平均成本，甚至为 0 或者小于 0。企业通过降低价格，吸引了更多用户使用产品，用户在使用产品的过程中创造的价值通过某种形式供应给第三方企业，第三方企业支付相应的费用。这样，用户、企业、第三方都获得了应有的收益。整个网络也创造了以往不可比拟的价值，企业则突破了商业战略的定价空间和盈利空间（见图 1-5）。

4. Facebook 的商业模式类型和收益成本交易结构

Facebook 的平台和运营是边际非稀缺资源，不管有多少用户，0 还是 10 亿人，都不会增加平台的追加成本，即增加用户的边际成本为 0。如果把用户作为目标顾客，服务免费，把顾客资源作为平台的产品，把广告商等第三方看成购买顾客资源的关联顾客，支付的收入（如收取广告费和分成其他搭载业务的收入）构成收入来源，那么 Facebook 的 1P 商业模式分类属于 BM22（见图 1-2），其模式的交易结构导图如图 3-6 所示。

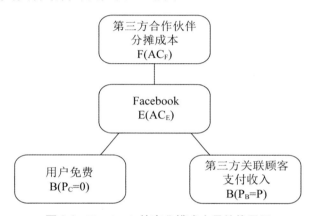

图 3-6　Facebook 的商业模式交易结构导图

Facebook 的单位顾客资源或顾客信息资源的收入：$P=P_B$；单位利润空间：$\pi=P_B-AFC_E$，AFC_E 为 Facebook 花费的单位固定成本；定价空间：当 $\pi \geqslant 0$ 时，$P_B \geqslant AFC_E$。总利润为 $\Pi=\pi \times Q$，Q 为顾客量或顾客信息量。因为增加平台顾客不增加成本，所以，越免费，顾客量越大，企业总利润越多。这显然是一个网络价值共创，企业、顾客和第三方关联顾客合作共赢的局面，是典型的 1P 商业模式 BM22。

如果把免费用户顾客同时看成是价值共创的第三方生产合作伙伴，把支付分成收入的第三方平台搭载关联顾客（广告商除外）同时看成是价值共创分摊成本的第三方合作伙伴，再考虑到平台运营的边际非稀缺资源性质，则 Facebook 的商业模式是 BM22 和 BM7 的组合商业模式（见图 1-2）。那么，Facebook 的定价和利润空间 $\Pi=[P_B-(AFC-AC_F)]\times Q$，其中，平台运营是边际非稀缺资源性质，具有沉没成本性质，其边际成本为 0；P_B 由多方支付；AC_F 由多方分摊。

5. Facebook 的商业模式创新

Facebook 的商业模式与其最大的竞争对手 Google、Twitter 等相比较，共同点在于都具有边际非稀缺资源的平台性质，但在利用平台模式与其他商业模式的组合方面、在跨平台方面、在新颖性和顾客锁定方面有其独到之处。

（1）Facebook 流行度的创新

从用户心理学角度来讲，每个人作为一个社会个体都期望被正确地关注，也期望跟踪他们关注的人群。Facebook 是一个典型的社会化网络，通过发布自己生活的相关信息可以非常轻松地做到这一点。人们会乐意接受这种生活方式。

从 Facebook 本身的特点来看，其拥有：极强的用户黏性；符合年轻一代的信息关注习惯，比如移动终端的使用率、信息的随意性等；非常强的跨平台型，可以在多个信息终端接入。

（2）价值创造模式的创新

Facebook 的用户数据有极高的商业价值。在价值创造模式方面的优势如下：

• Facebook 的广告模式创新：Facebook 掌握着用户关系链，每个用户个人的喜好数据被 Facebook 存储，用户的兴趣和关系的内容被 Facebook 搜集起来。这些信息对于第三方平台有着巨大价值。

• Facebook 与第三方合作：Facebook 本身并没有从用户身上直接收费，相反，免费的服务招揽了更多的用户。这些用户在使用 Facebook 产品的同时，不知不觉间创造的价值被第三方企业所关注。例如 Zynga 等游戏公司，它们使用 Facebook 提供的平台，开发关联产品提供给 Facebook 中的游戏玩家，通过 Facebook 的关系链，提供更好的游戏体验和用户黏性。同时，游戏玩家的付费行为支付了 Zynga 和 Facebook 的收益。

• Facebook 的商业模式创新：它符合 1P 商业模式的以合作共赢、价值共创、扩大定价空间和盈利空间为根本目的，以网络价值逻辑、成本收益交易结构为灵魂，以第三方买单为设计关键任务的设计理论和方法（见图 2-1）。

（三）总结

Facebook 最初并不是一个公司，它的建立是为了完成一个社交使命——让这个世界更为开放、相互联系。他们相信，每一个被邀请加入 Facebook 的人都明白这个使命对他们的意义何在,它影响他们如何以及为何做决定。

除了打造更好的产品,一个更为开放的世界也鼓励企业和客户直接、真诚地交流。超过 400 万家的企业在 Facebook 有自己的页面,并用此来和客户交流。他们希望这成为趋势。

随着定制化的高质量产品能够产生更高的经济效益,他们希望能够看见更多的服务,能够关注世界性的问题,包括就业、教育和健康问题等。他们愿意努力推动整个过程。

Facebook 还在继续探索创新他们的商业模式,如其创始人马克·扎克伯格所言:"我们并不是为了赚钱而提供服务;我们赚钱,从而能够提供更好的服务。"

三、苹果公司的模式营销[*]

(一)案例介绍

作为全球高科技企业中最有创造性和话题性的公司之一,苹果公司技术创新和营销模式创新的故事总是令人津津乐道。同时,在其庞大的产业链中,理解其中的营销模式也是很困难的事情。本案例意在运用营销管理的相关知识,来对苹果公司的营销模式进行分析,力求理解苹果公司的营销模式的基本情况。

1. 对苹果公司的印象

谈到大家对苹果公司的印象,一般大众应该有以下几点认识:

(1)全球最有价值的品牌:2013 年福布斯全球品牌 100 强中,苹果公司以 1 043 亿美元的品牌价值夺冠,这也是苹果公司连续三年蝉联冠军宝座。排名第二的微软公司的品牌价值为 567 亿美元,仅为苹果的 54.36%。[①]

(2)最具魅力的企业家/领袖:提起苹果公司,相信每个人都会联想到他的创始人和多次领导苹果进行产业革新的灵魂人物:史蒂夫·乔布斯(Steve

---

[*] 案例编者:丁文萍、马若琦、刘越。

[①] 福布斯中文网:2013 福布斯全球品牌 100 强,http://www.forbeschina.com/review/list/002116.shtml

Jobs)。尽管对于乔布斯个人的评价褒贬不一,但是没有乔布斯,就没有个人电脑的开山之作——麦金塔计算机(Macintosh),也就没有 iMac、iPod、iPhone、iPad 这些改变世界的高科技产品。

(3)最具创新力的公司:苹果公司的创新力无疑是该公司最大的特点,其创新可分为技术创新和商业模式创新两个方面。技术创新无疑是苹果公司闪亮的特点,从设计时尚的 iPod,到功能强大的 iPad,再到颠覆手机产业的 iPhone,无一不体现了苹果公司强大的技术创新能力。然而,商业模式的创新,无疑也是苹果创造一次又一次盈利神话的主要利器之一。

在结合技术创新的同时,这里将主要对苹果公司的商业模式进行分析,以期达到理解苹果盈利神话模式的目的。

2. 苹果公司的商业模式结构模型

苹果公司以产品为中心构建起价值网,把资源能力互补的合作伙伴整合在一起,共同创造价值,为顾客提供由完美的产品和丰富的内容服务组成的体验式消费平台,创造了全新的商业模式。

3. 商业模式分类

根据 1P 理论,苹果公司在成本相关的 3P(Product,Place,Promotion)方面,采用引入第三方供应商的模式,分摊成本(如 iPhone 等的硬件生产);在销售相关的 1P(Price)方面,采用引入第三方的模式,进行部分免费销售(加植入广告等),分摊售价。按照 1P 商业模式分类(见图 1-2),该模式为 BM6。

(二)价值主张

1. 对苹果公司产品的印象

(1)设计唯美:设计唯美是苹果公司产品的重要特征。简洁时尚、至轻至薄、坚固耐用是大多数人对苹果产品的第一印象。

(2)上手容易:上手容易是其产品的另一个重要特征。iPhone、iPad "一键一屏"的设计使得其产品非常容易上手。也许就是出于这个原因,苹果产品基本上不配备使用说明书,这和附带着厚厚说明书的其他产品产生了鲜明的对比。

(3)技术含量极高:通过 APP Store 下载的丰富/安全的应用软件,通过 iCloud 实现的 IOS 设备间的消息共享,以及通过无线网络、蓝牙等技术实现的 IOS 设备的功能扩张(如 Apple TV、Wireless Device)，都体现了苹果产品高度的科技含量。

能够同时满足"不了解 IT 的人群"、"IT 技术爱好者"、"对工艺设计要求苛刻的人群"这三类人的需求的这一特性，是苹果产品的高度竞争优势之一。

2. 利益相关方

(1) 目标顾客：① "果粉"；② 商务人士；③ 学生群体；④ 其他人群。

(2) 合作伙伴：① 零部件供应商；② 终端设备制造商；③ 第三方内容服务提供商；④ 网络运营商与授权经销商。

(3) 竞争对手：① PC 领域：联想、惠普、戴尔等；② 平板领域：三星、联想等；③ 手机领域：安卓、微软等。

3. 价值内容

(1) iPod：外形美观，体积小巧，容量很大，速度很快，操作便捷，下载便利。

(2) iPhone：① 手机功能：通话、短信等；② 娱乐功能：多媒体、游戏、上网等；③ 专业功能：GPS、工程设计等。

(3) iPad：① 娱乐功能：多媒体、游戏、上网等；② 专业功能：GPS、工程设计等；③ 显示功能：较大屏幕显示(与 iPhone 相比)。

4. 价值传递

(1) 广告：精神和理念的传递/情感共鸣、唯美的平面图片。例如："Think Different"，改变世界的产品。

(2) 产品发布会：发布信息极度保密，演讲展示精益求精，与实际客户零距离接触。

(3) 苹果专卖店："销售渠道＋体验基地＋户外广告"的模式使专卖店同时完成了销售、培训、广告三个功能。

5. 价值关联

如图 3-7 所示，苹果公司首先以其拥有的关键资源能力作支撑，打造了一个具有竞争力的内部价值网。以苹果顾客为中心，为了提供完美的客户体验，在价值创造的社会学过程中，充分挖掘(或培养)客户的潜在需求，确定了为客户打造完美产品的价值内容。然后以其经过精雕细刻的完美产品为核心，吸引高科技行业中的各种合作伙伴来为其创造价值(如零部件供应商、终端设备制造商、网络运营商、授权经销商、第三方内容服务提供商等)。之后，苹果公司通过其独特的营销方式(产品发布会、苹果专卖店等)进行价值传递。

最后，苹果通过其封闭系统(IOS)建立起来的相对封闭的价值网生态系统，加上苹果产品的高度融合性和可扩展性使得产品平台具有相当强的黏着力(即客户一旦使用苹果产品，则从客观和主观上都很难转用其他产品)，形成了有效的利润保护机制，从而构成了苹果公司持续竞争优势的基础。①

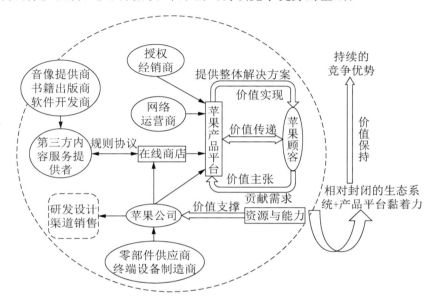

图 3-7 苹果公司的商业模式结构模型

(三)价值创造

1. 价值创造过程

苹果公司的价值创造过程，既是工程学的过程，又是物理学的过程，在某种意义上也是社会学的过程。

所谓工程学的过程，指的是苹果公司非常关注产品本身的技术、用户友好程度、人机互动等。

所谓物理学的过程，指的是苹果关注其产品(主要指硬件)的物理属性，例如外观、舒适程度等。同时，苹果因为与其第三方内容服务提供商、终端设备制造商、零部件供应商、网络运营与授权经销商共享了其客户资源(即离

---

① 张丹：《基于价值网的苹果公司商业模式研究》，郑州大学硕士论文，2013年。

开了苹果的产品平台、硬件载体,这些制造商、供应商很难获得大规模的、忠实的终端消费群体,苹果为它们创造的价值根源正在此处),因此苹果有可能要求第三方供应商分担其生产成本,在保证高质量的同时维持低成本。

所谓社会学的过程,是因为苹果时刻关注用户群体的潜在需求及其变化,力图通过前瞻性的产品与服务来引导人们的需求。正如乔布斯"Stay Hungry, Stay Foolish"的宣言,苹果希望自己永远超前于用户,时刻构想新的潜在需求,同时求知若渴,时刻探求新的技术知识。

2. 价值网的描述

苹果公司的价值网,如图 3-8 所示,苹果公司通过其产品平台,将第三方内容服务提供商、终端设备制造商、零部件供应商、网络运营与授权经销商

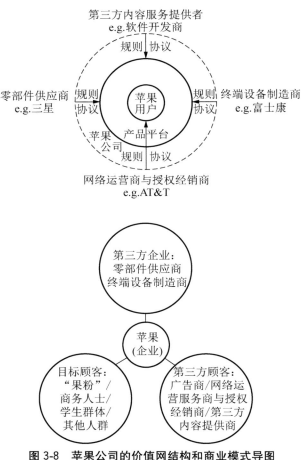

图 3-8 苹果公司的价值网结构和商业模式导图

的产品和服务以苹果硬件和软件等统一的产品或服务提供给苹果用户。第三方内容服务提供商、终端设备制造商、零部件供应商、网络运营与授权经销商并不直接与终端用户接触,而是通过与苹果公司的协议或者规则约束来维持的,是虚拟化的协作关系,不同于传统的供应链上下游关系。

所以概括而言:苹果公司的价值网是以用户为中心,第三方分布在外围的网状结构。通过苹果的产品平台,将五方合作伙伴整合起来,共享信息、技术、知识、渠道、市场,最终为苹果用户提供产品,共同捕获和交易价值。

(四)价值捕获

1. 价值捕获过程

苹果公司不同产品(硬件、软件和服务)的价值捕获过程如下:

(1)硬件销售:例如对于 MacBook、iPhone、iPad、iPod,苹果引入第三方供应商(终端设备制造商、零部件供应商),严格控制生产成本。

(2)软件销售:例如 APP Store、iTunes。苹果只提供平台(APP Store),与第三方供应商进行利润分成,同时获取客户重要信息(如消费习惯、信用卡信息等),同时植入广告,获取广告收益。

(3)服务销售:例如通过 iCloud(统一 ID)实现 IOS 各个设备的信息共享,大大提高便利性(免费获得 5GB 容量),同时通过用户付费扩容获取利润。

2. 价值捕获的图形分析

以 APP Store 免费软件为例。在传统的 4P 营销模式下,定价不能超过客户的最高意愿价格(如图 3-9 中 WP 所示),也不能低于软件开发商的平均成本

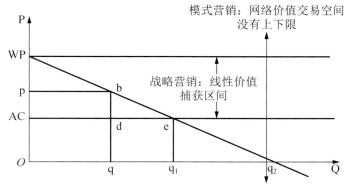

图 3-9 价值捕获的图形分析

(AC)。而在苹果的价值网下,则可以实现免费定价,令消费者获得最大的剩余。但是由于引入了广告,广告的收益一部分用于弥补软件开发商的成本,一部分则由苹果获得分成收益。

图形以外的还有很重要的一点就是苹果通过海量的应用,获取到重要的用户信息、用户习惯和第一时间的用户反馈,这对其保持创新以满足甚至引领大众的需求是非常关键的一个因素。

(五) 成本收益结构

苹果作为经营电子消费产品的公司,主要销售的不再仅仅局限于其硬件产品,而且还销售以产品为载体的由第三方供应商提供的服务,提供整体解决方案。

1. 收入分析

苹果公司的收入主要有两个来源:一是通过一般意义的销售硬件产品(如MacBook、iPod、iPhone、iPad等)获得一次较高利润;二是通过在线商店销售由第三方提供的音乐、视频、图书、游戏及其他应用软件获得大量消费者持续购买产生的后续利润(见图3-10)。

这种方式使第三方供应商通过苹果的平台将自身的服务或产品销售给顾客,丰富了苹果顾客的选择,促进了苹果硬件产品的销售,而另一方面硬件的销售也能为服务的销售提供平台,两者互相促进。

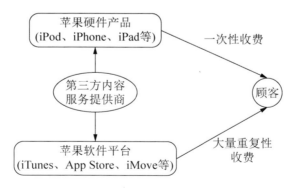

图 3-10 苹果公司的收入模式

2. 收入分配

苹果公司和其合作伙伴之间建立了比较有效的收入分配机制。

苹果产品零部件大多采用外包或者国外采购,与其供应商也有着比较成功的合作和分配。一方面是广泛的外购，例如 iPod 的 PCB、解码器、微型硬盘等分别由荷兰飞利浦、韩国三星和日本东芝等提供，而其充电器、耳机、电池、触摸滚轮等则主要由中国的企业提供；另一方面如富士康、华硕电脑、广达电脑、华英达电脑等都为其提供代工服务。苹果公司销售硬件产品获得的收入也与其全球的供应商进行了比较规范的分配。

苹果通过在线商店销售第三方提供的音乐及应用软件，由第三方开发者自由定价，苹果销售音乐及其他应用软件的收入，一般与第三方开发商采用三七分成，即苹果公司保留销售收入的 30% 左右，第三方开发商获得 70% 的收入。

苹果比较独特的地方还在于它并没有向第三方开发者收取管理费用，可以很好地调动第三方开发者的积极性，从而不断创新，提供更多更好的服务，吸引更多用户。作为目前全球最大的移动软件平台，苹果公司的 APP Store 应用商店拥有着数十万的第三方应用程序，满足了消费者的各种需求，同时第三方供应商也可获得不错的收入，是一种三方共赢的效果。

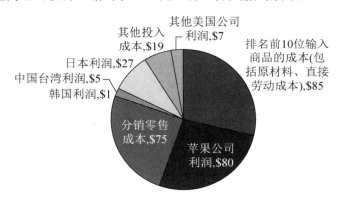

图 3-11　苹果一部 299 美元的 iPod 销售收入分配

3. 成本模式

苹果公司商业模式的成功与其良好的成本控制也是密不可分的。

（1）自主研发，节省第三方专利费：苹果公司通过在国内专门建厂进行设计、研发，将核心技术作为重要竞争力，拥有大量的专利，无须向第三方支付专利费。

（2）全球采购和非核心业务外包，保证成本最优：苹果公司通过全球采购和非核心业务外包，在全球进行分工与协作，有效降低了研发费用和成本费用。苹果的全球化战略保证了其成本的最优。

（3）签订长期供货合同，具有较强议价能力：苹果公司积极与关键零部件供应商建立长期供货合同，通过较大的订货量充分发挥其议价能力，有效地控制成本。

（4）提供零售体验店，减少培训费，获取用户需求：苹果公司通过提供零售体验店的形式，让顾客可以亲自去感受和近距离接触苹果产品，在节省相应培训费用的同时也收集了用户的需求，节省了后期的市场调研费用。

（5）向供应商垫付新工厂建设资金，帮助其及时扩产，获取独家采购权：苹果也会偶尔帮助供应商垫付新工厂的建设资金，一方面保证供应商能及时扩充产能，另一方面获得独家采购的权利。

4. 成本收益交易结构

（1）4P商业模式类型的成本收益结构：

$$\pi = P - AC, P = P_C, AC_E = AC \quad 当 \pi = 0 时，P = AC_E$$

单位利润是由价格和单位成本决定的，价格等于企业的直接收益，企业承担的成本等于单位成本，在盈亏平衡点时定价为企业承担的成本，定价不能低于单位成本。

（2）1P商业模式BM6的成本收益结构：

$$\pi = P_C + P_B - (AC - AC_F)$$
$$P = P_C + P_B, P_B > 0, P_C > 0$$
$$AC_E = AC - AC_F, AC_F > 0, AC_E > 0$$
$$当 \pi = 0 时，P_C = AC - (P_B + AC_F), P_C < AC$$

企业获得的价格由直接收益和第三方收益组成，企业承担的成本由总成本减去第三方承担成本构成，企业净利润为直接收益、第三方收益减去企业承担的成本构成。当利润为0时，直接定价可小于单位成本。

(六)商业模式的创新点

苹果公司的商业模式创新，从普通的销售硬件设备转换为同时销售产品和服务，而最具创新的特点是后续的服务并非自身研发，而是由第三方提供，苹果在后续服务中只需承担较少甚至不需承担成本，仍可获得较稳定的收入。该部分利润的获得与硬件设备的销售又是不可分割的，无形中分担了总成本，实现了1P理论所倡导的价值主张。

苹果的产品具有简洁时尚的外观、便利的操作、人性化的界面，很容易被消费者接受，能够产生较高的一次性高价收入，在苹果公司的总收入中占较大比例，而后期在线商店所提供的音乐软件等销售服务属于周期性低价收入，根据用户的下载量、选择量进行收费，也实现了价格歧视，虽然价格较低，但其种类繁多，能够在无形中带来持续的利润，这一部分收入所占比例也在逐渐提高。通过软硬件两种收入来源相互促进、相互加强，形成良性循环，使得苹果公司在商业模式上的创新得到了很好的收益结果。

(七)结语

综上所述，以下四点的商业模式创新和改善，促成了苹果公司的成功。
(1) 符合 1P 理论的模式营销：从成本和销售两方面引入第三方进行分摊，以期达到利润的最大化。这种营销方式恰恰符合 1P 理论的模式。
(2) 以完美产品为中心构建价值网：可以获得持续竞争优势。
(3) 合作伙伴共赢机制：使苹果公司获得强大且锁定的价值网。
(4) 硬件/软件/服务三位一体：封闭的系统(IOS)形成较封闭的价值网生态系统，加上其硬件/软件/服务三位一体的高度融合性和可扩展性，使得产品平台具有相当强的黏着力。

四、海外工程承包项目的商业模式创新[*]

(一) 案例介绍

中建材国际装备有限公司是一家主营建材类成套设备海外承包的国有企业，公司通常的业务模式是作为总承包商承揽投资方的建设项目，以交钥匙工程的方式建设例如水泥厂、玻璃厂和石膏板厂一类的建筑材料生产线，最终交付给投资方(业主)。

公司主要的盈利来自于工程承包中设计、土木工程建设、成套设备制造、安装调试的差价，因此对国内服务和设备供应商(分包商)的成本控制成为制约项目盈利的核心。

---

[*] 案例编辑：刘霄、张宸、唐宁。

以一个典型的水泥厂项目为例，投资方在可行性研究之后，筹集足够的资金开展项目招标，公司在得到投标邀请之后进行技术方案制作和成本核算（针对分包商的部分听取来自国内的报价），整合报价进行投标，中标后对内进行分包招标，选定国内分包商，项目进入建设阶段并最终交付。

可见，在传统的商业模式下，一个海外承包项目是否能够实现盈利，甚至是否能够中标，都和国内分包商的参与息息相关（类似于制造业的产业链控制）。

而在人民币升值、出口衰退的大背景下，中国海外承包企业越来越多地面对欧洲和印度竞争对手的两面夹击，如何破除瓶颈，利用国内充足的产能资源，寻找新的盈利模式就成了企业生存下去的关键。

由于国际金融危机的影响，海外投资者在工业类项目上的投入越来越谨慎，经常会出现某个项目因为资方无力筹资而进入僵局甚至被迫放弃的情况。这对于中建材国际装备公司这样的总承包商是最不愿看到的一种情况，公司也在尝试利用新的商业模式来挽救下滑的业绩。

在 2013 年的中东某国总价值约 1 亿美元的水泥厂项目中，客户自筹资金最多只能达到 5 000 万美元的水平，而由于矿山的高品位和水泥紧缺的现状，如果水泥厂能够按期投产，在可研性报告上显示的盈利能力是十分强劲的。而公司由于自身的国企背景，无法直接对项目进行注资或以卖方信贷的方式提供国内贷款，项目随时有下马的可能。

公司此时经过与国内主设备供应商的不断沟通，尝试让设备供应商走到前台，利用其资本配置灵活的特点，为项目提供融资上的支持。

具体操作方式如下：资方只能提供项目初期投资的 5 000 万美元，而中建材国际装备公司（承包商）仍然以 1 亿美元的价格将其承包下来，但是将部分主设备的付款期延长至项目投产之后，利用运营的利润来分期偿还。但这样就相当于承包商独立承担了风险，这显然是公司管理层不愿看到的情况，国资委也不会允许这种操作方式。因此公司引入了国内这家设备供应商作为第三方，供应商提供价值 5 000 万美元的设备给承包商，用于项目建设，但付款期在项目投产之后，利用资方的运营利润分期偿还。这样就通过引入供应商为承包商分担了项目建设的成本，让一个投资方原本无法实现的项目最终成为可能。

在这样的商业模式下，投资方原本无法实现的项目最终建设完毕，并能在合适的时间投产占领市场，取得高额利润；承包方将一个资本短缺的项目做成，不但避开了其他承包商的竞争，还可以赚取 5 000 万美元非设备部分的应有利润；而作为设备供应商，在国内市场产能过剩的情况下，能得到出口5 000万美元的机会，虽然付款期较长，但仍然是维持企业生存的重要突破。

利用1P商业模式BM5(见图1-2)，通过引入第三方的方式，中建材国际装备公司摆脱了只利用低成本进行竞争的落后战术，将供应商一同整合，创造了国际工程承包领域的新模式。

(二) 价值主张

为客户创造一站式的建材类生产线承包服务，提供丰富的可选配置，利用灵活的商业模式，为实现客户的资产增值提供完备的解决方案。

1. 利益相关方
(1) 投资方(业主、客户)：有意在建材生产领域投资的个人和资本集团。
(2) 供应商(分包商)：为中建材供应设备和其他服务的相关企业。
(3) 竞争对手：与中建材具有相似能力的其他国际总承包企业。

2. 价值内容
交钥匙工程的优势有：
(1) 节省业主的资源投入，降低投资技术门槛。
(2) 资源优化配置，缩短建设时间。
(3) 确保成套设备的成功运转。
(4) 完备的后续服务保障工厂安全运行。

(三) 价值创造

1. 传统模式
在传统的海外工程承包模式下，价值链条单一，如图3-12所示。

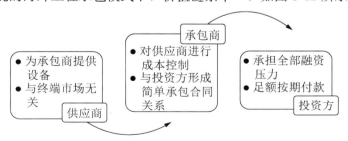

图3-12　传统海外工程承包模式下的价值链

（1）对于供应商：只是承担分包商的角色，为承包商提供设备和服务，与终端市场和终端客户毫无关系。不足在于，对承包商依赖过重，缺乏对市场的掌握和项目议价能力，利润通常被压薄。

（2）对于承包商：为保障自身利益，其核心是对供应商进行成本控制，形成了零和博弈关系。同时，与投资方的简单合同关系决定了，如果投资方资金不足，那么即使项目盈利前景良好，也无法上马。

（3）对于投资方：与承包商的合同关系，使投资方承担了全部融资压力，必须保证足额按期付款。当投资方自身融资能力不足时，可能导致好项目流产。

情境：在案例中提到的投资方融资不足的情况下，面临三种选择：① 放弃项目；② 承包商给予垫支，用项目运营收入偿还；③ 投资方用更高成本融资，从而打压承包商利润。不管哪种情况，承包商都要付出成本（第①种情况的成本尤其高昂）。

2. 创新模式

经过模式创新后，供应商走到前台，与承包商和投资方组成新的价值网。如图 3-13 所示。

图 3-13　模式创新形成的价值网

（1）对于供应商：从幕后走到台前，直接面对终端市场和客户，在出口不景气的背景下，供应商愿意承担一定风险来促成自身订单，同时由于承担了一定风险，在项目中也具有一定话语权。

（2）对于承包商：与供应商从零和博弈转变为共赢关系。由于引入了供应商的参与，在投资方融资不到位的情况下，对于优质项目有了上马的可行性。

（3）对于投资方：缓解了融资压力，在融资不到位的情况下，仍可抓住优质项目。

核心：通过引入供应商作为第三方，在同样上马项目的前提下，用第三方分担成本的方式，降低了企业原有成本，将不可能变为了可能。

(四)价值捕获

如前所述,在传统模式下,针对 1 亿美元的项目,假设承包商内部核算的成本是 8 000 万美元(其中 5 000 万美元用于分包给设备供应商),而投资方只有 5 000 万美元的资金。由于 5 000 万美元低于承包商的成本,要上马该项目,只能是自身垫支,承担远期风险和资金成本。

通过引入供应商作为第三方,使其分担了原先要使项目上马的垫支风险和成本,突破了承包商原有的 8 000 万美元成本下限,在投资方只支付 5 000 万美元的情况下,也可以顺利上马项目。参见图 1-5。

(五)成本收益结构

我们认为,中建材的此次模式创新属于 BM5 的范畴。在该模式下的成本收益结构可以表示为:单位利润 $\pi = P_C + P_B - (AC - AC_F)$;由于 $P_B = 0$,故 $P = P_C$,$AC_E = AC - AC_F$;$AC_F > 0$;当 $\pi = 0$ 时,$P_C = AC - AC_F$,所以 $P_C < AC$。

进一步可以解释为:中建材的模式创新中,通过引入第三方(供应商)分担了原来需要自身承担的垫支成本,所以尽管收入和之前一样[①],但成本更低,从而为自己创造了价值;投资方用更少的资本完成了项目,也为投资方创造了价值;供应商在市场不振的情况下走到前台,接下原本没有的订单,也为供应商创造了价值。

(六)商业模式的创新点

中建材的商业模式创新点在于,深刻理解自己和利益相关方的竞争优势,在第三方分担自己成本的同时,还实现了各方价值增加的共赢局面,如表 3-1 所示。

[①] 事实上,绝对收入与之前的不一样。传统模式下,如果承包商垫支,则承包商的收入是 1 亿美元(含应收账款 5 000 万美元),其中的 5 000 万美元分包给供应商,自身成本为 3 000 万美元,利润 2 000 万美元。

现在,垫支的风险和成本由供应商承担,供应商亦随之将 5 000 万美元的收入分走。所以,在新模式下,承包商的实际收入是 5 000 万美元,但考虑到原先的 1 亿美元收入中对承包商的实际收入也是 5 000 万美元,可以认为两种模式下承包商收入相同。

表 3-1　中建材商业模式的创新点

	优势	增加价值
承包商	(1) 具有项目和客户资源 (2) 具有设备出口资质	(1) 不再承担垫支成本 (2) 从更高角度看，使不可能的项目重获新生
投资商	项目的实际业主	用 5 000 万美元的现有资金和 5 000 万美元的未来收益完成了项目，比直接支付 1 亿美元节省了成本
供应商（第三方）	具有承受垫支和远期回款风险的能力	(1) 新增了出口订单 (2) 增加了项目执行的话语权

（七）结语

我们总结中建材的案例，就是希望把 1P 理论应用到实际的工作当中。1P 理论并非遥不可及，也不是只存在于互联网行业中。对于工程承包这样的传统行业，深刻地认识 1P 的核心，恰当地整合第三方，可以创造出额外价值以及多方共赢的局面。

我们认为，中建材模式创新的背后，是中建材对自身优势的理解和掌握。其实质是，中建材利用自身的项目资源和出口资质优势，将风险和垫支成本进行了转移。而供应商则愿意通过承担风险和成本，来换取项目和订单。这就是通过引入第三方，实现了资源的优化配置。

五、HiAll 商业模式分析[*]

HiAll 成立于 2004 年，致力于成为联动学生与雇主的纽带，帮助雇主精确找到适合的候选人并提升雇主品牌；帮助学生了解职场，提升职业竞争力，更好地选择未来的职业并跨入职场。在 HiAll 快速发展壮大的历程中，已经与国内 50 多所高校、欧美 30 余所名校、全球 150 家跨国公司、多家大型国企建立了良好的合作关系，成为招聘企业和求职者之间的桥梁。

---

*　案例编者：范鲁彬、李鹏程、邵媛。

(一)价值主张

价值主张是企业通过其产品或服务所能向消费者提供的价值,价值主张确定公司对消费者的实用意义。它描述了企业与客户进行价值交换时所选择的交换内容,描述了企业将提供什么样的价值给它的客户,对客户而言就是企业将如何满足他们的需求。具体来说,HiAll 有如下的价值主张:

1. 价值定位

(1) 目标客群 1:学生。

(2) 目标客群 2:企业雇主。

(3) 竞争对手:其他求职培训机构,如 BeBeyond;其他雇主品牌人力资源服务商,如 ChinaHR、51Job 等。

2. 价值承诺和信条

(1) 面向企业:帮助雇主精确找到适合的候选人并提升雇主品牌。

(2) 面向学生:帮助学生了解职场,提升职业竞争力,更好地选择未来的职业并跨入职场。

(二)核心资源

核心资源是指有价值的、稀缺的、不完全模仿和不完全替代的资源,它是企业持续竞争优势的源泉。HiAll 具有以下核心资源:

(1) VAULT 核心职业培训课程:在 HiAll 的创始人团队中,有来自斯坦福大学商学院等的 MBA,他们带来国外先进的职业发展培训理念和课程,成为求职培训课程的母版。

(2) 来自 500 强企业的讲师团队:HiAll 与全球 150 家跨国公司建立了良好的合作关系,500 强企业的新入职员工和 HR 组成了具有实战性和权威性的讲师团队。

(3) HiAll Club 学生职业发展俱乐部:HiAll 在一线城市主要高校建立了 HiAll Club 学生职业发展俱乐部社团,成为在学生中具有黏性和品牌传播力的落地组织,并且由于学校中社团的排他性,使其成为竞争对手很难逾越的壁垒。

(三)关键业务

1. 求职培训课程:线上+线下

面向学生提供求职培训课程,包括行业介绍、简历、网申、面试、求职礼仪等辅导。对本地学生和支付能力较强的学生提供线下培训课程，对外地学生和支付能力较低的学生提供网络课堂的在线学习。

（1）目标客户：学生。

（2）第三方客户：企业雇主。

（3）成本分摊：线下课程由 HiAll 和企业雇主共同分摊成本，线上课程由 HiAll 进行一次性成本开发投入（AVC＝0）。

（4）收入来源：学生。运用捆绑式销售：基础课程(扩大市场份额)＋一对一 VIP 服务(高利润部分)。

2. 建设企业校园雇主品牌服务

如与玛氏公司合作共同开展"玛氏商学院"项目，在学生中组织超级实习大赛，由玛氏公司提供一部分企业文化相关培训，由 HiAll 提供一部分职业化相关培训，以此在学生中树立玛氏的雇主品牌形象。

（1）目标客户：企业雇主。

（2）成本承担：HiAll＋企业雇主。

（3）收入来源：企业雇主。

3. 在线网站

作为中国最大的大学生求职门户（www.hiall.com.cn），HiAll 致力于为应届毕业生或在校生提供最新、最全、最可靠的全职、实习招聘信息、宣讲会信息及各种求职资讯与资料，并同时提供了中国最大的求职交流平台 HiAll BBS，BBS 中大量为企业用户提供的定制雇主专区是国内首倡，为雇主与大学生之间提供了便捷的纽带。

通过在线网站，黏合了大量具有求职需求的目标客户和企业资源，并且形成了 HiAll 品牌传播的主要阵地。

（1）目标客群1：学生。寻找企业职位信息，交流求职心得和攻略。

（2）目标客群2：企业。发布企业职位信息。

（3）成本承担：HiAll。

（4）收入来源：企业雇主的竞价排名信息发布收入＋其他面向校园市场企业的广告收入，如英语培训等。

4. 出版物

HiAll 同时出版如《求职胜经》等在学生中广为流传的求职培训书籍，作为品牌形象塑造的通路。

（1）目标客群：学生。

(2) 成本承担：HiAll＋企业雇主。企业雇主可通过对出版书籍的共同编写，渗透自己公司的企业文化和理念，以此作为宣传企业理念的媒介。

(3) 收入来源：学生。

(四) 客户细分

客户细分是指每类产品的顾客群不是一个群体，根据顾客群的文化观念、消费收入、消费习俗、生活方式的不同细分新的类别，企业根据消费者的不同制定品牌推广战略和营销策略，将资源针对目标顾客集中使用。HiAll 的主要客群有两类：一类是 500 强企业用户；另一类是面向校园市场的学生，学生市场又根据不同的客群特点有细分。

1. 企业用户

2. 学生

(1) 一般学生（大众市场）：基础课程（线上＋线下）。

(2) 意向去投行咨询行业的学生（小众精英市场）：设置投行咨询行业的高端课程，在定价上高于其他行业课程。

(3) 经济实力较好的学生（高端市场）：VIP 课程，如一对一辅导。

(五) 价值创造活动

1. 价值网

价值网是由客户、供应商、合作企业和他们之间的信息流构成的动态网络。HiAll 与学生、企业雇主以及其他面向校园市场的企业之间构成了价值网，如图 3-14 所示。

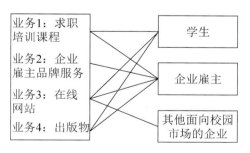

图 3-14　HiAll 的价值网

2. 渠道通路

HiAll 通过以下渠道通路触达目标客户：

（1）HiAll Club 学生职业发展俱乐部：通过学生社团，打造 HiAll 在求职培训上的专业品牌形象。并且 HiAll Club 作为根植在学校的校园媒介，在活动组织、人力成本上具有不可比拟的低成本优势。

（2）在线网站：通过线上互动、及时信息发布和分享，黏合大量企业和学生目标客户。

（3）出版物：树立行业权威性，并作为品牌建立的渠道补充。

(六)创造和交易网络价值的成本收益交易结构

表 3-2 列举了 1P 商业模式分类中的 15 类成本收益交易结构。HiAll 在不同的业务中具有不同的成本收益结构模式。

表 3-2 成本收益交易结构

$AC = 3P$ $AVC = 0$，即 $MC = 0$（边际成本为0）	1P12 价值捕获战略：可变成本为零，顾客承担价格	1P13 价值捕获战略：可变成本为零，第三方和顾客共承担价格	1P14 价值捕获战略：可变成本为零，第三方承担全部价格	1P15 价值捕获战略：可变成本为零，第三方不仅承担全部价格还倒贴收益	
$AC = AC_F$, $AC_E = 0$	1P8 价值捕获战略：第三方承担全部成本，顾客承担价格	1P9 价值捕获战略：第三方承担全部成本，第三方和顾客共同承担价格	1P10 价值捕获战略：第三方承担全部成本，第三方全部分摊价格	1P11 价值捕获战略：第三方不承担全部成本还倒贴收益	
$AC_E = AC - AC_F$	1P4 价值捕获战略：第三方共同分摊成本，顾客承担价格	1P5 价值捕获战略：第三方共同分摊成本，第三方和顾客共同承担价格	1P6 价值捕获战略：第三方共同分摊成本，第三方全部分摊价格	1P7 价值捕获战略：第三方共同分摊成本，第三方不仅承担全部价格还倒贴收益	
$AC_E = AC$	4P=1P0 价值捕获战略：自己承担成本，客户承担价格	1P1 价值捕获战略：自己承担成本，第三方和顾客共同承担价格	1P2 价值捕获战略：自己承担成本，第三方全部承担价格	1P3 价值捕获战略：自己承担成本，第三方全部承担价格还倒贴收益	
	$r = P_C$	$r = P_C + P_B$	$r = P_B$, $P_C = 0$	$r = P_C + P_B$, $P_C < 0$	$r = P$

其中，单位利润：$\pi = r - AC_E$；r：单位收入；P_C：目标顾客支付的产品价格的部分；P_B：第三方关联顾客支付的产品价格的部分；AC：产品平均成本；AC_E：企业自身承担的平均成本；AC_F：第三方合作伙伴分摊的平均成本。总收入、总成本和总利润通过乘以销量 Q 获得。

1. 求职培训课程

求职培训课程业务在原有以学生为目标客户的基础上，通过引入企业雇主共同开发课程来降低课程开发成本，通过向企业收费加重课程中对企业部分的介绍，来与目标客户学生分摊支付，从而使学生、企业雇主双方受益（见图 3-15）。此模式属于 1P13（网络课程）和 1P5（线下课程）。

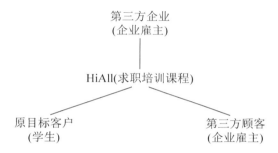

图 3-15　"求职培训课程"的 1P 商业模式导图

2. 建设企业校园雇主品牌服务

在"雇主品牌服务"业务上，HiAll 通过引入企业雇主共同开发和实施课程，降低了成本，并且为求职培训业务积累了大量素材和经验，有效分摊了求职培训业务的成本（见图 3-16）。此模式属于 1P4。

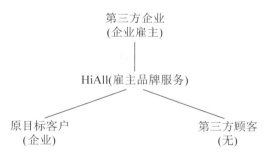

图 3-16　"雇主品牌服务"的 1P 商业模式导图

3. 在线网站

"在线网站"属一次性开发的平台资源，通过引入企业雇主，为他们提供竞价排名的信息发布服务和同样面向校园市场的企业，为他们提供广告位服务，使得原来的目标客户学生不仅可以免费使用，而且还实现了网站的盈利（见图3-17）。此模式属于1P15。

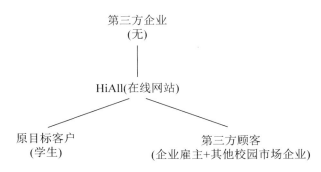

图 3-17 "在线网站"的1P商业模式导图

4. 出版物

"出版物"上通过引入企业雇主共同参与编撰，分摊了出版成本（见图3-18）。此模式属于1P4。

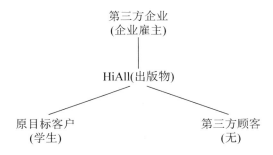

图 3-18 "出版物"的1P商业模式导图

（七）商业模式的创新点

本案例在商业模式上的创新点在于：有机地将上下游资源整合到一起，在业务上发展出了多方受益、各业务互相促进的商业模式。由此案例分析可见，一个企业的商业模式，可能同时是几类商业模式的组合。

六、小米手环案例分析*

(一) 案例介绍

2014年8月16日小米手环开卖,截至2015年6月,共卖出600万个,并且是单一型号。

一般电子产品上市第三个月会达到顶峰,其百度指数到达最高值,之后会下降到一个程度,可能会继续延续一段生命周期,最后结束。小米手环第三个月达到第一个高点,总共卖出100万个,百度指数7 000多点,接下来百度指数持续上升,最高到30 000多点,又回到15 000点左右,仍在持续上升。

(二) 小米手环的价值主张

(1) 产品:功能——超长续航,运动健康应用,个人身份绑定,可与手机互联;成本——物料成本39.5元(加税后46.2元)。

(2) 渠道:主要是电商(小米官网、京东等)。

(3) 促销:基于小米粉丝的饥饿营销。

(4) 价格:79元。

(三) 价值创造和捕获

单品如何做成爆品已经成为智能硬件领域的重大命题,小米手环做到了以下几点:

(1) 正确的硬件产品价值观,即用顶级原材料,以成本定价。

(2) 找一起成长的供应链合作伙伴,不找最大的,只找最合适的。

(3) 人人都是产品经理,每个人都可以对小米手环的功能开发提意见。

(四) 网状经济中的4P战略

1. 产品

不管是传统产品还是互联网产品,产品竞争非常激烈,在这么激烈的市

---

* 案例编者:江帆、孙奥。

场竞争格局下，如果不是第一个做，也不是最有实力的，就要寻求差异化，寻找痛点。超长的使用时间（45—90天），抓住"长续航"一个痛点，使其体验超出用户预期。另外，做好了产品定位——定位于手机配件，让手机用户对手环产生强黏性。比如在喧闹场合很难听到手机铃声，而手机来电手环会震动就成为很好的配件功能。

2. 价格

当时全球销量前三的手环产品，最便宜的699元，最贵的2 000元。小米手环的成本是80元，离价格最近的699元还有很大的距离，而小米通过适当调整成本，把最后的售价定为79元，封杀了整个市场。小米手环所拥有的人体ID认证功能，延展出手环丰富的用途，比如可以作为其他硬件产品的钥匙，或者智能家居产品的控制器。

3. 渠道

小米的渠道已经非常成熟，拥有完善的销售渠道，并建立了适合自己的供应商渠道。

4. 促销

网络营销理论强调相关联产品之间相互借势，做联合促销。小米手环借助小米手机为小米奠定的品牌优势，定位为手机配件，充分借助了其他产品的促销活动，特别是众多米粉的口口相传。

（五）1P理论分析

1. 小米手环的商业模式导图分析

如图3-19所示。

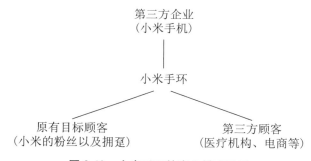

图3-19　小米手环的商业模式导图

目标顾客：热衷于可穿戴设备的年轻人，包括小米的粉丝以及已有的顾客。

第三方企业：这里，小米手机同时是小米手环的第三方企业。小米手环充分利用了小米已有的电商渠道、线下渠道和供应链。

第三方顾客：① 将来可以将小米手环收集的大量与个体相关的数据以服务或产品的方式供给其他机构并产生收入。② 其身份认证功能有可能成为移动支付的入口，向其他电商收取费用。

2. 小米手环的成本收益交易结构分析

表3-3 小米手环的成本收益交易结构

营销模式	利润	销售价格	成本	企业最低定价
4P：收入、成本全由企业自己承担	$\pi = R - AC$	$R = P_C$	$AC = AC_E$	$\pi = P_C - AC_E = 0$ $P_C = AC_E = AC$
1P：收入、成本有第三方支付或分摊	$\pi = R - AC_E$	$R = P_C + P_B$	$AC_E = AC - AC_F$	若 $AC_F + P_B = 0$，则 $P_C = AC$（1P 理论下）；在 4P 理论下，引入第三方之后，$AC_F + P_B$ 必定 >0。 (1) 若 $AC_F + P_B > 0$，则 $P_C < AC$，即价格下限可以突破平均成本； (2) 若 $AC_F + P_B = AC$，则 $P_C = 0$，即可以提供 0 价格； (3) 若 $AC_F + P_B > AC$，则 $P_C < 0$，即可以提供负价格。

表3-3 中，π：单位利润；R：单位收入；P_C：目标顾客支付的产品价格的部分；P_B：第三方关联顾客支付的产品价格的部分；AC：产品平均成本；AC_E：企业自身承担的平均成本；AC_F：第三方合作伙伴分摊的平均成本。总

收入、总成本和总利润通过乘以销量 Q 获得。

小米手环的收益成本交易结构：

$AC_E = AC - AC_F$；$R = P_C - P_B$；$\pi = R - AC_E = (P_C + P_B) - (AC - AC_F)$

在保证一定利润的情况下，小米手环的定价可以很低甚至为 0 或负价格。

3. 小米手环的商业模式分类

根据 1P 商业模式分类，小米手环属于 BM5 模式（见图 1-2），未来可向 BM6、BM7 和 BM8 创新推进。

企业向直接顾客销售产品，但可以借助其他企业的参与或投资而获得 3P 成本的降低，并最终向着（BM8）推进，即关联客户支付大于价格，直接目标顾客可以免费甚至以负价格享受产品及服务。

小米手环得益于其天生关联性很多，如与智能家居、支付、体育等产业，后期将会大规模寻找各种合作企业，开放协议和接口，不仅可以让产品互相推广，而且由于小米手环成本很低，很有可能最终将由第三方支付所有成本，而用户将会免费使用该产品。

（六）结语

通过上述分析，我们不难看出，一个简单的智能可穿戴设备，在网络经济中，通过精准的市场定位、绝对杀伤力的市场定价、完善的渠道以及网络化的营销，实现了迅速成为爆品的奇迹。相信小米手环通过进一步功能开发以及合作伙伴的不断增多，将会制造更大的惊喜。

七、从 1P 理论看罗辑思维*

本案例分析从近期自媒体新秀"罗辑思维"的盈利模式入手，解读其匪夷所思的会员制度背后隐含的营销技巧，尝试运用 1P 理论分析其通过第三方分摊成本、获取收益的商业模式，并探索其价值主张、价值创造和价值捕获。

---

* 案例编者：周雷、盛超、王晶（原作）；于淼、王昌、谢东良、马凯、陈启显、闫婧、刘武斌（修改）。本案例在撰写过程中参考了网站文章"罗辑思维是怎样炼成的"，http://www.guancha.cn/Science/2015_01_31_308120.shtml

(一) 案例背景介绍

1. 罗辑思维简介

罗辑思维是一款很年轻的国产知识性脱口秀类栏目,2012年12月开设,属于自媒体新秀,其包括微信语音、视频、线下读书会等具体互动形式,主要服务于"80后"和"90后"有"读书求知"需求的群体,打造互联网知识型社群。罗辑思维的口号是"有种、有趣、有料",做大家"身边的读书人",倡导独立、理性的思考,凝聚爱智求真、积极上进、自由阳光、人格健全的年轻人。

其主要产品包括每周一次的网络视频节目+每天一段60秒微信语音,并有各种扩展产品。截至2015年11月,优酷视频播放次数超过3亿次。

2. 罗辑思维的会员销售

罗辑思维提供的所有产品都是免费的,那么它怎么赚钱呢?一个主要的收入来源就是会员制度。罗辑思维的会员制度分为两个等级:普通会员和铁杆会员。它的会员制度较为独特,要求交费,但罗辑思维本身几乎不直接提供任何会员福利。

(1) 普通会员

会费方案:普通会员费用为200元/年,首批独享两年服务,并且只在2013年8月9日—13日的短短几天内接受会员申请。

会员权益:① 一个专属会员号码和一份神秘礼物;② 优先参与罗辑思维线下各种奇思妙想的活动;③ 以罗辑思维朋友圈的名义,获得商家支持或馈赠。

(2) 铁杆会员

会费方案:铁杆会员费用为1200元/年,首批会员独享两年服务。

会员权益:① 每月罗辑思维送上一本亲选好书;② 罗辑思维主持人成长经历第一时间和你分享,也许是一篇好文、一本好书、一部电影;③ 优先参与罗辑思维的线下活动,享有专属席位;④ 参与铁杆会员间的圈子聚会,罗辑思维的主创也会深度参与。

这个并没有实质性权益的会员制度却引来公众热捧,第一批5 500个会员名额只用半天售罄,160万元入账。第二批2万个会员名额一天售罄,800万元入账。

3. 罗辑思维的会员解读

对于工业时代来说，规模化是其基本规律，规模化既可以降低生产方的生产成本，也可以扩大销售的范围。而目前新生的社群经济却是另外一种思路，其按照某一种特定的要求划分出特定的客户，对于会员数量的要求并不一定是越多越好，而是更加注重会员的质量，这些会员会成为一个基于相同爱好、具备相同话题、能够进行互动、具备相对信任的社群消费的主力。正如罗辑思维创始人罗振宇所说："推荐和信任将构成未来互联网社会的基本组织形态，因为交流的成本越来越低。"

罗辑思维正是基于这种思维上的互联网社群平台，这种平台具备以下三个特点：

（1）用社群做品牌，而不仅是用内容做广告

罗辑思维作为一个自媒体，在立足制造内容、扩大影响力的同时，虽然植入了部分视频或贴片广告如"有道云笔记"等，但这些捆绑式的"强制相邻关系"的广告却不是罗辑思维的主流模式，罗辑思维发明了一种新的商业模式——"团要"：即商家以产品的形式"赞助"给罗辑思维的会员免费享用，既给了会员"罗利"（罗辑思维会员福利），又制造了广告效应和口碑效应，可谓是双赢的游戏。

（2）组建基于信任、有行动力的社群，而不仅仅是赚取会员费

罗辑思维如果仅凭会员费赚钱的话，这种商业模式一定是非常简单传统的。那么罗辑思维为什么要用这种收费会员的模式呢？我们认为，免费的会员因为没有门槛，可能会对于商家的促销产生一定的积极影响，但是，会员与会员之间并不会存在任何联系，更无所谓互动，而金钱在商业社会中是区分消费者消费能力、对消费者进行区隔的最简单粗暴也最有效的手段。因此，罗辑思维就敢于在没有告知究竟有什么好处的情况下对会员进行收费，那么，在这种情况下，敢于交费加入罗辑思维的会员就一定是高于粉丝级别的"钢粉"，这些"钢粉"一定是高互动、高活跃的，"钢粉"与"钢粉"之间一定是相对高度认同的，也就具备了"强连接"的可能性，所有招进来的会员都有几个特征：对知识性产品有发自内心的热爱；会员有对彼此的信任；会员有行动的意愿，且真能付出行动。通过这些价值观相近、爱好相同的会员，社群的运营就一定是简单高效、互相信任、高执行力的。

（3）构建"自媒体—社群—产业"价值链，发展社群经济

在工业社会，产业链和媒体链是分开的，比如媒体负责生产内容，凝聚

注意力，产业就在媒体上做广告，这是横向协作。罗辑思维认为：未来媒体和产业链应当是一种纵向转换方式，产业链自建媒体，或者媒体自建产业链，即未来一切产业皆媒体，一切内容皆广告。罗辑思维的每一名会员，通过云组织的形式，去中心化地按照产品要求组建团队，也就是说，每一名会员都可能成为罗辑思维产品的生产者——通过互联网的力量，聚合起一群志趣相投的陌生人，在沟通、分享与协作中，完成新的价值创造，从某种意义上来说，罗辑思维是"所有会员为所有用户服务的众筹平台"。

(二) 从 1P 理论看罗辑思维

1. 罗辑思维的 1P 商业模式综述

罗辑思维的产品提供都是免费的，其盈利模式是什么呢？传统成本收益框架已经不足以分析这种新兴业态，但从 1P 理论出发，罗辑思维的成功之处在于引入第三方，提供成本支撑或者价格覆盖。这里第三方包括两种：

（1）商家。随着罗辑思维在互联网上名气越来越大，很多商家愿意通过赞助提高自身品牌在某类人群中的知名度和美誉度，例如有道云笔记。也有商家愿意提供一些活动奖品，起到品牌宣传的作用，比如乐视曾经提供过 10 台价值 6 999 元的电视。另外罗辑思维每一期都会推荐一些书籍，也可以和出版社开展合作。

（2）会员。一方面，会员费无疑是罗辑思维的收入来源，或者从另外一个角度说，会员为大部分免费接受罗辑思维产品服务的大众承担了成本；另一方面，罗辑思维本身并没有为交了费的会员直接提供任何福利，而是通过两种途径的成本分摊提供服务——一是上文提到的商家；二是会员本身。以下就会员本身提供成本支撑做出说明，从这个角度看，会员既是客户，又是第三方。

读书知识分享类的节目，吸引的基本都是高知识群体，通过建立会员体系，用会费的方式再筛选出其中的高收入群体（愿意并且能够一次性支付会员费，同时接受没有实质性内容的会员福利的人群，一般收入水平较高，注重消费品质和无形价值），再通过线下活动建立起稳定的高质量（知识、收入）粉丝团体。

有了这样一群优质的会员，就可以提供很多增值服务了，商家主动要求给会员发福利，从电视到书等各种所谓的"罗利"，会员自己组织线下活动，拓展人脉，结识志同道合的朋友，甚至还发起一些相亲会。例如，罗辑思维有一个活动叫"会来事"，也就是会员自己提问，会员自己回答。可以说，会员的福利基本都是会员自己争取来的，而不是罗辑思维自掏腰包。

罗辑思维的1P商业模式如图3-20所示。

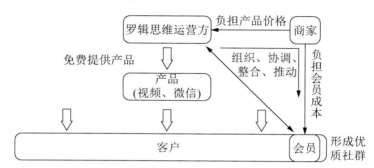

图 3-20　罗辑思维的 1P 商业模式导图

2. 罗辑思维的价值主张

（1）价值定位

谁是目标客户？——"爱智求真、积极上进、自由阳光、人格健全"的群体以及伪需求群体。

谁是竞争对手？——面向上述目标客户的自媒体、网站、虚拟社区以及线下的书友会、知识大讲堂等，例如"晓松奇谈"、"东吴相对论"。

谁是合作伙伴？——与罗辑思维有共同目标客户的商家、出版社等。

（2）价值承诺和信条

对客户的价值承诺："有种、有趣、有料"的视频，帮你接触到志同道合的人。

对第三方的价值承诺：我的客户群"高、大、上"。

（3）关键资源的定位

关键资源：高质量的视频、稳定的客户群。

3. 价值捕获战略

罗辑思维的商业模式是一种两次运用1P理论的商业模式。首先，罗辑思维运用1P理论卖视频，顾客无须承担价格，完全由第三方承担价格。由此，扩大视频的影响力，拓展自己的顾客群体。接着利用1P理论卖会员，会员服务主要是推荐书籍以及隐性的线下服务，该类服务完全由第三方承担成本。

(1) 卖视频——第三方承担价格

对罗辑思维而言，视频（包括微信）是重要产品之一，而且不收费。该产品主要由第三方来承担价格——会员交了会费，为广大非会员用户承担产品价格；商家提供奖品、赞助，并开展合作活动，借助罗辑思维扩大品牌影响力。

(2) 卖会员——第三方承担成本

其实会员的各种专属权利的成本完全由第三方承担。"好书"可以由出版社提供；"朋友圈"、"相亲会"更多地由顾客本身作为第三方进行支持。

4. 成本收益结构

按照上文分析，我们认为，罗辑思维的合作伙伴负担其生产成本，同时，其免费提供服务给目标客户，关联客户支付价格，其成本收益结构应该属于BM12（见图1-2）。对于部分客户收取会员费，这是罗辑思维区分目标客户的一种形式，但不收会员费的目标顾客仍是免费的。

5. 商业模式创新

(1) 通过罗辑思维的品牌影响力，和其目前的合作网站优酷网和喜马拉雅APP进行谈判。一方面，进行利益分成，引入除商家以外的第三方，将自媒体的发布平台扩展成为自己的合作伙伴，从而达到合作伙伴负担超过生产成本的目的。另一方面，由合作伙伴作为制作方负担所有生产成本，从而达到产出增加而无可变成本的目的。

(2) 和商家合作，通过提成的激励机制，将罗辑思维社群中的客户群体变成一个个的自营销平台，商家愿意给罗辑思维的会员支付一定的费用，客户群体可以通过自己的自营销获得收入，从而达到目标客户负价格，关联客户支付大于价格的目的。

(3) 通过罗辑思维品牌的建立，将消费者由功能性消费转化为情怀的消费，比如推出罗辑思维作者签名版书籍，作为关联客户的出版商出于宣传目的，可以做到免费供应，但是作为罗辑思维的"钢粉"愿意支付这本书数倍的价格购买，从而达到关联客户免费、目标客户愿意支付高价的目的。

通过以上基于1P理论的商业模式创新的行为，在1P理论下，价值捕获方法突破了传统4P营销模式而定价：① 第三方支付收益捕获（破除AC下限）；② 第三方分摊成本捕获（破除AC下限）；③ 第三方不支付成本甚至收取报酬，破除意愿价格上限挖掘未来价值捕获区间。

(三)小结

通过对罗辑思维商业模式的分析，发现它具有以下特点：

1. 具有很好的网络思维，通过整合资源放大利润、分摊成本

罗辑思维之所以能够成功，首先它具有典型的互联网思维，对一般大众免费，扩大影响力，并由专属会员作为第三方支付价格；此外，它还通过寻找第三方，甚至将顾客当作第三方，分摊自己的会员服务成本，最大化自己的利益。

2. 通过1P理论构建价值网，打造平台和社群，可源源不断地盈利

伴随着罗辑思维的发展，它也从卖产品变为卖平台。顾客通过该平台可以认识志同道合的人，所以，即使罗辑思维本身产品消失，只要维护好平台，甚至是由顾客本身维护好平台，罗辑思维就能源源不断地无风险、无成本地盈利。

3. 化繁为简，回归商业模式的核心

罗辑思维看似眼花缭乱的商业组合拳背后，其实核心的价值来源就是视频和微信的稳定高质量输出。有了这个基础，才有优质高端的社群，才能有后续的会员活动和商家合作。1P理论帮助我们拨开现象看本质，繁复的商业合作回归到最初的价值本质。

4. 情怀是销售中成本最低的产品

在社群之中，无论是产品还是服务，客户都会有等价交换的思想，因此，很难将一个缺乏价值的产品卖出很高的价格。然而，通过罗辑思维的运营，随着其品牌的提升，顾客忠诚度的提高，其产品如果被赋予类似于情怀等无形的附加价值，顾客是可以接受其较高的价格的，这也是实现1P理论商业模式矩阵上移到最右方最便捷的方式。

5. 社群是闭合的平台，更是对外的连接

罗辑思维在做好社群平台、营造一个封闭式社群的同时，完全可以基于这个平台去进行外部的拓展，随着微信的逐渐普及，将单独的个体集群化是社群理念，就像挖井一样，只有选好地方、更深入地挖掘才能取得效果，而单独的个体裂变则是一种营销理念，就像原子弹一样，依靠着单个个体关联群体的连锁式裂变产生巨大的效果，这也是罗辑思维想要更大发展的必由之路。

八、1P 理论在小微企业中的应用*

有很多 1P 理论实际应用的文章，大多是一些大型或者创新类的企业，如中国电信、Tesla、余额宝等，但在中国，小微企业占比超过 94%。难道 1P 理论只能用于阳春白雪吗？那绝大多数的下里巴人怎么办？所以，带着这样的疑问，我们选择了一个中小餐饮企业作为研究对象，看看 1P 理论在小微企业的应用，以此来考证 1P 理论应用的普遍性。

（一）香蕉小象简介

香蕉小象是一间泰式海鲜火锅，与一般的火锅餐饮 90% 以上没有什么不同。

（二）价值和交易结构定位

1. 价值定位

谁是目标客户？——"健康时尚、勇于尝试"的吃货，20—40 岁的女性为主。

谁是竞争对手？——当地其他餐饮，特别是同一个商场里的火锅或泰餐，例如海底捞、千味涮、蕉叶等。

谁是合作伙伴？——食材供应商、商场。

2. 价值承诺和信条

对客户的价值承诺：只提供"舒适、美味、健康、有趣"的用餐体验。

对第三方的价值承诺：我的客户群也是你的客户群。

3. 关键资源的定位

关键资源：极致的用餐、社交体验。

（三）1P 商业模式要素

香蕉小象的商业模式要素包括：

价值主张：提供"舒适、美味、健康、有趣"的用餐体验。

---

* 案例编者：潘东辉、张萌、胡健。

关键业务：店内餐饮、O2O 外送、摆件销售等。
核心资源：厨师团队、服务管理、物流配送管理。
重要伙伴：摆件供应商、周边商家、食材供应商、商场等。
客户关系：官方博客、微信公众号平台、粉丝群等。
渠道通路：电商（美团、大众点评）、商场店面、微信公众号平台。
客户细分：吃货、环境偏好者等。
第三方成本分摊结构：由第三方买单，成本包括店租、装修、水电、食材、人员工资等。
第三方收入支付结构：堂食收入、外卖收入、摆件销售收入、广告费等。

(四) 1P 理论的应用

1. 软装寄卖

香蕉小象的软装大多是由摆件、植物、玩具等构成的，如果所有的摆件类物品都由餐厅本身来采购的话，也是一笔不小的开支，而且不能保证常换常新。不如把所有能放摆件、植物、玩具的空间都作为商品展示区，陈列摆放商家的产品，帮其寄卖，共同分配销售利润。

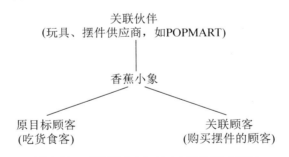

图 3-21 "软装寄卖"的 1P 商业模式导图

（1）多方共赢

前提：第三方关联伙伴和香蕉小象的目标消费群体有较大重合。

- 香蕉小象：节省了软装采购成本；能让摆件常换常新，让软装有新鲜感；通过卖摆件，获得额外收入。
- 摆件供应商：不用承担房租和装修费用，多一个商品售卖的地方；对自身品牌有推广作用。
- 顾客：由于餐厅成本降低，可间接享受菜品单价的降低；由于软装常常在变,能有新鲜感,体验会更好。

(2) 成本收益结构

属于 1P5,数学表达式为:$AC_E = AC - AC_F$;$R = P_C + P_B$,$P_C > 0$,$P_B > 0$。

2. 成为附近商家的广告平台

香蕉小象地处当地最大的商场(有很多休闲娱乐场所,如电影院、游乐中心、美容美甲店、学前培训等),周边还有很多沿江的咖啡厅、酒吧等。香蕉小象可以选择与其目标消费群体比较重合的商家进行合作,作为其广告传播平台(或互相宣传、引流)。例如:排队等餐期间,取完号后,可送 10 元游戏币,到游乐中心玩耍等餐;凡在香蕉小象就餐的情侣或家庭,免费赠送电影票一张;等等。

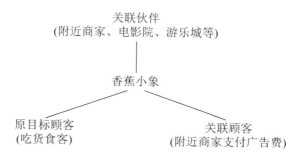

图 3-22 "广告平台"的 1P 商业模式导图

(1) 多方共赢

前提:第三方企业和香蕉小象的目标消费群体有较大重合。

- 香蕉小象:节省了为客户服务的成本;可获得部分广告收入。
- 附近商家:用低成本将目标消费群体进行有效引流;对自身品牌有推广作用。
- 顾客:获得更多、更好的服务,体验更好;节省了其他项目的消费成本(如电影票、游戏币等)。

(2) 成本收益结构

属于 1P5,数学表达式为:$AC_E = AC - AC_F$;$R = P_C + P_B$,$P_C > 0$,$P_B > 0$。

(五）结论

这是一个传统小微企业在局部应用1P理论的案例，选择有相同目标消费群体的商家，作为关联合伙人来分摊成本，或是作为关联顾客来支付收益，以此突破传统4P商业战略理论的束缚，降低原有消费者的支付价格，从而扩展市场。

香蕉小象的商业模式充分体现了网络价值，这是一个增量市场（而非存量市场）。例如：如果不是收到一张免费的电影票，有的情侣没有看电影的需求，但收到免费赠票的情侣大多数会再买一张票，去看电影，这一部分收入是创造的额外收入，使得香蕉小象、电影院、消费者三方共赢，增加了整个网络的价值。

香蕉小象的1P理论的逻辑是正确的，但是，从理论到落地还有很长的路要走，是否能成功落地主要取决于餐厅的客户数量，如果拥有足够的客户数量，愿意来分担成本的第三方企业会非常多。谁拥有客户，谁就拥有生态圈规则的建立权。

通过本章八个企业案例的分析，我们看到，不管这些企业来自什么行业、领域和商业生态网，是大还是小，它们成功的商业模式创新都逃不出1P商业模式的盈利逻辑和商业模式的分类矩阵。也就是说，不管企业采用什么商业模式，它必定满足整合第三方共创价值、分摊成本、支付收入、互利共赢和收入共享的网络价值逻辑与交易结构，必定属于1P商业模式分类矩阵中的某个类型。这就检验了1P理论对商业模式创新的普遍指导意义和有效的应用价值。然而，即便如此，对特定企业商业模式设计上的独特艺术创新，却很难通过案例分析体现出来，必须具体情况具体分析，这属于商业模式具体设计的艺术，必须具有特定企业的一手材料和信息，亲历亲为才能把握。

值得提醒的是，一些商业模式设计不错，运作效果也很好，但却戛然而止，以失败告终，本章案例"罗辑思维"就是如此，这常常是因为公司治理结构设计与商业模式设计不匹配所致。再如华为和万科的商业模式与上市公司的治理结构就有冲突，若华为上市，同样会出现万科的问题，这在商业模式设计时要特别小心。

第一章至第三章是新增内容，偏重商业模式，理论系统；从以下第四章至第十章是首版内容，偏重模式营销，通俗易懂。

第四章 1P 理论概述

传统的营销战略是工业经济时代的线性营销战略。在今天这个信息、知识、文化和网络经济的时代，inter一下就互联，net一下即成网，营销已不再是线性营销，而是网状营销。1P理论随网状经济和网状营销的发展应运而生！1P理论的本质就是通过整合网状经济的外部效果，为第三方创造价值并借助第三方付费，使产品以低于平均成本的价格卖给目标顾客还能盈利，从而创造自动营销。

一、传统STP+4P营销战略存在的问题

传统的营销战略可以简单地归结为STP+4P战略，即市场细分（segmentation）、目标市场（target market）、产品定位（positioning）、产品战略（product）、价格战略（price）、促销战略（promotion）和分销渠道战略（place）。它产生在信息经济、网络经济和知识经济尚未成型的20世纪60年代，那是以制造业为主并且产业边界鲜明的工业经济时代。4P营销战略是适用于工业经济时代的营销战略，在信息、网络和知识经济发达的今天，它的许多缺陷已经暴露了出来，在解决当今许多营销难题时，它已经捉襟见肘，甚至老旧过时。

传统的STP+4P战略思维认为：第一，产业之间具有明显的边界，企业任何特定产品的目标顾客都是单一的市场，产品与目标市场之间是一一对应的关系，企业对顾客（B2C）与企业对企业（B2B）是两个截然分离的市场；第二，企业之间的竞争是发生在同一行业内的零和游戏，一方所得是另一方所失，即使有双赢游戏，其存在也是不稳定的、短期的；第三，不同行业之间的企业没有竞争关系，除非存在替代产品；第四，企业之间的营销竞争是STP+4P的竞争，企业的制胜营销策略是STP+4P营销策略；第五，产品销售价格的下限是长期平均成本，企业不可能在低于长期平均成本的条件下向目标顾客出售产品而盈利；第六，产品销售价格的上限是顾客愿意支付的价格，企业的收益不可能超过这一价格和销售量的乘积。STP+4P营销战略就是基于上面这些假设而建立并发展起来的。

让我们举一个最简单的例子来看看传统的STP+4P营销战略思维的问题出在哪里。

一个生产打火机的企业，它生产每个打火机的长期平均成本为六角，其售价定为一元。它在打火机上为一家餐馆打上广告，然后把打火机同时卖给餐馆和打火机的最终消费者，每个打火机向餐馆和打火机的最终消费者各收

五角；或者每个打火机收餐馆一元，再由餐馆免费送给打火机的最终消费者。

由这个例子我们可以看到：第一，企业的同一个产品可以同时有两个或两个以上的不同类型的目标顾客市场，即企业的同一个产品的目标顾客市场可以不是一对一的，而是一对多的(打火机的点火功能和信息运载功能同时分别出售给打火机使用者和餐馆两个顾客)；第二，企业对消费者(B2C)与企业对企业(B2B)不是两个截然分离的市场(最终消费者C和餐馆B同时是打火机企业的目标顾客)；第三，餐馆也可以不在打火机上打广告，而在别的与打火机毫不相干的产品，例如餐巾纸上打广告，生产餐巾纸的企业因而成为生产打火机的企业的竞争对手(两个按传统思维毫不相干的行业之间出现了竞争)；第四，企业可以以低于长期平均成本的价格，甚至以零价格把打火机卖给打火机的最终消费者而仍能盈利(以五角钱一个卖给或不要钱送给打火机的最终消费者，小于长期平均成本六角钱)；第五，企业也可以以高于打火机的最终消费者可以接受的价格出售打火机(给餐馆)；第六，一个企业的同一产品可以有来自看似毫不相干的目标市场M类目标顾客(见第一点)和来自看似毫不相干的行业N类竞争对手(见第三点)；第七，从企业的竞争对手和目标顾客方面而言，行业的边界消失了，企业成为网状经济和网状营销中的一个纽结；第八，企业与企业之间不一定是替代竞争或零和游戏，而可以是合作共赢的关系(生产打火机的企业和餐馆是合作共赢的关系)。

上面的例子提出的营销问题没有办法用传统的STP＋4P营销理论做解释，也没有办法用STP＋4P营销战略去解决。多花(改善3P：产品、渠道、促销)少收(降低1P：价格)争取顾客的4P战略竞争，其结果是行业利润下调，企业利润下降。而上述的例子说明，这种结果是可以避免的。通过为第三方顾客或企业创造价值，并由第三方参与支付，企业就能把多花少收的竞争转化为多收少花的共赢，并且增加了行业和企业的利润。

二、从网状经济到网状营销

第一，在以信息、网络、知识和文化为经济本质的今天，许多产业已经没有明显的甚至干脆没有了边界。相应地，企业特定产品的目标顾客市场也不是单一的，它们之间不是一一对应的关系，而是一种网状的关系。"Internet"一词最能反映网状经济的本质：经济是一张网，并且网网相关，网网相连，网网互生外部效果。在这种关系中，所有经济活动都具有某种外部效果，所有经济活动的参与者都是不同程度的利益攸关者，从而为企业之间的相互合作共赢提供了战略空间。从信息经济方面看，许多不相干的企业有着共同的目标顾客，一个企业的产品有可能成为另一个企业产品的信息载体，从而使它们之间产生合作空间。从知识经济方面看，一切知识都是无形资产，一旦被生产出来就可以以零成本无限复制，在供给上成为边际非稀缺资源。所以，知识含量高的产品越是大批量生产就越节省知识分摊成本，并且不受经济规模的限制。知识经济能使企业以零可变成本复制知识产品（例如，复制软件不会增加软件本身的成本，即可变成本为零），从而当生产量足够大时，产品以趋零价格销售还能盈利。科技的发展也使同一产品的不同功能可以同时出售给不同的目标顾客。知识也会产生大量的外部效果，使第三方受益。从顾客方面看，在工业经济时代，顾客仅仅是企业商品的买家；在网状经济时代，企业的顾客可能同时是企业的资本或商品本身。企业在把商品卖给顾客的同时，可以把顾客资源卖给第三方。从文化方面看，一群有类似消费个性的顾客会成为来自不同行业但具有类似产品个性的企业的共同目标顾客，从而为这些企业创造共享文化个性的多赢空间。例如，一群注重安全的顾客购买各类消费品，如汽车、自行车、热水器等，都会倾向于首选安全性能好的产品，因此，在同样注重安全性能的汽车、自行车、热水器的生产企业之间就有了利用共同目标顾客的合作空间。网状经济使企业的顾客和竞争对手多元化（呈 M 乘以 N 的矩阵关系），这就使传统的市场细分变量、目标市场和产品定位多元化，从而引起营销战略和营商模式的革命。

第二，企业对消费者（B2C）与企业对企业（B2B）不再是两个截然分离的市场，消费者（C）和企业（B）可以同时是企业的目标顾客，并且可以相互转化。

第三，企业之间对顾客的竞争不再限于行业内部，而是难分边界的网状竞争，企业经营的每一个价值链环节都与其他企业乃至整个经济网状相连。

第四，因为目标顾客和竞争对手呈网状分布，产品定位已变得更为复杂和困难。

第五，同一产品的不同功能的市场价值因受信息、网络、知识和文化的影响而发生了巨大变化，使得以前产品的某些潜在功能成为显性功能，而对目标顾客之外的第三方顾客具有市场价值，从而使传统的产品战略发生了革命性的变化。

第六，因为同一产品的不同功能同时有为目标顾客和第三方顾客创造市场价值的可能性，使得以低于平均成本或高于顾客可接受的价格出售产品而盈利成为可能，这就为突破传统的价格战略创造了无限的空间。

第七，信息、网络、知识和文化的影响使得以前用于目标顾客的渠道同时对目标顾客之外的第三方顾客具有市场价值，因而使第三方顾客支付部分渠道成本成为可能。

第八，经济的信息与网络性质也使企业之间进行双赢促销和共同支付促销成本成为可能。

由此可见，一旦经济的性质使企业寻找第三方支付成为可能，以低于平均成本的价格或高于顾客可接受的价格出售产品而盈利就成为可能。传统的STP＋4P战略正面临着革命性的挑战，1P理论的时代已经来临！

三、1P 理论

1P 理论是对西方传统的 4P 营销战略的突破，是以价格战略为核心的营销理论。1P 理论把现代营销的多 P 战略主要归结为产品价格这个 P，即消费者成本问题。它的基本假设是：除非企业具有垄断地位，能创造卖方市场，使得顾客没有讨价还价的能力，产品价格由生产者说了算，否则营销难做！

现代营销的多 P 理论使营销战略越来越发散、复杂而不可掌控。1P 理论使营销战略变得收敛、简单而且清晰好用。为什么可以把多 P 理论归结为价格这个 1P 理论呢？因为除价格是企业的收益之外，所有的多 P 都是企业的成本。成本问题归根到底是为价格提供定价空间，因而是定价策略的一部分。所以，营销的多 P 战略可以归结为 1P 战略。

在一个企业之间竞争买主的买方市场上，其竞争手段无非是多花在产品、渠道、促销之上以提高产品质量，少收在价格之上以降低顾客购买产品的成本。企业之间相互进行多花少收竞争的结果是"鹬蚌相争，渔翁得利"，导致利润互损。在这种情况下，如果一个企业能比它的竞争对手少花多收的同时还能增加顾客的价值，企业的营销就会容易做得多。基于这种假设，1P 理论以合作思维替代竞争思维，以多赢合作替代零和竞争，充分利用共享目标顾客、产品多功能化、联合生产、联合促销、联合渠道、信息搭载、网络经济、战略联盟、资源整合、边际产品非稀缺供给、消费者文化个性共享、目标顾客商品化、把 B2C 营销转化为 B2B 营销等各种战略安排找到第三方支付，使企业能在比竞争对手低得多的价格，甚至低于平均成本的价格，乃至零价格或负价格的条件下出售自己的产品而仍能盈利，或以比竞争对手高得多的价格出售仍能赢得顾客。1P 理论通过改变 4P 营销的思维定式，通过营销战略创新，跨越传统的 4P 营销难以逾越的"销售价格小于产品的长期平均成本就不能盈利，高于竞争对手的销售价格就不能赢得顾客"的障碍，创造零价格销售（其功效类似捐赠）照样盈利、高于竞争对手的售价照样赢得顾客的营销神话！

4P 营销的根本困扰也可以用公式来描述：利润＝1P－3P，这里的 1P 是价格，它是企业的收益，同时是顾客的成本；3P 是产品、渠道、促销，它们是生产者的成本，同时是顾客的价值。营销就是花销 3P 收益 1P，赚取 1P 和 3P 之差。为了争夺顾客，企业之间必然进行降低价格（1P）和提升 3P 质量的竞争，即少收多花的竞争，其结果必然是企业和行业利润不断下降！所以，4P 营销的本质是同一行业内部企业和企业之间对目标顾客的零和游戏，互损竞争。这种营销的过程是残酷的，结局是悲剧的！见图 4-1。

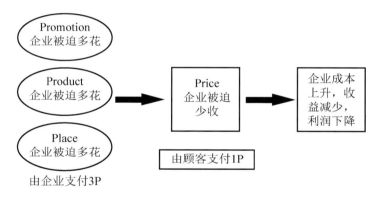

图 4-1　传统 4P 营销战略

传统的 STP＋4P 营销的思维是直线的、竞争的、互损的，而 1P 理论的思维是网状的、合作的、多赢的。如果企业能少收或不收顾客的钱，使 1P 尽量趋近于零销售，营销 3P 就好做了！问题是，如果 1P 趋零，那么利润＝0－3P＝－3P，等于亏本！企业到哪里获得利润呢？除非同一产品的同一生产过程、同一渠道或同一促销过程（即 3P）有多功能、多价值，因而可以同时卖给两个或两个以上的顾客，其中一个顾客就可以在获得超低甚至零价格产品的同时还能使企业盈利，或者可以接受高于企业竞争对手的价格。

1P 理论可以归结为：企业在为自己选定目标顾客的时候，尽量使其同时成为某些利益攸关企业的目标顾客；在为自己进行市场或产品定位的时候，尽量使其同时符合某些利益攸关企业的产品定位；在为自己制订产品、促销和渠道战略的时候，尽量使其同时成为某些利益攸关企业或顾客的产品、渠道和促销战略；在为自己的目标顾客创造价值的同时尽量为第三方利益攸关顾客创造价值；在为自己的企业生产 3P 的同时尽量为第三方利益攸关企业生产 3P。因此，如何发现互利的第三方利益攸关顾客，如何为第三方利益攸关企业创造价值，是 1P 理论的关键所在！见图 4-2 和图 4-3。

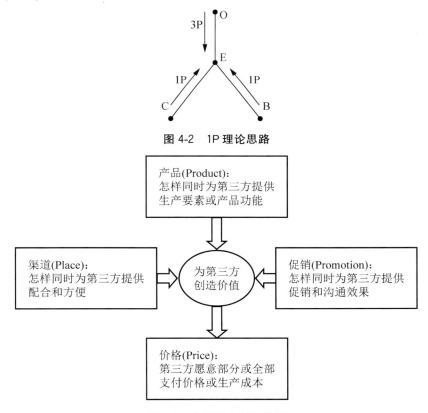

图 4-2　1P 理论思路

图 4-3　为第三方创造价值

图 4-2 中，E 表示原有企业；C 表示原有目标顾客；B 表示第三方利益攸关顾客，与 C 共付价格给 E；O 表示第三方利益攸关企业，与 E 共担 3P 成本；3P 表示产品、渠道和促销；1P 表示价格。

有了第三方利益攸关顾客和目标顾客同时受益，有了第三方利益攸关企业同自己的企业同时负担 3P 的成本，企业就可以少收或不收目标顾客的价格而仍然可以盈利（见图 4-4）。

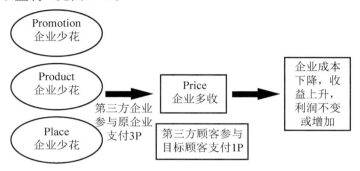

图 4-4　1P 理论示意图

1P 战略不是说另外的 3P 战略不重要，而是说有没有办法找到为 3P 和 1P 支付的第三方。虽然企业是在花钱做 3P，却是在花第三方企业的钱。一旦第三方企业为 3P 支付，改善 3P 就会成为产品价格降低而不是上升的原因。这一看似天方夜谭的 1P 战略不仅存在，而且是普遍存在的！人们天天用它却没有发现它的普遍性，没有把它总结提升到战略与理论的层次从而自觉地运用它。

还以打火机为例来看 1P 理论的运用。打火机具有两种功能：点火功能和营销信息运载功能。当企业只卖打火机的点火功能给顾客时，它的目标顾客是那些需要用打火机点火的人群。企业为了支付营销打火机的 3P 成本和盈利，打火机定价为每个一元。为了与其他打火机制造商竞争顾客，企业必须不断增加成本，改善打火机的 3P。如果不加价，企业的盈利就会下降甚至亏本；如果加价，改善 3P 的营销效果就会被 1P 上升的营销负效果抵消。因此，在传统的 4P 营销战略框架内，3P 与 1P 之间的矛盾冲突无法解决，营销成为日益困难的事情。

然而，在 1P 理论框架内，企业可以顺利解决 3P 与 1P 之间的矛盾。企业在打火机上给另一个企业，比如饭店做广告，向饭店收取打火机的营销信息运载功能的价格以支付营销打火机的 3P 成本并赚取利润，然后把打火机以零价格送给顾客。当然，打火机的价格是否为零并不重要，重要的是低于市场竞争价格就够了。事实上，因为有了第三方加入支付，打火机即使以高于市价的总价格出售，企业照样可以赢得打火机的终端顾客。饭店之所以愿意付钱给打火机厂商，是因为二者有共同的目标顾客，饭店可以通过打火机上的广告把它的信息传给目标顾客。企业通过把 B2C 转化为 B2B(一对多转变成一对一)营销而找到了支付的第三方，使打火机的营销变成了容易的事情。

打火机只是 1P 战略无数案例中的一个。我们可以列举无数的例子，如报纸、电视、互联网、论坛、高速公路等，来说明当企业为目标顾客创造价值的同时也可以为第三方利益攸关者创造价值。一切能足够降低产品价格，使之低于市场竞争价格而仍能盈利的方法，我们都称之为 1P 战略，即价格营销。例如，电视节目为观众创造娱乐的同时为企业创造了信息传播价值，企业支付广告费用之后，观众就可以免费享受节目。报纸、互联网更是如此。我们可以列举无数的例子来说明，当企业生产 3P 的同时也为第三方企业生产了 3P。例如，"采乐"与药店联合渠道，果农与蜂农相互增加产量。又如，企业开办裁缝学校的同时生产服装，钱从学徒的学费里面赚，以超低价格销售服装照样可以赚钱。因为有了第三方企业共同支付 3P 的成本，就为企业向目标顾客降价提供了空间。

1P 理论的根本目的是增加顾客价值的同时不减少甚至还要增加企业的价值，这就意味着价值的输入或创造。所以，1P 理论不是说企业一定要采用低价策略营销，而是说因为第三方的引入可以为企业创造价值、带来收入或降低成本。而且，这三者有时可能是单个发生，也有可能同时发生。也就是说，1P 理论不仅可以通过引入第三方为顾客买单，以零价格销售获得利润；还可以通过引入第三方，降低企业的平均成本，从而降低价格，获得价格竞争优势和利润；也可以通过引入第三方，提高产品价值，获得差异竞争优势，以高价销售获得利润。

1P 理论所指的营销活动是广义上的营销活动。广义的营销活动是将企业的整个经营活动的每一个方面、每一个环节都纳入营销的考虑范畴之内；企业的各个方面和环节都是以满足顾客需求和使顾客满意为前提运行的，而不是各个部门独立运行。比如，企业的信用部门如果只从职能上考虑，就会要求中止为付款不及时的顾客提供产品或服务，而没有必要去与销售部门沟通，任凭顾客的满意度降低或丢失顾客。但实际上，越来越多的企业已经考虑到把部门职能和考核目标界定到企业的营销环节。所以，各个部门的考核指标都与销售环节挂钩。比如，海尔生产的每个产品都能从产品的编号追踪到个人头上，这就是要求生产对销售负责的体现。还有很多大企业由研发、生产、营销人员共同组成营销团队，进行产品的销售。所以，1P 理论不仅从产品、促销、渠道和价格这四个基本营销活动的狭义营销角度去考虑，还考虑到了在企业各个经营环节上的延伸。

在 1P 理论中，第三方已经超越了行业的范围，延伸到了两个完全不相关的行业。它不仅指其他企业，也可以指自己的企业，还可以指顾客，甚至产品本身的功能。所有这些，只要参与到企业的价值创造或降低成本的系统之中，都可以作为第三方来考虑。关键是在营销环节引入第三方，为第三方企业创造价值，通过第三方支付为企业降低成本或为企业带来收入。只有将企业的各个经营环节纳入大营销活动中来，才能够实现企业利润的最大化，才能够对企业的资源进行充分的利用和调动。通过增加企业的收入和降低企业的成本这两个角度寻找第三方，第三方的概念就能扩展到企业的方方面面。

还可以从企业价值链角度出发，对于价值链上的各个要素资源（如内部后勤运入、生产经营、后勤输出、市场及销售、服务等活动，企业基础设施、人力资源、技术开发和采购等活动），引入第三方探讨多收少花的实现。从企业的整个运营环节来看，企业的价值链中有很多环节都是要花钱的要素，其最终要折算为成本，并以产品的形式销售出去，所以要将企业整个经营活动作为广义营销中的营销活动来考虑，把价值链上的这些环节纳入节省成本的营销环节来考虑。从收入的角度来看，企业不是靠销售一个通道获得收入，而是要利用价值链上的各个环节，将其作为资源，为第三方创造价值，进而实现收入。

1P 理论也会使传统的 STP 理论发生变化。STP 分别指市场细分、目标市场和产品定位。引入 1P 理论后，市场细分马上就会发生变化。比如，打火机企业原来的目标顾客就是用打火机的人，而现在不一样了，因为打火机上也可以打酒的广告，打火机企业不仅要了解使用打火机的顾客，而且要了解酒商，酒商也是它的顾客。不了解酒商，就不知道酒商为什么在自己的打火机上打广告。还要了解酒可以在别的什么商品上面打广告，比如热水瓶或者杯子。要拉酒商到打火机上来打广告，还得与生产热水瓶或者杯子的企业竞争。这样一来，整个营销学的框架都要变。现在的营销学讲得头头是道的东西，实际上是在做简单的解释和解决简单的问题，这个世界其实要复杂得多。1P 理论将对整个营销学产生某种颠覆性的影响。现在，营销学的思维是 4P、5P、6P，不断往上加，而我的思维是不断往下减，即 1P 或归结为价格战略，营销学上没有这种理论。我从 1997 年开始提出 1P 理论的概念，便带着我的学生一直在研究它，总结提炼出一整套少收钱、不收钱，甚至找钱给顾客的营销理论，使营销变得更为容易。

信息经济、文化经济、知识经济和网络经济为企业提供了给第三方创造价值的客观基础。通过把行业内部企业之间的战略竞争转化为行业之间企业的战略合作，把企业之间的零和竞争转化为多赢竞合，把企业对消费者营销转化为企业对企业营销，充分利用网络经济时代所有商业活动的参与者同时也是利益攸关者的特征，就能找到创造多赢局面的第三方企业和第三方顾客，1P战略也就能够实现！

四、1P 理论的贡献

1. 1P 理论能带给我们什么

传统的 4P 营销战略不能解决厂商之间多花少收竞争的困扰，不能回答把产品送给顾客而不收顾客的钱，甚至找钱给顾客怎么还能赚钱的问题，更不能回答怎样以零成本供给产品给市场的问题。在传统营销的思维模式里，通过零成本生产和零价格销售而盈利，一个晚上把产品疯狂地营销到全世界，一个晚上成为亿万富翁是不可思议的事情。1P 战略不仅能透彻地回答这些看似不可思议的问题，还能告诉我们怎样突破传统的 4P 营销战略，运用革命性的 1P 理论思维模式，把零和竞争的营销转化为多赢合作的营销，把 B2C 营销转化为 B2B 营销；怎样通过多赢安排寻找第三方支付，使得厂商在为原有目标顾客多花少收甚至不收的竞争情况下仍能盈利；怎样以零成本把产品供给市场做无本赚钱的生意。1P 理论的关键问题是如何找第三方共同支付！在本书的分析中，我们将会看到，在一个信息、文化、知识和网络相结合的市场经济中，到处可以发现运用 1P 理论克服 4P 营销困扰的空间。1P 理论突破 4P 营销思维定式，为我们带来了新的思路、出路和财路！

2. 跨越"蓝海"

严格说来，W. Chan Kim 和 Renee Mauborgne 所著的《蓝海战略》一书所讲的乃是蓝皮红心战略或泛红战略：它并没有跳出产业竞争，而只是扩大了产业边界；它并没有以合作替代竞争，而是暂时回避竞争；它只是差异化战略和低成本战略合并的翻版，而不能使价格低于平均成本或为零；它仍在企业自身上打主意、想办法，而没有利用经济的互联与网络效果与第三方合作共赢。真正的蓝海，是通过合作创造新价值，与消费者和第三方共赢；真正的蓝海战略，是价格低于平均成本甚或为零还能盈利！《蓝海战略》达不到的这种真蓝，1P 理论却能"手到擒来"。

3. 不留"长尾"

《长尾理论》的作者 Chris Anderson 和其追随者们并没有搞清楚长尾的定义。长尾需求存在，但不能实现为企业的销售，是因为产品的价格太高。当产品价格大于零时，价格下方的需求曲线部分称为长尾需求！但当产品价格等于零时，所有价格下方的需求就都能实现，因而也不再有长尾存在。而企业之所以不能使产品价格低于平均成本或为零，是因为企业无法使产品的平均成本降至零，或无法在零价格销售产品时盈利！《长尾理论》的作者把谷歌的成功归结为"只要存储和流通的渠道足够大，需求不旺或销量不佳的产品共同占据的市场份额就可以和那些数量不多的热卖品所占据的市场份额相匹敌，甚至更大"。其实，这是不准确的，甚至不正确的。谷歌的成功要归结于，通过零价格销售产品而实现所有的长尾需求。谷歌零价格销售产品还能盈利，是因为有第三方为顾客买单。《长尾理论》的作者和追随者们并没有为我们提供不留长尾需求的方法，唯有 1P 理论可以不留长尾需求。

五、1P 理论的类型与规律

1P 理论至少可以被归纳为 11 种类型（见图 4-5）。第一，企业 E 自付 3P（成本），原有目标顾客 C 支付 1P（收益）。这是传统的 STP＋4P 营销战略。第二，企业 E 自付 3P，原有目标顾客 C 和第三方顾客 B 共同支付 1P(1P1)。第三，企业 E 自付 3P，第三方顾客 B 支付 1P(1P2)。第四，企业 E 和第三方企业 O 共付 3P，原有目标顾客 C 支付 1P(1P3)。第五，企业 E 和第三方企业 O 共付 3P，原有目标顾客 C 和第三方顾客 B 共同支付 1P(1P4)。第六，企业 E 和第三方企业 O 共付 3P，第三方顾客 B 支付 1P(1P5)。第七，第三方企业 O 支付 3P，原有目标顾客 C 支付 1P(1P6)。第八，第三方企业 O 支付 3P，原有目标顾客 C 和第三方顾客 B 共同支付 1P(1P7)。第九，第三方企业 O 支付 3P，第三方顾客 B 支付 1P(1P8)。第十，企业 E 零可变成本生产 3P(无形产品)，原有目标顾客 C 支付 1P(1P9)。第十一，企业 E 零可变成本生产 3P(无形产品)，原有目标顾客 C 和第三方顾客 B 共同支付 1P(1P10)。第十二，企业 E 零可变成本生产 3P(无形产品)，第三方顾客 B 支付 1P(1P11)。从 1P1 至 1P11 都属于 1P 理论，都包含了第三方支付的问题。在这里，传统的

STP＋4P 营销成为 1P 营销的一个特例。

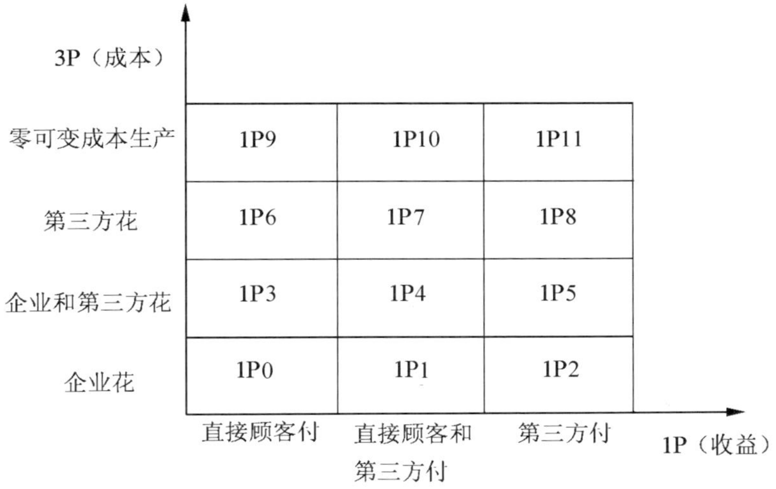

3P（成本）			
零可变成本生产	1P9	1P10	1P11
第三方花	1P6	1P7	1P8
企业和第三方花	1P3	1P4	1P5
企业花	1P0	1P1	1P2
	直接顾客付	直接顾客和第三方付	第三方付　1P（收益）

图 4-5　1P 理论的类型

通过对网状经济和网状营销的深入分析，我们就能发现一系列运用 1P 理论的规律和所有运用这些规律的 1P 理论的类型（详见第七章）。例如，通过创新细分变量、利用共享目标顾客、共享产品定位、共享产品、共享渠道、共享促销、共享价值链、成本分摊、信息搭载、产品多功能开发、战略联盟、外部效果、范围经济、边际非稀缺产品等手段来运用 1P 理论。

六、从"超级女声"看 1P 理论

我在北京大学光华管理学院开设了一门"定价战略"（即 1P 理论）的课程，我的学生们在搜集案例方面给我提供了不少帮助。下面是我的学生朱琳采集的案例，并运用 1P 理论进行了案例分析。我们从这一案例及分析可以看到，"超级女声"的营销方法不自觉地运用了 1P 理论：即寻找第三方为 3P 和 1P 支付，使企业低成本或零成本生产，使目标顾客低价格或零价格消费，同时使企业本身盈利。在这个案例中，湖南卫视、蒙牛和天娱传媒各自为第一方企业，同时互为第三方企业，形成了 1P 理论的战略联盟，而观众是他们的共同目标顾客。共同的目标顾客使它们之间形成了网状经济和网状营销关系。

(一) 案例简介

"超级女声,想唱就唱",这绝对是 2005 年点击率最高的网络语言之一。在这场大众的造星运动中,美丽女孩展示了自己的才华,商家找到了挣钱的机会,观众听到了久违的未加修饰的歌声,并且亲自加入到互动中。2005 年夏天的这场娱乐盛典,同时也被称为营销界的一场盛宴,三个主办单位湖南卫视、蒙牛集团、天娱传媒以及协办方新浪网都获益匪浅。蒙牛乳业用 1 400 万元做了 3 000 万元的事,湖南卫视实现了广告、短信双丰收,而天娱传媒公司则获得了"超级女声"这个当时价值几亿元的品牌,并继续对节目品牌进行延伸营销。

"超级女声"是湖南电视台自 2004 年推出的一档大众娱乐节目,借鉴美国的综艺节目"美国偶像"的创意,采取低门槛、重参与的方法,通过在五个赛区的海选大大增强了节目的影响力,并且结合电视、网络和手机与观众互动。"超级女声"成为一场大众造星的活动,充分体现了湖南卫视"大众娱乐大众"的经营理念。

2005 年夏,"超级女声"在三家主办单位的努力下,获得了更大的成功,不论收视率还是影响力都胜过前一届。蒙牛以 1 400 万元取得了冠名权,并且投入了大量的前期宣传费用,仅海报就印刷了 1 亿张。在超市内,"蒙牛酸酸乳"进行了促销活动,堆头上整齐地陈列着本次活动的宣传单页,20 亿包"蒙牛酸酸乳"包装上也印有本次"超级女声"活动的介绍。在 34 个城市,蒙牛酸酸乳开展了迷你路演活动,把当地的优秀选手输送到五大赛区参加比赛。再加上投入到包括央视在内的各强势电视台,以及广播、杂志、网站和户外等媒体上的广告费用,蒙牛除冠名外另投入宣传"超级女声"的费用达 1.2 亿元。但这为蒙牛带来了丰厚的收益,6 月蒙牛酸酸乳在广州、上海、北京、成都四城市的销量超过 100 万公升,是上年同期的 5 倍。而广州地区的变化最为引人注目,在"超级女声"开始后,蒙牛的销量翻了一番。8 月 23 日,蒙牛乳业在香港发布了其 2005 年上半年的财务报告,公司上半年营业额由上年同期的 34.73 亿元上升至 47.54 亿元。蒙牛在品牌美誉度方面也尝到了甜头。央视索福瑞对主要品牌乳酸饮料的调查报告表明,2005 年 5 月蒙牛酸酸乳的品牌第一提及率跃升为 18.3%,反超竞争对手伊利优酸乳 3.8 个百分点,无论是从影响力还是从市场占有率来看,蒙牛酸酸乳都已经成为乳饮料方面的第一品牌。

湖南卫视在"超级女声"的整个运作中,没有花一分宣传费,却满载而归,直接增加广告收益5 000万元,间接增加收益达1亿元以上。总决赛广告5秒插播价4.8万元,15秒插播价11.2万元。节目从晚上8时30分到11时,中间至少可以插播6次广告,每次4分钟。这样算下来,一晚的广告收益保守估计就有1 000万元。另外,前6场PK赛,"超级女声"广告收入就有近4 000万元。如此算来,湖南卫视从2005年"超级女声"比赛中得到的收益有5 000万元左右,更为重要的是,由于"超级女声"的拉动,湖南卫视吸引了更多的广告商投入广告。另外,湖南卫视的整体广告报价都在提升,这才是更加可观的部分,粗略估计会超过1亿元。湖南卫视大约能从每场的短信收入中分得100万元左右。照此推算,决赛期间的每场比赛短信收入至少在200万元以上,7场比赛能获得1 400万元以上。如果加上预赛期间的短信收入,湖南卫视2005年应该能获得3 000万元左右的短信收入。另外,"超级女声"把湖南卫视黄金段的收视率从全国不到4%提高到最后一场决赛期间的31.38%,提高了将近8倍。即使是"超级女声"结束后,大部分观众还是惯性地收看该台,等待"超级女声"的花边消息,或者正准备收看湖南卫视引进的韩国巨片《大长今》,这些都是湖南台以后经营的基础。

天娱传媒在整个活动中并没有参与分配直接收益,但是收获了"超级女声"这个品牌,并且将营销的战略重心放在了做"超级女声"品牌的延伸和拓展上。天娱公司已经为"超级女声"进行了相关的商标注册,并尝试将之用于相关产业的开发上。比如,将推出以"超级女声"为品牌的服装、饰品等相关产品。公司还将"超级"系列铺开来发展,于2005年出版了一本针对低幼人群的《超级女声——快乐记事本》,还计划推出深度分析"超级女声"现象的书籍;借着"超级女声"的势头,还将陆续推出"超级男声"、"超级童声"等"超级"系列活动。

(二)案例分析

"超级女声"本身只是一种电视节目产品,与其他产品一样,也存在4P的概念。提供者是湖南卫视,产品是持续半年的"超级女声"比赛全过程,直接消费者是观看"超级女声"的全国观众,电视、网络和手机短信是观众参与的渠道,也是该产品做促销的主要途径。"超级女声"之所以成功,正是由于三个主办单位不同程度地运用了 1P 理论。

1. 湖南卫视

湖南卫视是"超级女声"比赛最重要的主办单位，它负责了整个活动的策划和运行，并且利用其已有的资源——大众媒体的平台，将"超级女声"推向大众，在半年中没有花费一丝一毫的宣传费用还名利双收，它是 1P 理论的最大赢家。

（1）成功的 STP 战略和网状营销

湖南卫视在举办第一届"超级女声"的时候，就将第一目标市场定义为年轻、渴望表现自己和热爱音乐的女孩，选择了五个中心城市为比赛地区。这样，目标群体便是中国最为前卫、最有活力的一代，她们大胆、自信、表现力强，并且具有经济实力。这样的目标顾客除了对音乐狂热外，还是网络、新兴文化的主要消费者。因此，"超级女声"比赛一开始就被定义为年轻文化的代表。湖南卫视决定利用网络媒体的力量进行宣传，并且寻找同样以年轻人为目标消费者的企业，使"超级女声"的力量能够在其他行业发挥作用。在这种构想下，湖南卫视最终和蒙牛乳业、天娱传媒合作举办该项赛事，将"超级女声"扩展到了饮料市场。

（2）成功地从 B2C 发展到 B2B，实现了第三方顾客参与买单

这一点是电视媒体的特点，也适用于网络媒体，如搜索引擎、门户网站。电视节目的直接消费者是观众，但是电视节目具有公共品的性质，即消费具有非竞争性和非排他性，观众不为此付费，真正为此付费的是需要借助这个平台做广告的企业。这里的逻辑是，电视台通过制作节目来吸引并锁定观众的注意力，再把观众的注意力卖给企业。无须为娱乐付费，这是电视媒体在吸引观众注意力时可以大大超越图书、杂志等付费媒体的重要原因之一。湖南卫视利用"超级女声"比赛提高收视率，进而提高广告收入，正是从 B2C 发展到 B2B 的具体体现。

（3）与蒙牛、天娱传媒合作，找到第三方为其支付 3P

成本方面，似乎只能说明电视媒体较其他媒体具有优势，而不足以说明湖南卫视在各个电视媒体中脱颖而出的原因。湖南卫视的高利润还由于与蒙牛的合作，由后者负担了全部的营销费用。湖南卫视只需要给节目冠上"蒙牛酸酸乳"的名字，就得到了 1 个多亿的赞助费。当然，这是因为两者有相似的目标消费者。这是一种联合营销，蒙牛固然通过"超级女声"增加了知名度，但同时蒙牛乳饮料的包装也为"超级女声"赛事做了宣传。

"超级女声"除了需要宣传外,还需要充足的资源进行选手培训、赛事规划,以及各种商业包装等,这些湖南卫视也不必费心,全部由天娱传媒负责。天娱不仅为湖南卫视节省了大量的人力、物力,也成功地打响了"超级女声"这个品牌,成为湖南卫视的黄金节目。

(4)利用零价格的电视节目,带来 3 000 万元以上的短信收入

在 1P 理论中,零价格销售必定伴随着捆绑销售或是不同的盈利点。比如,游戏软件商免费送游戏,但是消费者要上网玩游戏需要支付费用。又如,门户网站提供免费的搜索和浏览服务,但是一旦锁定用户后,就可以收取各种无线服务费,如短信、彩铃、彩信费等。湖南卫视的"超级女声"节目也正是采取了这种方式。观看节目自然是免费的,但是如果要投票的话,就需要花钱定制,从而成就了湖南卫视另一大收入来源。

2. 天娱传媒

天娱传媒是湖南广电集团下的控股公司。作为娱乐传媒公司,"超级女声"这个品牌和每一位选手都是它的产品,而它的主体消费者是大众,客体消费者是需要借助"超级女声"品牌进行宣传的商家。

(1)利用外部资金和资源平台,迅速打造出品牌

"超级女声"这个品牌的形成,一少不了湖南卫视的媒体平台和影响力,二少不了蒙牛集团 1 个多亿的宣传费用。这两个合作伙伴为"超级女声"的 3P 分担了大部分费用。

(2)品牌价值带来的收入

1P 理论中存在边际成本(即追加产出所需要的追加成本)为零的产品,这不仅特指信息产品,还可以推广至所有的无形商品,比如天娱所拥有的"超女"品牌,以及旗下的"超女"都是可以产生收益的财富。天娱正在筹划开发的有关"超女"的文具、饰品、书籍等,都会因为这个品牌而升值。"超女"品牌建立后只需要很少的投入,但是每一次的品牌授权、每一位"超女"参加的各种商业活动都为天娱带来了无成本的收入。天娱还可以模仿网游开发商的手法,通过免费提供像签名照等有关"超女"的产品或是服务来占领市场,再通过其他诸如演唱会等方式来赚取收入。

3. 蒙牛酸酸乳

蒙牛作为该次活动的赞助商,看似为他人做了嫁衣,其实收获不菲。

(1)重新定位产品,开展网状营销

蒙牛酸酸乳选择"超级女声"为合作伙伴,首先是由于"超级女声"的

目标市场与蒙牛的目标市场相同，即年轻有活力、敢于冒险、善于表现的新生代。同时，"超级女声"灵活多变的形式，也与蒙牛乳饮料口味众多、强调变化的产品特点相吻合。并且，蒙牛认识到自己的目标顾客除了有对饮料的需求外，还酷爱音乐和网络。这些都是蒙牛参加这场营销盛宴的原因。蒙牛乳饮料通过"酸酸甜甜就是我"彰显出其个性文化，这已经超出了纯粹的饮料销售，而是像百事可乐一样，承载了流行文化。乳饮料成为宣传"超级女声"的重要阵地。这时，目标顾客不仅包括了乳饮料消费者，还有"超级女声"的"粉丝"们。

（2）联合营销，向"超级女声"借势

虽然外表看来是蒙牛为"超级女声"做了宣传，但是这种宣传是双赢的，光看蒙牛猛涨的销售额和股价，以及在乳酸饮料市场的优势地位就知道了。谁能说印有"超级女声"活动信息的利乐包装没有刺激蒙牛酸酸乳的销售？张含韵为蒙牛酸酸乳免费代言，蒙牛也随着"超级女声"持续半年的火热而着实火了一把，这些恐怕是蒙牛花再多钱也不能办到的吧！无疑，蒙牛利用湖南卫视的平台做了宣传，而价值远不止 1 400 万元，可以说，"超级女声"也为蒙牛分担了营销成本，特别是帮助它确立了市场地位。

（3）促销活动，成功的 1P 模式

在"超级女声"活动期间，蒙牛还抓住时机进行大规模的促销。本来在竞争白热化的乳品市场中，降价促销已经成了家常便饭。但是，蒙牛的促销，一是借助"超级女声"建立的人气，另外由于合作伙伴提供了最好的营销平台，使得蒙牛拥有了价格优势，从而使促销也达到了空前的效果。

综上所述，"超级女声"比赛的三个主办单位都不同程度地运用了 1P 理论，随着"超级女声"活动的继续开展和升华，1P 理论的手段会更加明显，比如天娱传媒有关"超级女声"的衍生品牌计划等。网络、信息的便利是"超级女声"成功的必备因素，也是 1P 理论的先决条件之一。从这个案例中我们可以看到，随着经济活动的复杂化，行业间的互动合作增强，1P 理论将会愈发具备优势，这也是我们研究它的根本原因。

七、运用 1P 理论策划项目

一旦我们掌握了 1P 理论的规律，就可以运用这些原理进行项目策划。让我们随便举几个策划的例子先睹为快。

(一) 融资修建高速公路的另类策划

例如，北京机场高速在修建之前可以拍卖公路两边及公路上方所有的广告牌，广告牌的底价以预测的最低日平均车流量为依据。用所得款项(有些高速公路还可用类似方法得到公路两边的土地溢价款)修建公路，所有经过的车辆免费通行。之所以免费通行是为了增加车流量，因为车流量越高，广告展示效率就越高，广告收益就越高，因此投资回报也就越高。这种策划的逻辑主要是基于高速公路有两种功能：交通功能和信息展示功能。通过让购买信息展示功能的第三方企业支付高速公路投资商的成本和利润之后，投资商就可以免费让原有目标顾客使用高速公路的交通功能。这种策划使消费者受益，使企业赚钱，使融资容易，使"贷款修路，交钱还贷"的商业盈利模式变得落后过时。

(二) 策划用别人的钱办自己的论坛

如前所述，2005年4月初我接到北京大学的任务，要我于2005年6月份分别在上海和北京召开北京大学和美国亚利桑那州立大学联合主办的"中美新市场经济论坛"。学校没给我一个人也没给我一分钱，而我经过短短两个月的筹划，于6月8日成功主办了400多人参会的"中美新市场经济上海论坛"，于6月11日成功举办了2 000多人参会的"中美新市场经济北京论坛"。论坛总花费数百万元全部来自筹款，我作为论坛主席却很轻松。为什么能有如此神奇的效果？靠的也是用1P理论来策划！策划的核心是能否把论坛变成一个平台，让论坛的讨论主题和参加论坛的目标顾客能使第三方从中受益。如此，我们就能用第三方的钱办自己的论坛。我策划的论坛主题为"克服国富的障碍，如何走和谐可持续发展经济的道路"；吸引的参会顾客为本土企业和跨国企业、媒体、官员、学者和学生；吸引出钱的第三方为媒体、政府、企业和也想办论坛的大学。我为上海论坛找到了第三方，上海交通大学和《解放日报》报业集团与北京大学一起合作，北京大学为论坛第一主办单位。我负责策划会议主题，邀请美国嘉宾(亚利桑那州立大学是北京大学的联合主办单位)，包括2004年诺贝尔经济学奖得主普雷斯科特教授和北京的演讲嘉宾；上海交通大学负责参会顾客的质量和数量；解放日报报业集团负责媒体宣传。所有的论坛费用由解放日报报业集团和上海交通大学筹集。上海论坛就这样轻轻松松地开成、开好了。对于北京论坛，我负责策划会议主题、程序和邀请嘉宾，同时找了一家希望利用我们的论坛宣传自己的广告策划公司，由广告策划公司负责日常会务工作和参会顾客邀请。这家公司筹得的款项和售票收入归他们自己，但我不再给他们任何报酬。北京大学为第一主办单位，同时邀请海淀区政府和《经济观察报》作为联合主办单位，所有媒体宣传、会议交通、宴会、招待等费用都由他们负责。除此，我还从几家跨国公司筹得数十万元赞助。北京论坛就这样轻轻松松地开成、开好了。我呢？作为论坛主席，赤手空拳，两月之内，优哉游哉，却把两个论坛搞得声势浩大，圆满成功！

（三）把红海血拼策划成蓝海合作：百度与百代共创音乐产业新盈利模式

互联网的兴起，催生了 MP3 这种数字化的音乐，网络传播的快捷与广泛，使唱片公司对版权保护的可操作性降到最低。网民追捧免费的 MP3，没有转化成唱片公司口袋里的真金白银。互联网的开放性，使传统的版权盈利模式受到了巨大的挑战。鉴于百度 MP3 搜索是中国最大的 MP3 信息平台，唱片公司将怒气和矛头都指向了百度。因此，网民、音乐版权所有权企业以及互联网公司的利益如何协调起来，是一个难题。

百度与全球各大唱片公司之间官司不断，曾是一片红海血拼。值得一提的是，在唱片公司状告百度期间，有一组对比悬殊的数据颇值玩味：七大唱片公司状告百度，案子的标底仅为 173 万元，而一首网络口水歌《两只蝴蝶》曾创造单月彩铃下载量 500 万次的纪录，有数据表明《两只蝴蝶》的产值已经过亿。这是任何一张超白金唱片都望尘莫及的天文数字。

撇开 MP3 对传统的版权造成的冲击不论，其实唱片公司已经看到，百度日渐成为一个"造星平台"——像《老鼠爱大米》《两只蝴蝶》这样的网络歌曲通过百度 MP3 新歌排行榜一炮而红的例子数不胜数，而且平均每首网络歌曲的流行时间长达 12 个月。这让唱片公司感到了危机重重，又对百度这样一个良好的互联网推广平台心生向往。

与其抱残守缺固执于前一个"版权的怪圈"，不如开放心态多看到"平台的力量"。全球四大唱片公司之一的百代，成为了第一个吃螃蟹的人，并最终将目光锁定了拥有 MP3 搜索 84％市场占有率的百度。

百度和百代宣布共同拓展中国数字音乐市场，为中国互联网用户提供华语音乐在线服务。根据协议，百代授权百度使用其所有华语歌曲，供网民在百度 MP3 搜索上免费试听，而百代和百度将通过广告商的赞助进行分成。同时，双方还承诺进一步探索广告支持的免费音乐下载模式。

"这次战略合作标志着互联网产业和音乐公司一起找到了共赢的商业模式。"百度董事会主席兼首席执行官李彦宏表示。在这个新的盈利模式中，广告商将为免费音乐"买单"。对唱片公司来说，借助传播快捷、方便的互联网，旗下的音乐能比以前任何方式传播的范围更广、速度更快。广告分成的盈利模式也保证了收入。唱片公司旗下的歌手也将能因此获得更大的推广度和知名度。

面对"双百"合作的消息，最开心的肯定是普通网民。大家不再有 MP3 是否能一直是免费的午餐的担心，令人心虚的"版权小偷"名称也从此不会再困扰着数字音乐爱好者，现在，音乐网民们可以昂起头，理直气壮地说，我们所听的百代的音乐，都是合法的，正版的。

这次合作也是百度的一针"强心剂"，一度版权官司缠身的他们，如今已经正式告别了 MP3 的法律风险规避，向一个全球性的健康音乐平台发展。这再次证明，百度逐渐由一个单纯的信息内容提供商向运营注意力的媒体发展。

合作的"买单者"广告商也会是赢家，百代的全权授权将为百度带来超大的流量，这是值得期待的，这必将为广告带来更多的受众，另一方面，由于明确知道广告受众是下载音乐的网民，广告商可以用更精准的广告来提高投放效果。

无怪乎业内人士将这一合作称为"里程碑式的"、"突破传统的"，百度首席执行官李彦宏也表示："我们有理由相信，双方的合作将为百度的用户、上游正版内容提供商和广告商打造一个有价值的数字音乐生态系统。百度与全球唱片业巨头、华语音乐第一的百代携手合作，标志着互联网产业和传统唱片业一起找到了共赢的商业模式，为全球数字音乐的发展，指明了方向，提供了一个具有划时代意义的范本。"

这一案例生动地说明，百度和百代是化干戈为玉帛的高手，百度与百代曾经因版权的问题对簿公堂，从强强对决到强强联手，百度和百代成功地把它们之间的相互红海血拼互损转化为蓝海合作双赢，这是运用 1P 理论策划红海博弈转化为蓝海合作的典型案例。①

可见，用 1P 理论来策划项目，可以得心应手，游刃有余，收到四两拨千斤的效果。

---

① 案例资料来源为 http：//www.xdiy.com.cn/n3726c88.aspx

附　传统营销理论的 STP＋4X 战略

营销学(marketing)是 20 世纪初在美国首先发展起来的一门新兴的经营管理科学。它着重研究买方市场条件下企业(卖主)的市场营销管理问题，即着重研究企业(卖主)在激烈竞争和不断变化的市场营销环境中，如何识别、分析评价、选择和利用市场机会，如何满足其目标顾客的需要，提高企业经营效益，求得长期生存和发展。下面我们根据相关文献来讨论传统营销理论。

（一）市场细分、目标市场与产品定位(STP 战略)

当今社会，一个企业或公司要面对庞大的购买者群体。由于消费者的心理特征、收入情况、消费偏好等因素存在着巨大的差异，因此，消费者的需求也不尽相同。一个企业不能也不可能满足消费者的全部需要。因此，企业通过市场调研，将消费者划分为不同的群体，并结合自身的目标和资源情况确立能为之服务的有效的目标市场，同时制定合适的市场营销战略来满足目标市场的要求。

目标营销(target marketing)产生于 20 世纪 50 年代。由于科学技术革命的推动，此时的生产力水平大幅度提高，原有的推销体制已不能解决企业所面临的市场问题，目标营销应运而生。在目标营销中，销售者区分出主要的细分市场(segment market)，把一个或几个细分市场作为目标，为每一个细分市场定制产品和开发方案。他们采用的不是分散营销努力的方法（"霰弹枪"式的方法），而是把营销努力集中在具有最大购买兴趣的买主身上（"来复枪"式的方法）。目标营销以市场需求为导向，首先，企业按照一定的标准确立细分市场；其次，企业评估每一个细分市场，并选择最有吸引力的细分市场作为目标市场(target market)；最后，企业对每一个目标市场确定可能的定位观念，即产品定位(positioning)。

下面分别来讨论几个问题：一个公司如何确立细分市场？一个公司如何在细分市场中结合自身情况选择目标市场？一个公司如何在市场竞争中进行有效的定位？

1. 市场细分战略

(1) 市场细分的意义

其一，有利于发现新的市场机会。消费者需求具有一定的复杂性，通过市场细分，我们可以发现消费者的哪些需求已经得到满足，哪些仍是潜在需求；相应地发现哪些产品竞争比较激烈，哪些产品竞争较少，从而发现具有吸引力的市场机会。

其二，有利于掌握市场动态，及时制定和调整市场营销组合策略。各个细分市场的特点不同，通过市场细分，企业可以准确地掌握目标市场的特点，综合考虑不同情况，制订产品、价格、促销和销售渠道方案，并根据市场动态及时调整以适应不同的需求。

其三，有利于提高企业的资源利用率和竞争能力。通过市场细分，企业可以把有限的人力、财力资源集中在目标市场上，扬长避短，有的放矢地进行管理，有效开发本企业的资源，提高市场占有率，最终提升企业的利润率和竞争能力。

(2) 市场细分的层次

首先，我们要谈一下大众化营销（mass marketing）。19 世纪末 20 世纪初，大众化营销比较盛行。卖方为所有的购买者大批量生产和促销单一的商品，它的主要优点在于成本较低，能够获得较高的利润。福特汽车公司早期的 T 型汽车就是典型的大众化营销的例子。但是随着市场多元化和消费者需求多样性的发展，有人声称大众化营销正在走向消亡。现在，大多数公司正在转向四个层次的微观营销：细分、补缺、本地化和个别化营销。

所谓市场细分（market segmentation），就是以消费需求的某些特征为变量，把市场划分为一定的消费者群的过程。属于同一个消费者群的顾客，其需求并不是完全一样的，而是具有较多的共同性；而不同的消费者群之间则具有较多的差异性。例如，举世闻名的香格里拉饭店，其目标消费者是富人，因此在客房里提供了很多舒适的物品。但有些顾客并不需要这些多余的东西，如传真机；而另一些则希望通过减少一些奢侈品来降低房价。因此对市场的细分不可能细化到每一个人，但是它比大众化营销要细化得多。有一点值得注意，细分市场不是企业创造的，而是需要企业通过一定的调研活动加以辨别的。企业一旦划分出细分市场，并决定了其要服务的目标市场，就有助于企业根据目标受众的偏好设计出适合他们的产品或服务。

补缺营销（niche marketing）是对市场细分进一步的延伸。市场细分通常确立了较大的群体，而补缺营销则是对细分市场做进一步的细分。一个有吸引力的补缺市场通常比较小，并且只吸引一到两个竞争者。例如 IBM 公司就把市场的碎片丢给了补缺者，人们称这种局面为"游击队员对抗大猩猩"。只要补缺者高度了解顾客的需要，顾客就愿意付出溢价。同时，企业在选择补缺市场时，还要注意补缺市场应该有足够的规模，可以获得丰厚的利润，有很好的发展前景。

不同的地区之间在生活方式、富裕和繁荣程度上存在差异，在中国，不同城市之间的差异十分明显，经常出现一种在一个地区销售不好的商品在另一个地区却大受欢迎的情况。因此越来越多的营销者采取本地化营销（local marketing），在不同的地区采取不同的营销方案。

市场细分的最后一个层次是个别化营销（individual marketing）："细分到个人"、"定制营销"或"一对一营销"。企业在大量生产的基础上为顾客个人提供参与的机会，按照顾客的要求来设计和分销产品。比如，为不同的人定制不同的服装和鞋子。个别化营销强调的是顾客的个性化需求，以及企业在大量生产的基础上为个人设计和服务以满足每一位顾客需求的能力。

（3）市场细分的理论依据

市场细分的理论基础是市场多元异质性理论。该理论认为，消费者的需求是多元化的。在某些产品的市场上，消费者的需求大同小异，竞争主要集中在价格上，这类市场称为同质市场。但是对绝大多数商品来说，消费者的偏好存在巨大的差异，这就构成了异质市场。购买偏好基本相同的顾客就构成了一个细分市场。异质市场的需求差别十分复杂，这种差别按照一定的标准可以分为以下三类（以冰激凌的甜度和含乳量两种属性为例）：

第一，同质偏好。市场上所有顾客的偏好大致相同。就冰激凌的两种属性而言，消费者的需求大同小异。

第二，分散偏好。消费者的偏好分布于整个空间。消费者对冰激凌的甜度和含乳量各有不同的偏好：有的偏重于甜度，有的偏重于含乳量，有的两者兼而有之。率先进入该市场的企业可以定位于中央位置，最大限度地迎合数量最多的顾客，同时将顾客的不满足感降到最低。

第三，群组偏好。不同偏好的消费者分成了若干群落，形成自然的细分市场。第一个进入该市场的企业可以有三种选择：一是将产品定位于若干群落的中心，二是选择最大的一个顾客群（集中式营销），三是发展几个品牌，定位于不同的市场。

(4) 细分消费者市场的依据

细分消费者的变量主要有两大类：消费者的特征和消费者对产品的反应。我们可以先使用消费者的特征作为划分市场的依据，再看这些顾客群体是否对产品有不同的反应。也可以通过顾客对产品的反应来细分市场，然后再分析不同的细分市场是否有不同的消费者特征。目前，常用的消费者市场细分的标准如表 A4-1 所示。

表 A4-1　消费者市场的主要细分变量

类别	变量	内容
地理因素	地区	北京、上海、广东、山东、内蒙古、新疆、西藏
	人口规模（人）	小于 5 000、5 000—19 999、20 000—49 999、50 000—99 999、100 000—249 999、250 000—499 999、500 000—999 999、1 000 000—3 999 999、4 000 000 或 4 000 000 以上
	人口密度	都市、郊区、乡村
	气候	北方、南方
人文因素	年龄	婴儿期、少年期、青年期、中年期、老年期
	家庭规模	1—2 人、3—4 人、5 人以上
	家庭生命周期	青年单身、青年已婚无子女、青年已婚最小子女不到 6 岁、青年已婚最小子女 6 岁及以上、较年长已婚与子女同住、较年长子女超过 18 岁、较年长单身、其他
	收入（元/月）	少于 1 000、1 000—1 999、2 000—2 999、3 000—3 999、4 000—4 999、5 000—5 999、6 000—6 999、7 000—7 999、8 000—8 999、9 000—9 999、10 000 及以上
	职业	工人、农民、军人、知识分子、文艺工作者、干部
	教育	初等教育、中等教育、高等教育、研究生教育
	宗教	天主教、基督教、伊斯兰教、印度教、其他
	民族	汉族、苗族、彝族、维吾尔族、藏族、回族、朝鲜族
	国籍	中国、美国、意大利、新加坡、韩国、英国、德国
	代沟	群体（经历过相同的大事件）
	社会阶层	下下、下上、劳动阶层、中中、中上、上下、上上
心理因素	生活方式	传统型、新潮型、节约型、奢靡型、活泼型、爱好家庭生活型、乐于社交型
	个性	被动、爱交际、喜命令、野心、冲动型、积极型
	价值观	进取型、消极型

(续表)

行为因素	使用时机	普通的时机、特殊的时机
	追求的利益	质量、服务、经济
	使用者的状况	从未用过、以前用过、可能用过、第一次用、经常用
	使用频率	不常用、一般使用、常用
	品牌忠诚度	铁杆忠诚者、中度忠诚者、转移型忠诚者、经常转换者
	准备程度	无知晓、知晓、有兴趣、想得到、准备购买
	对产品的态度	热情、积极、不关心、否定、敌视

（5）细分产业市场的依据

细分消费者市场的标准，有些同样适用于产业市场，如地理因素、追求的利益和使用者状况等，但还需要一些其他的变量。美国的布洛玛（Bonoma）和夏皮罗（Shapiro）两位学者，提出了一个产业市场的主要细分变量表（见表A4-2），他们还指出，人文变量最重要。

表 A4-2 产业市场的主要细分变量

人文变量	行业	我们应把重点放在购买这种产品的哪些行业上？
	公司规模	我们应把重点放在多大规模的公司上？
	地理位置	我们应把重点放在哪些地区上？
经营变量	技术	我们应重点关注哪些顾客重视的技术？
	使用者/非使用者情况	我们应把重点放在大量、中度、少量使用者身上，还是在非使用者身上？
	顾客消费能力	我们应把重点放在需要更多服务的顾客上面，还是只需很少服务的顾客上面？
采购方法	采购职能组织	我们应把重点放在采购职能组织高度集中的公司上，还是采购职能组织高度分散的公司上？
	权力机构	我们应侧重工程技术人员占主导地位的公司，还是财务人员占主导地位的公司？
	与用户的关系	我们应把重点放在现在与我们有牢固关系的公司上，还是追求最理想的公司？
	总采购政策	我们应把重点放在乐于采用租赁、服务合同、系统采购的公司上，还是乐于采用密封投标等贸易方式的公司上？
	购买标准	我们应把重点放在追求质量的公司、重视服务的公司还是注重价格的公司上？

(续表)

情境因素	紧急	我们是否应该把重点放在那些要求迅速和突然交货或提供服务的公司上？
	特别用途	我们应把力量集中于本公司产品的某些用途上，还是把力量平均花费在各种用途上？
	订货量	我们应把重点放在大量订货上，还是少量订货上？
个性特征	购销双方的相似点	我们是否应把重点放在价值观与本公司相似的公司上？
	对待风险的态度	我们应把重点放在敢于冒险的顾客身上，还是避免风险的顾客身上？
	忠诚度	我们是否应该把重点放在那些对本公司忠诚的公司上？

（6）有效的市场细分的原则

对一个企业来讲，形成有效的市场细分必须具备一定的条件，因为并不是所有的细分都是有效的。一般说来，有效的市场细分必须满足以下原则：

第一，差异性。不同的细分市场，消费者的需求确实存在着差异，有细分的必要。

第二，可衡量性。划分出来的细分市场的大小和购买潜力是可以加以度量的。

第三，可接近性。企业所选择的细分市场有进行营销活动的可能性。

第四，可获利性。细分市场存在着企业盈利的机会。如果得不偿失，企业根本就没必要对该市场进行细分。

第五，遵守社会法律和道德规范。

（7）有效的市场细分的过程

前面介绍了细分消费者市场和产业市场的一些变量，但是如何应用这些变量来进行合理有效的市场细分是企业面临的一个重要问题。罗杰·贝斯特（Roger Best）为以需要为基础的细分方法设计了七个步骤：

第一，以需要为基础的细分。把顾客细分成有相似需要和利益的小组。

第二，细分识别。根据人文变量、生活方式和行为因素，为每个以需要为基础的细分小组确定细分的可行性。

第三，细分吸引。利用预先确定的细分吸引力标准（如市场发展潜力、竞争状况），测定每个细分市场的吸引力。

第四，细分概况。描述整个细分市场的整体情况。

第五，定位。以细分市场的独特特征和需要为基础，为企业的产品或服务进行定位。

第六，细分"酸性测试"。测定每个细分定位战略的吸引力。

第七，营销组合战略。将细分定位战略扩展到营销组合：产品、价格、促销和渠道。

如果把上述七个步骤进行总结并扩展，就可以得到一个一般的市场细分模式：

第一，确定进行细分的产品和市场范围；

第二，确定市场细分的变量基础，是用单一的变量还是几种变量的组合；

第三，进行市场调研，评估各个细分市场的情况；

第四，选择细分市场，并制定市场营销组合战略。

(8) 市场细分中应该注意的问题

第一，在论述市场细分的理论依据时，我们提出市场的异质性是市场细分的主要理论基础。因此，值得注意的是，并不是所有的市场都可以细分，如果一个市场上消费者的需求几乎相同，那么细分是没有用处的。

第二，"反细分策略"。我们在运用细分变量对市场进行细分时，鉴于规模效益的影响，不能对一个市场过度细分。如果我们发现一个市场细分过度，并且不能为企业带来实质性的收益，就应该考虑"反细分"，略去几个细分市场或者对现有的细分市场进行适当的合并。

2. 目标市场选择战略

(1) 评估和选择细分市场

一旦企业确定了细分市场，就必须评估各个细分市场从而决定能为之有效服务的目标市场。在评估和选择细分市场时应主要考虑以下六个因素：

第一，首先应该考虑细分市场的吸引力，比如它的发展潜力、竞争情况、盈利可能性等；

第二，对细分市场的投资和公司自身的能力相匹配，同时和公司的发展目标相一致；

第三，符合法律规范和社会道德的要求；

第四，各个细分市场在成本、技术、利润等方面的相互关系；

第五，进入细分市场的顺序和时间安排；

第六，细分市场之间以及细分市场与公司内部其他部门之间的合作。

(2) 目标市场的覆盖模式

我们把企业在市场细分评估后打算进入的市场称为企业的目标市场。目前主要有五种目标市场选择模式。

一是市场集中化。企业集中于一个市场，向该市场供应一类产品。小公司通常使用该战略。

二是产品专业化。企业向多个细分市场供应同一种产品。例如，电脑公司只生产一种产品，同时向个人、机关、学校、餐厅等销售。产品专业化有利于形成产品在技术上的优势。但是，现在产品的替代率极高，当新产品出现时，旧产品就会面临被替代和销量大幅度下降的危险。

三是市场专业化。企业向一个细分市场供应不同的产品以满足该市场上不同顾客的需求。例如，旺旺公司向儿童市场供应不同的食品。由于企业生产的不同产品都面向同一市场，可以有效地分散经营风险，提高企业在消费者心目中的形象。但是，当企业所针对的顾客需求减少时，就会面临利润下降的危险。

四是选择专业化。企业选择若干个具有良好的发展潜力并符合企业发展目标的细分市场作为自己的目标市场，同时生产不同的产品以满足所选目标顾客的需求。这种多细分市场可以分散公司的经营风险，但要求公司具有相当强的营销能力和实力。

五是市场全面化。即公司采用完全市场覆盖的模式，生产各种产品来满足所有细分市场顾客的需要。这种市场覆盖模式一般适用于实力较强的大公司，例如可口可乐公司、IBM 公司。

（3）目标市场的战略

第一，无差异性营销战略。

实施无差异性营销战略的企业把整个市场看作一个目标市场，不进行市场细分。他们生产一种无差异性的产品来满足整个市场上顾客的要求。无差异性营销是制造业中的标准化、大批量生产在营销中的化身。实施无差异性营销战略的企业经过周密的市场调研后发现，市场上顾客需求的共性大于个性，便决定以统一的产品、统一的价格、统一的促销措施和统一的分销渠道来进行大众性营销，而不是注重它们的差别。

无差异性市场营销最大的长处是成本的节约。它可以降低成本，节约广告费等产品的促销费用。不进一步进行市场细分，又节约了市场调研的费用。因而，企业可以利用成本的节约适当地降低价格，取得相对有利的竞争地位。无差异性营销同时也存在着许多缺点，它对大多数产品来说都是不适宜的。

消费者的需求既复杂又千变万化，这使某个产品受到市场的普遍欢迎十分困难，企业只通过生产一种产品来迎合需求存在巨大差异的消费者是十分少见的。即便一种产品在市场上获得了好评，竞争者也会竞相模仿，造成激烈的竞争，这对企业十分不利。同时，企业把竞争力都集中在这一种产品上，满足不了顾客的其他需求，也会忽略一些可能存在巨大盈利机会的细分市场。因此，许多大公司纷纷由无差异性营销战略转为差异性营销战略。

第二，差异性营销战略。

差异性的市场营销战略是企业把整体市场划分为若干个细分市场，然后依据前面所述的细分市场的评估因素来选定自己的目标市场，并针对不同的目标市场量身定制市场营销组合策略。相对于无差异性营销而言，差异性营销更容易满足顾客的多样化需求，激励顾客重复购买。

差异性营销战略的最大优点是通过满足顾客的多样化需求，有效地分散经营风险，提升企业的竞争力和利润率。无差异性营销战略的优势基本上就是差异性营销战略的劣势。对于企业来讲，实施差异化营销的成本比较高。企业不但要进行市场细分，还要为不同的细分市场制定不同的市场营销战略，因此企业的市场调研、预测、选择渠道和销售促进方面的费用便会提升。另外，企业产品的修改成本、生产成本、管理成本和存货成本等也会随之提升。这就要求企业有更雄厚的实力来应对差异性营销所带来的挑战。

第三，集中性营销战略。

集中性营销战略是企业把整体市场划分为若干个细分市场，经过细分市场分析后，集中力量经营一个或少数几个性质基本相同的细分市场，并制定统一的市场营销组合策略。此战略通常适用于一些资源有限、范围较窄的小企业。

采用集中性营销战略的企业目标比较集中，可以大大节省成本费用。同时，由于企业在生产、定价、选择分销渠道和应用促销手段等方面专业化程度很高，易于赢得顾客的信任，能够获得较高的投资收益。等基础打牢以后，再逐步扩大到其他的细分市场。集中性营销的不足主要在于目标市场的范围相对狭窄，如果顾客的需求转移或出现强大的竞争对手，企业将面临极大的市场风险。

（4）影响目标市场营销战略选择的因素

任何企业的目标市场的营销战略选择都不是随心所欲的，必须对各种因素进行综合分析，权衡利弊，做出决策。

一是企业的资源及能力。如果企业的实力雄厚，管理能力较强，就可以选择差异性营销战略或无差异性营销战略；如果企业的能力有限，就可以选择集中性营销战略。

二是产品的同质性。如果产品的同质性比较低，就应采取差异性营销战略或集中性营销战略；如果产品的同质性比较高，则采用无差异性营销战略，产品的竞争主要表现在价格和服务上。

三是产品所处的生命周期阶段。当一种新产品刚刚进入市场，还在导入期时，可以采取无差异性营销战略。而待产品进入成长、成熟阶段，随着市场竞争的加剧，目标市场的营销战略可改为差异性或集中性营销。

四是市场的同质性。如果市场同质性比较强，顾客的需求和偏好比较一致，就可以采用无差异性营销战略；否则，应采取差异性营销战略或集中性营销战略。

五是竞争者的战略。如果竞争者采取的是无差异性营销战略，企业就可以选择差异性或集中性战略。而如果竞争者采用的是差异性营销战略，企业就可以选择被竞争对手忽略的市场，进行更深层次的细分或采取集中化营销战略。

3. 市场定位战略

（1）市场定位观念

所有的市场营销战略都建立在市场细分、市场选择和市场定位的基础之上。企业在完成市场细分和目标市场选择以后，必须确定自己在消费者心目中的定位。一个公司如果成功地进行了特色定位，会极大地吸引消费者的注意，使消费者容易识别出公司独特的形象，从而为顺利制定市场营销组合战略提供坚实的基础。

市场定位（market positioning）又被称为产品定位或竞争性定位，是企业根据竞争对手的情况和自身的产品来设计本企业与众不同的鲜明个性和形象，并传递给目标顾客，使其产品在顾客的心目中占据独特的位置，在细分市场上占据强有力的位置等一系列活动。

"定位"这个词最早是由两位广告经理人阿尔·里斯（Al Ries）和杰克·特劳特（Jack Trout）提出的，他们把定位看成是对现有产品的创造性实践：

定位起始于产品：一件商品、一项服务、一家公司、一个机构，甚至是一个人……然而，定位并非要对产品本身做什么，而是要针对潜在顾客的心理采取行动，即给产品在潜在顾客的心目中定一个适当的位置。

里斯和特劳特认为，一个竞争者的定位战略主要有四种：第一种战略是提高自己现有的定位；第二种战略是避强定位，即寻找一个未占领的领地；第三种战略是对产品进行重新定位；第四种战略是俱乐部战略，宣称自己是某个大集团的成员。

两位咨询专家迈克尔·特里西（Michael Treacy）和弗雷德·威尔斯马（Fred Wiersema）提出了一种定位框架，称为价值准则（value discipline）。特里西和威尔斯马通过观察发现一共有三个价值准则：产品领先、运作良好和亲近顾客。一个企业如果要成功必须遵从以下四个规则：

一是在三个价值准则中寻找一个成为最好；

二是在其他两个准则中达到好的绩效水平；

三是在某一已选择的准则上持续改进，以免落后于竞争者；

四是在另外两个准则上做得更充分一些，因为竞争者在持续提升顾客的期望。

（2）市场定位的步骤

第一，一个企业必须决定在定位时向目标顾客传递多少有关产品差异的信息，即企业潜在的定位优势有多少。有的企业只宣传一种产品差异并且取得了成功，有的企业则推崇双重利益定位，甚至还有成功的三种利益定位的例子。一般而言，企业在定位时应避免以下四种错误：定位过低、定位过高、定位混乱（企业推出的产品差异过多，导致顾客对产品的印象模糊不清）、定位怀疑（顾客很难相信企业宣传的定位差异性）。

第二，如果企业确定了不同的定位优势，下一步必须要做的工作便是将企业的定位优势和主要的竞争对手进行比较，以识别企业是否在产品开发、服务质量、销售渠道、品牌知名度、成本等方面具有明显优势，从而明确企业的核心竞争优势，并最终决定企业定位。

第三，传播企业的定位。在传播企业的定位时首先要明确企业推出的产品类别，其次是企业推出的产品与其他产品的区别。定位对企业的成功十分重要，因此对企业定位的宣传也不容忽视。只有企业的定位真正地深入到顾客的内心并被顾客所认可，才能达到预期的目的。

（3）市场定位战略的类型

第一，产品差别化战略。顾名思义，它是在企业提供的产品上实现差别化。一件产品主要依赖于以下九个设计参数来实现产品的差别化。一是产品形式（form），包括产品的形状、实体差异和尺寸等。二是特色（feature），是指产品基本功能以外的一些附加功能，而且是和其他产品有区别的功能。但是企业在考虑增加新功能时，要计算顾客价值和顾客成本。只有顾客价值大于顾客成本时，才有增加特色的需要。三是性能质量(performance quality)，指的是产品在使用中的水平。研究表明，产品质量和投资报酬之间存在着高度正相关的关系，即高质量产品的盈利率高于低质量和一般质量的产品。但质量超过一定的限度时，顾客需求开始递减。所以，企业必须设计出和目标顾客以及竞争者水平相匹配的产品。四是一致性质量(conformance quality)，是指产品外观及使用和产品标明标准的吻合程度。五是耐用性(durability)，是指产品在自然或重压条件下的预期使用寿命。六是可靠性(reliability)，是衡量产品在一段时间内运行良好的指标。七是可维修性(reparability)，是指产品出了问题后可以修复的容易程度。越是用标准化零部件组合起来的产品，可维修性越高。八是风格(style)，是产品给予顾客的视觉和美学效果。九是设计(design)，是一个综合性的因素，指的是产品外观和性能的全部特征的组合。

第二，服务差别化战略。它是向目标市场提供与竞争者不同的服务。当实现产品差别十分困难时，增值服务就变得十分重要，它可以有效地提升顾客的满意度和忠诚度，从而击败竞争对手。服务差别化战略主要体现在以下五个方面：一是订货方便(order ease)；二是交付(delivery)，指的是产品或服务到达顾客的速度、准确性和文明程度；三是客户培训(customer training)，指的是对客户单位的工作人员进行培训，以方便日后的使用；四是客户咨询(customer consulting)，是指公司向其客户提供咨询服务；五是维修保养(maintenance and repair)。强调服务差别化并不是贬低产品差别化战略的有效性。竞争者之间产品差别越小，产品差别化战略作用的空间就越小。一旦有厂商掌握了相似的产品技术，服务差别化战略便能起到重要的作用。

第三，人员差别化战略。它是通过招募和培养比竞争对手更优秀的人才来获得差别优势。21世纪最宝贵的是人才，当今社会的竞争归根结底是人才的竞争。经过严格训练的人员应具备以下六个方面的特征：称职(competence)，即员工具有岗位所需要的技能及知识；谦恭(courtesy)，是指员工热情友好，尊重他人；诚实(honesty)，指的是员工诚实可信；可靠(reliability)，指的是员工始终如一、正确无误地为顾客提供服务；负责(responsiveness)，意味着员工能对顾客的请求和问题迅速做出反应；沟通(communication)，是指员工力求理解顾客并清晰地为顾客传递有关信息。

第四，渠道差别化战略。企业可以通过设计与竞争对手不同的分销渠道来获得竞争优势。

第五，形象差别化战略。形象是公众对公司及其产品的认知，购买者可以从公司与众不同的形象上找到共鸣。一家公司可以通过以下四种方式来实现形象差别化战略：首先，运用强烈的色彩、醒目的标志和简短的口号，在横幅中重复自己公司的名字，以及自己与众不同的属性等来塑造不同的形象；其次，充分运用企业的物理空间，包括建筑结构、室内设计、布局颜色、材料和家具等来体现；再次，企业可以通过赞助公益活动和许多有吸引力的媒体来塑造形象；最后，有效地运用多种形象塑造技术。

（二）4X 营销组合战略

4X 营销组合战略是对 4P、4C、4R、4V 等诸多营销战略的统称。

1. 4P 战略

1964 年，美国营销专家 Borden 提出了市场营销组合（marketing mix）的概念。市场营销组合是指市场营销人员根据其营销目标和营销战略，综合运用并优化组合多种可控因素，以实现其营销目标的活动总称。他提出，制造商应该综合考虑 12 种可控因素，分别是：

① 产品计划：包括产品线、产品质量和设计、目标市场和新产品政策；

② 价格：包括总体的价格水平、具体产品的价格、价格政策和利润水平；

③ 品牌：选择商标，是否设立品牌、设立个别品牌还是家族品牌；

④ 分销渠道：使用什么样的渠道，渠道的密集程度，怎样与渠道成员建立合作；

⑤ 人员销售：如何招聘销售人员，销售人员的任务是什么；

⑥ 广告：广告预算、产品形象和公司形象设计、不同广告组合；

⑦ 促销：促销目标的设定和促销方式的选择；

⑧ 包装：包装的功能和标志；

⑨ 产品陈列：产品陈列的目标和达成这些目标的方法；

⑩ 服务：确定所需要提供的服务；

⑪ 产品实体处理：仓储、运输；

⑫ 发现和分析事实：在营销活动中发现、分析和利用事实。

以上的 12 个因素是企业可以控制并管理的。但是，企业的营销人员究竟应该怎样组合这些因素以获得最佳效果则还要考虑消费者的行为、合作者的行为、竞争者的行为以及政府的行为等因素。而且，由于外界的环境因素处于不断的变化之中，企业也要根据这些变化调整自己的营销组合。因此，对营销组合的管理是一个动态的不断变化的过程。

McCarthy(1964)将营销组合定义为"营销经理所能支配的用于满足目标市场的所有要素的组合"。他将 Borden 所列的 12 个营销组合要素削减并归为四类：产品(product)、价格(price)、促销(promotion)、渠道(place)。每一类又进一步分为更为具体的营销要素，分别称为"产品组合"(product mix)、"促销组合"(promotion mix)，等等。后来，McCarthy and Perreault(1987)将营销组合的定义修正为"一个组织用于满足其目标市场的可控变量的组合"。与前一个定义相比，这个定义强调了要素的可控性，即不可控制的变量不属于营销组合的范围，而是企业在设计营销组合时应该考虑的约束变量。他们对营销组合的界定既与 Borden(1964)的定义相吻合，又将原来的 12 个要素按照层次的不同划分为四个方面的亚组合，使营销组合的概念更加明晰。

Kotler and Armstrong(1989)认为，营销组合是企业在其战略指导下的策略组合。因此，他们对营销组合的定义是"公司用于在其目标市场中产生它所期望的反应而设计的可控营销变量的集合"。在这样的定义里，像界定目标市场、设立公司的形象等都属于公司在建立营销组合前应该考虑的因素，是建立营销组合的指导。公司只有在选定目标市场，并对其进行准确定位后，才能在此基础上设计营销组合。至此，由 Borden 提出，经 McCarthy 等人概括总结，以及 Kotler 等人的修订而形成的营销 4P 理论成为主流的营销组合理论。总之，4P 理论的精髓在于，它认为一次成功和完整的市场营销活动，意味着以适当的产品、适当的价格、适当的销售渠道和适当的促销手段，将企业的产品与服务投放到特定市场的行为。

4P 的提出对现代市场营销理论与实践产生了深刻的影响，被认为是对公司日常营销活动的最精练的概括。

2. 多 P 理论

Nickels and Jolson(1976)认为，应在 4P 基础上再加上包装(packaging)作为第 5 个 P。Mindak and Fine(1981)则建议，应加上公共关系(public relations)作为第 5 个 P。Kotler(1986)认为，在"大众营销"(megamarketing)背景下，还应加上 2 个 P，即政治力量和公共关系(political power and public relations)。Payne and Ballantyne(1991)认为，从关系营销的角度来看营销组合

还应包括人、过程和顾客服务（people，processes and customer service）。Magrath(1986)认为，从服务营销的视角来看，人、物理设施、过程管理（personnel，physical facilities and process management）也应纳入营销组合的内容。特别是，Booms and Bitner(1981)将过程、物理表现和参与者（process，physical evidence and participants）纳入营销组合的范畴，从而将 4P 扩展到 7P，并在服务营销研究领域获得了广泛认同。Mohammed and Pervaiz(1995)甚至认为，7P 的营销组合结构也可扩展到所有行业，而不仅局限于服务业。事实上，营销理论正在向多 P 理论发展，有的学者已经把营销理论发展到了 30 个 P。

3. 4C 理论

从上面的论述可以看出，4P 乃至 7P 理论都是遵循着"企业如何生产和传递满足市场需求的产品"而展开的，强调的是企业对营销组合以及营销活动的控制。在产品相对稀缺、消费者的选择较少的时代，4P 的营销组合是非常有效的。但是，一方面，随着信息经济的发展，消费者掌握的产品知识和信息越来越多，他们对于交易的控制力度越来越大。另一方面，随着企业之间竞争的加剧，消费者的选择越来越多，产品的同质化越来越严重，从而增强了消费者对企业讨价还价的能力。在这种情况下，以企业为中心点出发的 4P 理论逐渐发展为以追求顾客满意和顾客忠诚为中心的 4C 理论。

Brunner(1989)所提出的 4C 组合包括概念、成本、渠道、沟通四个子组合（concept mix，costs mix，channels mix and communications mix）。概念组合类似于 4P 中的产品组合，但 Brunner 声称，概念组合比产品组合更好地描述了不同组织向目标市场提供的不同产品、服务、思想等。成本组合不仅包括金钱成本（即传统的价格因素），还包括顾客面临的运输、停车、信息搜集等成本。渠道与 4P 中含义相同。沟通因素既包括传统的促销因素，也包括营销者的信息搜集活动，即市场研究。

然而，有学者认为，Brunner 的 4C 只是 4P 名称上的变化，它们之间并没有本质上的差别(Rafiq et al.，1995)。而且，有的成本因素，比如顾客的运输、信息搜集成本，并不是营销者所能控制的变量，显然不适合作为营销组合变量。因此，Brunner 的 4C 与 4P 并没有本质上的区别，只是对后者的修订而已。所以，该理论并没有得到广泛的认同。

Lauterborn(1990)认为，应从购买者的角度来设计营销工具，提出了与 4P 对应的 4C：顾客所需所欲（customer needs and wants）、顾客的成本（cost to the customer)、便利(convenience)和沟通(communication)。Dennis(1999)作了修改,将"顾客所需所欲"改为"顾客价值"(customer value)。他们自己也认为,其 4C 与 McCarthy 的 4P 存在一一对应的关系。

4C 营销理论认为,在一定搜索成本(包括有限的知识、灵活性和收入等)的限定条件下,消费者选择的最基本的标准是:顾客价值最大化。Kotler 界定的顾客让渡价值为"总顾客价值和总顾客成本之差。总顾客价值是顾客从某一特定产品或服务中获得的一系列的利益,而总顾客成本是在评估、获得和使用该产品或服务时引起的顾客预计费用"。总顾客价值可进一步划分为产品价值、服务价值、人员价值和形象价值;而总顾客成本可进一步划分为货币成本、时间成本、体力成本和精力成本。公司可以从三个方面努力提高顾客价值:增加顾客价值或降低顾客成本,或者在增加价值的同时降低成本。

顾客满意取决于顾客对产品和服务价值的预想与实际效果之间的比较:预想大于实际,顾客不满意;预想等于实际,顾客满意;实际超过预想,顾客会十分满意。只有为顾客提供高价值的公司,才能赢得顾客的满意。只有满意的顾客才可能重复购买,或者购买该公司的其他产品,并为公司做积极的宣传,才有可能成为公司的忠实顾客。

4C 强调,当今的企业首先应该把理解消费者追求的价值、满足顾客需求、不断追求高度的顾客满意放在第一位;其次要努力降低顾客购买成本,包括顾客购买活动中的货币成本和非货币成本;再次要尽最大努力提供顾客购买过程的便利性,因为时间和精力对顾客而言越来越重要;最后,成功的营销活动离不开有效的沟通,与 4P 中的广告和促销相比,沟通强调的是交流的双向性,企业不仅要向消费者传递自己的理念和产品,更要倾听消费者的声音。相对于 4P 而言,4C 在追求顾客满意方面取得了很大的进展,但在建立企业与顾客之间的长期关系方面仍显不足。因此,该营销思想还需要进一步发展和完善。

4. 4R 理论

随着竞争的激烈化,企业获得新顾客的成本越来越高。据统计,吸引一个新顾客的花费可能是维系一个老顾客的几倍。因此,营销者的任务不仅是创造顾客,更重要的是要竭尽全力来维系顾客。但是,传统的营销理论更多的是强调进攻,忽视防守;重视建立交易,忽视建立关系,从而导致企业丧失了大批的老顾客。近年来,维系顾客、培养顾客忠诚逐渐演化为企业市场营销的新理念,关系营销也随之成为营销学的新发展。关系营销的关键就是将一个潜在顾客最后演变为主动性顾客和合伙人。它可以通过为老主顾提供更大的让渡价值(如折扣、奖励、免费赠送等销售策略)来建立顾客关系;也可以在了解顾客需求和愿望的基础上,通过对顾客实行个性化服务来建立关系;还可以通过向老顾客提供各种附加利益和潜在附加利益来建立关系。

Don Schultz 认为,传统的市场中营销组织处于主导地位,能控制产品的开发、渠道、价格和边际利润、促销和沟通活动,所以 4P 能反映这一现实。但 21 世纪以来,由于信息和技术的发展,顾客与营销者的市场地位发生了转换,消费者在市场中的作用越来越强大,这时 4P 已不能很好地反映和指导营销活动。在关系营销的基础上,Don Schultz 提出了包括关联(relevance)、反应(response)、关系(relationship)和回报(results)的 4R 理论。

首先,关联是建立企业与顾客关系的第一步,它强调的是企业应该分析和选择顾客,知道什么是顾客所需要的,什么是顾客所重视的,通过比竞争者更好地满足顾客的需求和欲望而与顾客建立联系。其次,企业要理解,顾客的需求和欲望也是一个动态变化的过程,因此,营销的关键并不是如何计划和控制,而是要学会倾听消费者的声音,了解他们真正的需求。这就要求营销者转变视角,主动站在消费者的立场上看问题,同时,要主动与消费者展开互动交流,鼓励消费者表达自己的观点,同时建立快速反应机制对市场变化迅速做出反应。最后,企业与顾客之间应建立长期而稳定的朋友关系,从实现销售转变为实现对顾客的责任和承诺,从管理营销活动转变为管理顾客关系。无论何时,企业都是追求利润最大化的经济单位,企业应将关系营销作为一项投资,从长期利润最大化的角度看待和管理它,追求为顾客和股东创造最大价值。4R 营销战略在一个全新的层面上描述了市场营销的构架,与 4P 和 4C 相比,其主要的特点是动态性、互动性、可持续性和互利性。

5. 4V 战略

随着以 IT 技术为代表的高科技产业迅速崛起,营销学又引入了 4V 理论,即差异化(variation)、功能化(versatility)、附加价值(value)和共鸣(vibration)组合理论。相比 4R 理论,4V 理论强调的是顾客需求的差异化和企业提供商品功能的多样化,以使顾客和企业达到共鸣。

营销是买方市场的产物。卖方市场的特点是生产者垄断,求过于供,消费者追求生产者,卖易买难,所以生产者只需生产不需营销。买方市场的特征是供过于求,买易卖难,生产者追求消费者,生产者之间必须为求得消费者的购买而竞争,他们的胜负和生存最终由消费者说了算,营销成为生产者经营的核心。所以对生产者而言，营销的最高境界就是垄断！事实上，现代企业管理的根本问题就是如何使企业获得垄断力！

按照现代营销学的理论，在买方市场的前提下，如果一个企业要与竞争对手竞争，就要用STP＋4P战略进行营销。简而言之，所谓STP战略是指，任何一个企业做营销，首先要对市场进行细分，再根据企业的条件和目的找到适合本企业的目标市场，然后针对竞争对手的产品战略和产品特征对目标顾客进行产品定位。针对同一个目标市场，企业必须面对数个对手的竞争。所谓4P战略是指，一个企业与其他企业竞争使目标顾客购买自己产品的四种战略手段：产品战略——怎样使自己的产品比竞争对手的产品更好地满足目标顾客的需要；价格战略——怎样使自己的产品比竞争对手的产品对目标顾客有更好的性价比；渠道战略——怎样使目标顾客更方便地获得自己的产品，而不是竞争对手的产品；促销战略——怎样使目标顾客更好地知道、了解、喜欢、相信和购买自己的产品，而不是竞争对手的产品。

所有这些理论都有一个共同的缺陷，那就是它们不能解决4P战略的根本困局，即企业与企业之间、企业与顾客之间的零和竞争；不能解决网状经济下的网状营销问题。

第五章

传统定价策略

1P理论是对传统营销策略的扬弃和突破。价格作为营销中最活跃的因素，是营销学者和营销工作者最重视的因素之一，因此无论是从理论上还是从实践中都总结了很多行之有效的价格策略。在深入探讨1P理论之前，我们对传统的定价策略做一些简要回顾，不仅因为它是1P理论赖以建立的基础，而且通过对比，我们可以更清楚地了解1P理论的突破之处，即1P理论怎样突破传统的定价局限，扩展定价的空间。

一、传统营销的定价基本原理和价格空间

对任何企业来说，如果产品或服务的价格高但不影响销量，那当然是越高越好，因为高价格就意味着高利润。如果企业可以随心所欲地定价，那么所有的产品都可以标以天价。但是任何事情都不可能没有限制，价格也不例外。价格一方面是企业获得的收入，而另一方面也是顾客付出的成本，所以顾客的支付意愿就是价格制定的上限，如果产品或服务的价格超过了顾客的最大支付意愿，产品就无人问津了。当企业不可能与顾客达成交易的时候，多高的价格也是零。那么顾客的支付意愿又受什么影响呢？这主要取决于产品和顾客两方面的因素。产品方面的因素是顾客对产品或服务的感知价值，即顾客认为产品或服务价值多少，而感知价值又取决于产品或服务为顾客提供的效用和价值，如果顾客认为产品提供的价值对自己非常重要，他们就会愿意支付比较高的价格。从顾客方面看，他们不仅要愿意支付产品的价格，而且还要能够支付，即顾客要有支付能力。如果顾客都认为一辆宝马车价值100万元，但就是没有钱买，那么宝马车就只能在展厅中吸引顾客前来羡慕和称赞了。顾客的支付能力不是企业可以控制的，但却是企业可以选择的：当企业选择自己的目标顾客群时，支付能力应该是一个重要的考虑因素。这一点对高档奢侈品尤其重要。

企业的销售收入等于产品的价格乘以产品的销售数量。而对一般产品而言，价格和销售数量是此消彼长的关系：价格提高，销量就可能下降；价格降低，一般可以带来销量的增加，降价的吸引力也就在于此。但是企业也不可能随心所欲地降价，产品的成本（包括直接成本和分配的间接成本）是企业降低价格的下限。低于成本的价格只能导致亏本，违背企业的盈利目标。所以，顾客的支付意愿和有能力支付的价格，与产品的成本价格就构成了企业定价的初始空间。而该空间的具体大小还受到竞争因素、公司利润、市场目

标和政府管制的限制等诸多因素的影响。企业定价的空间范围可以用图 5-1 表示。

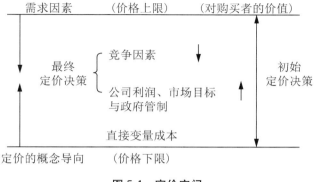

图 5-1 定价空间

二、传统的定价策略

定价空间也就是企业的利润空间，所以企业提高利润有两条基本途径：一是企业采取措施降低产品的成本（包括直接成本和间接成本），即降低定价空间的下限；二是采取各种各样的措施提高顾客的感知价值，从而提高他们的支付意愿，即提高定价空间的上限。

（一）以降低成本为基础的定价方法

如果企业具有成本优势，即可以以低于竞争者的成本生产出质量水平不低于竞争者的产品，则企业在定价时就可以充分利用自己的成本优势，以较低的价格获得较大的市场。同时因为企业的生产成本本身就低，所以较低的价格不会影响企业的利润水平。成本降低是企业最坚实的定价基础，正所谓"手中有粮，心中不慌"。如果企业具有超越竞争者的成本优势，就可以从容面对竞争者的任何挑战。那么企业如何才能获得成本优势呢？经验曲线效应和规模经济效应是企业降低成本的有效方法。

1. 经验曲线效应

经验曲线是指，随着时间的累积，企业的管理者和工人都可以学习并积累更多的管理和生产经验，而这有助于企业降低产品的生产成本。例如，海尔在生产过程中摸索和总结出的市场链管理以及"日清日高"等管理模式就在很大程度上提高了海尔的生产效率,降低了其生产成本;而且产品的质量更加稳定,废品、次品率直线下降,这都为企业降价提供了更大的空间。经验曲线效应是对"知识出效益"和"管理出效益"的最好证明。企业采用先进的生产设备并不能自然而然地带来成本优势,只有先进的管理理念和管理措施才能达到充分挖掘工人和设备的生产潜力,大幅度提高生产效率、降低生产成本的目的。经验曲线虽然表明生产效率会随着时间的积累而提高,但并不意味着这是自然的规律,能否获得经验曲线效应、能获得多大程度的经验曲线效应还取决于企业的具体情况,取决于企业管理者的学习意识,以及对经验和知识的总结概括能力、对新知识的接受和运用能力。在同样的时间内,生产相同产品的不同企业,有的可能已经积累了先进的管理和生产经验,形成了井然有序的管理和生产过程,而有的则还处在黑暗中摸索的阶段。不同的学习能力决定了不同程度的经验曲线效应,也决定了企业不同程度的竞争优势。

如果企业想在短时间内获得经验曲线效应,仅靠自己的摸索是不够的,还应该虚心向别的企业学习。标杆学习近年来的逐渐盛行,就说明了学习的重要性。万事不求人、自力更生的精神固然可嘉,但是市场承认的是效应,而不是精神。无论美国的汽车产业怎样强调自己在该行业中的鼻祖地位,怎样强调消费者的爱国主义精神,还是竞争不过高质低价的日本汽车产业。甘拜下风的美国汽车业虚心向日本同行学习管理经验和生产技术,从而造就了美国汽车产业的再次振兴。富有进取精神的企业不会把学习范围局限在本行业内,而是用好奇的眼睛寻找一切可以学习的对象和机会。福特公司开创了流水线生产模式,这种先进的生产理念来自哪里呢?在当时的汽车行业,甚至大规模制造行业里,都没有这种先例。据说,该模式是老福特先生从屠宰行业获得的启示。

2. 规模经济效应

经验曲线是指随着时间的累积而获得的生产成本的降低,而规模经济效应则是指随着企业生产规模的扩大而获得的成本优势。有研究表明,当产量翻番时,成本具有按可预测的数字降低的趋势。一般而言,销量每翻一番,成本通常会下降20%—30%。企业随着生产规模的扩大可以获得多方面的规模经济效应:首先是采购的规模经济,大批量的采购增强了企业对供应商的议价能力,可以获得较高的价格折扣,降低原材料的采购成本,带来生产成本的降低;其次是生产的规模经济,大规模生产能够提高机械设备的使用效率和工人的工作效率，效率的提高带来单位产品生产成本的降低；不仅如此，规模化生产还可以提高广告宣传和产品配送的效率。

成本优势为企业的定价提供了更大的操作空间。如果有成本优势的企业制定的价格与竞争者制定的价格类似，就可以获得更高的利润；如果企业想获得更大的市场份额，就可以把价格制定得稍低于竞争者的价格；如果企业想把竞争者彻底打败，就可以使价格低于竞争者的成本。没有企业能承担长期的亏损，所以缺乏竞争优势的企业可能会考虑退出该行业，或者是寻找新的竞争方向。格兰仕就是利用成本优势使得中国的微波炉行业重新洗牌。当别的企业制造成本上千元的微波炉时，格兰仕微波炉的销售价格仅为几百元，谁还有能力与之抗衡？现在格兰仕执中国微波炉市场之牛耳，市场份额超过70%，低价的威力由此可见一斑。如果没有成本优势，格兰仕又怎敢如此牛气？且不说它的生产设备和生产工艺都是世界上最先进的，就是格兰仕工人的工作效率也超过同行业的数倍。经验曲线的价值表露无遗。格兰仕在企业发展过程中的关键战略之一就是剥离了其他产业，专注于微波炉行业，专注的结果是规模经济效应，进而形成了巨大的成本优势。

成本优势赋予企业极大的价格自主权以及稳定的利润收入。企业可以根据自己的成本情况决定利润目标，可以采取基于成本的定价方式——成本加成定价方法。该方法是指在产品的成本上加一个标准的加成，作为企业的利润。如企业某产品的生产成本为 100 元，企业的利润目标为 20%，则该产品最终的销售价格为 $100/(1-20\%)=125$ 元。在竞争趋于白热化的现代社会，长期稳定的利润流和现金流对企业的重要性不言而喻。总之，成本优势为企业的降价提供了坚实的基础，企业的定价行为更有底气，不怕任何竞争者叫板，更有可能对竞争者造成威胁。

(二) 以提高顾客的感知价值为基础的定价策略

企业除了在内部降低成本之外，还应该致力于提高顾客的感知价值。如果顾客认为某企业的产品就是比别的企业的产品好，即使多花钱也愿意购买其产品，那么该企业的定价也就具有了坚实的基础。竞争者的降价行为并不能撼动顾客对该企业产品的偏爱，也就不可能影响该企业的利润收入。企业提高顾客的感知价值主要有两个途径：一是人无我有，二是人有我优。

1. 人无我有

所谓人无我有就是开发产品的独特价值，即别的竞争者不能提供或还没有想到的价值，而且它对顾客又非常重要，顾客愿意为之花钱。开发新产品是首要的好方法。例如，莱卡面料是杜邦公司的专利，别的竞争者根本生产不了。顾客没有比较的余地，而他们又非常喜欢这种新面料所带来的感受，于是就乐意为获得舒适的穿着感而多花钱了。创造独特的价值是否是像杜邦公司、3M公司这样的巨型企业的专利呢？如果真是这样，那一般的企业岂不是没有出路了吗？答案当然不是这样！创新有时候并不需要特别先进和高深的技术，也不需要特别雄厚的资金支持，关键是看企业有没有创新的意识和创新的思维。很多情况下，企业是通过改变产品的价值诉求而获得了独特的竞争优势。

例如，原来的手表企业是在计时方面竞争，他们竞争提供更准确的计时功能。但是人们往往忽略了一个普遍规律：成本边际递增和价值边际递减规律。也就是说，当一般企业生产的手表都可以精确到秒时，企业再研制出精确到十分之一秒的手表可能需要巨大的成本投入。与此同时，顾客原来愿意为精确到秒的手表额外支付10元钱，而现在他们可能只愿意为精确到十分之一秒的手表额外支付5元钱。如果顾客不是航海家或航天员，如此的精确到底能为他们带来多大的价值呢？

在这种情况下，有的企业改变了手表的价值诉求：为什么非要在计时准确性上争得头破血流呢？我可以为顾客提供时尚、款式新颖的手表。手表不仅是一种计时工具，而且还是一件非常重要的装饰品。企业倡导消费者应该根据不同的服装、不同的场合，佩戴不同的手表。当企业的这种理念获得了顾客认可，顾客愿意为时尚的手表多花钱时，企业就获得了超越同行的竞争优势。但是人们可能会担心：这样获得的竞争优势并不能持久，因为当竞争者看到这一价值诉求的潜力时，也会转而生产时尚手表，那么时尚又成为一个新的竞争焦点，激烈的竞争会使该诉求陷入"成本边际递增和价值边际递减"的困境。不用担心！创新者会获得巨大的先行者优势，因为人们只敬佩第一个吃螃蟹的人。而且，创新是没有止境的，当时尚对顾客不再有吸引力时，企业可以再创造出新的价值诉求，如尊贵、成功的象征，以及表达感情的信物等。

2. 人有我优

更多的企业不是靠创新，而是靠做得更好来获得竞争优势，这就是所谓的人有我优。如果企业能在对顾客非常重要的方面做得比竞争者好，那么顾客自然就愿意为获得较高的质量或较好的服务而付出溢价。例如，美国的卡特皮勒卡车公司一直享受远远高于竞争者的价格，而且顾客源源不断。顾客为什么心甘情愿付高价呢？根本原因就是他们看重该公司产品的卓越品质。例如，顾客愿意为产品优越的耐用性而额外支付 7 000 美元，愿意为优越的服务而额外支付 5 000 美元。顾客认为这些优越之处对自己非常重要，即使多花钱也比购买别的产品值。中国的海尔冰箱的价格也一直高于同类产品，卓越的服务对提高它的价值功不可没。

但由此也带来了一些问题：公司怎样才能知道顾客看重产品的哪些品质？顾客愿意为哪些品质多付钱？愿意多付多少钱？这些对公司的价格决策至关重要的问题，并不是靠公司管理人员的经验和想当然就可以解决的，而是要靠科学精准的消费者调查和访问。很多公司虽然口口声声说以顾客为基础，把顾客视为上帝，却很少愿意花时间和资金去了解顾客想要什么，顾客喜欢什么，而一味地相信自己可以通过广告引导顾客的需求。现在铺天盖地的保健品广告就是遵循了这条思路。虽然公司可以创造和引导顾客的需求，但并不能强迫他们接受自己不喜欢的东西。所有的创造和引导说到底都是在挖掘顾客心中潜在的需求，这些需求可能顾客自己还没有意识到，或者还没有找到合适的产品来满足。此时，企业就需要走近顾客，倾听他们的声音，了解他们的行为，感知他们的需求，从而创造自己的机会。如果中国的保健品行业当初遵循了这样的发展道路，很多企业可能会发展得更加顺利和平稳。

（三）产品组合定价

以上我们讨论的是针对单个产品的定价策略，但是企业往往不是生产单一产品，而是生产一系列产品。此时，企业的目标就不是追求单个产品的利润最大化，而是要探求合适的价格策略，获得整个产品系列的利润最大化。也就是说，企业要从这些产品的组合中获得最高的收入。在这方面，学者和企业管理者都总结了很多方法，大家可以根据自己的情况酌情参考。

1. 产品线定价

在大多顾客眼中，价格就是质量的象征。俗语说"便宜没好货"，人们常常认为，高价格的产品质量就是比较高。企业可以根据价格把自己的产品分为不同的等级，如普通产品、中档产品和高档产品。不同的档次分别针对不同的顾客：喜欢新潮和尊贵的顾客可能买高档产品；而喜欢价廉物美的顾客则倾向于普通产品。有时候，企业在自己的产品线中加入高档产品并不是为了从它们身上获得收益，而是为了提高普通产品的销量，因为价格的高低是相互比较的结果，而不是由绝对的价格数量决定的。例如，酒商把包装精美、价格高昂的酒陈列在一系列普通酒之间，普通酒的价格就不会显得那么贵了，因而更容易被消费者所接受。还有的酒商开发价格更便宜、质量也比较低的产品线，与自己最盈利的产品共同陈列。不怕不识货，就怕货比货，通过相互对比，顾客就知道较高的价格是值得的。如何开发产品线，如何为一系列产品定价，如何从整体产品中获得最大收益，是一门很巧妙的学问。运用之妙，存乎一心，需要企业熟谙顾客的心理和定价的规则。

2. 互补产品定价

有些企业生产两种或几种必须在一起使用的产品，称为互补产品。例如，剃须刀和刀片，照相机和胶卷等。如何为这些产品定价，也是很巧妙的事情。很多企业都把其中一种产品的价格定得比较低，以促进另一种产品的销售。一般而言，价格低的产品都是相对耐用品，而企业主要是从快速消费品中获得利润。例如，相对于刀片，剃须刀是耐用品；但是没有剃须刀，刀片就毫无用武之地。企业可以低价销售，甚至是免费赠送剃须刀，而把更高的利润额附加在刀片上。现在普遍流行的买胶卷送相机，以及充话费送手机等活动，都是采用这种价格策略。有些汽车经销商首先用优质的服务和具有竞争力的价格争取到顾客，再从顾客后期的汽车维修和保养中获得利润。

互补产品定价往往比较有效，谁不喜欢低价甚至免费的产品呢？但这并不是对任何产品、任何企业都适用。首先，企业必须能与顾客建立长期的关系，或者是通过优质的产品和服务赢得顾客，或者是通过设置很高的转移成本锁住顾客。长期的关系才能创造长期的利润流，才能弥补企业最初为顾客提供优惠时造成的利润损失。如果顾客以低价甚至免费得到了相机，但他们并不喜欢该企业制造的胶卷，那么靠相机带动胶卷销售的目标就落空了。有的企业可能采取更加极端的做法，例如提供给顾客的相机只能使用本企业生产的胶卷，从而锁住顾客。但要注意的是，企业虽然可以限制顾客使用竞争者的胶卷，但是不能强迫他们购买自己的胶卷。如果顾客认为企业胶卷的质量不好，他们很可能很少用甚至不用该相机，反正也是免费得的，浪费了也不会心痛。由此可见，互补产品定价并不是保证企业锁住顾客、获得利润的灵丹妙药。获得顾客认同的产品和品质仍是企业的根本竞争力之所在。

3. 两段定价法

服务性企业通常采用两段定价法：收取一个固定费用，另外根据使用情况再收取一个可变费用。例如，公园的门票是固定费用，顾客购买门票后往往只能参观公园的普通景点，而一些精华景点就要再另外买票了；固定电话收取固定的月租费，用户再根据通话的情况交纳话费。两段定价法的关键是确定固定费用和可变费用的相对比例，考虑怎样设置才能获得整体收益的最大化。一般的情况是，固定费用比较低，用以吸引较多的顾客，然后再通过可变费用获取利润。正所谓，"放长线钓大鱼"。

4. 捆绑产品定价

捆绑产品定价是产品线定价的方式之一。以上三种方法一般都是针对同一个企业的产品，而捆绑定价既可以针对同一个企业的不同产品，也可以针对不同企业的产品；既可以针对互补的产品，也可以针对同类产品。捆绑定价对顾客的吸引力是一揽子的售价往往要低于分别购买这些产品的价格。例如，电影院出售的季度预订票，其价格就要低于分别购买每一场电影票的费用。对电影发烧友来说，这样的捆绑是非常有吸引力的；而一般顾客也可能因为季度预订票的便宜而多看几场电影。在超市里，经常可以看到方便面与火腿肠捆绑销售，洗发水和护发素捆绑在一起，这些互补性的产品的捆绑往往可以提高彼此的销售量。

捆绑销售就像联姻一样，谁都想找一个好搭档：没有名气的品牌和名牌产品捆绑在一起，借别人的光环照亮自己，希望顾客能把对名牌的热爱延伸到自己身上；名牌产品更喜欢强强联合，弱小品牌可能不是它们中意的目标。然而，好的搭档并不意味着是强搭档，关键是所捆绑产品的兼容性，以及对顾客带来的价值的高低。所以，企业在做捆绑销售决策时也要慎重考虑，以达到相互促进、相得益彰的目的。轻率的捆绑决策不仅达不到相互促进的目的，还可能降低产品的吸引力，造成适得其反的后果。

（四）价格调整策略

价格是营销组合中最灵活的策略，也是变化最多的策略。企业在制定价格后，往往还要根据时间、地点、不同的顾客以及不同的竞争情况等调整价格。调整价格不外乎降价和提价两种情况，但是这两种情况却能使竞争者和顾客产生很多种反应。牵一发而动全身，企业的调价决策不得不慎之又慎。其中要重点把握的两点是：提高价格时不能引起顾客反感，而降低价格时不能引起竞争者反感。

1. 提高价格的策略

相对于降价，顾客总是对提价更敏感，因为这意味着他们要付出更多的金钱。看到原来每袋一元钱的牛奶突然变成了每袋一元二角，相信很多顾客心中都要打个问号：这到底是为什么？企业有什么理由提高价格？所以企业提价时，要么就明确解释提高价格的原因，如原材料成本上涨，产品价格也就水涨船高；要么就采用比较隐蔽的提价策略，在顾客的不知不觉中提高价格。我们重点讨论第二个方面。

（1）改变所提供的产品或服务的数量。原来是一元钱买一袋 250 毫升的牛奶，现在价格虽然不变，但是一袋只有 225 毫升了。这样变相地提高价格更容易被消费者忽略，毕竟相对于大幅的价格标签，容量标签更不容易引起消费者注意。

（2）改变所提供的产品或服务的质量。即保持数量不变，改变质量。例如，酸奶的浓度降低了，衣服的布料没有原来好了，家具厂商原来可以为顾客提供免费送货服务，但是随着人工成本的增长和利润的下降，企业可能就不能再提供这样的服务了，顾客要么自己解决运送问题，要么为这项服务付费。通过稍微降低产品或服务的质量，企业降低了生产成本，达到了变相提高价格的效果。

（3）减少折扣。很多企业为鼓励顾客尽快付款和大批量购买，都采用现金折扣和数量折扣的方式。现金折扣是对及时付清账款的购买者的一种价格折扣，最典型的例子是"2/10，净 30"，意思是：应该在 30 天内付清货款，如果在交货后 10 天内付清，就给予 2% 的现金折扣。数量折扣是对大量购买者的一种优惠，大批量的购买者通常都能得到一个比较大的折扣。如果企业的成本有所提高，但是又不想明显地提高价格，就可以采用降低折扣的方式。

我们上面讨论的三种提高价格的方式虽然比直接提价隐蔽，但并不是最隐蔽的提价方式，总会有细心的顾客发现产品质量或数量上的差异，从而对企业提出质疑。最好的方式是，伴随着价格调整在产品形式上做某些变动，当产品已经不同的时候，价格比较就失去了意义，顾客对提价就不会太敏感了。

2. 降低价格的策略

相对于提价，我们在日常生活中碰到最多的还是降价行为。企业或者是为了充分运用自己的生产能力，或者是想获得更大的市场份额，或者是应付竞争者的降价挑战，经常要制定降价策略。降价中有两个要注意的关键点：

一是让顾客感受到价格优惠，促进购买；否则，价格岂不是白白降低了吗？二是要避免引起竞争者的负面情绪，挑起价格战。因为价格战往往都是双刃剑，伤人也伤己。企业一般使用对比价格以引起顾客对价格的关注，最常见的是"原价 10 元，现价 8 元"。为了避免顾客可能提出"质量是否降低"的疑问，企业最好说明降价的理由，或者是为了促销，或者是因为换季，或者是为了回报顾客，等等。以上的横向价格对比一般不会引发竞争者的反感和回应，而纵向的价格比较则往往是价格战的火信子。如果有企业打出了"比某某便宜多少"这样的口号，一场价格战很可能就在所难免了。如果企业真的不想挑起价格战，在降价时最好向同行发出信号，说明降价的原因以及降价的性质。

三、对传统价格策略的总结和评价

价格始终是影响企业利润的最活跃的因素，也是企业的领导者和管理者最关注的因素之一。营销学者和营销工作的实践者已经创造和归纳了很多定价策略，其中不仅包括单一产品的定价策略，还有产品线定价策略；不仅包括提高价格的策略，还有降低价格的策略。这些价格策略的实施对企业的发展和盈利功不可没。但是，尽管有如此多的价格策略，很多企业在制定价格时还是显得有些束手无策。究竟应该制定怎样的价格，才能平衡顾客的要求和企业的利润，才能在获得顾客的同时不会惹恼竞争者？

我们同时也看到，尽管企业在定价时小心翼翼，但是市场上"放血"、"跳楼"的价格战还是此起彼伏。当产品和服务的差异性越来越小的时候，越来越多的企业视价格为最后的竞争武器。于是，你也降价，我也降价，真是"你方唱罢我登场"，为顾客表演价格大战的好戏。而顾客也在一次次降价中变得越来越精明，专等降价时才购买。而价格的一个很重要的特点是"降价容易提价难"，因为顾客只喜欢降价而不喜欢提价。如果企业不能达到同等程度的成本降低，就只能眼睁睁地看着自己的利润越来越少了。电视机行业原本享有很高的利润，但是经过一番价格战的厮杀，已经成为微利行业。手机行业也同样如此。而且这种趋势有加速的迹象：一个行业从高利时代进入微利时代所需要的时间越来越短，这意味着企业的利润积累将越来越少。

如何才能摆脱价格和利润的矛盾？如何才能在获得更多顾客的同时也能创造更多的利润？简言之，如何才能真正实现企业和顾客的共赢？这就是 1P

理论要解决的根本问题。我们看到传统的价格策略始终只是在企业的定价空间内活动，顾客的感知价值和企业的生产成本是它不可超越的上下限。不论是多么巧妙和灵活的价格策略，也不能跳出这个根本局限。更重要的是，在传统的营销中，价格空间的上下限之间有共生的关系：提高顾客价值往往以增加成本为代价，降低成本又往往带来产品或服务质量的下降，从而降低顾客价值。这一共生关系是造成企业与顾客关系对立的最根本原因：顾客价值的增加往往以降低企业利润为代价，而企业利润的增加则往往以牺牲顾客价值为代价。1P理论虽然是建立在传统营销理论的基础之上，却是对传统定价策略根本性的突破。其中最为明显的是解开了企业成本和顾客价值的共生链，使得企业能以较低的成本为顾客提供较高的价值，顾客支付较低的价格照样可以得到较高的价值。这样，顾客高兴，因为购买的产品总是物超所值；企业高兴，因为利润没减少，甚至可能增加。正所谓皆大欢喜！

当然，1P理论并不是完全否定传统的价格策略，而是拓展了企业的定价思维和定价空间。在更多的情况下，企业只有综合运用多种定价策略，才可能获得意想不到的效果。

第六章

网状经济与网状营销

本章讨论以信息、知识和文化为核心内容的网状经济；讨论网状经济对传统营销思维和战略的冲击；讨论网状经济对形成 1P 理论的决定性影响；讨论 1P 理论下的 STP＋4P 战略。本章的附录文章十分重要，它集中讨论了知识和信息的本质以及对 1P 理论的影响。

在打火机上打广告是我们常见的现象，超市里免费提供的塑料袋也是我们司空见惯的东西，这说明由第三方支付的 1P 理论现象在现实中早已存在，而且被一些企业不自觉地运用着。但为什么直到今天才能发展成一套比较系统的理论，并广泛地运用于实践呢？这里面有深刻的时代经济背景。我们这个时代的经济性质已经发生了根本性的变化，这种变化为实践 1P 理论创造了有利条件，使 1P 理论得以成为企业制胜的法宝。

经济环境是营销活动的外部基础，企业必须根据自己所处的经济环境设计自己的营销战略，而经济环境的变化也要求营销理论和营销实践随之进行调整和变革。在本章中，我们从当今经济环境的特征入手，分析它与传统经济环境的区别。当今经济已经从过去信息短缺、行业界限鲜明的工业经济进入以信息、知识和文化为特征的网状经济。建立在工业经济基础上的传统营销理论已经不能适应新的经济环境，网状经济要求网状营销。网状经济下营销的基本特征是，市场细分、选择目标市场与企业产品和服务的定位战略都趋向于复杂化、网络化，从传统营销中的一对一的关系转变为多对多的关系。这种多对多的关系为企业寻求第三方、实践 1P 理论创造了条件和机会。

一、网状经济产生网状营销

传统的营销理论创建并成熟于以制造业为主的工业经济时代，那个时代的基本特征是行业界限分明，各个企业之间是零和竞争关系。顾客的多得是以企业的损失为代价的，反之亦然，所以顾客与企业之间也是零和竞争关系。因此，传统的营销理论的核心是研究企业怎样比竞争对手更好地满足顾客的需要，这是一种简单的线性关系（见图 6-1）。

然而，随着时代的进步、经济的发展，我们已经进入以信息、知识和文化为特征的网状经济时代。

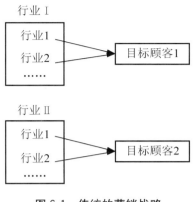

图 6-1 传统的营销战略

（一）信息化经济与信息化营销

在信息时代，消费者与企业之间的信息不对称程度大大降低，他们可以获得更多关于企业的产品质量、价格等方面的信息，价格的透明度增加了。信息对称导致由品牌效应降低风险而获得的价格溢价逐渐减少，导致产品在消费者心目中的趋同化程度大大增加，导致企业提价的空间不断缩小。因为产品的同质化程度增加，价格就成了企业之间争夺顾客的主要手段，这就导致企业之间的价格竞争日趋激烈。价格大战严重损害了企业的利润，更破坏了长期的盈利能力，不利于行业的长期健康发展。信息化时代对利用信息不对称获得价格溢价的传统定价战略提出了前所未有的挑战。

然而，信息时代的到来对企业来说是挑战也是机会。有眼光的企业家善于抓住时代赋予的机会，把危机变为时机。信息时代除了造就了一大批网络新贵外，对一般企业的经营也产生了深远的影响。信息对企业经营的重要性表现在两个方面：一是信息的获得，二是信息的发布。企业的有效决策是以能准确、及时地获得有关消费者、竞争者、行业以及企业内部的运营等信息为前提的。如果不知道消费者喜欢什么、不喜欢什么，就不可能提供能够获得顾客认可的产品和服务。在竞争的环境中，企业要知己知彼。如果不知道竞争者的竞争动向，企业就很可能在毫无准备的情况下被竞争者超越。企业生存在一个竞争的环境中，行业的信息无疑对它的成败起着举足轻重的作用。企业还要对自己内部的信息有清楚明确的了解，关键是知道自己的优势和劣势。除此之外，信息还是企业间进行合作的基本条件。例如，企业上下游之间的供应链管理就是依靠信息串联起不同企业的合作。例如，宝洁是沃尔玛的供应商，它们共享一套信息系统。宝洁可以获得自己产品在沃尔玛销售的即时信息，从而调整产品的供应，实现适时补货，降低甚至消灭库存，使双方都提高了效益。沃尔玛认为自己转移的是信息，而不是商品。信息迅速、准确地在供应商和企业之间交换可以减少商品的转移，节省企业的成本。发源于日本的及时供应制度(just in time)也是以企业间信息的共享作为前提的。没有准确的信息就没有正确的决策。尽力收集有用信息和正确运用信息是1P理论成功的最基本前提。

正是由于信息对价值创造的重要性越来越凸显，信息本身也就成为有价值的产品和服务。企业不仅要能及时得到自己所需要的准确信息，还要能够把自己的信息准确地发布给预定的目标对象。如何发布信息以及发布信息的效果成为影响企业成败的一个很重要的因素，由此也催生了很多信息媒体和信息中介的兴盛。电视、广播、报纸、网络无一不是依靠广告获得生存与高额利润的。近年来，公交车、墙面等也进入了企业选择信息中介的考虑范围。然而我们也看到，这些广告媒体存在几个根本问题：一是它们都是靠花哨的内容和耀眼的色彩吸引消费者的注意力。在这个信息爆炸的时代，消费者时刻面对着大量的信息，导致信息超载越来越突出，吸引消费者的注意力也越来越困难，企业的广告投入和获得效果之间的差距也越来越大。二是难以控制信息的目标受众。大众媒体的受众有相当大一部分根本不是企业的目标顾客，造成企业宣传费用的浪费。三是消费者一般都要付出额外的时间和精力才能获得这些信息。这一方面增加了消费者获得信息的时间、精力和金钱成本，同时也降低了这些信息的宣传效果。

迄今为止，主要的信息传递方式都是"推式"传递，企业利用各种各样的媒体把信息"强行"地推到顾客面前，强迫顾客拿出一部分时间和精力来关注信息。这种强势信息传递方式导致的最直接后果是顾客对信息的反感，一见电视广告就换频道已经是司空见惯的现象。"推式"信息传递方式的一个基本的假设前提是顾客需要和欢迎信息。在信息短缺的工业经济时代，这种假设是成立的，但是在信息爆炸的今天，这种假设在很大程度上失去了它的前提。顾客的时间和精力有限，他们不可能也不愿意关注太多无用的信息。他们只希望能迅速、有效地得到自己需要的信息。那么对企业而言，有没有什么方法能比较容易，而且低成本地把企业的信息传达给自己的目标顾客呢？1P理论的回答是：只要企业转变自己的营销思维，信息时代就能提供达到上述目标的机会。

在信息化经济环境中，企业需要转变营销思维，实行信息化营销。信息化营销的根本目的是把企业的信息有效地、低成本地传递给自己的目标顾客。它的基本途径是把信息搭载在各种对顾客有价值的相关商品上，并把该商品以低价卖给或免费送给顾客。这类含有信息的产品就是信息化产品，像我们多次谈到的印有企业信息的打火机，超市里印有广告的免费塑料袋，夹带广告的低价报纸，诸如此类的产品都属于信息化产品。因为这类商品本身是对顾客有价值的，而且价格低廉甚至免费，所以能吸引大量顾客，扩大企业信息传递的范围。更为重要的是，这类价廉（或免费）物美的商品本身能获得顾客的好感，而这种好感很可能传染给该商品上所搭载的信息，增加顾客对信息的注意程度和信任程度。所以，信息化产品从本质上看是对信息传递的一次革命，它把传统的"推式"信息传送战略转变为"拉式"信息传递战略，即利用产品的价值吸引顾客对信息的关注。而且，企业可以通过产品的销售或发放有效地控制信息到达的对象，有效地把信息传递给自己的目标受众。

（二）知识经济与知识化营销

信息告诉我们事情的真假、可靠和精准程度，例如企业的生产成本是多少，或者竞争者的竞争动向是什么；而知识告诉我们做事的正确方法，例如企业应该采取什么措施降低生产成本，怎样从竞争者的竞争动向里分析出它的基本目的，这些都属于知识的范畴。可见，知识是以信息为基础的，但是比信息更高级。没有信息就不可能产生知识，但是信息本身并不能创造知识，后者需要的是学习和创新。

"知识就是力量"是我们耳熟能详的格言，但是知识的价值和力量只有在现代才真正被人们所认识。比尔·盖茨靠知识创建了自己的微软帝国，一举成为世界首富，其财富的价值已经远远超过传统的工业经济巨头，如洛克菲勒家族所拥有的财富价值。知识也日益成为企业发展的重要资产，从怎样制定企业的发展方向和发展战略，到怎样为顾客提供满意的产品和服务，以及怎样才能降低生产和运营成本，降低价格以获得竞争优势都需要知识。

知识是保证企业有效运营的根本要素，是企业生产的资本投入。当企业获得某种知识，并能把它系统化，就可以无限次地把这些知识运用于产品或服务的提供过程之中，获得长久的竞争优势。例如，奔驰公司因为创造了奔驰车的制造工艺和流程，结果卖出了红旗车数倍的价格。知识作为一种投入或资源，与其他资源的根本区别在于，它可以以低成本甚至零成本复制，而且复制次数的增加不会降低知识的价值，即知识在使用的过程中没有损耗，而且还可以在此过程中因新知识的加入而得到不断完善和提高。如果你有一个苹果，你把它送给别人后，你就没有了。但是如果你把知识与别人分享，你仍然拥有它。所以，企业降低生产成本的一个有效途径是加大知识等无形资产在产品中的含量。

知识不仅对企业本身的生产和运营至关重要，而且知识本身就是一种产品。例如，麦当劳的特许加盟形式，出售的就是汉堡的制作工艺和快餐店的管理流程；现在市场上的管理软件或财务软件等也是把相关知识打包做成的产品。这种知识产品的初始生产成本是沉没成本，一旦付出，无论创造出知识与否，都不可能收回。如果我们撇开这种沉没成本，生产知识产品的可变成本（边际成本）为零，它们的平均成本随产量的增加可以无限降低，并且不受经济规模的限制。这就为企业以趋零价格销售产品创造了可能，因而为1P理论创造了空间。知识不仅是力量，而且还是财富。知识资产的无形特性决定了它具有无穷的开发潜力，并对创造企业财富具有决定性作用。

（三）文化经济与文化营销

在工业经济时代，人们依靠不同的技术和质量区别不同的产品。但在今天，先进技术的扩散速度越来越快，企业之间产品质量和特色的趋同化程度越来越高，仅仅依靠产品本身的物理特性已经很难把不同的产品明确地区分开来。没有产品的个性就无法获得超越行业平均水平的垄断价格。但是企业靠什么创造个性呢？答案就是文化。文化作为一种精神内涵，代表着一种个性。被赋予了个性的产品在顾客眼里就是活的，是含义丰富的。而丰富的个性含义造成了不同产品在顾客心中的差异定位，使企业重新获得个性化优势。

品牌蕴涵的就是一种文化。例如，同样是汽车，沃尔沃的文化内涵是安全耐用，奔驰是豪华气派，而丰田则是经济实用。购买不同汽车的顾客在很大程度上是出于对不同文化的认同而做出的不同选择：在购买力许可的情况下，偏好安全的人趋向购买沃尔沃，酷爱炫耀地位的人趋向购买奔驰车，而实用主义人士则可能偏好丰田车。在这个追求个性张扬的时代，人们赖以体现个性的途径却越来越缺少创意，人们在很大程度上要依靠自己所购买和拥有的商品展现自我的个性。这对企业是利好消息：只要企业能赋予自己的产品某种个性，而该个性又能获得目标顾客的认同，其产品的竞争力就能大大提高。饮料有多少技术含量？可是可口可乐却能在饮料市场上独占鳌头几十年！靠的是什么？靠的就是其品牌中所蕴涵的美国文化自由奔放的个性吸引力！

文化不仅是个性化优势的主要源泉之一，而且也是企业吸引顾客、获得价格溢价的主要途径。例如，现在的耐克运动鞋不再是耐克公司生产的，而是别的生产商贴牌生产的。如果没有耐克的商标，价格则会有天壤之别。这正是文化个性的价值体现，文化营销对企业的重要性也因此明确无疑。文化营销要求企业为自己的产品赋予文化内涵，靠文化和个性吸引顾客，产品则成为体现文化的载体。如何实现文化营销呢？首先，企业可以从无到有地通过自己的产品创建自己的品牌文化。例如海尔的"真诚到永远"，就是通过高质量的产品和人性化的服务在一点一滴中凝聚起来的。其次，企业可以借用别的企业创建的文化，以增强自己的文化内涵。例如，蒙牛和"超级女声"的合作在本质上就是文化的借用。蒙牛乳业借用"超级女声"自由前卫的形象丰富自己的文化内涵，增强对年轻人的吸引力。在"超级女声"比赛期间，虽然牛奶还是一样的牛奶，但蒙牛的销量飞速增长，这就是文化营销的力量！

与知识一样，文化一旦形成也可以零成本地无限次复制。文化的复制包括横向复制和纵向复制。品牌延伸是文化横向复制的典型代表：在同一个品牌名称下生产系列产品，共享品牌文化内涵。海尔的品牌已经从冰箱延伸到其他系列，如黑白家电、手机、电脑、药品等。但是相对于知识，文化的弹性比较大，含义比较模糊，这就决定了它可能在复制使用的过程中发生变化。文化尤其必须通过实体产品展现出来，一旦实体产品不能与该文化内涵很好地契合，就有可能使品牌文化变形走样。如果说海尔的品牌延伸到家电系列还算合理，那么延伸到药品就非常牵强了，很可能造成品牌内涵的稀释。"城门失火，殃及池鱼"，一旦药品的品质没有达到消费者对海尔品牌的希望，对该药品的质疑可能传染到整个海尔品牌，以及旗下的所有产品线。

文化的纵向复制是指企业把某种品牌个性只局限于某种特定的产品，并努力扩大产品的产销量。例如，耐克的商标只应用于运动服装产品，但是耐克运动鞋已经走遍了全世界。相对于横向复制，文化纵向复制的好处是可以较好地保持品牌文化的原始含义，没有被稀释甚至变形走样的危险。但可能有人批评这种做法没有充分利用品牌文化的价值，因为创建品牌文化是一个耗资巨大、历时长久的过程。所以，企业应该怎样创建品牌文化，以及怎样利用品牌文化，都需要谨慎地思考。

（四）网状经济下网状营销的产生背景

知识经济、文化经济和信息经济创造了网状经济。Internet 是网状经济的典型代表，因为网状经济的本质特征就是网络和互联。这种相互的影响和关系的复杂化对企业来说是双刃剑，既有威胁也有机会。不管是企业的竞争对手、顾客还是有可能与企业产生攸关利益的其他团体都趋于复杂化和多样化（见图 6-2）。这就要求企业不能再从单维的角度看问题，而要从网状或者立体的角度看待环境中存在的机会和威胁。

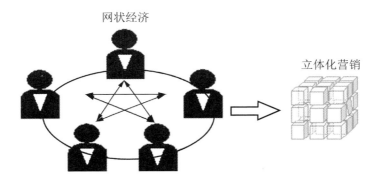

图 6-2　网状经济与立体化营销

网状经济的一个最突出的特征是企业的任何行动、任何资源都可能具有外部效果，即可能与别的团体、个人或企业产生利害关系。其实，外部效果并不是一个新现象，而是一直存在于我们的生活和经济中。果农和养蜂人的合作就是表现外部效果的最佳例子。蜜蜂到果园中采蜜，帮助果树传递花粉，增加了果树的产量，果农得到了好处。同时，果园也为养蜂人提供了花源，增加了蜂蜜的产量，养蜂人也得到了利益。养蜂人和果农相得益彰，皆大欢喜。各大高校开设的 EMBA 班之所以对很多高层管理人员具有巨大的吸引力，愿意花费十几乃至几十万元参加，除了学习知识外，认识更多的商业伙伴恐怕也是很强的动机。从这方面看，EMBA 班也是在利用学员的外部效应，增加自身的价值，增加对别的学员的吸引力。

在网状经济时代，知识的外部效应时时处处都存在。然而许多企业囿于传统的思维定式，只把目光集中在界限明确的行业内部，没有关注外部效应，更没有思考应该怎样积极主动地利用外部效应。网状经济环境要求企业主动发掘甚至创造自己对别的企业或个体的外部效应，并尽力使外部效应内部化，利用外部效应创造价值；同时也要尽力发掘和利用别的企业乃至顾客的外部效应，为企业节约生产成本或者创造更大的价值服务。

网络时代的特征是企业之间相互联系，动态发展。一个企业的行动可能对别的企业产生影响，而该企业也可能同时受到别的企业的影响。在网络时代，企业不能再把自己看作一个独立的个体。企业要摒弃过去那种凡事都自己做、万事不求人的心态，而是既要建立自己的核心优势，同时又要善于借势，借外部的力量发展壮大自己。企业的经营边界也不应再像过去那么分明，企业应该根据情势和特定环境的需要灵活地寻找外部的合作伙伴，以达到双方的共赢。企业虽然有自己的顾客，但该企业的顾客也可能是别的企业的顾客。在这种情况下，企业掌握的顾客资源就非常有价值，而怎样开发和利用其潜在的价值，需要企业有创新性思维。同时，该企业也可能是别的企业感兴趣的顾客，这不仅指单纯的生产资料或者服务的供应商，可能还有别的情况存在。这些都要求企业的领导者扩大视野，开拓思维，善于从纷繁复杂的现象和关系中找到规律和加以利用的机会。

网状经济时代要求企业不仅要善于发掘自身的优势，同时还要发掘自己与别的企业和顾客之间的关系，并在自己优势的基础上利用相互之间的关系获利。网状经济中最有发展前途的企业是最善于整合不同资源的企业，形成一个经济关系网，并使自己成为这个网络的中心和主导。但这并不意味着该企业是靠损害别人的利润而增加自己的收益，而是一个双赢甚至多赢的合作。企业应该转变视角，从你赢我输的零和竞争转变为大家都赢的局面，从关注利益蛋糕的分配转变为关注怎样在大家的共同努力下把利益蛋糕做大，使各方都能获得较大的分量。当然，这并不是说如何分蛋糕不再重要，而仅表明企业应该既要关注分蛋糕更要关注做蛋糕；不仅自己要为做一个更大的蛋糕贡献力量，还要联合别的企业和消费者共同加入到做蛋糕的行列中来。对企业来说，最根本的是化敌为友，把原来属于企业成本的部分转化为企业的利润或与别的企业共同盈利的机会；尽力挖掘顾客与合作方的价值，而不是把目标局限在怎样和对方讨价还价，以挤压别人的利润来增加自己的利润。采用双赢甚至多赢的企业会发现，助人者天助，帮助别人得到利益和实惠的过程也是为自己创造利益的过程。我们将证明，运用1P理论的企业完全可以达到双赢甚至多赢的境界。

在以知识、信息和文化为特征的网络经济时代，企业之间的关系、企业与顾客之间的关系都趋向复杂化、网络化。在这种情况下，以企业与顾客的线性关系为基础的传统营销理论已经过时，不足以指导企业在新经济中的营销行为。企业与企业以及企业与顾客之间这种复杂的网状关系说明，企业的目标顾客、竞争对手都趋向于网络化，由此导致企业细分目标顾客的变量，以及产品和服务的定位都发生了根本性的变化。传统的营销理论产生于信息相对闭塞的工业经济时代，因此它强调的是企业与顾客之间的线性营销关系：细分市场、发现目标市场以及在该市场中的定位都是以线性关系为前提的，行业之间泾渭分明，企业与企业之间界限分明。时代的变化，网状经济时代的到来使得企业之间的关系、企业与顾客之间的关系更加复杂化、立体化，这将对营销活动产生革命性的影响。

二、网状经济下的营销革命

在网状的经济环境中，在发掘和利用外部效应的过程中，企业的目标顾客趋向复杂化。这导致企业细分市场的变量、所选择的目标市场以及在目标市场的定位活动都比传统的营销理论更为复杂。STP 的变化导致 4P 营销战略也发生相应的变革。本节具体探讨在网状营销环境中的 STP 以及 4P 的作用和角色。为了加深读者的理解，我们把它们分别与传统营销下的状况进行对比。

（一）网状经济中的 STP 战略

按照传统的营销战略，当企业向市场推出一种新产品时，首先要细分顾客市场，依据人口特征、地理位置或者消费者的生活方式等把全部消费者划分为不同的群体（segmentation）。然后，企业可以根据自己的产品或服务的特征、各个消费群体的特征和开发潜力，以及两者的契合程度，选择一个或者多个对企业比较有利的顾客群（targeting）。在买方市场中，一般都是多个竞争者争夺一个顾客群。如何能在众多的竞争者中脱颖而出，取决于企业产品的特色，即相对于竞争者的产品在目标顾客的心目中有什么区别和优势；取决于建立自己产品在目标顾客群心中的形象，这就是产品的定位（positioning）。以打火机为例。打火机厂商 A 想开发一种新产品，它首先按照收入把总体顾客分为普通顾客和高端顾客：前者只要求有点火功能就可以了，他们愿意支付的价格也不高；后者的支付能力较高，对打火机的质量和外观等也要求更高。厂商 A 认为高端顾客更有开发潜力，并且具有向这类顾客提供产品的实力。它把高端顾客作为自己的目标顾客，一切的营销努力都致力于获得这类顾客的青睐。但市场上还有厂商 B、厂商 C 等很多竞争者都在向这类顾客供应打火机。怎样让这些潜在顾客认识并对自己的产品产生兴趣呢？厂商 A 经过分析发现，目前市场上还没有专门定位于豪华、气派的打火机，而这样的定位正是这类高端顾客感兴趣的，所以该厂商就以豪华、气派作为自己打火机的定位。这就是传统的制定 STP 战略的过程。传统的营销战略程序可以用图 6-3 表示。

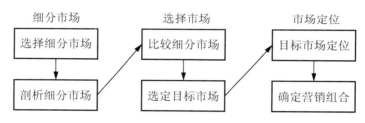

图 6-3　传统制定 STP 战略的过程

区别于传统营销，网状营销是建立在企业与企业之间、企业与顾客之间的网状关系的基础之上的。它要求企业开阔视野，通过挖掘产品的潜在功能或者顾客的潜在利益找到新的关联目标顾客，同时企业也要面对新的关联竞争对手。在网状营销的框架下，无论是企业的目标顾客还是企业的竞争对手都变得错综复杂。我们仍以打火机的例子来说明网状营销环境对传统营销战略的改造。

在传统的营销下，打火机厂商 A 和 B 关注的是需要打火功能的目标顾客，关注怎样把产品做得更好，如何建立有效的分销渠道，采取哪些有效的促销手段以及更有竞争力的价格，赢得最终的目标顾客。但是在网状经济中，它们发现打火机不仅有打火功能，还有营销信息的运载功能，例如运载饭店的广告信息。通过向饭店出售运载信息的功能，打火机厂商就可以获得来自饭店的广告收入。饭店愿意支付广告成本是因为打火机的使用者也是饭店的目标顾客。我们看到，除了需要打火功能的最终消费者，饭店也成为打火机厂商的目标顾客。打火机厂商 A 和 B 也要为争夺这类目标顾客而竞争。当然，不仅饭店可以在打火机上做广告，别的行业（行业 Y，如酒厂）也可以在上面做广告。那么，到底打火机厂商是为饭店做广告，还是为酒厂做广告？这就是对新的目标顾客的选择问题。而且，从另一个角度看，饭店不仅可以在打火机上做广告，而且可以在别的产品（行业 X，如纸巾等）上做广告。打火机厂商还要与纸巾厂商为争夺饭店的广告业务展开竞争，所以竞争也从行业内部扩展到了行业之间。由于目标顾客的复杂化和竞争对手的复杂化，在 1P 理论中，整个的竞争格局呈现网状的态势，这是它对传统营销战略进行变革的关键原因（见图 6-4）。

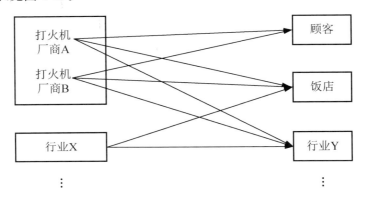

图 6-4　目标顾客和竞争对手的网络化

1. 市场细分

目标顾客和竞争对手的网络化，对企业的 STP 战略产生了深远的影响。仍以打火机为例。现在，企业面对的顾客变得多元化和复杂化，不仅需要打火功能的最终使用者是它的顾客，而且饭店、酒厂等需要广告运载功能的企业也成为它的目标顾客。它要对最终的消费者进行细分，同时还要对这些企业客户进行细分。显然，两类顾客需要不同的细分变量：收入可能是最终目标顾客的有效细分变量，而运载信息的类型可能是企业客户的有效细分变量。例如，打火机可以用来承载文字信息，而要用来传播图像或音像信息就难了。打火机厂商不仅要细分顾客，还要细分竞争者，要知道有哪些行业和厂商可能与自己争夺同一类目标顾客，相对于这些竞争者，打火机厂商自己的优势和劣势在哪里。

2. 选择目标顾客

打火机厂商在细分顾客群后，就要确定自己的目标顾客了。在这里，企业要学会两条腿走路，既要选择产品的最终使用者顾客，又要选择企业客户。

但两条腿不能各走各的，而要相互协调。企业客户为什么愿意在打火机上做广告？其根本原因是打火机的顾客也是他们的顾客，所以才借打火机把自己的信息传递给目标顾客。可见，当打火机厂商选定自己产品的最终使用者时，就已经间接地确定了自己企业客户的范围，因为只有对这些最终消费者感兴趣的企业才有可能成为该厂商的企业客户。打火机厂商不仅面临着同行业的竞争者对最终消费者顾客和企业客户的竞争，还要面临着其他行业对企业客户的竞争。厂商对自己的最终消费者和企业客户的选择也会影响它所面临的竞争状况。当然，该厂商也可以逆向选择：先比较针对各个顾客群的竞争状况，再选择竞争不是特别激烈或者竞争局势对自己有利的顾客群。

3. 产品定位

确定顾客群后，该厂商的任务就是相对于竞争者在目标顾客心目中定位。在这里，厂商面临的是双重定位的问题，既要在最终消费者的心目中定位，又要针对企业客户进行定位。在传统的营销思维下，打火机厂商只关注需要打火功能的最终消费者，为了赢得他们的青睐，厂商会把打火机做得漂亮、精致，突出自己的个性，以吸引顾客。但是如果定位在主要为饭店传播信息，那么考虑的重点可能不再是个性和档次，而是尽可能地降低成本，让尽量多的顾客以低价或免费得到打火机。这时只需要打火机具有最基本的打火功能就可以了。为了与别的打火机厂商或者是别的企业争夺饭店这样的目标顾客，该厂商需要尽量突出自己传播信息的优势，如低成本、高效率和高覆盖率等，这是与原来完全不同的定位。

从上面的分析可以看出，传统的 STP 战略的基本前提是产品或服务的功能只针对一个目标顾客群，企业和顾客之间是简单的线性对应关系。而 1P 理论中的 STP 战略已经发生了革命性的变化：由于目标顾客的多元性以及相互之间的关联性，使得企业的市场细分、目标市场的选择和定位都变得更加复杂，企业面临的竞争对手也趋向于多元化和复杂化。企业是在一个非常复杂的环境中经营，其复杂关系远非传统的 STP 战略所能操作。当然，这样错综复杂的关系并不意味着传统定位已不再重要，也不意味着企业不再需要自己的特色。第三方之所以愿意利用一个企业的产品和服务，为企业节省成本或者为它支付一部分收入，根本原因在于两者的产品或者顾客之间存在关联性，例如有共同的目标顾客，或者有互利的生产过程。在上面的例子中，打火机顾客和饭店顾客的重合性是饭店选择打火机作为信息载体的基础。如果打火机不能提供基本的点火功能，不能获得自己顾客的认可，也就失去了承载信息的价值。因此，我们说 1P 理论并非是对企业定位的根本否定，而是对它的拓展。企业要想办法既满足直接顾客的要求，又满足第三方顾客的要求，并在两者之间寻求最佳的平衡点。

（二）网状经济中的 4P 战略

STP 战略属于企业的高层战略，是企业进行具体营销活动的基础和指导；而 4P 战略则属于具体的操作战略，是企业怎样通过具体的营销活动达到预定的目标。所谓 4P 战略是一个企业与其他竞争企业竞争目标顾客使其购买自己的产品的四种战略手段：产品战略——怎样使自己的产品比竞争对手的产品更好地满足目标顾客的需要；价格战略——怎样使自己的产品比竞争对手的产品对目标顾客有更好的性价比；渠道战略——怎样使目标顾客更方便地获得自己的产品而不是竞争对手的产品；促销战略——怎样使目标顾客更好地知道、了解、喜欢、相信和购买自己的产品而不是竞争对手的产品。

如果把企业的整个营销活动看作打靶比赛，STP 战略就是要解决找准靶心的问题，而 4P 营销策略就好比四支箭，企业的成败就取决于它能否运用好这四支箭去射中靶心。在网状经济环境中，企业的 STP 战略已经发生了根本性变化，从一个单独的靶心变成了两个或多个相互关联的靶心，由此导致企业的射箭方法也要发生相应的转变。

1. 产品

在传统的营销理论中，产品仅具有单一功能。企业销售产品给使用者，企业靠提高产品的质量、改善产品的性能赢得顾客。同时，企业自己负担产品生产，或者质量改进的成本。但是在网状经济理论中，企业要注重产品的复合功能或多元功能，不同的功能针对不同的目标顾客，企业同时面对多元顾客。多元功能提供多元收入，在有些情况下，产品的质量并不决定企业的主要收入来源，只要质量不低于行业平均水平就可以了。而且，产品也并不一定要直接卖给最终使用者，可以先销售给一个第三方企业，把企业对顾客的营销活动转变为企业对企业的营销活动。运用外部效应理论，企业可以发掘自己生产过程中的外部效果，找到对这些外部效果感兴趣的第三方，与自己共同承担产品的生产成本，这在传统的营销理论中是根本不可能的事情。

2. 价格

价格在营销中具有举足轻重的地位，对消费者的购买决策具有极大的影响。在传统的营销理论中，终端顾客自己必须支付产品或服务的价格。为了能在支付相同价格的情况下得到最大的收益，顾客往往关注的是产品或服务的性价比。企业为了赢得竞争，也往往把降价作为武器。但是，降价的最终结果常常是损害了企业的利润。而且，企业也不可能长期无限制地降价，它的长期平均成本是降价的底线，价格低于长期平均成本就是自取灭亡。但是在网状营销理论中，企业可以引入第三方顾客支付产品的一部分或者全部价格，或者使第三方代替企业支付一部分或者全部生产成本。所以，企业降价可以突破长期平均成本的限制，从而把针对终端顾客的价格降到极低，甚至为零而仍能获得不低于竞争对手的利润。价格的下降也降低了顾客对产品质量和性能的敏感度和挑剔度，同时增加了顾客对产品的消费。

3. 渠道

渠道承担的功能，对终端顾客而言，是怎样才能使他们方便快捷地得到产品或服务；对于企业而言，则是怎样把它的产品或服务以更低的成本、更快的速度传递给更多的顾客。按照传统的营销理论，特定的产品一般都有特定的渠道。例如，保健品和药品一般在药店销售，洗发水则一般在超市销售，不可混淆。渠道的专门化也决定了企业对渠道选择或投资的单一性，即企业一般都是自己负担渠道的选择或建设的成本。但是，网状营销理论打破了传统的渠道条块分割界限，强调企业间联合投资建设渠道，共享和充分利用渠道资源。为什么防脱发的洗发水不能在药店销售？为什么人们在逛超市时不能顺便购买自己需要的药品呢？

4. 促销

促销宣传费在企业支出成本中所占的比重越来越大，在央视做广告要花上千万甚至上亿元。按照传统的做法，企业都是自己花钱做促销宣传，一个广告对应一个产品。这种带有自夸性质的广告的效果究竟如何，至今没有非常准确的测定方法。而网状营销理论则强调相关联的企业之间，或者相关联的产品之间相互借势，互相为对方宣传，这就叫作联合促销。这不仅节省了双方的宣传费用，而且相互宣传可以提高信息的可信度，带来更好的宣传效果。

在网状营销战略的框架下，企业之间的关系、企业营销的重点发生了革命性的转变。企业对顾客的营销转变为企业对企业的营销（如打火机厂商对饭店）。企业对企业甲的营销转变为企业对企业乙的营销。因为不同的营销对象需要花费不同的成本，也得到不同的收益，所以通过拓展企业的营销对象，企业可以根据自己的情况确定对自己最有利的营销对象。而且，企业之间的网状关系也为它们怎样更有效地运用4P营销策略提供了更为广阔的空间，使企业原来的单独操作可以转变为联合操作：共同开发产品，共同享用渠道，共同投资宣传，顾客和第三方共同支付价格。这些在传统的营销中不可能想到的事情在1P理论中成为常态。

经过上面的对比分析，我们可以发现网状营销理论确实是对传统的营销理论的革命性改造。无论是传统的STP营销战略，还是具体的4P营销策略，在网状营销的框架下都发生了根本性的变革。而导致这些变化的根本原因是网状经济环境下的网络（外部）效果理论，这是企业为第三方创造价值，寻求第三方支付的基本前提。STP的变革以及相应的4P的变革是营销史上的标志性革命，它说明传统的线性营销理论已经不能适应时代的发展，也不足以指导企业在新的经济环境下的营销行为。经济时代的发展呼唤新的营销理论，以第三方为核心的1P理论就是产生于网状经济时代，致力于解释并指导企业在网状经济时代的营销行为。

附 知识的约束

（一）信息是知识的约束

股市里流传着关于一群经济学家和一群猴子的故事：由一群经济学家和一群猴子各选一组产业股票，结果猴群所选股票的回报率高于经济学家所选股票的回报率！这一案例常被人们用来证明经济学家无用，贬低经济学家。

其实，这个故事最适于用来解释知识与信息的关系，解决知识就是力量的约束条件。当完全缺乏决策信息时，知识的力量等于零。信息量是知识发挥力量的限度：信息量越大，知识就越有力量；信息量越小，知识就越没有力量。知识力量的发挥，依赖于信息量的大小。在一个信息封闭不流通的环境下，知识是没有什么用处的。

猴子无知，经济学家有知，无知可以战胜有知，是因为在完全缺乏股票市场信息时，经济学家的知识无用武之地，是猴子获胜还是经济学家获胜，完全成为随机的结果。搞导弹的收入不如卖茶叶蛋的收入，也说明了同样的问题。当信息不能被有效市场传播时，知识只能是无用的酸溜溜的东西。

在客观上，信息有三种状况：确定性、风险性和不确定性。在确定性的情况下，信息是完全的，知识的力量能充分发挥，运气等成为毫无意义的东西。在风险性的情况下，信息不完全，知识的发挥受到限制，运气的东西也能够获得回报。无知者仍有可能赢有知者，虽然这种可能性较有知者赢无知者的可能性要小。在不确定的情况下，信息完全缺乏，这时知识不能发挥任何作用，决策的正确与否完全是随机的，靠运气和命运支配。这时，迷信比知识甚至更有力。因为在完全没有信息的情况下，信心就成为对决策起决定作用的东西，不管这信心是来自迷信还是信仰。一个社会越透明，信息就越对称，环境就越有确定性，因而知识就越能发挥作用。如果我们把知识比喻成人的视力，把灯光比喻成信息，把找到房间内的某样东西当作决策目标，那么在完全没有灯光的情况下，有视力者与盲人都只能在黑暗中摸索，靠运气找东西；当完全有灯光时，有视力者凭视力很快就能找到东西，而盲人还是在明亮下摸索，必败给有视力者；在灯光昏暗的情况下，有视力者找到那样东西的成功率要比盲人大。所以，当一个社会不透明时，所有有知识的人都将如同盲人一样，发挥不出知识的生产力。

在有效的市场情况下，知识之所以更有力量，就是因为价格的波动不断向人们传递供求信息，使消费者与生产者之间、生产者与生产者之间、消费者与消费者之间、雇主与雇员之间的信息更为对称。所以，一个经济体要成为知识经济，只有它首先成为信息社会才有可能。

两个具有同等知识含量的社会，信息开放的社会知识更有力量。一个知识较少的社会，可以用让信息更开放来补救。因为一个信息更流通、更对称的社会，事物会有更大的确定性，有效的决策所需的知识量更少，或同量知识能发挥更大的力量。

一个聪明有效的政府，会想方设法开放信息，使政府与百姓之间、政府与企业之间、企业与企业之间、百姓与百姓之间、社会各主体之间的信息尽量对称。政府有时甚至要强行使信息对称（例如生产者必须告知消费者有关产品的真实信息），让社会变得更为确定，使随机、运气、迷信失去获得回报的土壤；使"知识就是力量"成为真实可靠的结论。

最后，让我们像开头一样仍以股市为例来说明知识与信息的关系。在股市上赚钱靠知识也靠信息。当股市透明度提高，无法进行内幕交易时，关于股市的知识就可以用来有效地分析股市的动态，预测股市的走势，掌握股市波动的规律，从而达到盈利的目的。当股市不透明时，内幕交易所导致的内幕消息就成为比知识更有力的盈利工具。一个不规范、不透明的股市，关于股市的知识一文不值，一切技术分析全成骗人的鬼话。这是靠消息赚钱，而不是靠知识赚钱。在这里，消息比知识更厉害！

（二）文化是知识的约束

知识能否变成力量与信息量相关。当信息等于 0 时，知识的力量也等于 0；当信息等于 1(100%) 时，知识的力量可以完全得到发挥，这时运气的力量等于 0；当信息量大于 0 小于 1 时，知识只能有限地发挥力量，运气也能发挥一定的力量。所以说，信息量是知识发挥力量的限度，是知识能否成为力量的约束条件。这是我们所讨论的信息是知识的约束的内容，现在我们来讨论知识成为力量的第二个约束的条件——文化对知识的约束。

文化的本质是个性，知识的本质是共性；文化本质上源于主观，知识本质上源于客观；文化决定一件事情本身的好坏对错，知识决定做一件事情方法的对错；文化决定效果，知识决定效率。文化为知识的运用导向，知识的运用为文化服务。

当一个人、一个组织、一个民族、一个国家缺乏文化的时候，他们就不能判别事情的好坏对错。一旦失去了文化，一切事情对主体而言就失去了意义，失去了价值所在；主体也就失去了动力和激情，失去了自己的个性，失去了关于什么是自己的根本利益的判断能力。所谓既得利益，从根本上而言，是一个文化判断的问题。"生命诚可贵，爱情价更高。若为自由故，二者皆可抛。"是自由而不是爱情和生命成为一个人的根本利益，不过反映了这个人的文化价值取向而已。这个价值取向一旦改成爱情，自由就不是此人的根本利益了。文化不仅确定了这个以自由为价值取向的人的根本利益，也确定了此人赋予自由、爱情和生命三者之间的次序和权重。正因为如此，文化决定了知识使用的方向和资源配置的轻重缓急。没有文化，知识和资源的意义立刻等于零，成为毫无用处甚至有害的东西。没有文化，知识不是力量。

这说明，文化是知识的根本约束，当文化等于零的时候，知识至少等于零，在一定的情况下，知识甚至等于负数，因此毫无力量可言。一个有文化的人，即使缺乏知识，他最坏也只能坏到用错误的方法来做正确的事情，那事情总还能得到一些正效果。而一个没有文化只有知识的人，却会用正确的方法去做错误的事情，知识越多越坏事。所以，没有文化比没有知识还要可悲！一个既有文化又有知识的人，他就能用正确的方法去做正确的事情，既有效率又有效果。

既求效率，更求效果正是现代管理学的精髓！这说明一个组织的文化管理比它的战略管理和科学管理还要重要，就是因为文化比知识重要（策略＋科学＝知识）。科学解释问题，策略解决问题，而文化则提出问题本身。

由此可见，一个人、一个企业、一个国家、一个民族的文化建设远比知识建设重要，文化经济远比知识经济重要，文化素养远比知识素养重要，价值个性远比手段差异重要。一个人的成功首先是文化的成功，企业、国家、民族也如是！只用学位、职位、官位、贫富去判断个人的成功，只用GDP去判断国家的成功，只用利润去判断企业的成功，都是片面而没有文化的。文化比生产力更重要，虽然文化要靠生产力去表达。

在证券资本市场上，没有知识，没有信息，失去的还只是利润；若没有文化，失去的就是整个市场存在的意义。资本市场尤其是股市的混乱，核心是市场文化的紊乱。资本市场若有一个清楚的文化价值导向，内幕消息与造假托市就难以生存，信息扭曲和市场黑暗就难以生存，知识就会有用武之地，就会成为市场竞争的力量。

我希望建立有文化的市场和有文化的资本市场，尤其是有文化的股票市场。那么，如何才能建立有文化的证券资本市场呢？第一，必须建立一套资本市场的游戏道德规则。让游戏的参与者知道用不公平竞争谋利、用内幕消息赚钱、用垄断力操纵市场、用不诚信的手段欺骗股民、用政治权力和行政手段而不是市场交换手段获取市场利润掠夺股民等，都是不道德的、无耻的行为，让用这些不道德手段参与游戏者在行业内成为过街老鼠。如果资本市场的参与者没有坚定、清晰的行为道德准则，则资本市场就是没有文化的市场。它只会弱肉强食，丛林规则横行。第二，要把资本市场的道德规则和行为规范制度化，即市场文化的制度化。也就是说，抑恶扬善必须有一套成型的制度去表达，去执行。第三，把资本市场的法制、规章与文化道德准则配套，使之互补而不是互杀。

没有信息，尤可存；没有知识，尚能活；没有文化，毋宁死。

第七章 第三方营销

在前一章中，我们分析了当今经济的特征——以信息、知识和文化为特征的网状经济，以及所伴随的网络效应——这是 1P 理论诞生的基础。在本章中，我们将集中探讨 1P 理论，包括它的目的与含义、1P 理论的核心问题、企业与第三方合作的类型、如何发现第三方的规律，最后是对 1P 理论的基本类别的总结。

打火机是用来点火的。在传统的营销理论中，打火机厂商生产出产品后就要运用 STP 和 4P 战略把自己的产品销售出去，企业利润从销售收入中来。然而，我们常常能得到免费的打火机，那么，厂商的利润从哪里来呢？都说天下没有免费的午餐，为什么打火机厂商愿意免费赠送呢？秘密就是打火机上面印有第三方企业的广告，由第三方企业支付费用给打火机厂商。仔细分析可以发现，在传统的营销理论中，打火机生产商只关心与直接顾客的直线关系。但是在上述的例子中，由于第三方企业的加入，原来的直线关系变成了三角关系。生产商除了出售打火机的点火功能外，还同时出售它的信息运载传输功能，从而使直接顾客可以免费得到打火机。

这是否只是一个偶然现象？事实上，顾客可以以低价甚至免费得到的资源越来越多：超低价的报纸、超市里的免费塑料袋、网络资讯，等等。种种例子说明，企业以低价甚至免费为顾客提供产品和服务并不是一个偶然现象，而是普遍的、有规律可循的。很多企业都在不自觉地运用这种营销方式，却没有得到理论的指导。这种营销方式是否有效？其背后的理论依据是什么？是否具有广泛的推广应用价值？企业应该怎样运用？传统的营销理论根本不能解释哪怕上述这样简单例子背后所蕴涵的一系列复杂问题。事实上，只有把第三方纳入分析框架中的 1P 理论，才能解释这些问题。

一、1P 理论的目的与含义

1P 理论是在网状经济的背景中产生和发展起来的，是对传统的 4P 营销理论的发展和突破。传统的 4P 营销理论把产品、价格、渠道和促销看作企业营销的四个平行战略，对消费者的购买决策有同等程度的影响，也没有区别这四个因素对企业和对消费者的不同性质和意义。产品、渠道和促销（简称 3P）是企业为消费者提供的价值：产品的质量性能越好，消费者越了解产品的信息，能够越方便地得到它，则产品对消费者的价值就越高。但对企业而言，3P 是成本：无论是提高产品质量、改善产品性能，还是拓展和建立分销渠道，以及进行广告宣传和促销活动，都需要企业的人力、财力和物力的投入，是企业的成本支出。与这三个战略要素不同，价格（简称 1P）对消费者而言，是他们获得产品或服务而付出的成本，所以只有降低价格才能增加产品或服务的价值，吸引他们购买。但对企业而言，价格则意味着收益和利润，企业在 3P 上的花费以及企业长期发展的利润都需要依靠 1P 获得。

企业的根本目的是通过把产品或服务卖给顾客而获得利润。当竞争日益激烈的时候，企业之间争夺顾客的竞争就愈演愈烈，吸引顾客也越来越难。为了在众多的竞争者中胜出，赢得顾客的青睐，企业要不断地改善 3P（为顾客提供更好的产品或服务，让顾客更方便地得到产品和服务，并加大宣传和促销力度），降低 1P（价格）。要把 3P 做得越来越好，以增加对顾客的价值，企业就会不断增加产品成本；要降低价格，减少顾客成本，就会减少企业收益。在这里，3P 与 1P 是矛盾冲突的：改善 3P 会增加 1P 上涨的压力，降价则会使改善 3P 受到成本压力。所以，现代营销是企业之间为争取顾客而多花在 3P（产品、渠道、促销）、少收在 1P（价格）上的竞争，这就导致了企业利润的下降。1P 理论就是要告诉我们，怎样通过多赢安排寻找第三方参与企业共同在 3P 上花钱和第三方参与顾客共同在 1P 上付钱，使企业能够把多花少收的竞争转化为多收少花的情形而盈利，从而解决传统 4P 营销的这一根本困扰。

（一）1P 理论的内涵

什么是 1P 理论？与传统的 4P 营销理论不同，1P 理论把现代营销战略归结为产品价格，即消费者成本问题。在激烈竞争的买方市场中，产品的同质化越来越严重，消费者得到的产品信息越来越多，购买决策越来越理性，因而价格敏感度越来越高。所以，价格成为影响消费者购买决策的最主要因素。格兰仕靠低价赢得市场，长虹靠低价获得家电市场的霸主位置，都表明了价格对消费者的重要性。但是，低价虽然可以取悦消费者，却要以牺牲企业的利润为代价。如果消费者能够不花成本得到产品，生产者不收顾客的钱还能赚钱，那营销就不成问题了。营销之所以难做，就在于同一行业的企业之间对顾客多花少收的营销竞争。产品卖家（企业）为了要让产品买家（顾客）购买它的而不是竞争对手的产品，就必须比它的竞争对手花更多的成本在产品、渠道和促销(3P)的改善上，同时比竞争对手少收顾客的钱(1P)。

这种企业之间不断增加营销成本和减少营销收入的零和竞争导致行业利润不断下跌，企业最终无利可图。1P 理论把行业内部企业之间的竞争战略思维转化为行业内部和行业之间企业的合作战略思维，把零和竞争转化为多赢合作，把企业对顾客的营销转化为企业对企业的营销。从根本上讲，1P 理论是通过多赢安排寻找第三方与企业和顾客共同支付，使得企业能够在多收少花的情况下仍能保持对顾客的吸引力并增加盈利水平的营销战略。

1P 理论是对传统的 4P 营销战略的突破和创新。传统的营销战略不能解决企业之间多花少收竞争的困扰，不能回答把产品送给顾客不收顾客的钱甚至找钱给顾客怎么还能赚钱，更不能回答怎样以零成本供给市场产品。在传统营销的思维模式里，一个晚上能把产品营销到全世界，一个晚上成为亿万富翁是不可思议的。1P 理论不仅能透彻地回答这些看起来不可思议的问题，而且告诉企业怎样突破传统的 4P 营销战略，运用革命性的 1P 理论思维模式，把零和竞争营销转化为多赢竞合营销，把 B2C 营销转化为 B2B 营销；告诉企业怎样通过多赢安排寻找第三方支付，使在为顾客多花少收甚至不收的竞争情况下仍能盈利；告诉企业怎样以零可变成本把产品供给市场做无本赚钱的生意。1P 理论的关键问题是，如何在为目标顾客创造价值的同时也为第三方创造价值，在为企业生产 3P 的同时也为第三方生产 3P，以此吸引第三方参与支付！在一个信息、文化、知识和网络相结合的市场经济中，到处可以发现运用 1P 理论的空间。

(二) 1P 理论的根本目的和根本途径

按照传统的营销理论，企业降价的最低界线是企业的长期平均成本，价格不能低于长期平均成本，否则企业不仅无利可图，而且根本不能维持生存。除非企业能靠生产技术的改进或者是管理的创新有效地降低生产成本，否则不能承担长期低价所带来的损失压力。1P 理论的根本目的就是要解决上述的营销困境。具体而言，1P 理论是要达到在企业的平均成本与竞争对手相同的情况下，企业能以低于竞争者的价格向顾客提供同等质量的产品或服务，但是仍能获得等于甚至大于竞争者的利润。价格低于竞争者的价格是 1P 理论要达到的基本目标。在极端的情况下，企业可以以零价格乃至负价格出售产品给顾客（即赠送和追加赠送），而企业仍然能得到不低于竞争者的利润。从传统营销的角度看，这简直就是天方夜谭。但这确实存在于我们的现实生活中，是任何企业通过运用1P理论都可以做到的事情。

如果企业能从根本上突破长期平均成本的局限，使价格低于竞争对手的价格，就能获得超越竞争对手的长期竞争优势。1P理论能赋予企业广阔的降价空间：不管竞争者怎样降价，企业总可以把价格降到竞争对手之下，而且不以牺牲利润为代价。因为运用1P理论思维，企业甚至可以达到以零价格乃至负价格销售而仍能获利的境界，所以它可以在价格战中赢得竞争对手。如果消费者能以极低的价格甚至免费得到产品或服务，那么他们对产品或服务的需求就会膨胀，并且对产品或服务质量将持更宽容的态度。顾客以低成本或零成本获得产品也可以改善企业与顾客之间的关系。在传统的营销中，不管企业的关系处理得如何好，顾客还是认为他们与企业之间是利益交换的关系。不错，企业关系管理的最终目的也确实是与顾客达成更多的交换，从顾客那里获得更多利益。但如果产品是免费送给顾客，基于价格之上的企业与顾客的对立关系就不复存在，两者之间由利益的交换关系转变为赠予关系，顾客对企业的好感就会大大增强。1P理论的最高境界是产品或服务的自我销售：价格的降低带来更多顾客，顾客数目的增加又能进一步降低价格，从而形成一个良性循环，达到产品自我销售的境界。

那么，1P理论有什么神通能达到这样的目标呢？1P理论的精髓在于，拓宽了传统营销的视野，把第三方纳入了企业的营销框架，从而提出第三方战略解决传统营销的困境，使企业达到多收少花、增加利润的目的。在本书中，我们把企业本身作为第一方，企业的直接顾客作为第二方，除此之外的其他企业或者消费者都统称为第三方。传统营销只涉及企业和顾客之间的关系，而1P理论则利用网状经济中的外部效应，通过发掘和利用企业与第三方之间的利益攸关关系，帮助企业达到多收少花而盈利的目的。我们知道，产品、渠道和促销是企业的成本，而价格是企业的收益来源。所以，第三方营销理论提高企业利润的两个最根本的途径是：节省企业花在产品、渠道和促销上的成本，增加第三方对企业的价格支付，以增加企业收入。当然，天下没有免费的午餐，第三方不会平白无故地支付企业，关键在于企业能否同时为第三方创造价值或节省成本。

二、1P 理论的核心问题

1P 理论的目的是以低于竞争者的价格销售质量不低于竞争者的产品或服务,但同时要求能保持或增加企业的利润。如果仅把企业和顾客作为一个价值交换的封闭系统,这是根本不可能的事情。因为在一个二元的封闭系统中,总价值量是一定的,一方所得就意味着另一方所失。如果企业的长期平均成本维持不变,企业的降价必然导致利润的损失;否则产品或服务质量必然下降,导致顾客利益的损失。所以在传统的营销理论中,企业和顾客之间的本质关系是零和博弈,谁能赢得博弈的胜利取决于双方的市场地位。如果企业具有垄断地位,它就能从消费者那里获得更多的价值;如果是买方市场,消费者就是卖家之间竞争的得利渔翁。

既要增加顾客价值,又要不减少甚至增加企业的价值,这就意味着价值的输入或创造。这种价值的输入或创造不是一个二元的封闭系统所能实现的。所以,1P 理论的核心问题是扩展企业的营销视野,把第三方纳入自己的营销框架,使第三方输入价值,或者借助它的力量创造价值,从而从根本上打破二元的封闭系统。这是 1P 理论思维对传统营销思维的突破与超越。传统营销虽然也研究企业之间的关系,但仅局限于行业的范围内。其中,影响最大也最具有典型意义的是波特的"五力模型":企业利益攸关的五种力量分别是企业的上游供应商、下游客户、同行业的竞争者、替代品的生产厂商以及潜在进入者。企业不仅面临着同行业竞争者的竞争压力,还要应对上游供应商和下游客户的议价压力,并且要时刻担心替代品的生产厂商和潜在进入者的威胁。这五种力量是行业内或相关行业间的零和竞争关系,都会对企业产生压力,缩小企业的利润空间。

在 1P 理论中,第三方的范围则要宽广得多,它超越了行业的范围,并能延伸到两个完全不相关的行业。不仅企业,消费者或者顾客也作为第三方参与到企业的价值创造系统之中。1P 理论的关键是,企业与第三方是合作共赢的关系,而非你输我赢的零和博弈关系。从整体来看,1P 理论打破了传统营销的行业界限,拓展了企业的营销范围,也转变了企业的营销价值观,以合作代替竞争,以价值创造代替价值瓜分,从而使红海营销变为真正的蓝海营销。

那么,1P 理论是怎样利用第三方实现价值创造的呢?首先,企业可以让第三方为自己的直接目标顾客买单，这样企业就能降低针对直接目标顾客的价格，因为第三方输入的价值弥补甚至超过了对直接顾客的降价所造成的利润损失。企业也可以让第三方出钱参与生产产品或服务，这样企业就能以更低的成本为顾客生产出同等质量的产品或服务。成本的降低为价格的降低提供空间，企业就可以在为顾客降低价格的同时不损害自己的利润收入。1P 理论是多收少花的营销战略，但在 1P 理论中的多收并不是多收顾客的钱，企业是少收顾客的钱，而多收第三方的钱；1P 理论中的少花也并不是以降低产品或服务的价值为前提，也就是说企业在生产产品、提供渠道和促销等方面并没有少花，只是在所花的成本中，有一部分甚至全部是由第三方支付的。

接下来的关键问题是，第三方为什么愿意为企业的顾客买单？为什么帮助企业降低生产成本？除非这样做会对他们自己有利！所以，1P 理论的核心问题是，怎样在为顾客创造价值的同时为第三方创造价值？怎样在为 3P 花费的同时为第三方创造价值或者为第三方节约成本？价值的创造或者成本的节约是第三方愿意加入到企业营销系统的根本原因，是第三方愿意为企业支付的根本前提。

在网状的经济中，企业和企业之间、企业和顾客之间的关系都变得越来越多元、复杂。这些相互之间的联系，一方面要求企业打破原有的营销封闭系统，把它转变为一个相对开放的系统；另一方面，这些千丝万缕的联系为企业带来了为第三方创造价值的机会。每个企业都具有多种资源，而每种资源也具有多种价值。同样的资源对一个企业来说可能毫无价值，而对另一个企业而言可能是利益攸关的关键资源。反之亦然。所以，企业不仅要使拥有的资源对自己有价值，还要看到它们对第三方的价值。同时，还应该有意识地挖掘第三方资源的利用价值，整合多种资源，借多方面的优势达到自己的目标。每个企业都可能有一些隐性资源，或者显性资源的隐性价值（对自己或者对第三方）有待发掘。

三、为第三方创造价值，寻求第三方支付

1P 理论本质上又可称为第三方营销理论，它的根本目的是在为顾客提供相同价值的情况下，降低顾客的购买成本而使企业照样盈利，甚至获得更高的利润。实现这一目的的根本途径是吸引第三方加入到企业与顾客的价值系统中，让第三方输入价值，或者借助第三方的力量降低成本。

1P 理论

企业的利润等于它的总收入减去总成本。所以，维持或提高利润的方法，一是维持或提高总收益，二是维持或降低总成本。如果企业既能提高收入，同时又能降低成本，就会创造可观的利润空间。企业生存的途径是生产产品或服务，并把它们卖给顾客而获得收益。其中，生产产品或服务的过程表现为企业的成本或支出，而销售的过程则是企业的收益。所以，企业的收益和支出都包含在 4P（产品、渠道、促销和价格）当中。生产更好的产品，让顾客了解和喜欢自己的产品，当顾客有购买欲望时，能够方便地得到产品，是企业为顾客创造的价值，它们表现为企业的支出。而把产品或服务卖给顾客，则是企业从顾客处获得价值的过程，表现为企业的收益。可见，在 4P 当中，只有价格是收钱的，而其余的 3P 是花钱的。根据它们性质的不同，我们可以把 4P 按照成本和收益分为两个不同的维度；在每一维度，第三方以不同的方式参与到企业的价值系统中。

具体而言，第三方可以从两个方面为企业创造价值。一是在收钱方面（1P）。如果第三方能支付一部分甚至全部顾客应付的价钱，或借助与第三方的合作提高了收益（不一定向第三方收钱，只要合作能提高利润就好），企业就可以少收甚至不收顾客的钱照样盈利。二是在花钱方面（3P）。如果别的企业或者其他的第三方能支付一部分甚至是全部 3P 的成本，或借助与第三方的合作节约在 3P 方面的成本（不一定是第三方付钱，只要企业能节约成本就行），企业为顾客提供产品和服务的成本就能相应降低，因而达到既向顾客少收钱，同时还能盈利的目的。企业也可以结合以上两个方面，既借助第三方降低成本支出，又借助第三方获得更高的收益。这两方面的第三方可以是同一个对象，也可以是不同的对象。另外，企业也可以利用一个产品与另一个产品之间的利益攸关关系降低生产和服务的成本，自己为自己创造第三方，为顾客提供价格优惠，同时获得更高的利润。以上第三方参与企业价值系统的两种方式分别对应企业的支出和收益两个方面。下面，我们就分别从这两个方面讨论企业和第三方之间的关系。

（一）为第三方顾客创造价值，寻求第三方顾客支付的三种情况

降低企业产品和服务价格的途径之一是找第三方为顾客支付或者利用第三方的力量降低顾客支付的价格。根据第三方支付的不同情形，可以得出三种不同的支付类型。

一是第三方没有参与到企业的销售活动中,企业完全向直接目标顾客收钱,这是传统的营销战略,顾客的购买价格没有降低。

二是第三方参与到企业的销售活动中,企业向终端顾客收钱,同时向第三方收钱。此时,终端顾客的购买价格可以降低,因为第三方支付的价格可以弥补企业对终端顾客实行低价带来的利润损失。

三是一种极端情况,即直接顾客不用付钱,第三方完全支付企业产品或服务的价格,此时企业可以把产品或服务免费赠送给终端顾客。

(二)为第三方企业创造价值,寻求第三方企业承担成本的四种情况

成本代表企业的支出,如果企业能有效地降低成本,就可以为降价提供空间。这存在四种情况。

一是企业自己支付全部的成本费用,这是传统的营销战略,企业在一个相对封闭的环境中生产。

二是企业找到第三方共同承担成本,每一方承担总成本的一部分。第三方的加入降低了企业的成本,企业能在生产相同产品和服务的情况下降低价格。

三是第三方完全为企业承担花费在 3P 上的成本,此时企业是"借船过海、借风扬帆",做无本生意。

四是企业自己不用花费,也不必借助第三方承担成本,照样能生产出产品。这似乎匪夷所思,但 1P 理论可以帮助企业达到这种无本赚钱的境界。如果企业自己不必负担 3P 的成本,它就有了降低价格的巨大空间和赢得价格竞争的极大优势。因为在任何情况下,它总是可以以低于竞争对手的价格盈利。

四、1P 理论的 11 种类型

任何企业具体的营销活动都是由 4P 组成,当我们把企业的 1P(价格)和 3P(产品、渠道和促销)组合到一起的时候,就得到了完整的 1P 理论的类别。在传统的营销理论中,4P 之间完全是并列的关系。一个企业要想做好营销就要在这四个方面同时下工夫。传统营销忽视了 4P 之间质的差异。价格在 4P 中是最具有特质的,它一方面表现为企业的收益,另一方面则表现为顾客支

付的成本，集中体现了企业收益和顾客利益之间的矛盾。而 3P 是企业的成本，是企业的花费和投入，3P 同时是顾客所获得的价值。根据 1P 收益和 3P 成本之间的本质不同，可以分为两个维度，一个维度是价格（1P），另一个维度代表成本的 3P。结合企业的收益和成本支出的不同情形，就形成了不同的 1P 理论的类别。如图 4-5 所示。

结合企业收钱对象的不同和为企业支付 3P 成本的对象的不同，我们可以把企业的营销战略分为以下不同的类别。

传统的营销战略 P0：企业自己支付所有 3P 的成本，只向自己的目标顾客（终端消费者或者企业）收钱。该战略的基本前提是企业的定价必须高于其长期平均成本，否则企业就要亏本，难以维持生存。传统的营销理论就是在这个基本的前提下设计 4P 战略的。正如前面所说，它导致企业之间用少收多花的竞争来吸引顾客，严重影响了企业的盈利空间。

第一类 1P 战略 1P1：企业自己花钱生产 3P（产品、渠道和促销），但收益既来自直接顾客，也来自第三方顾客。而且，第三方支付的价格可以大于或等于对直接顾客的价格优惠。在这种情况下，企业给直接顾客的定价可以低于市场的平均价格，从而建立自己的竞争优势。这样，企业既可以保持原来的利润水平，也可以获得更高的利润水平，企业具有长期降价竞争的能力。

第二类 1P 战略 1P2：企业自己花钱生产 3P（产品、渠道和促销），但企业不收直接顾客的钱，极端情况下甚至可以向他们付费，企业的收益完全来自第三方顾客支付的价格。因为直接顾客不用花钱，享受免费的产品和服务，企业的吸引力和竞争力得以大大加强。第三方顾客提供的收益可以等于也可以大于来自直接顾客的收益。

第三类 1P 战略 1P3：企业向直接顾客销售产品，但可以借助其他企业的参与或投资而获得 3P 成本的降低。企业的长期平均成本因而大大降低，企业可以向直接顾客收取更低的价格而仍能达到原有的利润水平。如果第三方的参与所带来的成本节约大于由于价格降低而造成的收益损失，企业就可以获得更高的利润。

第四类 1P 战略 1P4：该战略是第一类和第三类 1P 理论的结合。企业既可以借助第三方企业的投入而降低成本，又可以由第三方顾客的支付而降低直接顾客支付的价格。这种少花多收的战略可以获得更多的顾客、维持原来的利润水平或带来企业利润的增加。在这种情况下，企业的平均成本低于原来的长期平均成本，顾客支付的价格低于原来的价格，企业的利润等于或者高于原来的利润水平。

第五类 1P 战略 1P5：该战略是第二类和第三类 1P 理论的结合。企业既借助第三方企业的投入降低成本，又依赖第三方顾客支付而免收直接顾客的价格。对于企业而言，自己支付的成本低于原来的成本；对于直接顾客而言，他们能免费得到产品和服务。来自第三方顾客的收入加上第三方企业的参与所提供的成本节约，可以使企业的利润水平等于或者高于原来的利润水平。

第六类 1P 战略 1P6：采取该战略的企业向直接顾客销售产品或者服务，但把生产 3P 的成本完全转嫁给第三方企业，使自己的生产或服务的投入成本为零。在这种情况下，从顾客那里获得的收益是企业的净利润。因为该企业根本不受成本的约束，它可以把价格降到远远低于竞争者的价格而仍能获得大大高于竞争者的利润。

第七类 1P 战略 1P7：该战略是第一类和第六类 1P 战略的结合。采取该战略的企业把 3P 的成本完全转嫁给第三方生产者，同时找到第三方顾客为直接顾客支付部分价格。如果企业把对直接顾客的价格降到 1P6 的水平，同时从第三方顾客那里获得部分收益，相对于 1P6 则企业能获得更高的利润，或可以把对直接顾客的价格进一步降低而获得更多的顾客。

第八类 1P 战略 1P8：采取该战略的企业把 3P 的成本完全转嫁给第三方生产者，同时找第三方顾客为直接顾客支付全部价格。此时企业是零成本生产、零价格销售产品，企业的利润来源于并等于第三方顾客的支付。直接目标顾客可以免费享受企业的产品或服务。

第九类 1P 战略 1P9：采用该战略的企业向直接顾客销售产品或服务，但在成本方面采取一种更为极端的做法。它既不需要自己支付 3P 的成本，也不需要寻找第三方企业为它支付该成本。这是否是天方夜谭？这并非天方夜谭，而是实实在在的营销策略！该战略的秘诀在于企业生产产品或者服务采用的是边际非稀缺资源，这种资源在被重复使用的情况下不会降低效用，不会产生损耗，也不需要追加成本。例如，一套原始软件的总成本等于开发成本，而一套软件一旦被开发出来就可以以零成本无限复制。因为生产商追加产出的追加成本为零，所以随着软件产量的增加，其软件的平均生产成本可以趋于零，这就为降低价格提供了巨大的空间。而价格的降低又带来更多的顾客，开发成本（沉没成本）可分摊到更多产品上，又为价格的进一步降低提供了空间，由此形成一个产品自我销售的良性循环。人们可能会问，边际非稀缺资源是否是一种非常特殊的资源，或只可适用于某些行业？事实并非如此。一切无形资产,如知识、信息、品牌等,及部分特殊有形资产,都属于边际非稀缺资源的范畴。一般说来,所有行业中都存在边际非稀缺资源,差异只是程度和多寡的问题。如果企业能想方设法创造并有效利用边际非稀缺资源,就能够创造零可变成本生产。例如,麦当劳、肯德基向加盟店出售的特许经营权和特定的经营模式就属于边际非稀缺资源。

第十类 1P 战略 1P10:采用该战略的企业利用边际非稀缺资源进行生产,从而享受到零可变成本生产的优势,同时向直接顾客和第三方顾客销售而获取收益。因此,该企业不仅能吸引到更多直接顾客(顾客支付的价格降低),还能保持甚至提升自己的利润(从第三方顾客获得收入)。该战略是 1P1 与 1P9 的结合。

第十一类 1P 战略 1P11:该战略是 1P2 与 1P9 的结合。企业不仅零成本生产,而且向直接顾客零成本销售,利润完全来自于第三方顾客支付的价格。实行该战略的企业能获得异常庞大的顾客群体,因为顾客享受免费的产品或者是服务。例如 Google,由于提供的是免费资源,吸引了庞大的顾客群,而这又构成了它对广告商的极大吸引力,增加了它作为广告媒体的价值。而另一方面,为更多顾客服务并不会显著增加它的成本。所以,Google 能获得飞速增长的巨额利润。

在这一部分,我们根据 1P 价格和其余 3P 之间的本质差异把它们分为两类,并结合它们各自的不同情形而形成 12 类营销战略。通过图 4-5 可以清晰地看出,传统营销不过是 1P 理论中的一个特例,即企业花自己的成本生产 3P,并向直接目标顾客收钱。其余的 11 种类型都属于 1P 理论的范畴,它们要么从价格的方面,要么从成本的方面,或者同时从两方面超越了传统的营销战略。所以,1P 理论并非是对传统营销的全盘否定,而是对它的发展和超越,因为新经济需要新的营销方式。下面具体讨论 1P 理论的第三方营销规律。

五、1P 理论的五大规律

(一) 1P 理论对第三方的界定

1P 理论的核心是要找到第三方参与企业的成本支付和收益买单。人们也许认为,第三方就是某个企业,1P 理论就是企业与企业之间发生的关系。事实上，企业与企业之间的关系只是 1P 理论的一个方面，它的内涵要比这丰富得多。对第三方的界定要从交易的单位来看，企业和顾客交易的基本单位是产品，而交易的核心是产品为顾客提供的某种价值或核心功能。例如，打火机厂商与顾客交易的基本单位是打火机，而交易之所以成立是因为顾客看中了打火机的点火功能。只要企业能找到方法降低顾客对该产品的购买成本，就是在运用 1P 理论。企业可以运用各种方法降低顾客的成本。例如，开发产品的新功能，使原来隐性的功能显性化等，这是用产品的一种功能为另一种功能买单。企业也可以把该产品与本企业的其他产品结合起来，利用一种产品为另一种产品买单。例如，电厂利用废弃的煤渣制砖，通过销售砖的收入补贴一部分电的价格，就属于这种情况。当然，企业也可以找另一个企业为自己的产品买单，这是企业间的行为。例如，电厂可以把煤渣卖给砖厂，所获得的收入可以部分补贴电价，这时充当第三方的就是另一个企业。第三方在有些情况下也可能是顾客，用一部分顾客支付的价格补贴对另一部分顾客的降价。

在这里，企业最根本的目标是要降低直接顾客购买产品的价格。任何能帮助企业实现该目标的人、物或者是企业，都属于我们所说的第三方的范畴。采用 1P 战略首要的是拓展思路，不局限于传统的思维定式，在创新中发掘无穷的方法。发掘或开发一切可利用物的潜在价值要遵循两个基本思路：一是怎样从第三方获得收入，二是怎样通过第三方节省成本，最终达到降价不降利、企业与顾客双赢的境界。

（二）1P 理论对买单的界定

1P 理论中通过第三方支付或买单而降低产品或服务的价格有多个层面的含义。它既指同一种产品销售价格的真正降低，也指顾客心目中感知的该商品价格的降低。只要顾客认为，该产品或者服务的性价比高于（即单位质量价格低于）同类的竞争产品，就被认为已经达到了 1P 理论的目的。顾客可能从与同类产品的比较中，觉得该产品的价格比较低，购买该产品很划算；或者认为该产品相对于竞争品能为自己提供更多的价值，即使花与竞争品同样的价格甚至稍高的价格也值得。所以说，这里的降低价格既包括绝对的降价，也包括相对于所提供的产品价值的相对降价，即企业给顾客所提供的产品或服务的性价比的提高，使顾客感觉到购买该产品或服务更划算。由此看来，

1P 理论在实践中有非常广阔的空间，企业可以从各个方面努力降低自己产品在消费者心目中的价格感知。在极端的情况下，价格可以降为零甚至负数，从而在激烈的竞争中脱颖而出。

同时，买单既指真正的支付价格，即第三方向企业支付一部分价格；也指企业通过和第三方合作，或借助第三方，在不损害自己利润的情况下降低直接顾客的购买价格。在后面这种情况下，第三方往往没有向企业提供实际的支付，但它的参与帮助了企业降低成本，或者创造出了更大的价值。所以，买单的真正含义是在顾客购买价格降低的情况下，企业利润不减少，甚至增加。

（三）寻找第三方的规律

1P 理论的核心问题可以归结为，探索企业怎样整合第三方资源，以达到为顾客降价而自己不降利的目的的问题。前面讲过，1P 战略的根本途径是把企业与顾客的封闭价值交换系统转变为一个开放的系统，吸引第三方参与到该系统中获利，从而使它愿意参与支付一部分价格，或者一部分成本，或者创造更大的价值。企业怎样才能吸引第三方加入到自己的价值系统里来呢？根本方法是企业在为顾客创造价值的同时也为第三方创造价值，或者第三方在为企业的 3P 支付成本的同时也为自己节省成本或创造价值。这是第三方愿意参与到企业的营销系统中的关键和前提。1P 战略能否成功的关键问题就是：企业能否为第三方创造价值？怎样创造价值？创造什么价值？创造多少价值？

理解了第三方的基本含义以后，接下来的问题是：企业怎样寻找第三方？这首先需要企业的领导者充分认识到自己所处的经济环境的特征，认识到这种特征对企业发展所提出的要求和创造的机会。现代经济的根本特征是建立在信息和知识基础之上的网状经济。网状经济是说企业与企业之间、企业与顾客之间、顾客与顾客之间、行业与行业之间、地区与地区之间、国家与国家之间的经济联系是网络的关系，而不是线性的关系。这就为企业整合不同的资源，邀请第三方加入创造了条件。下文探讨企业寻找第三方的几大规律。

人们判断某一物品是否有价值，会看它对自己是否有用，而是否有用又取决于它是否具有人们所需要的功能，因为功能决定用途。下雨天，如果你借给一个正在淋雨的路人一副太阳镜，这是没有价值的，因为太阳镜不具有他所需要的功能，你也不能期望他会对你说声谢谢。但是，如果你能与他分享一把雨伞，他肯定会对你非常感激。对企业也一样，要对第三方有价值，就要为第三方提供它所需要的功能。这种功能既可以是显性的具体功能，如雨伞的挡雨功能；也可以是隐性的功能，如在雨中有人供伞伴行所带来的温暖感。隐性的功能并不表示它的价值不大，不同的人对价值的评价标准也是不一样的：有的人看重显性功能，有的人看重隐性功能。同样，对不同的第三方，同一功能的价值大小可能迥异，即使对于同一个第三方，它对同一功能价值的评价也可能随着时间、情景的变化而变化。所以，企业在为第三方提供或开发功能之前，首先要搞清：第三方需要什么功能？什么样的功能对它有价值？

正如雨天分享一把雨伞的行动本身可能具有多种功能一样（挡雨功能和陪伴功能），企业的多种资源及每种资源的多重功能也具有多种寻找第三方的可能性。企业所拥有的资源从整体上可以分为内部资源和外部资源。企业所掌握的内部资源包括企业的产品或服务、企业的生产或服务流程、企业所掌握的无形资产和企业本身在社会价值链中的地位和作用；外部资源主要是企业的顾客。在这一部分中，我们将从产品功能开发、产品和顾客的战略利益、企业生产或服务流程的范围经济性、企业本身在社会价值链中的地位和作用，以及企业所掌握的无形资产的价值和作用等五个方面探讨寻找第三方顾客买单的方法。

1. 发掘产品的潜在功能

按照传统的营销观点，一种产品是为了解决顾客的某个具体问题，或者提供某项具体的服务而存在的。所以，一般而言，一种产品仅有一种核心功能。企业在营销的过程中，仅以它的核心功能为卖点，仅以核心功能的需要者为目标顾客。企业一般也只对核心功能做改进、强化，或者最多再围绕着它增加某些附加功能。但产品一般不只有单项功能，还有多项功能，企业常常忽视了这些核心功能之外的其他功能，或者在关注某个显性功能的同时忽视了某些隐性功能的开发潜力。通过有效地发掘产品的新功能，企业就能有效地降低其产品的价格或者在消费者心目中的感知价格，从而获得竞争优势。

（1）产品隐性功能显性化

"伟哥"的前身是治疗心脏病的药品，其竞争产品自然是治疗心脏病的药物，而顾客评价其价格也是根据同类药品的价格为基准的。在竞争激烈的市场中要获得竞争优势非常困难。该公司发现，该药品的某种成分具有明显刺激性亢奋的作用，从而独辟蹊径，开发其成为增强性功能的首选药品。虽然伟哥的销售价格非常高，但依然在药品市场独领风骚。原因何在？关键是评价它价格的标准变了，它的价格不再是心脏病药物的价格，而是另一类药品的价格。此时，该公司就可以以低于竞争对手的价格销售治疗心脏病的药物，因为需要增强性功能的顾客支付伟哥的高价溢利远远超过对前类顾客降价所带来的利润损失。阿司匹林原是治疗头痛的药物，但后来发现它也可以稀释血液。这就扩大了它的顾客群，增加了利润空间，使它可以以低于竞争对手的价格出售而不损害利润，或者以高于竞争对手的价格出售而不减少顾客。小苏打从食品行业转入家庭除臭剂行业，也同样获得了成功。这些例子都表明，一种产品可能具有多种功能，即使同一种功能也可能拥有多种用途。其中，有些是显性功能，有些是隐性功能。在有些情况下，隐性功能的价值可能远远超过显性功能的价值。如果企业能够发现产品的隐性功能，就可以进入新的行业，拥有新的顾客。如果新顾客对该种用途的评价更高，企业就可以用从新顾客处获得的收入弥补对原有的目标顾客降低产品的价格而带来的利润损失，在原有市场上获得竞争优势。对企业而言，因为产品的成本可以分摊到更多的顾客身上，因而赢得了降价空间。

（2）增加产品的新功能

把产品的隐性功能显性化是发掘产品的潜在功能，企业基本上不改变原有产品的基本属性，而是开发、体现潜在功能，以新产品形式用于新用途。例如，阿司匹林的产品成分中本身就含有稀释血液的功能，只是原来没有被发现，所以是隐性功能。利用该成分专门开发一种稀释血液的药品，就是把原本的隐性功能开发为显性功能。增加产品的新功能则与此不同，它是增加某种产品原本就不具有的功能。在这种情况下，企业往往对产品本身作某些改变，以体现出新功能，而不像把隐性功能显性化那样，开发一种新产品以体现隐性功能。在很多情况下，企业可以通过发掘产品的新功能而找到第三方顾客。例如，我们都知道打火机的基本功能是点火，自从它诞生之日起，打火机的生产厂商就是销售这种功能。现在人们常常能得到免费的打火机，为什么呢？因为厂商在打火功能之外还赋予了打火机承载信息的功能，在打火机的表面印上别的厂商的产品信息，由后者支付相应的宣传费用。这样，打火机就可以以低于竞争者的价格销售，甚至可以免费送给顾客，而打火机生产商仍然可以盈利。并且，打火机的价格越便宜，它的顾客就越多，愿意在上面做宣传的企业就越多，因此它的信息运载功能获利就越高。在这里，运载信息的功能为点火功能买单,广告主为打火机顾客买单。深入分析可以发现,运载信息是打火机原来根本不具有的功能,是厂商为它新增加的功能,并且这种新功能是与原功能整合在一起的。报纸的发展也是走的这条道路。报纸的售价极低,根本不足以弥补它的印刷、编辑以及发行费用。但是报纸仍然维持低价,甚至还继续降价,目的就是要尽力扩大自己的读者群。只要读者群大了,阅读率高了,广告收入也会随之水涨船高,报社因此而盈利。这就是以广告宣传的功能补贴时事报道的功能。广告主为了获得报纸读者的注意也愿意为这类顾客买单。

信息搭载是很多产品都具有的功能,也是在实践中运用得最多的功能。例如,纸杯上印有饮料生产厂家的信息,超市免费提供的塑料袋上印有超市或者别的厂家的信息。而互联网则把这种策略运用得最为广泛,也最为成功。消费者可以免费享受网络服务,最主要的原因就是网络运营商利用信息搭载的功能负载了很多企业的广告信息,他们的收益主要来自广告主所支付的广告费用。而广告主看中的则是网络广泛的覆盖面和宣传效应。由于免费的服务能吸引更多的顾客,而顾客数量的增加又进一步提升了网站的宣传价值,更多的广告主因此愿意出更高的价格在上面打广告,网络运营商的收益也随之而提高。

(3)卖点创新

无论是发掘产品的新用途还是新功能,都是从产品的物理属性的角度来看待和挖掘产品的功能,而赋予产品新功能则是从产品的社会属性的角度来挖掘它的功能。例如,补酒一般是消费者买来强身健体的,这也是它基本的物理属性。而椰岛鹿龟酒则把它定位于一种儿女孝敬父母,或者小辈孝敬长辈的礼品。年轻人一般买这种酒送给父母或长辈以表达自己的孝心,产品的直接消费者(老年人)一般都是别人送酒给他们。所以,椰岛鹿龟酒对老年人越有吸引力,"表达孝心"的社会功能越强,它作为礼品的潜力就越大。利用产品的卖点创新,或者开发产品的社会功能,企业就能达到转移顾客的目的,使一部分顾客为另一部分顾客买单。而产品所具有的社会功能使得直接支付价格的顾客对价格不敏感,或者愿意支付较高的价格。仍以椰岛鹿龟酒为例,由于老年人都比较节俭,所以他们的价格敏感度比较高,而儿女为父母买东西的时候则很少在价格上斤斤计较,甚至不愿意购买廉价的产品,因为廉价往往被视为对他们孝心的亵渎。利用卖点创新转移顾客,虽然产品的直接顾客(老年人)是以零价格获得产品,但是酒厂从间接顾客(送礼的人)那里获得了收入。这样的例子还有很多。例如，高档钢笔可以开发为礼品笔，而低档圆珠笔则常常被别的厂家作为赠品。在这两种情况下，产品的直接顾客（使用者）都是以零价格得到产品，而企业也从产品的间接顾客（送礼的人或赠送礼品的企业）那里获得了收入。这样，企业通过转移目标顾客得以以高于竞争产品的价格打败竞争对手。

从上面的例子可以看出，在赋予产品新功能时通常伴随着购买顾客的转移，即从直接的产品使用者变成对这些使用者感兴趣的个人或者团体。产品的基本功能不变，但是其社会或心理诉求点发生了很大的变化。产品对目标使用者越具有吸引力，而目标顾客对直接购买者的利益相关性越高，企业对直接购买者的要价空间就越大，企业可能获得的利润就越高。

2. 战略利益

战略利益是指企业的顾客或者企业的产品对第三方有吸引力，可以为第三方产生战略利益，但第三方不能直接获得这些利益，而必须通过企业才能获得。在这种情况下，第三方当然愿意为获得这些战略利益而向企业支付价格。

（1）顾客对第三方企业的战略利益

如果一个企业的顾客同时也是第三方企业的目标顾客，那么第三方企业就可能为获得这些顾客向企业支付费用。此时，企业的目标顾客对第三方企业具有战略利益。这种买单关系成功的关键是第三方必须通过该企业才可能获得顾客的战略利益，而不可能直接获得。这就为买单提供了基础。这些看来很抽象的问题在实际中已经司空见惯了，网络服务就是最好的例子。网民可以免费享受网络服务。为什么网络企业能够并且愿意为网民提供免费服务呢？因为网民也是很多企业的目标顾客，他们想接近这些顾客，想把自己的产品或服务销售给这些顾客，所以他们愿意为了接近这些顾客而付钱。网络企业因为能把这么多顾客召集在一起而形成了巨大的战略利益，广告收入弥补了为网民提供服务的成本，并成为网络企业收入的很大一部分。再如114免费咨询台，它因为提供免费的咨询服务而拥有巨大的顾客群，这又成为它与第三方企业议价的基础。114向顾客提供酒店、饭店的咨询服务，由后者支付价钱。

这里有一个很有趣的现象：企业的目标顾客具有的这种战略利益越高，企业就越应该降低目标顾客得到产品或服务的成本，这样它就能吸引更多的顾客（免费的产品和服务谁不喜欢呢），更多的顾客又进一步增强了他们对第三方的战略利益，第三方企业就愿意支付更高的价格。很多网络企业就是遵循这样的发展思路。例如，亚洲航空公司的顾客对泰国旅游业具有战略利益，泰国政府希望这些顾客能来到泰国境内进行消费。为了吸引更多游客，降低游客进入泰国的门槛，泰国政府愿意为这些顾客支付机票费，从而使这些顾客享受到零成本机票到泰国旅游。

（2）顾客对企业自身的战略利益

顾客不仅可能为另外的企业带来战略利益，还可能为企业本身带来战略利益。顾客使用企业的产品，很可能带来企业产品或者品牌的升值。品牌价值的本质是顾客的认可，是在顾客心目中的价值。对于新创建的品牌或者新开发的产品，顾客的认可非常重要，它往往决定了品牌的价值以及品牌开发和发展的潜力。但是，新创建的品牌或者新开发的产品怎样才能获得顾客认可呢？低价甚至免费试用是很有效的方法。例如，山东某女工研制出一种新式做法的馄饨，这种新产品怎样才能获得顾客的认可，进而建立自己的品牌呢？该女工的做法就是让顾客免费吃，结果这种馄饨获得了顾客的一致认可和赞赏，品牌的知名度和美誉度就这样建立起来了。有了品牌知名度和美誉度，想购买这种新式做法的商人蜂拥而至。现在，该女工成了女老板，靠卖品牌和特许经营权获得了极高的收入。是谁帮助她迈出成功的第一步？毫无疑问，是顾客，是顾客的认可创建了她的品牌。可以设想，如果按照传统的营销思维，她一开始就是按照市场价格甚至是高于市场的价格销售产品（因为产品比同类产品更好），就很难获得现在这样高利润的品牌资产。在上面的例子中，顾客低价甚至免费使用产品和服务为企业创造了价值，对该企业品牌感兴趣的特许商家则为顾客买单。

（3）一部分顾客对另外顾客的战略利益

在有些情况下，有一部分比较特殊的顾客能对企业产品价值的提升或者品牌的升值做出很大的贡献，因为他们通常对别的顾客有很强的影响力。这些比较特殊的顾客，或者是某一领域的行家，或者是某一行业的领导者，或者是对大多数顾客的价值判断有重大影响的人物，或者是在某类顾客的眼中极具魅力的人物。如果企业能获得这类特殊顾客的认可和赞扬，别的顾客也就会自然接受甚至抢购企业的产品和服务。此时，企业就可以为这些特殊顾客低价甚至免费提供产品和服务，利用他们的声誉或者影响力吸引别的顾客。例如，销售银行使用设备的厂商可以对总行实行价格优惠。只要总行采用了该设备，就对下属的分行产生了强大的影响力。他们或者为了与总行兼容，或者为了表达与总行的一致性，一般也会购买与总行相一致的设备。随着中国神舟五号和神舟六号航天飞船的成功发射，杨立伟等宇航员成为家喻户晓的名人，人气飞速攀升。蒙牛抓住时机，为宇航员免费供应牛奶，利用宇航员的巨大影响力提升自己的品牌知名度和美誉度。这些特殊顾客因为对企业的特殊贡献而获得了免费使用产品或者服务的回报。在有些情况下，企业还要花钱请他们消费（负价格）。不管是低价格、零价格还是负价格，都是别的顾客因为获得了这类特殊顾客的战略利益而为他们买单。这些战略利益一般都是无形的，如权威的认可可以使顾客对产品质量更为放心，与所仰慕的人或团体使用同样的产品或服务可以提升自身形象，等等。

（4）企业提供平台，顾客相互提供战略利益

CEO们之所以愿意花30万元成为EMBA的学员，其中可能有15万元是用来购买与其他同学的人脉关系。同学们之间互有关系网络价值，相互提供人脉价值，本来无须为此支付，但因缺乏交往平台和归属点，结果被商学院无本收走了这笔巨款！网络博客、"超级女声"、KTV、舞厅等平台都具有这类性质。企业提供平台，无本收取顾客互相提供的战略利益，为低价或零价格提供平台设备本身创造空间。

（5）顾客对产品或服务消费而产生另外利益

"醉翁之意不在酒！"在有些情况下，企业的产品或服务并不是它直接盈利的项目，而只是吸引顾客的一种方式或手段，企业是想通过顾客对产品或服务消费后所产生的额外价值赚钱。难道产品或服务被消费后还能产生别的价值吗？答案是肯定的。正如自然界的能量守恒定律一样（即能量可以以不同的形式在不同的系统之间转化，但是自然界能量的总量是维持不变的），价值也可以在企业和顾客之间转化，只是以不同的形式存在。所以当顾客消费后，并不意味着价值的消失，而只是转化为了另一种价值形式，这种价值形式可能对企业是有利的。这样的论述可能太抽象，下面我们用例子来说明这种价值转化的含义。

商店一般都是在进价的基础上按一定的比例加价销售啤酒。例如，进价是每瓶1元，加上20%的利润，销售价格就是每瓶1.2元。有一家商店却独树一帜，免费向顾客供应啤酒。很多人会问：这家商店的店主是在作慈善事业，还是神经不正常，要自取灭亡？而正确的答案是，该商店发现了顾客喝啤酒后所产生的额外价值，那就是盛啤酒的盒子。商店就是靠卖盒子赚钱的。免费的啤酒吸引了大批顾客，而每位顾客的消费量也大大增加，结果就产生

了大量啤酒盒。更进一步看，该商店的免费政策一方面使别的商店的啤酒生意濒临倒闭，另一方面可能从啤酒厂商那里获得大额的进价优惠，因为它的销售量大，而且很可能会成为啤酒商在该地区的独家销售代理。低进价降低了它为顾客供应的成本，进一步增加了它的收益。无独有偶，某航运公司免费为顾客运送货物，只收拆箱费。由于集装箱数量足够大，得到到达目的地后集装箱的免费拆箱优惠，节省的拆箱成本成为公司的利润来源。从上面两个例子我们可以看出，这两个企业都深谙价值转化之道，把顾客作为创造价值的合作伙伴，把目光盯在通过为顾客服务所产生的额外价值上，达到了柳暗花明又一村的境界。

综合顾客的战略利益，我们发现，为顾客服务并非完全构成企业的成本。只要企业能灵活巧妙地运用 1P 理论，就可能发现利用顾客创造价值的机会。在竞争日益激烈的时代，吸引顾客对企业的注意、选择和忠诚都需要企业付出巨大的努力和高昂的成本。如果企业能获得顾客，这本身就是一笔巨大的资产。企业要转变经营视角，把顾客看成资产，把为顾客提供的产品和服务看作一种投资，并能妥善地加以运营管理，获得利润。在网状经济时代，顾客本身就是一种商品或战略资源，当一个企业把产品卖给顾客的时候，它应该想方设法同时把顾客本身卖给对这些顾客感兴趣的第三方。

从上面的分析和例子中我们也可以发现，顾客与企业之间并不是零和博弈的关系，向顾客收高价常常并不能获得利润最大化。1P 理论强调企业与顾客的合作和双赢，强调企业应该把顾客作为创造价值的合作伙伴，强调企业应该谋求最佳的途径以发掘顾客潜在的战略利益。这样，企业就能避开营销困扰，达到 1P 理论的目标：顾客既享受到低价甚至零价格的优惠，企业也获得了可观的利润收入。

（6）产品的战略利益

不仅顾客具有战略利益，企业的产品和服务本身除了对直接顾客有价值外，也可能具有超出其本身价值之外的对第三方有价值的战略利益。体育比赛本身的目的是参赛方竞技各自的水平，而观众则从中获得兴奋和刺激。但是，随着体育的盛行，体育比赛吸引的观众也越来越多，其影响力也越来越大，而价值也远远超越了比赛本身，具有极高的商业价值。如今，在一些重大的比赛场合，场地内广告铺天盖地，电视的转播权更是天价。这些第三方企业之所以愿意花大价钱做广告，或购买电视转播权，在很大程度上是冲着体育比赛的巨大影响力，想借此提高自己的知名度或美誉度。联想与 2008 年北京奥运会的合作也是出于这种考虑。由于有了这些第三方的参与和赞助，企业就可以降低对直接顾客（观众）的价格。现在，一些比较重要或者影响力比较大的会议都是用这种方法，达到用别人的钱做自己的事的目的。第三方企业可能通过不同的方式利用会议的影响力价值，如提供会议所需要的物品或礼品，或者在会场内张贴广告，或者把会议冠以自己的名字，等等。这些不同的参与方式，有的是为会议的举办方节省了成本（提供物品或礼品），有的是为举办方提供了收入（张贴广告和冠名）。但是，它们都增加了举办方的利润，使得举办方具有为直接目标顾客（参加会议的人）降价的空间。

  有时候，第三方并不一定是企业或顾客，而可能是政府。如果企业的产品契合政府的价值观，就能得到政府的鼓励和支持。海尔冰箱因为符合环保标准，在澳大利亚和欧洲许多国家都得到政府的补贴。但是，政府并不是把补贴直接发给海尔公司，而是发给购买海尔冰箱的顾客。政府的补贴直接降低了顾客的购买成本，刺激了顾客对海尔冰箱的需求。海尔公司也因此而获得更多收益。

  可见，产品本身除了对直接顾客有价值外，还可能对第三方有价值。发掘产品对第三方的潜在价值，是企业吸引第三方参与到自己与顾客的价值交换系统，为顾客买单或为企业买单的基础。但是也要认识到，产品能为顾客提供使之满意的价值是发掘其他价值的前提。如果产品根本不能获得直接顾客的接受或满意，通常也不可能引起第三方的兴趣。所以，企业首先要加强自身的优势，加强自己产品的优势，获得直接顾客的认可。因为，顾客的认可是对企业产品价值的评价。产品的影响力高了，知名度和美誉度高了，就可能具有第三方顾客感兴趣的潜在价值。因此，企业切不可顾此失彼，因小失大，只考虑怎样为第三方顾客创造价值，而忽视了自己的直接顾客。

3. 范围经济

  范围经济是指，企业可以通过扩大经营范围，利用原材料，或者生产，或者产品之间的关联性，尤其是互补性，而得以降低整体成本或者提高整体收益。关联性是获得范围经济的关键。这种关联性可能是在企业中已经显性存在的，也可能需要企业的领导者运用才智创造出来。范围经济包含两个方面：纵向的（串联的）范围经济和横向的（并行的）范围经济。前者是指两种或多种产品或服务具有时间上的前后性，在流程上具有串联性。而后者指两种或多种产品或服务是同时进行的，企业是靠拓展同一流程的容纳能力，提高同一流程的产出而获得成本优势。

(1) 串联的范围经济

串联的范围经济是范围经济很重要的一个方面，也是传统的范围经济所包含的主要内容，即生产互补性。它是指企业的两种或多种产品在生产上具有交叉性，一种产品可能是另一种产品的投入。此时，企业就可以节省生产第二种产品的投入。因为从市场上购买这种产品，价格肯定要高得多。例如，木材商可以只出售原木材，也可以把木材加工后做成家具出售。可以设想，在第二种情况下，家具的销售价格就可以低于单纯的家具厂商的价格，因为该厂商使用的原材料的成本比较低。

以上所说的生产互补性在现实生活中大量存在。再如一些类似废物利用的生产互补性，也为企业降低成本提供了空间。一个火力发电厂在其附近建一个砖厂，而生产砖的原材料就是发电过程中产生的煤渣。煤渣对于发电厂完全是废物，原来发电厂还要花专门的资金清理它们。而现在砖厂不仅可以帮助清理掉煤渣，还可以把它们转变为产品，在市场上获取利润。发电厂不仅节省了清理煤渣的费用，还通过砖的销售获得额外的收入。总收入的增加使得它相对于同行具有成本优势，即使电的销售价格低于竞争对手，它仍能得到高于对手的利润。

范围经济也并非一定要在一个企业的范围内存在，企业与企业之间同样可以形成范围经济。在上面的例子中，如果砖厂不是发电厂所建，而是由另一个企业所建，就形成了企业间的范围经济。在这样的情况下，发电厂可能把煤渣以很低的价格卖给砖厂，它仍然可以节省清理费用，还能获得销售煤渣的收入。我们从砖厂看，因为它的原材料是别的厂商的废料，成本极低。所以，相对于其他的砖厂，它就享受到了低成本的好处，成本的降低使得它可以降低价格获得竞争优势。

生产互补可以发生在企业内部，也可以发生在企业之间。不管是哪种情况，两种产品的生产商都可以受益。很多企业在生产过程中都可能产生很多废物或者下脚料，这些看似没用的东西对别的企业或者生产别的产品可能有用甚至非常重要。所以，企业不能仅从自己的产品或行业的角度看待它们，而是要从更高的高度、更广的角度发掘它们的价值，尽力变废为宝。例如，某个生产防盗门的企业利用下脚料生产鞋架，就是这种思路的具体运用。再者，从降低生产成本的角度看，如果企业找到生产技术和生产机会，充分利用别的企业在生产过程中所产生的废物或下脚料，或者是别的企业的闲置资源，就能找到降低成本的机会空间。

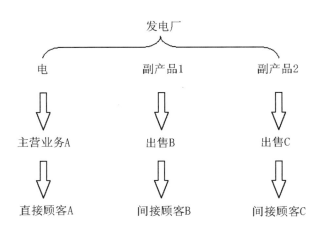

图 7-1　串联的范围经济

（2）并行的范围经济

并行的范围经济是指企业通过扩展同一个流程的容纳能力，提高一个流程的产出效率而获得整体成本优势。流程本是一个生产上的概念，是指企业生产一项产品的过程。本书把流程的含义拓展，是指企业完成一项具体任务的过程。企业的整个运营过程是由不同的流程组成的：原料的采购流程，产品或服务的生产流程，产品或服务的分销流程，产品或服务的促销流程，以及产品或服务的销售流程。在这些不同的流程中，只要我们能找到产品之间的互补性或关联性，就能把多个产品或服务的采购、生产、分销、促销和销售的流程分别合并在一起，使用同一个流程完成多项任务，提高流程的产出效率，节省总体成本支出。

那么，什么是产品或服务的关联性呢？本书中的关联性既指同一性，又指互补性。同一性是指产品或服务相同，而互补性是指产品或服务结合在一起能提供更好或更大的效用。任何一种产品在为顾客创造价值的价值链中只占有特定的位置，都不可能满足顾客的整体需要，也不可能满足他们某一方面的完整需要。只有把相关的产品结合起来，才能达到这样的目的。举一个简单的例子，房屋是每个人都需要的安身立命之所，但仅有一栋空房子并不能满足人们对住处的需求。人们还需要良好的室外环境，需要家具。现代的家庭还需要电话和网络，以及种种别的东西才能组成一个完整舒适的家。任何企业或者任何产品都只是其中的一部分，但是它们却共同贡献于创造一个温馨的家居环境，这就是它们之间的互补关联性。

① 采购流程的范围经济

如果采购的数量大，单位产品的购买价格就相对较低，这也是供应商鼓励多购买的基本措施。因此，企业降低采购成本的基本方法是集中采购：设立专门的采购中心，把不同业务单位的需求集中在一起，较大的采购数量提供了对供应商的议价空间，比较容易获得较低的价格。集中采购另外的好处是，企业总部能更有效地控制采购成本，增强采购过程的透明度。大型超市大都实行集中采购制；大型的企业，如海尔，建立了专门的物流中心，负责材料的采购和配送等事务。

传统的采购流程的范围经济一般都局限在企业内部。在1P理论中，采购的范围经济可以从企业内扩张到企业间。企业要抛弃原来"同行是冤家"的成见，联合有相同采购需求的企业，集体向采购商竞价，大家都能获得价格优惠。例如，广西的87家星级酒店联合起来向电信申请到优惠的电话费用：自2006年3月21日起，在广西住一些星级宾馆打国内长途全部免费。毫无疑问，此举增强了参与酒店的整体竞争优势，相对于别的酒店，它们对顾客更具有吸引力。而这样优惠的电话费用，是任何一个酒店不可能单独得到的。目前，网络的发展使得人们的购买活动或企业的采购活动的范围经济都大大扩展。现在，处于不同地方的具有相同需求的企业可以通过网络联合起来，并在网上与供应商进行集体竞价。一个网民购买电影票的例子可能对企业的采购有所启发。本来是30元一张的电影票，由于众多网民的联合竞价行为，结果每个参与者最终以5元一张的价格购买到了电影票。

② 生产流程的范围经济

如果一个生产流程能够生产出多个产品，企业就可以利用从一种产品处获得的收入降低另一种产品的价格，并获得整体利润的最大化。可能有人会说，哪个企业不想用一个流程生产出更多的产品，既节省资源，又节省时间？但是，怎样获得这样的技术，或怎样突破技术的障碍？在有些情况下，要达到流程多产品化需要突破的不是技术的障碍，而是思维的障碍。企业生产产品或服务的流程可能包括多个部分。在某些情况下，整个流程或流程中的某一部分可能与生产别的产品或服务的流程相重合。如果企业能发现和有效地利用这些重合之处，就可以利用一个流程生产出多个产品。

比如，一个企业生产服装，每件衣服的布料为10元，做工50元，卖60元一件才不亏本，卖60多元一件可以赚钱。现在，布料是10元，企业可以把衣服卖10元一件，甚至9元一件，照样可以赚钱，而且衣服上不打一个字的广告。该企业如何能做到这一点呢？企业可以开办裁缝学校，招来学生，让学生裁好衣料，做工价格为零，钱从学生的学费里面赚。所以，零价格照样能赚钱。在这个例子里，服装企业生产服装的过程与学徒的学习过程是重合的：生产服装需要人工裁剪和缝纫，而学徒正需要布料练习自己的裁剪、缝纫手艺。企业把这两个重合的流程合并为一个流程，既生产了服装，也培养了裁缝，一举两得，从一种产品获得收入就为降低另一种产品的价格提供了机会。只要我们细心观察，类似的例子还有很多。例如，高档酒店招聘实习生，既为他们提供实习机会，又降低了自己的人工成本。

③ 渠道的范围经济

分销渠道的作用是把企业的产品或服务传送给更多的消费者。在产品日益繁多，竞争日益激烈，顾客的时间和精力日益宝贵的时代，渠道对企业成功的重要性日益显著。产品或服务再好，若顾客在市场上看不到它，或者要花很长的时间，费很大的力气才能找到，产品的销售效果就可想而知了。现代企业深刻了解渠道的重要性，投入巨额资金建设渠道，尽力和分销商维持良好的关系。但是，企业应该怎样评价渠道的效果，怎样选择适合自己的渠道呢？

渠道的效果也是从建设渠道的投入和渠道所产生的收益两个方面去评价。渠道的建设投入一般是指进入和维持渠道的成本。利用渠道所产生的收益不仅取决于渠道本身吸引顾客的能力，而且还取决于自己的产品在该渠道中的地位，以及渠道中的其他产品与自己产品的关系。如果企业通过大型超市销售自己的产品，但该产品根本就没有受到零售商的重视，在超市中被摆放在很不起眼的位置，或者超市还同时经营大量竞争产品，在这种情况下，虽然企业在渠道上投入很多，但不一定能得到好的效果。

企业是否可以独辟蹊径，用较少的投入而获得更好的效果呢？"采乐"的做法值得深思。采乐是致力于去屑的洗发水，它放弃了一般洗发水用超市做销售渠道的做法，而放在药店里销售。相对于超市，药店销售的优点是：进入成本低，没有同类竞争品，而且能获得药店销售人员较高的重视，因为药品的销售工作一般比较清闲。采乐公司通过与药店的合作，有效地降低了渠道成本；而经销采乐的药店也扩大了自己的经营范围，提高了资源（场地和人力等）的使用效率。企业没有必要挤得头破血流进入大型销售渠道，一些低成本的销售渠道的效果可能更好。另外，一些企业为销售自己的产品已经建立起了比较完善的渠道，那么，是否可以考虑兼销别的产品以更好地发挥这些渠道的作用，提高渠道的效益？我们知道，报刊有庞大的销售网络，那么，是否可以代理牛奶的销售，每天把报纸和牛奶同时送入订购者的家中？邮政也有一个非常庞大的销售渠道，怎样充分挖掘这些渠道的功能是邮政系统和企业需要共同思考的问题。渠道的范围经济的根本宗旨是，提高渠道的利用效率，挖掘渠道的销售潜力。这不论对渠道本身，还是渠道的使用者，都是双赢的。

④ 促销的范围经济

传统的促销活动都是你唱你的歌，我演我的戏。各个企业的产品，甚至同一个企业的不同产品井水不犯河水，各自进行自己的广告宣传活动。运用1P理论的思维，企业可以发现广告宣传上仍然能找到利用范围经济的机会。TCL电视和电影《无极》的合作就是这方面一个很好的例子。人们购买电视是为了获得里面播放的信息，如电视剧或电影，而后者的观看效果在很大程度上取决于播放器的质量。所以，顾客的视觉享受同时受这两个因素的作用，这就是TCL电视和电影《无极》合作的基础。现在，两种产品通过一个广告进行宣传，两个企业都受益：TCL电视借《无极》的知名度吸引更多顾客的注意力，而《无极》则以较低成本做了广告宣传，两者互相帮助，相得益彰。

上面的例子告诉我们，促销的范围经济大有潜力可挖。只要两种产品具有关联性或者互补性，就有联合促销的可能性。任何一种产品都是用在特定的场合，大部分是与别的产品联合起来为顾客提供某项具体的效用。例如，顾客要同时用牙膏和牙刷才能刷牙，穿运动鞋一般要搭配运动衣，等等。所以，从理论上讲，这些产品都可以进行联合促销。这不仅节省了促销费用，而且还能暗示顾客在使用某种产品时应该与什么产品相搭配。在这方面，碧浪洗衣粉与小天鹅洗衣机的合作耐人寻味。利用洗衣粉和洗衣机之间的密切关系，它们在很多大专院校开办"小天鹅—碧浪"洗衣房。碧浪洗衣粉的包装上写着"推荐一流产品小天鹅洗衣机"，小天鹅洗衣机销售时，向顾客派发碧浪洗衣粉试用。通过这样一种合作，它们各自都通过彼此的品牌提高了自身品牌的知名度和吸引力，也节省了各自的广告费用。

⑤ 销售的范围经济

按照传统的营销理论，销售的范围经济一般是指交叉销售，即企业把自己的相关产品销售给同一群顾客。交叉销售可以尽力挖掘顾客群的购买潜力，降低销售成本，提高销售效率。在1P理论中，销售的范围经济具有更广的含义，它不仅指企业内部的交叉销售，而且还包括企业间的联合销售。上文中曾经讲过，一般情况下都是多种产品联合在一起才能为顾客提供完整的效用。如果企业在销售阶段把相关产品联合起来，甚至按照顾客的要求组合好，就能为顾客提供完整的效用，提高整体组合的吸引力，而企业自己产品的价值也会水涨船高。有一家高档家具厂商，因行业竞争激烈而使其生意难做。当其他家具商纷纷降价之时，该家具商却与房地产商合作，把家具内嵌在房地产商开发的住宅内，与住宅一起销售，从而获得了成功。原因何在？一是顾客购买房子后本来就要购买家具，现在家具已经装在住宅内，更容易获得他们的接受；二是住宅和家具的搭配是经过有专业知识的房地产商和家具商的合作完成的，顾客一般会给予这种组合更高的评价；三是现在家具的价格包含在房子的价格中，不太会引起顾客的价格敏感性，而且相对于购买房子的费用，家具的价格就显得比较低了。

销售的范围经济对于合作双方都有利。即使组合的总体价格低于各个产品单独销售的价格之和，这一结论同样成立。一方面，组合起来的产品实际上形成了一个新产品，该新产品因为能够为顾客提供比较完整的效用而更容易获得顾客的认可和接受，他们很可能对组合产品有更高的评价，因为这节省了他们单独购买、自己组合的时间和精力。另一方面，对于被组合产品的企业而言，组合的产品可以共同宣传，共享渠道，节省了每个企业单独销售的促销宣传和销售费用，而这往往是构成企业成本的很大一部分。例如，上面我们所说的与地产商捆绑在一起的家具商，如果依靠自己的力量向消费者销售的话，首先要花大笔的广告费获得消费者的认知，其次还要花店面费用于展示产品。但是通过捆绑销售，家具直接内嵌在住宅中，这些方面就能获得很大的节省。所以，即使价格比原价格低，利润可能并不低，甚至更高。类似的例子如，房地产商联合电信、网络设备提供商，甚至是家具商等，推出配套齐备的新居。

捆绑销售也属于销售的范围经济。虽然捆绑在一起的产品可能是不相关的，但通过捆绑依然可以节省销售费用，为顾客提供更大的价值。更有甚者，一种产品（主体产品）可以通过捆绑价格极低或者免费的产品（客体产品）而提高对顾客的吸引力。为什么这些客体产品的价格可以降为零？一是它们可能是营销化产品，搭载了别的企业的信息，由别的企业出钱；或者主体产品的顾客是客体产品的厂商所感兴趣的，他们愿意支付一部分免费产品获得这些顾客的注意和信赖；也可能对这些厂商而言，这样的成本大大低于在大众媒体做广告的成本。有一种酒，附带免费的电话卡销售。酒商以极低的成本创造了一个对顾客更有价值的新产品,很可能增加该酒的销售量。对顾客而言,花同样的价格可以得到免费电话卡,何乐而不为?而电信公司则通过这种方式吸引甚至锁定了顾客。

以上我们从两个角度分析了范围经济:串联的范围经济和并行的范围经济。串联的范围经济是说,两种产品的生产过程是串联的:一种产品的原料来自于另一种产品,或者来自于生产这种产品的过程中所产生的废料或下脚料,则第一种产品因为"变废为宝"而节省成本,获得极大的成本优势,而第二种产品也可能因为销售这些原本没有价值的东西而获得额外的收入。并行的范围经济是说,企业可以合并重合的流程,或者联合具有相同流程的企业,使用尽可能少的流程得到尽可能多的产出。这样,企业就可以节省整体成本,或者用一种产品的收入补贴另一种产品的降价。根据企业所具有的不同流程,我们又从采购、生产、分销、促销和销售等五个方面分析了挖掘并行范围经济的可能性。综合来看,范围经济的本质是成本互补,当两个或者多个产品串联或者并行生产的时候,产品之间互为第三方,相互买单,节省了总成本,提高了参与企业的整体效益。

4. 整合资源

范围经济是靠扩大企业的经营范围,或者生产流程的作用范围而获得成本优势。而整合经济是靠产业价值链中的不同企业的联系,或者整合不同资源而获得成本或利润优势。随着经济的发展、分工的细化,一种资源或一个企业都只在产业价值链中占有一个特定的位置,或具有特定的作用,不可能单独完成价值的创造。为了创造出价值,或者创造出比原有的价值更大的价值,企业必须找到相关的资源,并能把它们有效地整合起来。在这里,有两个因素影响最终的价值创造结果:一是企业能否找到价值链中的其他资源,二是企业能否采用最有效的方法把所有的相关资源有效地整合起来。在资源整合中,很难说是谁在为谁的顾客买单,多个企业在一起产生的效益之和往往大于单个厂商产生的效益。也就是说,在整合资源的过程中,各个企业的合作可以创造出一部分额外的利润,它可以提高企业向顾客降低价格的空间。按照企业之间整合资源方式的不同,我们可以把整合经济分为三种形式:纵向资源整合、横向资源整合和平台资源整合。

(1)纵向资源整合

纵向资源整合是指,处于一条价值链上的两个或者多个厂商联合在一起结成利益共同体,致力于共同改造价值链,创造更大的价值。在传统营销理论中，企业上下游之间也是一种纵向联合的形式。例如，原材料的供应商把原材料卖给制造企业，制造企业生产出产品后，经由分销商销售给顾客，这是一个典型的纵向价值链。1P理论则要求企业重新思考自己在价值链中的位置，以及所承担的角色。如果我们把价值链看作一个前后相接、环环相扣的链条，那么企业要思考的问题就是：自己是否处于价值链上的最有利位置？自己是否是在做最适合自己、最能发挥自己优势的工作？如果不是，自己在哪些环节上没有相对优势？应该整合哪些具有相对优势的资源，以及应该怎样整合这些资源以增加价值链的产出，或者在产出相同的情况下降低价值链的成本？

例如，按照传统的经营方式，花店是从花农处采购鲜花，然后再卖给顾客。几十年来，都是如此。但是，这并不意味着它是最好的经营方式。美国某花店放弃传统的经营方式，而与花农和美国快递结成战略联盟。花店作为一个鲜花的订购中心，顾客到这里订购鲜花（可通过网络或电话订购），花店记录下顾客订购的花的种类和数量，以及顾客的地址和希望送达的时间。花店把顾客需要的花的种类和数量信息发给花农，通知花农准备鲜花。同时，把顾客订购的花的种类和数量，以及顾客的地址和希望送达的时间等信息发给美国快递，由它从花农处取得鲜花，再送给顾客。花店通过与美国快递的合作，整合美国快递的运输资源，把传统情况下的两方合作变成三方联盟。新的战略联盟大大扩展了生意量，每个参与方都获得了更多收入：花农可以卖出更多的花，美国快递得到更多的生意，而花店得到更多订单，并同时节省了运输成本。顾客也可以享受到更多的鲜花选择和快捷方便的上门送花服务，这都是传统的花店所做不到的。

从上面的例子中可以看出，传统花店的经营方式只是结合两方面的资源：花店和花农。而鲜花的销售则包括种花、取花和卖花等多个环节。原来是由花店或花农兼顾鲜花的传送任务，但两者在这方面都不具有优势。随着生活节奏的加快，顾客的时间越来越宝贵，如果他们足不出户就能得到自己心爱的鲜花，对他们而言肯定是很高兴的事情。并且，这样的服务很可能吸引那些原来由于繁忙或怕麻烦不购买鲜花的顾客，增加生意。既然如此，最好的办法就是联合快递公司，由它完成取花和送花的任务。美国快递的加入不仅增加了生意，而且改变了花店做生意的方式：它从一个鲜花的经营者成为信息的经营者，把花农、美国快递和顾客联系起来，形成一个新的更有效率的价值链，创造出比原来多得多的价值，使价值链的参与者都可以从中受益。

战略联盟是企业网状关系的最明显的体现，网状社会应强调的是企业间的优势互补。企业不能再抱着过去那种万事不求人的态度，而要建立自己的核心竞争能力，尽力寻找合作机会，造就整体的战略集团利益最大化，使自己从中获益。战略联盟也要求企业要以合作的态度对待彼此间的关系，这不是你多得我就少得的零和竞争，而是通过大家的共同努力和合作达到大家都多得的目的。

(2) 横向资源整合

纵向资源整合是把不同的资源看作位于价值链上的不同环节，强调的是每个企业要找准自己的位置，做最有比较优势的事情，并协调各个环节的不同工作，共同创造价值链的最大化价值。而横向资源整合则是把目光集中在价值链中的某一个环节，探讨利用哪些资源，怎样组合这些资源，才能最有效地组成这个环节，提高该环节的效用和价值。这里要注意的是，虽然我们只是讨论价值链中的某一个环节，但并不意味着横向资源整合涉及的对象会比纵向资源整合少，也不意味着它涉及的对象会比较小。而要把该环节看作一个圆环，该圆环由不同的部分组成，这些不同的部分代表不同的资源，缺少其中的任何一部分都不能组成一个完整的环，或者不能组成最佳的环。企业考虑的问题是：自己在该环上处于什么样的位置？应该整合哪些资源才能组成一个完整的圆环？应该怎样整合这些资源才能使该环的价值最大，或者组成该环的成本最低？

何为横向资源整合，可以用一个例子说明。如何销售一卡通？一卡通在学校或大型企事业单位都很流行。一旦单位安装了一卡通设备，人们用一张卡片就可以在食堂刷卡吃饭，交付某些费用，或作为出入某些地方的身份证明。某一卡通公司想把产品销售给一个学校，该学校因拥有几万名的学生资源而成为该公司的潜在大客户。但问题是，学校根本不愿意花钱安装一卡通设备，也不愿意组织学生购买一卡通，因为这对它自己没有什么利益。而一卡通公司也不愿意免费赠送、安装设备，因为这对它是赔钱的生意。双方都不愿意投资，也不愿意让步，这样，一个使用一卡通的圆环就不能组成了。怎么办呢？是否生意就这样失败？事实并非如此。有人想出高招：把银行拉进来，让银行为该系统买单，银行和学校共同拥有该设备系统。银行也不是在做赔本生意，它可以从中获得好处。它可以从几万学生的存款中获得回扣，还可以从产品销售商那里获得返点。现在，学校同意安装（对它是无本生意），一卡通公司也卖出了产品，银行从中获得了生意，一个圆环就这样组成了。

各个组成部分都提供了自己最佳的资源，也各自从中获得了利益。现在比较流行的系统集成就属于横向资源整合。

横向资源整合不仅可以为企业创造更高的收入，而且也可以帮助企业降低成本。一般而言，企业可能在某一方面具有核心能力，但是很少有企业在各个方面都具有核心能力。所以，基于不同企业或者不同业务单元各自的核心能力基础上的合作，就可能为企业提供降低成本的机会。如果企业在各个方面完全依靠自己的话，就可能导致更高的成本，因为它并非在各个方面都能做到最好。近年来，比较流行的是企业间的技术合作。鉴于开发新技术巨大的资金和人力投入，以及伴随的高风险，很多企业都采取了基于资源整合的合作开发方式：各个参与企业按照自己的核心能力承担其中的某个部分，而整体的成果大家都可以分享。这种合作降低了开发新产品的成本，也缩短了开发的时间。所以，相对于那些独自开发的企业而言，合作开发的企业就可能具有成本优势，能够把产品的价格定得低于竞争品的价格而不减少自己的利润。

(3) 平台资源整合

不论是横向还是纵向资源整合，都是把企业自己作为所整合资源的一部分，考虑怎样联合别的资源得到最佳效果。而平台资源整合却与上面的思路不同，它考虑的是，企业自身作为一个平台，在此基础上整合供应方和需求方的资源，同时增加两方的收益或者降低双方的交易成本，自身也因此而获利。

阿里巴巴就是一个典型的搭建平台整合资源的例子。当今企业成功的关键因素之一是信息：供应商需要找到合适的需求方，而需求方也需要找到适合的供应商。如果双方的信息交流不畅，或者交流范围狭小，供应商就不一定能把产品卖出理想的价格，而需求方可能不知道从何处买到价廉物美的产品。这种情况在中小企业中更为突出。由于企业的规模和资金所限，他们很难得到大范围的比较准确的信息。阿里巴巴就是看准了这样的需求，扮演信息平台的角色。供应商和需求商可以通过它交换信息，互通有无，得到最佳的交易效果，而阿里巴巴则通过收取服务费而盈利。随着这个平台的影响越来越大，吸引的供应商和需求商越来越多，他们各自的交易对象的选择面会越来越广，交易效益越来越高，阿里巴巴的收益也会越来越高。阿里巴巴通过建立网站作为整合资源的平台，然而网站并不是唯一的手段。我们所熟知的《读者》杂志，从最初的两人编辑部发展到现在的读者出版集团有限公司，也是整合资源的效果。供稿者既可以得到稿费，又可以得到与别人分享自己喜爱的文章的心理享受，而读者则可以得到一本已经得到别人认可和筛选的高质量文选。携程网站也是平台资源整合的成功典范（见图7-2）。

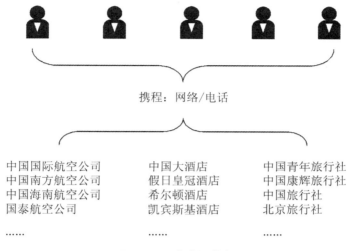

图 7-2　平台资源整合

经济社会中存在着无数资源，很多资源因为没有找到很好的使用途径，而处于闲置或游离状态。如果企业能创造出价值链，把这些闲置或被认为无用的资源整合在一起，则不仅开发了资源的价值，自己也能从中获得巨大的收益。整合资源是网状经济对企业的必然要求。虽然网状经济的本质是企业与企业、资源与资源的相互联系性，但有时这些连接点是非常隐性的，需要企业把它们发掘出来。如上述的一卡通的例子，银行与一卡通公司和学校的连接点就不是轻易能发现的。还有一些连接点根本就不存在，需要企业自己创造出来，如上面所讲的《读者》杂志的例子。网状经济的另一个关键的特征是，企业间的合作越来越重要。企业不仅要建立自己的核心优势，而且要联系具有其他核心优势的企业，形成一个完整的价值环，以及完整的价值链，追求整体价值最大化。在网状经济中，竞争将在一个价值链与另一个价值链之间展开，而不再是单个企业间的竞争。

整合资源是对网状经济的最好阐释。整合资源追求的最终效果是整体价值最大化，或者是整体成本最小化。它往往通过企业间的合作或资源的整合，创造出额外的价值，所有参与企业都可以从中受益。所以，资源整合的本质是企业间互为第三方，相互买单，共享收益。

5. 边际非稀缺产品

利用边际非稀缺产品与以上所有的规律有本质的差异：它不是靠寻找第三方，而是依靠企业自己的能力达到降低成本的目的。由于它对达到 1P 理论的效果（即在为顾客降低价格的同时不损害企业的利润）有巨大的作用，我们也把它纳入 1P 理论的范围。利用边际非稀缺经济的原理，企业不必寻找第三方也可以实现零成本生产，为降价创造无限空间。边际非稀缺产品在现代经济中是一个非常新、也是非常重要的概念，对企业的生产经营能产生巨大的影响。所以，要在这里详细解释和探讨：什么是边际非稀缺产品？它对企业经营管理的重要性表现在何处？

当市场对一种产品的需求不断增长时，产品供给可以随之增长而不受资源约束，它可以无穷无尽地随着需求而供给，而不需要追加生产它的资源和成本（即产品的边际成本永远等于零）。这样的产品，我们把它叫作边际非稀缺产品。企业生产这样的产品，除了第一次的固定投入以外，从此以后不再需要追加成本，一旦生产出来，就可以无穷无尽地供给。我们可以把在起始点上的这种一次性的投入看作固定成本。例如，软件研发即是一次性投入的。投入研发出一个软件后，就可以无穷无尽地复制，不需要追加成本，也不存在资源稀缺，需求多少就可以供给多少，供给不受资源约束。当然，只要价格大于零，需求上就不会无穷无尽，但供给上是可以无穷的。其实，这是个普遍的存在。光盘中的软件、电脑的设计、工艺流程都是一次性的投入。电脑的材料是稀缺的，但其流程、设计是边际非稀缺的；奔驰车高价部分其实是其工艺流程、设计；电影胶片是稀缺的，但卖的主要不是胶片这种原材料，而是胶片中的拷贝；麦当劳等连锁店本质上都是卖的边际非稀缺产品；互联网、电视等都是如此。一般而言，知识、信息、文化价值观念等一切无形资产，因其不占有空间，都具有边际非稀缺的性质。某些有形资产在特定的条件下，也具有这种性质。

一种产品中，边际非稀缺产品的成分越大，其供给就越不受资源约束，就越不受生产规模的限制。它供给越多，其平均成本就越低。当供给规模达到一定程度的时候，产品的平均成本可以接近于零。边际非稀缺产品的这种供给性质、成本优势，给企业创造了随需求增长而不断降价的空间，从而赢得相对于竞争对手的巨大优势，尤其是价格竞争优势。以麦当劳为例，它相对于一个普通饼店的竞争优势，不是来自于用稀缺原料（牛肉馅、土豆、面粉、食油）生产出的稀缺产品（汉堡包、土豆条）本身，而是来自它的边际非稀缺产品：管理模式、工艺流程和由此而积累起来的品牌价值。由于后者用一次性投入生产出来后可以被重复使用和出卖（得到加盟费）而无须追加成本，麦当劳出卖边际非稀缺产品得到的收益就好像是做无本生意赚钱！一般饼店怎么能与它竞争?!

由此可见，一个企业要做大做强，一个必要条件是，它的产品中必须包含足够大的边际非稀缺产品成分。因为，产品中的边际非稀缺部分能大大降低产品成本，从而降低产品价格，成为企业强有力的竞争手段。所以，这种理论对企业管理有十分重要的价值。企业设计边际非稀缺产品包含在稀缺产品中售卖，是企业盈大利、赚大钱的诀窍和法门。边际非稀缺的成分越大，企业就越有竞争优势和盈利空间。Google、微软、奔驰、麦当劳的成功，无一不是边际非稀缺产品战略的成功。

边际非稀缺产品战略同时也是营销的价格战略。因为在供给量足够大时，边际非稀缺产品的平均成本趋近于零，这就为企业在低价竞争的同时还能增加利润提供了巨大的空间。极端的例子，像 Google 提供给顾客完全免费的搜索服务；一般的例子，像微软的视窗产品，卖的是可以无穷复制而不需追加成本的软件，只要销量足够大，多低的价格也能赚钱；更一般的例子，像麦当劳等卖的是管理模式和工艺流程，从而赢得低价竞争的空间。

严格地说，任何一个企业、任何一种产品都存在设计边际非稀缺产品的战略空间。只要有精到的策划和有效的执行，边际非稀缺产品战略和相应的价格竞争战略就能运用成功。在一个资源越来越稀缺的世界，在一个稀缺资源越来越昂贵的竞争市场，在一个极度稀缺资源的国度，如中国这样的国家，可以想象，企业的边际非稀缺产品战略该有多么重要！像日本这样极度缺乏资源却反而非常富裕的国家，靠的就是大多数企业采取了边际非稀缺产品战略。企业还有什么战略会比不受资源约束而能创造更大利润空间的边际非稀缺产品战略更优越?!

当然，除非能够把边际非稀缺产品包含在稀缺产品之中，否则，边际非稀缺产品的价值不能通过买卖实现。企业通过创造边际非稀缺产品降低成本、增加盈利的战略之关键就在于，如何把边际非稀缺产品包装在稀缺产品之中，如何在一个产品的总价值中，使稀缺产品价值比例最小化，或边际非稀缺产品价值比例最大化。

就像上面讨论过的，边际非稀缺产品一般是以无形的不占有空间的形式存在着。如知识、信息、观念等就是以无形的不占有空间的形式存在着，它们一旦被创造出来，就成为边际非稀缺的。如果能把它们包装在有形产品之中，它们就能被无限重复买卖而没有边际成本，也不受资源约束。所以，那些边际非稀缺产品战略运用成功的企业，一般而言，知识、信息或文化的含量较高。

边际非稀缺产品战略也可以一般化为边际非稀缺战略。如果在企业的管理过程中全方位地尽量使用边际非稀缺资源，尽量加大边际非稀缺资源的使用成分，从而达到全面节省资源、降低成本的目的，这就是边际非稀缺思维和边际非稀缺战略。如果能把这种思维和战略变成一种价值导向，深入人心，那它就成了一种边际非稀缺文化。用这种文化、思维与战略去管理企业，我们也可以把这种管理模式叫作边际非稀缺管理。

除了上面的五大规律，我们还可以从文化方面发现寻找第三方的规律。一群有类似消费个性的顾客会成为来自不同行业但具有类似产品个性的企业的共同目标顾客，从而为这些企业创造共享文化个性的多赢空间。例如，一群注重安全的顾客购买各类消费品，如汽车、自行车、热水器等，都会倾向于首选安全性能好的产品，因此，在同样注重安全性能的汽车、自行车、热水器的生产企业之间就有了利用共同目标顾客的营销战略合作空间。

以上我们探讨了 1P 理论在实践中的具体的运用规律。1P 理论的产生和运用有深刻的时代背景，只有在现代这样的信息时代、网络时代中，才能找到它生根发芽的合适土壤。同时，它的成功还需要企业转变传统的营销思维模式，以系统、联系和发展的眼光看待企业与顾客的关系、企业与企业的关系、不同产品以及不同的业务单元间的关系；着眼于关系营销，着眼于整体利益；以合作代替竞争，以共同发展代替"你死我活"，把战略重点从"分蛋糕"转变为"做蛋糕"。在这样的战略思想的指导下，再加上企业领导者灵活的思维和敏锐的眼光，就能发掘无穷的实践 1P 理论的机会。

在这一部分中，我们也探讨了一系列帮助企业提高收益或者降低成本的方法。综合以上方法，我们发现，企业首先可以从自己产品本身着手，发掘增加收益或降低成本的方法，这也是我们平常所说的开源节流。所谓开源，就是通过开发产品的新用途、新功能，吸引更多的顾客，或者把产品的目标顾客转变为更高层次的顾客（价格的敏感性比较低）。所谓节流，就是降低产品或服务的生产成本，充分利用范围经济，开发并增加边际非稀缺资源的投入比例，可以帮助企业有效地降低生产成本。再者，企业可以通过与第三方的合作降低成本或者增加收益。然而，第三方并不会无缘无故地为企业创造收益，除非他们也能从该过程中获得收益，或者降低自己的成本。通过发掘产品和顾客对第三方的战略利益，或者通过有效的资源整合措施，企业就可以找到合适的合作者。他们为了获得这些战略利益而乐意向企业支付，或者愿意共同合作创造更高的价值或节约相互的成本。这是一种多赢局面的体现。

1P 理论是一种思维方式，是一种哲学。我们所讲的这些方法当然不可能穷尽所有的 1P 战略，但我们相信，有头脑的企业家能在实践中发现和创造更多 1P 战略的具体方法，进一步丰富我们的 1P 理论。

六、1P 理论的五大规律在 11 种类型中的应用

在前面的内容中，我们把企业的 4P 按照收益和成本分为两个维度，把整个营销格局分为 12 种类型。除了一种传统营销的情形外，其余的 11 种类型都属于 1P 理论的范畴。1P 理论的核心问题是找第三方或者为顾客买单，或者帮助企业降低成本。寻找第三方的基本原则是，企业能为第三方创造价值。本着这一核心和基本原则，我们总结了寻找第三方的五大规律。

11 种类型是 1P 理论要达到的结果，而五大规律是得到具体 1P 战略结果的手段，下面的问题是，怎样将五大规律运用到 1P 理论的具体类型上？经过深入的分析可以发现，有的规律在创造收益方面特别有效，如开发产品的潜在功能和战略利益；有的规律的主要作用是节省生产成本，如边际非稀缺产品；而有的规律可以同时达到节省成本和创造收益的目的，如范围经济和整合资源。当我们把这些不同的规律有效结合起来时，就能达到自己预定的 1P 理论的具体目标。当我们把 1P 理论的类型和五大规律结合起来时，就得到这样一个表单（如表 7-1 所示）。

表 7-1　1P 理论的规律在 11 种类型上的应用

	开发潜在功能	范围经济	战略利益	整合资源	非稀缺产品
1P1	可用	可用	可用	可用	
1P2	可用	可用	可用	可用	
1P3—1P10	可用	可用		可用	可用
1P11	可用	可用	可用	可用	可用

下面我们重点分析几种比较重要的情况，看怎样具体运用 1P 理论的规律达到具体的 1P 理论的目标。在所有的 11 种 1P 理论的类型中，我们具体讨论 1P2、1P6、1P8 和 1P11 等几种情况。因为其余的类型与这些类型之间只有程度上的差异，而没有本质的区别。只要我们理解这几种情况，就能推而广之得到别的 1P 理论的类型。

1P2(第三方顾客支付价格,直接顾客零价格得到产品)是指,企业自己投入成本生产产品,但企业的收入却完全来自第三方支付的价格,企业的终端顾客以零价格得到产品或服务。要达到这种目标,企业就应该在为顾客创造价值的同时为第三方创造价值。只要企业的产品或顾客对第三方有价值,并且价值足够大,第三方支付的价格就可以超过为顾客提供产品或服务的费用,企业就可以以零价格把产品或服务销售给顾客,而从第三方获得收益。开发产品的潜在功能是达到这一目的的有效途径之一。比如,打火机或网络都具有运载信息的功能,如果它们的顾客是第三方企业感兴趣的,这些产品就可以作为第三方企业传播信息的媒介。为了扩大自己的顾客群,这类产品就可以采用零价格销售,顾客群的增加又提高了产品的信息媒体价值,可以从第三方企业获得更高的收益,从而形成一个良性循环,达到产品自我销售的目的。战略利益也可以帮助企业达到这一目标。不论是企业的产品或服务,还是企业的顾客对第三方有战略利益价值,第三方都可能为了获得这些利益而向企业支付价格,企业就可以对顾客实行免费销售。如果顾客对企业的产品或服务的使用可以产生额外的价值,实行免费销售是企业获利的好方法。免费销售增加了顾客的数量,增加了每位顾客的消费量,由此能带来更多的额外价值,为企业创造更大的收益。

1P6(第三方生产者承担生产成本)是指,企业虽向直接顾客销售产品,但企业生产产品或服务的成本却完全是第三方的投入,企业自己的投入成本为零。所以,即使它为顾客降低价格,仍能获得高于传统经营方式的利润。范围经济可以帮助企业达到这一目标。以旅行社为例,它向顾客提供的基本服务是导游服务。如果它能与某一旅游学校联合起来,为该校的学生提供实习机会,就达到了一个流程多个产品的效果:导游的流程既为顾客提供了导游服务,又为这些学生提供了实习机会,有助于他们成为合格的导游。旅行社把为顾客提供服务的流程和学生学习的流程结合在一起,就达到了零成本生产服务的目的。相对于其他自己提供服务的旅行社,它就具有成本优势。同样,联合销售也属于这一类型。例如,当酒商联合电信公司推出带电话卡的酒时,就是创造了一个新产品,而该新产品相对于原来产品所增加的价值就是由电信公司免费提供的。

1P8(第三方生产者承担生产成本,第三方顾客支付价格)是1P理论中非常典型的一类,是指企业利用第三方的投入成本生产自己的产品或服务,并且该产品或服务又对第三方顾客有价值,它可以从该第三方顾客处获得收入,而对自己的目标顾客实行免费销售。值得注意的是，生产产品的第三方企业和提供收入的第三方顾客可以是同一个企业，但更多的情况是两个不同的企业。这看似是不可能实现的目标，但只要企业能整合不同的规律就可能实现。例如，企业把整合资源和挖掘产品的功能结合在一起：在生产产品时通过整合不同的资源节省部分甚至全部生产成本，但是所生产的产品又具有承载信息的功能，成为第三方企业的信息媒介。这样，该企业就可以达到自己不花钱，终端顾客不花钱，而自己还能获得利润的目的。湖南卫视在生产"超级女声"的过程中就达到了这种效果：用蒙牛、天娱和参赛者的成本生产"超级女声"，免费提供给观众欣赏，湖南卫视收取广告收入和短信收入的分成。

1P11（企业零边际成本生产，第三方顾客支付价格）也是1P战略实现中非常典型的一类。与1P8类似，企业要达到的目标也是做无本赚钱的生意。但是与1P8不一样的是，现在企业生产产品或服务不需要第三方就可以达到零成本。达到这一目标的关键手段是，利用边际非稀缺产品，实现边际非稀缺化生产。例如，软件的生产可以被认为是边际非稀缺化生产，因为它销售的是知识，是可以零成本无限次复制的产品。如果该软件商再进一步开发软件承载信息的功能，譬如在软件里内嵌第三方企业的广告，就可以获得第三方企业提供的收入，而对直接终端顾客实现零价格销售。该软件商还可以开发直接终端顾客的战略利益：如果这些顾客是亚马逊书店的目标顾客，亚马逊愿意出钱获得这些顾客的信息资料，企业也可以对顾客免费提供软件，只要得到软件的顾客提供的自己的相关信息即可。

所以，只要企业善于运用不同的规律，善于发掘潜在的资源，以及资源的潜在价值，总是可以找到实现1P战略具体目标的措施。通过上面的分析，我们可以看到，1P理论不是天方夜谭，而是企业通过运用具体战略可以实现的目标。当然，企业具体要达到什么目标，应该运用什么规律达到这一目标，还取决于企业的具体情况，以及其领导者和管理者的洞察力。

~~~~~~

在本章中，重点讨论了1P战略的理论框架，探讨了1P战略的具体类型和实现规律。1P理论产生和应用在以信息、知识为特征的网状经济环境中，是在新的时代背景下对传统4P营销理论的发展和突破。1P理论的根本目标是，突破传统理论中的顾客福利和企业利润之间的矛盾对立，实现顾客福利增加和企业利润不减少甚至增加同时出现的双赢局面。而实现该目标的基本途径是，拓展企业的营销范围，吸引第三方进入企业的价值创造和交换系统。1P理论发现了包含企业全部营销活动的4P（产品、价格、渠道和促销）之间质的差异，把它们分为成本和收入两个方面：价格表现为企业的收益，而企业的3P则表现为企业的成本。所以，企业可以从两个方面利用第三方的力量达到自己的目标：一是企业可以从第三方获得收益，二是企业可以利用第三方的投入降低成本。结合第三方参与企业的收益和成本的不同方面，以及参与的不同程度，我们得出了11种1P理论的具体类型。包含第三方的1P战略使传统的STP战略和4P战略都发生了革命性的转变，因此运用1P理论也要求企业的经营方式发生相应的转变。

  企业吸引第三方参与到这两个方面的核心途径是，为第三方创造价值，即企业与第三方之间也是价值交换的关系：或企业在为顾客创造价值的同时为第三方创造价值，或企业在生产产品或服务的同时为第三方创造价值，或帮助第三方节约成本。本着这两条基本原则，我们总结了寻找第三方，为第三方创造价值的五大规律：挖掘产品功能、挖掘产品和顾客的战略利益、范围经济、整合资源和边际非稀缺产品，并且说明了怎样运用这五大规律达到具体的1P战略目标。

附　边际非稀缺经济

　　边际非稀缺产品是指一个产品一旦用一个起始固定成本生产出来后，就可以无穷复制而不需任何追加成本，即边际成本永远为零，例如软件就是典型的边际非稀缺产品。在这里，从第一个追加产品开始即零成本生产，对它的需求增加不受资源的约束，它的产量完全由需求决定。需求即生产！边际非稀缺产品的普遍存在和对它们的普遍追求，形成了边际非稀缺经济。

　　当一种产品像奔驰车一样是由稀缺和边际非稀缺两类资源构成的时候，对它需求的上升导致它的价格上涨还是下降，依赖于这两种资源对此种产品的价值贡献大小。如果稀缺资源部分贡献的价值大于边际非稀缺资源部分贡献的价值，此种产品的价格就会上涨；如果边际非稀缺资源部分贡献的价值大于稀缺资源部分贡献的价值，此种产品的价格就会下跌。

　　当一个国家所有的产品（即总产品）像奔驰车一样是由稀缺和边际非稀缺两类资源生产的时候，对它们总需求的上升导致总价格水平的上涨（即通货膨胀）还是下降（即通货紧缩），依赖于这两种资源对所有产品（即总产品）的价值贡献大小。如果稀缺资源部分贡献的价值大于边际非稀缺资源部分贡献的价值，总产品的价格水平就会上涨，从而导致通货膨胀；如果边际非稀缺资源部分贡献的价值大于稀缺资源部分贡献的价值，总产品的价格水平就会下跌，从而导致通货紧缩。

　　这就是说，当一个国家的经济中边际非稀缺经济的成分比重大于稀缺成分的时候，经济过热（即总需求极为强劲）会导致通货紧缩，而不是通货膨胀！当一个国家的经济中边际非稀缺经济的成分比重即使不大于稀缺成分但只要足够大时，经济过热（即总需求极为强劲）就只会导致轻度通货膨胀！可见，一个国家经济的质量，完全依赖于边际非稀缺经济相对于稀缺经济在总经济中所占的比重。这一结论是惊天动地的，它对凯恩斯的宏观经济理论提出了严峻的挑战，并且被美国等国家的经济多年持续增长而没有导致通货膨胀的事实所验证。它对微观经济理论同样提出了严峻挑战，因为整个微观经济学的结论同宏观经济学一样，是以资源稀缺为假设前提的。现代经济学认为，没有稀缺就没有经济学。现在我们看到，没有边际非稀缺照样没有经济学！

　　边际非稀缺经济学是关于边际非稀缺资源对经济发展的作用的经济学，

它是现代经济学所没有的,是我的独创。对于边际非稀缺经济学和边际非稀缺产品的研究还刚刚开始,它对现代经济学和现代管理理论的研究和实践将产生不可估量的影响!一个国家经济的质量,主要是由边际非稀缺经济相对于稀缺经济的比重决定的。边际非稀缺的比重越大,经济的质量越好。

  边际非稀缺经济对于经济的可持续发展具有重大意义。中国经济未来的发展、希望和质量,必定在于她的边际非稀缺经济的发展和比重;中国企业未来的竞争力和盈利前景,必定在于它们产品中边际非稀缺资源所贡献的价值比重;中国人个人未来的竞争力,必定在于他们所拥有的边际非稀缺资本的多少!

第八章

营销产品与产品营销化

本章集中探讨 1P 理论在信息经济中的应用，探讨如何利用产品的信息搭载功能为第三方企业传递营销信息以获取额外收入的问题，即营销产品与产品营销化问题。

一、iTunes 音乐风暴

2004 年 2 月，IT 业巨头苹果电脑公司携手饮料业巨头百事可乐公司在美国全境掀起了一场轰轰烈烈的"iTunes 音乐风暴"。消费者买到瓶盖上印有 iTunes 下载信息的百事可乐后，可以到苹果电脑公司下属的 iTunes 音乐商店网页上免费下载 MP3 音乐。随着"喝百事，听音乐"活动的深入，iTunes 网络音乐随着百事可乐拓展到美国的各个城市和乡村。即使在最边远的小镇上，只要有百事可乐，就有 iTunes 网络音乐的旋律。在很短的时间里，iTunes 网络音乐的下载量直线飙升。苹果电脑公司的统计数据显示，在 2004 年 2 月到 4 月的两个月内，iTunes 音乐商店出售了超过 5 000 万首歌曲，并以每周 250 万首歌曲的下载量继续成长，成为占有市场优势的领先者。

读到这个案例，我们不禁拍案叫绝，苹果电脑的这场营销战役打得真漂亮！这个营销策划确实很成功，然而它和常见的营销战役显著不同。如果进一步分析这场战役成功的原因，会发现苹果电脑公司使用了创新的营销手段。苹果电脑公司没有依照传统的网络产品营销方法来推广 iTunes 网络音乐，即以网络、电视、广播、报纸等媒体为传播媒介，而是将自己的广告印到了别人的产品上。百事可乐瓶摇身一变就成了 iTunes 网络音乐的广告发布载体。为什么苹果电脑公司要这么做？采用百事可乐瓶做广告到底可以给 iTunes 网络音乐带来什么好处呢？

（一）苹果电脑在 iTunes 音乐风暴中的收获

利用百事可乐瓶做广告，苹果电脑公司至少可以在如下方面得到好处：

第一，利用了百事可乐的目标顾客。所有喝百事可乐的人，都会看到 iTunes 网络音乐的广告。他们很可能去 iTunes 音乐商店下载 MP3 音乐。这样，他们就变成了 iTunes 网络音乐的顾客。而那些看到了 iTunes 网络音乐信息的人，即使没有立刻下载 iTunes 网络音乐，也有可能在将来去 iTunes 音乐商店选购自己所喜欢的音乐。这些人成为了 iTunes 音乐商店的潜在顾客。

第二，利用了百事可乐的销售渠道。作为一个网络音乐商店，iTunes 音乐商店的原有客户主要集中在城市中年轻时尚的网络使用者上。对于经常上网的人来说，有可能通过网络广告或网络搜索平台去了解和访问 iTunes 音乐商店。但对于那些居于比较偏远的乡村的人来说，知道 iTunes 音乐商店的概率就要小得多。对于那些偶尔上网的人士也是一样，他们从网络上了解 iTunes 音乐商店的可能性也很小。但是随着"喝百事，听音乐"活动的展开，iTunes 音乐商店的信息传达到了所有百事可乐能到达的地区。只要有百事可乐，就有 iTunes 音乐商店的信息，这使 iTunes 音乐商店的知名度在网络以外的地区迅速扩展开来。

第三，借助了百事可乐的品牌影响力。百事可乐在与可口可乐的不断竞争中，逐渐形成了"新一代可乐"的品牌形象，是"年轻、活泼、时代"的象征。百事可乐的这种品牌定位与 iTunes 音乐商店的品牌定位非常契合。iTunes 音乐商店的竞争对手来自传统的以音乐录音带和音乐 CD 为主的音像商店。要将客户从传统音像商店中争夺过来，iTunes 音乐商店需要树立起自己的品牌形象。打破传统，崇尚先锋，是 iTunes 音乐商店与传统商店的不同之处。因此，百事可乐"年轻、活泼、时代"的品牌形象正可以将 iTunes 音乐商店与传统音像商店区分开来。通过在百事可乐瓶上打广告，iTunes 音乐商店成功地将顾客对百事可乐品牌形象的定位移情到 iTunes 音乐商店上，使 iTunes 音乐商店的品牌定位更加鲜明。

iTunes 音乐商店利用百事可乐做广告，增加了现实顾客和潜在顾客的保有量；通过百事可乐的销售渠道，iTunes 网络音乐延伸到了它以往所不可能触及的角落；通过顾客对百事可乐品牌的喜爱，iTunes 音乐商店成功地树立了自己网络音乐先锋的品牌形象。这些都使 iTunes 音乐商店在这场音乐风暴中受益良多。那么，百事可乐在这个联合推广活动中是否一无所获呢？显而易见，答案是否定的。在这场波及全美的营销战役中，百事可乐也受益匪浅。

（二）iTunes 音乐风暴中的百事可乐同样大有收获

单纯从百事可乐和苹果电脑的合作方式来看，百事可乐好像也没做什么，只是把可乐瓶供给苹果电脑发布 iTunes 音乐商店的广告而已。但是仔细分析却可以发现，百事可乐提供的载有 iTunes 音乐广告的百事可乐产品已经是一个全新的产品了，它与原有的百事可乐有了极大的不同，因此给百事可乐公司带来的利益也就不同了。

首先，带有 iTunes 音乐广告的百事可乐为顾客提供了更多的价值。顾客购买了带有广告信息的百事可乐后，拥有了免费下载 iTunes 音乐的权利。而且，顾客是在没有增加任何成本的情况下，免费得到了这个权利。这项免费利益可以促使消费者增加对百事可乐的购买，因此直接地促进了百事可乐的销售。

其次，百事可乐公司将可乐瓶供给苹果电脑公司当作广告媒体，百事可乐公司可以从苹果电脑公司那里取得广告发布的费用。在百事可乐的生产成本和销售价格不变的情况下，这种广告收入的增加，必然使百事可乐公司的收入增加。同时，这种广告收入的增加为百事可乐公司提供了另一种竞争选择，即将百事可乐的销售价格降低来进行市场竞争。因为，广告收入的增加，可以弥补销售价格下降产生的损失。而百事可乐销售价格的下降带给消费者的利益是，减少了消费者的购买成本。因此，百事可乐选择低价竞争的模式，也会增加百事可乐的销售。

最后，百事可乐在这场联合促销活动中也从苹果电脑公司的 iTunes 音乐商店品牌影响中受益。由于两个产品的品牌定位相似，通过 iTunes 音乐商店的广告发布，使百事可乐的年轻、前卫的品牌形象更加深入人心。

既然这种营销形式可以产生双赢的效果，那么这种营销形式到底属于什么性质的营销活动呢？传统的营销理论中为什么难以寻觅到这种营销形式？怎样才可以利用这种营销形式为企业获利？这种营销形式与 1P 理论有何关联呢？

二、营销产品和产品营销化的概念

在"iTunes 音乐风暴"中我们看到，百事可乐公司和苹果电脑公司的联合营销形式为两个企业带来了双赢。但是，这种营销形式却不同于我们传统意义上的营销。按照传统营销理论，iTunes 网络音乐是娱乐产品，而百事可乐是饮料产品，它们分别属于两个完全不同的产业。这两种属于不同产业、不同公司、不同销售渠道的产品，按照传统营销理论是完全不可能进行联合促销的。如果我们按照传统营销理论来进行营销，那么营销人员将通过定价、选择销售渠道、产品创新、广告和公关等营销的各个方面的努力来对这两种产品各自进行营销，而不会将两种产品进行联合促销。但事实上，我们不仅看到了这两个分属于不同行业、不同公司、不同销售场所的产品在进行联合促销，而且这种联合促销的形势还为两个企业带来了双赢的效果。

这种在传统营销理论中无法解释的促销形式，我们却可以用 1P 理论来阐述得清清楚楚。

在前面的章节中，我们已经阐述过实现 1P 战略的五大手段：产品多功能化、战略利益、范围经济、资源整合与非稀缺资源等。通过这五大手段，我们就可以有效地寻找到第三方为产品买单，也就是说实现 1P 战略。经过仔细分析，我们不难发现，"iTunes 音乐风暴"实际上是一个典型的产品多功能化的例子。百事可乐公司成功地开发出百事可乐在饮料之外的新功能——承载营销信息的功能，并将这一承载营销信息的功能通过"iTunes 音乐风暴"传达到顾客，从而为顾客提供了更高的顾客让渡价值。这种承载了 iTunes 音乐营销信息的百事可乐也与传统的百事可乐有所不同，成为了 1P 理论下的"营销产品"。

所谓营销产品，就是指那些载荷了非产品自身的营销信息，并因此使产品具有更高的顾客让渡价值，而获得竞争优势的产品。产品营销化，则指将现有产品变为营销产品的战略性营销活动。产品营销化的过程是营销战略 1P 化的一种。

为了便于描述，我们将营销产品的原型称为主体产品，记为 X；营销产品记为 XM；XM 负载的营销信息来自于客体产品，记为 Y。在这里，主体产品 X 的供应商就是我们在 1P 理论中所说的第一方，客体产品 Y 的供应商就是 1P 理论中所说的第三方。正是由于第三方的参与，而使营销产品具有了更高的顾客让渡价值。

本章开篇的百事可乐的例子中，百事可乐为主体产品 X，苹果电脑公司的 iTunes 音乐商店为客体产品 Y，百事可乐瓶身和瓶盖上印上 iTunes 音乐广告后，主体产品 X 变成了营销产品 XM。

"营销产品"和"产品营销化"的概念可以用图 8-1 表示。

营销产品之所以更具有竞争优势，是因为它提供了比竞争产品更高的顾客让渡价值。我们知道，顾客让渡价值等于产品利益减去顾客成本。因此，通过承载营销信息而使产品的顾客让渡价值增加的途径有两种：第一，增加产品利益；第二，减少顾客成本。

"iTunes 音乐风暴"的例子，从百事可乐顾客的角度来说，是增加了产品的利益；而从 iTunes 音乐顾客的角度来说，是减少了顾客的成本。百事可乐通过承载 iTunes 的信息，使顾客有了免费下载 MP3 音乐的功能，获得了更

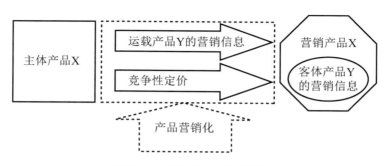

图 8-1　营销产品和产品营销化

多的顾客让渡价值,从而使百事可乐更具有竞争性。同时,iTunes 音乐商店通过百事可乐瓶免费送出网络音乐,减少了顾客的成本,从而使 iTunes 网络音乐更具有竞争性。

　　减少顾客成本的例子在生活中也很常见。商店里免费向顾客提供购物袋,就是因为在上面附加了商品的信息。而我们每天生活中都会接触到的报纸,也正是因为带有大量的广告信息而价格低廉。一般而言,报纸的零售价格远低于"生产"报纸的支出,包括采编、印刷、人员工资、管理费用等。如果再考虑销售渠道(发行环节)的佣金或利润,报纸的"生产企业"报社,从其生产的产品"报纸"的"消费者",即读者那里直接获得的销售收入就更少。但报社获得收入的另一个重要来源是广告收入。美国报纸的收入中,广告收入与发行收入之比为 7∶3,英国是 6∶4,日本是 5∶5。由于报纸刊登了广告客户的信息,作为报酬,广告客户向报社支付广告费。我们设想,报社如果没有广告收入,像一般商品那样,只是通过向读者提供政经和娱乐资讯、新闻评论等来销售报纸,报纸的价格依照其生产成本加上合理利润来制定,那么报纸将会因为价格太高而无法成为大众读物,也就不会有当今这样规模庞大的报业企业了。

　　由此可见,将产品营销化实现了企业利益和顾客利益的双赢。因此,开发营销产品是企业实现企业利润目标和增长目标的有效手段。那么,如何将产品营销化呢?

三、产品营销化的四大步骤

　　世界上的产品成千上万,但具有营销功能的营销产品却只是少数。事实上，所有的产品都可以通过一定的方法和手段，把普通产品转化为营销产品。以免费的手提袋为例来看产品营销化的过程：20世纪80年代，在中国大城市的国营商店，顾客要为商店额外提供的塑料袋付费。实际上，在21世纪初的今天，在中国一些商业不发达的偏远地区，许多小本经营的杂货店仍然有偿向顾客提供塑料袋。显然，塑料袋有其使用价值，能作为独立的商品被出售。但超市为什么会向顾客提供免费的手提袋呢？一种解释是，手提袋的成本进入了促销费用，因其成本低廉而为超市等零售商普遍采用。但如果手提袋成本高昂却又必需，超市就会顺带销售手提袋这一商品。但我们又注意到，免费送给顾客的手提袋上往往承载了很多信息。这些信息有可能是超市自身的信息，比如该超市的商号、地址、欢迎惠顾等字样；也可能是超市内某品牌商品的有关信息。在这两种情形下，塑料袋担负了"广告媒体"的职能。于是，我们可以给出免费塑料袋现象的另一种解释：由于塑料袋承载了非自身的营销信息而获得了其他来源的收入补偿，从而使价格降为零。当塑料袋承载了超市的信息时，塑料袋的采购获得超市广告部门的预算支持；而当塑料袋承载了其他企业的信息时，外部广告客户支付了相应的费用。正是因为商家将塑料袋进行产品营销化了，所以现在几乎所有的超市在顾客付款后都会免费提供塑料袋，并为顾客分类装好商品。

虽说所有的产品都是可以营销化的，但将产品营销化也并非那么简单。具体来说，将普通产品变成一个具有营销功能的营销产品，我们需要进行如下四个步骤：

第一步：主体产品特性分析。就是对主体产品的产品功能和产品现有的STP(细分市场、目标市场和产品定位)进行分析，从而发现产品可开发的新功能等。

第二步：客体信息(产品)选择。也就是选择可以承载在主体产品上的信息，进一步说，就是找到愿意在主体产品上刊登信息的客体产品。

第三步：营销产品的市场定位分析。主体产品变成了营销产品后，其产品功能和产品的定位等都会与原有产品产生差异。因此，需要对营销产品进行新的市场定位分析。

第四步：营销产品的定价策略。客体产品要在主体产品上刊登产品信息，必然要对主体产品的提供商付费，从而使主体产品的价格体系发生变化。但是否降低主体产品价格，降低到什么程度，还要根据产品的战略目标和定价策略进行分析。

最后，即使是在使用所有如上手段，都无法将产品营销化的情况下，我们也可以通过捆绑其他可被营销化的产品而使原有产品营销化。

下面，我们将具体讲述每一步骤的具体实施方法。

（一）主体产品特性分析

对主体产品进行特性分析主要是对产品功能进行分析，通过产品功能分析，可以找到潜在的未开发功能，在这些未开发功能中找到可以将产品营销化的功能。当然，在潜在的未开发功能中也可能存在一些不适用于营销产品的功能，对于这些功能，在进行产品营销化时要通过适当方式进行剔除。

在进行产品功能分析时，可以引用蓝海战略中的"剔除—减少—增加—创造"这样的分析逻辑来分析，如图 8-2 所示。

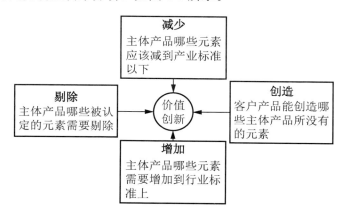

图 8-2 "剔除—减少—增加—创造"分析逻辑

在 1P 理论中，"剔除－减少－增加"等环节都是针对主体产品的产品功能进行非本质的调整，使主体产品成为"营销产品"更具备可行性。以打火机作为主体产品负载客体产品信息而实践 1P 理论为例。剔除打火机防风这一特性，以降低成本；减少打火机的点火装置和燃气的容量，进一步降低成本；针对不同客体产品的需要，设计打火机的外观，使主体产品更适合负载客体产品信息，例如，可以将打火机做成酒瓶形状，适应酒类厂家的需要。

在 1P 理论中，顾客价值的"创造"这一环节是针对主体产品进行本质性改变。顾客价值创造主要是通过引入第三方，也就是客体产品，通过主体产品和客体产品的有机结合，为顾客创造出新的价值。为什么说对于主体产品来说，这种顾客价值创造不是针对主体产品进行非本质的调整，而是本质性的飞跃呢？因为通过产品营销化后，创造了新的顾客价值。这种顾客价值可以帮助产品提高竞争性，同时也可以帮助产品开拓新的市场空间，为产品"创造"大量的新顾客。如上述打火机负载酒类厂家产品信息的例子，将本来不是打火机直接顾客的酒类厂家变成了打火机的新顾客。对酒类厂家而言，打火机帮助酒类厂家作了宣传。对消费者而言，他们免费得到了打火机。因此，产品营销化的顾客价值创造达到了使市场三方都获得价值的多赢效果。

因此，在进行产品营销化时，"剔除－减少－增加－创造"是很有效的分析工具，可以帮助企业进行完整、清晰和具有逻辑性的1P理论思考。

（二）客体产品的选择

在网状经济环境中，选择客体产品的范围应该是多维的，但并不是说对客体产品的选择可以随心所欲。选择合适的客体产品应该考虑以下两个方面：第一，客体产品的目标顾客应与主体产品的目标顾客有重合，而且重合的顾客群应满足有效细分市场的特征，即可衡量性、足量性（abundance）、可接近性（accessibility）、差异性（differentiability）、行动可能性（feasibility）；第二，客体产品应该在某些属性上与主体产品具有一定程度的融合关系，不至于相互排斥。否则，既可能降低客体产品信息传递的效果，还可能贬损消费者对主体产品的态度，最终降低消费者对营销产品的总体评价。

具体说来，主体产品供应商（第一方）在选择客体产品（第三方）时可以从如下几个方面着手：

第一，纵向网络。也就是考虑企业产品的上下游企业。我们以生产餐巾纸的造纸厂（第一方）为例。一方面，该企业可以向它的上游企业寻找第三方。比如，该造纸厂的纸浆提供商很有可能认为，该餐巾纸的顾客群与自己的顾客群有很大的重合度，或者可利用度。该纸浆提供商就有可能通过该餐巾纸来传达自己的信息，也就是成为第三方。另一方面，第一方也可以向自己的下游企业寻找第三方。如第一方可以找到向自己购买餐巾纸的某餐厅，并将餐厅的信息印在餐巾纸上。该餐厅就成了第三方。

第二，横向网络。也就是考虑与本企业的产品有相关性的企业。比如，我们仍以生产餐巾纸的企业为例。该企业在考虑自己的相关企业时，首先可以考虑与餐巾纸一同使用的产品的生产商，如餐具、水杯、食品等的生产商。

同样是利用顾客群类似的特点，餐巾纸企业可以在这些相关企业中找到第三方。

第三，网状网络。也就是通过战略利益、资源整合等方法考虑一切可能相关的企业。例如，生产银行排队叫号机的某企业（第一方）将取号机上的显示屏和号票的背面设计成广告区域，因为银行客户有层次较高的特点，企业可与当地一些高档汽车的经销商洽谈，也许有人愿意投资 10 万元/年的广告费购买上面的两个小区域来显示公司的 Flash 广告。比如，湖南一家生产叫号机的企业就与一家汽车经销商签订了广告销售协议。用汽车经销商的话来说："一辆宝马就能赚回这个广告费，值！"该生产银行排队叫号机的企业又与当地的一些保险公司、证券公司等签订了信息发布协议。

（三）客体信息的选择

选择好了客体产品（第三方）之后，第一方应和第三方共同协商信息的内容、数量和形式。客体信息的选择主要依据主、客体产品的特性来确定。信息选择的相关原则有：

第一，客体产品信息应有助于消费者做出选择，有利于消费者建立起对营销产品和客体产品的正面态度，从而对营销产品和客体产品产生更高的购买意愿。

第二，客体产品信息应以直白形式表达，有利于消费者理解和识别，从而有利于消费者建立起对营销产品和客体产品的正面态度，也将对营销产品和客体产品产生更高的购买意愿。

第三，客体产品信息不应过多，否则，容易产生信息的"稀释效应"。

（四）营销产品的市场定位分析

营销产品因为涵盖了主体产品和客体产品两种产品信息，而对原有主体产品的市场定位产生了影响。在进行营销产品的市场定位时，我们仍沿用 STP 的分析方法。

营销产品的市场细分的步骤，由于涉及主体产品和客体产品而变得更加丰富。我们首先要确定主体产品 X 的市场细分因素，还要确定客体产品 Y 的市场细分因素，然后对二者的因素进行综合分析，描述综合细分市场的特征。

例如，产品 A 的有效市场是市场 M_A，产品 B 的细分市场是 M_B。当在产品 A 上印有产品 B 的信息后，其产品在发售时也要面对产品 B 的市场，而不仅仅局限在原有的市场中。由此，形成了一个新的细分市场 M_{AB}。如图 8-3 所示。

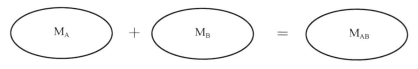

图 8-3　细分市场 M_{AB}

由于细分市场的改变，营销产品的市场定位也应相继改变。企业 A 的营销组合并不是在市场上单独作战，而是携带有客体产品企业 B 的信息。这样，目标市场的选择过程就变为，在企业 B 的信息帮助下，对营销产品 A 的新细分市场进行目标市场选择的过程。如图 8-4 所示，企业 B 的产品信息已经有效地加入到了企业 A 的目标市场选择中。

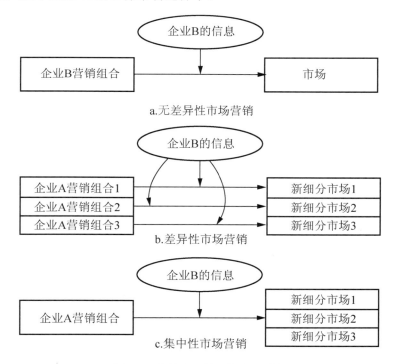

图 8-4　营销产品的目标市场选择

营销产品的定位将根据新的目标市场而改变。营销产品较原有产品的优势在于，它可用更低的价格或更高的顾客价值来与竞争产品竞争。因此，在进行营销产品定位时，可以根据目标市场的特点在价格方面或顾客价值方面有所侧重。

（五）营销产品的定价策略

营销产品因为携带了营销信息，而使营销产品的提供者获得了额外收入——来自信息供应商的收入。营销产品如何定价？其定价受到哪些因素的影响？为了获得更大的竞争优势，营销产品是否应该尽量将自己定为"零价格"？我们可以从经济、消费者心理等方面来考虑价格策略。

1. 从经济方面考虑营销产品定价

经济分析方法关注成本、利润、市场等要素。以下从主客体产品目标客户重叠度、利益诉求负载成本、市场结构三个方面讨论营销产品的价格策略。

营销产品近似的价格等式可写为：

$$P_F = P_I + P_C$$

在这里，P_F 指主体产品厂商获得的每单位产品的收入；P_I 指主体产品厂商从传递客体产品营销信息中获得的每单位产品净收入，由主体产品厂商向客体产品厂商收取；P_C 指营销产品顾客支付的价格，也是营销产品在市场上的销售价格。

（1）客体厂商对于重叠客户群的需求

客体厂商之所以愿意为其信息的搭载付费，是因为主体厂商的营销对象与自己的目标客户群体有着重叠之处。并且，主体厂商的营销对象与客体厂商的目标客户重叠度越大，就越能够实现客体厂商的利益诉求。随着客体厂商利益诉求的进一步实现，客体厂商会愿意向主体厂商支付更高的费用，即 P_I 加大。在 P_F 不变的情况下，P_C 可以进一步降低。所以，在其他要素不变的情况下，主客体产品共同的目标顾客越多，客体产品厂商愿向主体产品厂商支付的"搭载费"金额越多，营销产品在市场上的销售价格越低。

（2）信息搭载成本

营销产品中客体信息的载体，即主体产品或服务，往往具备一般广告或其他宣传载体所不具备的优势，所以才能吸引客体并使其为搭载付费。但是，如果客体在搭载利益诉求时所付出的代价过于高昂，而回报相对较低，则客体很可能不再选择搭载，转而选择其他宣传媒体或其他可以营销化的主体产品。请看下面的公式：

$$P_I = E_Y - C_A$$

在这里，P_I 指主体产品厂商从搭载客体产品利益诉求中获得的每单位产品净收入；E_Y 指客体产品厂商搭载信息的每单位产品的支出，由主体产品厂商向客体产品厂商收取；C_A 指主体产品运载客体产品信息的每单位产品的成本。在其他要素不变的情况下，主体产品运载客体产品信息成本越低，主体产品厂商获得的"信息传递收入"越多，客体产品厂商"信息传递支出"越低，产品营销化策略越易被采用。

2. 心理定价

心理定价主要适用于顾客对质量和价格很敏感的产品，比如香水、汽车、箱包等品牌产品。这类产品如果价格降低，常常会让消费者觉得品质下降。因此，对于这类营销产品，不应该采取折扣定价的方法，而应该按照消费者心里感觉的参考价格定价。同时强调，在维持原有价格不变的情况下，营销产品提供了更多的顾客价值，使营销产品在竞争中获得优势。

3. 折扣定价

在现实生活中，我们常常可以看到这样的情况：一些服装店外面打出"名牌服饰挥泪大甩卖"、"跳楼价"等标语，希望以此来吸引顾客，但这些商家往往门可罗雀；而另外一些不打折经营服装的商家，虽然和那些"打折店"经营相同档次的服饰，甚至是一样的产品，却往往顾客盈门。由此可见，一味的低价并不一定能够带来良好的营销效果。而价格折扣的效果不仅取决于折扣幅度，还受到消费者的人口统计特性、品牌特征、商店特征及许多情景因素的影响。那么，到底什么样的价格折扣能够使得营销效果达到最佳呢？这是我们所关心的问题。如果折扣太小，消费者难以感知到折扣给自己带来的价值，因此其购买的动力会很小。而如果折扣太大，会使得消费者对于产品的质量产生怀疑，并同时降低其购买的动力。折扣定价主要适用于需求价格弹性很大的产品。对于这类产品，价格的一点变化就会导致销量的很大变化。因此，对营销产品进行折扣定价，将大大促进营销产品的销售，使企业获利。根据我们的研究，对大众消费品而言，营销产品相对于正常市场价格，应该以折扣15%—30%的水平来定价；对于首次购买的顾客，营销产品应以低折扣定价，以免形成负面质量评价；对于回头客，营销产品的低折扣定价与高折扣定价相比，质量评价没有明显差异，折扣水平的确定需要考虑其他因素。将营销产品降价的原因以适当方式披露给消费者,有助于折扣定价策略的实施。

总之,无论企业采用何种定价办法,营销产品的定价策略都应与企业的经营目标相一致。

四、产品营销化的利益冲突问题

(一) 主客体利益冲突产生的原因

产品营销化的实质是,将主体和客体以一种特殊的方式形成一个利益共同体,在实现主体产品营销目的的同时,实现客体产品的利益诉求。营销产品如果运用得当,能够为主体产品的营销带来巨大的正面效应,并同时使得客体产品的利益诉求得以实现。然而,在产品营销化中,却存在着利益分配的不均衡,即主体与客体之间利益的博弈。

对于主体厂商来说,营销效果的直接衡量因素是其产品的销量。其产品经过营销化后,在价格上的竞争力大大提高,其利润将与销量成正线性关系,并且有可能由于其规模效应,利润增长更加迅速。但是,对于客体产品来说,其利润的增加却不一定与主体产品的销量成正相关关系。因为,其利益诉求是否能够得到满足,在很大的程度上取决于主体产品的营销方式。试看下面的例子:

圣淘沙海滨公园是新加坡的一个著名旅游景点,拥有美丽的海滩,公园内部设施也非常齐全,有通行整个公园的巴士、观光轨道小火车、闻名世界的高科技激光喷泉,以及各种其他娱乐设施,而门票仅仅为3新币,所有内部娱乐设施都是免费为游人提供的。圣淘沙公园的管理公司之所以能够将门票定得如此之低,在很大程度上是因为新加坡政府对圣淘沙公园给予了资金上的支持。因为,政府希望利用圣淘沙公园吸引国外游客,增加国外游客在新加坡的消费。在这种情况下,新加坡的圣淘沙公园实际上成了一个营销化产品,其搭载的利益诉求是新加坡政府期望更多的国外游客到新加坡旅游和消费。也就是说,越多的国外游客能够因为圣淘沙公园来到新加坡,新加坡政府的利益就越能得到满足。然而,因为门票的降低,越来越多的新加坡本地人来到圣淘沙公园游玩,而圣淘沙的管理公司也没有再对外国游客的宣传上下大工夫。这样,新加坡政府的利益诉求就难以达到,并且因此而付出了高昂的"利益诉求搭载"费用。

再例如,如果打火机由于客体厂商信息的搭载,而成为纯营销产品,那么该打火机就会极大地增加其目标客户群体。打火机厂商希望能够"送"出尽可能多的打火机,因此其销售的对象完全有可能超出客体厂商的目标客户群及潜在目标客户群。而对于客体厂商来说,每"送"出一个打火机就意味着其成本的增加。当该打火机的营销对象不是其潜在的客户时,每"送"出一个打火机对于客体厂商来说都是一种损失。

在这种博弈中,主体产品厂商希望其产品的销售量越大越好,而不管其客户群的种类;而客体产品厂商希望以尽可能小的销售量获取尽可能大的利益诉求价值。比如,健康饮料厂商希望以尽可能小的打火机销量获取尽可能大的广告效应。也就是说,客体厂商所期望的理想情况是:主体厂商的销售对象完全是客体厂商的目标客户或潜在目标客户。在这个过程中,便产生了主体厂商与客体厂商的矛盾及利益冲突。

在主体厂商与客体厂商的博弈中,主体产品的营销权利、营销方法和营销手段的运用主要取决于主体厂商,因而主体厂商占有一定的主动权。但是,主体厂商也并非可以"肆无忌惮"地运用营销产品在价格上的竞争优势,向一切可以销售的对象进行销售,而不顾客体厂商的利益。这是因为:

第一,客体厂商完全可能因为其利益诉求得不到满足,或其获得的利益无法弥补其付出的成本,而减少或者停止对主体厂商的经济补偿。

第二,主体厂商在作为载体的时候,会面对来自其他各种可以作为客体厂商利益诉求载体的产品或服务的竞争。也就是说,如果主体厂商作为载体,不能很好地实现客体厂商的利益诉求,那么客体厂商完全可能"转投"到其他载体。例如,健康饮料厂商完全可能因为营销效果不理想而将自己的广告从打火机上撤下,转而在某杂志上打广告。

综上所述,对于主体厂商来说,其目标为尽可能大的销售量;而对于客体厂商来说,其目标为以尽可能小的销售量获取尽可能大的利益诉求价值。

(二)降低或避免主客体利益冲突的方法

1. 对于主体产品厂商来说

第一,在其产品开发上,尽量能够根据所搭载客体厂商的产品、服务或其他利益诉求来设计开发或调整现有产品。以新加坡圣淘沙公园为例,可以多提供一些外国游客感兴趣的娱乐项目，吸引外国游客，以此达到既能满足客体利益诉求，让客体（新加坡政府）继续资助，又能增加公园的游客数量，增加收入的目的。

第二，客体厂商往往因为成本方面的考虑，会希望尽量降低其利益诉求搭载费用。而主体厂商为了能够取得更强的价格优势和更好的营销效果，会期望客体厂商能够支付更高的搭载费用。这其中，矛盾的解决办法之一为：主体产品可以为自己找到多家客体产品，通过同时搭载多家客体产品的利益诉求来进一步降低其对于最终消费者的价格，进而达到低价格营销的效果。而多家客体厂商分担其固定费用，也使得每家客体厂商的负担减轻了。但是，在多家客体厂商同时搭载的情形下，有几点需要主意：

其一，搭载的多家客体厂商不能为直接的竞争对手。以前面的打火机为例，主体厂商不能选择在市场上互为竞争对手的两家厂商进行搭载。否则，必然引发利益诉求的冲突，使得客体厂商退出。

其二，搭载的多家客体厂商的利益诉求要有一定的共性。即这些信息搭载厂商期望推销的产品的现有客户及潜在客户须有一定数量的重合。这样，才能够让主体厂商明确其目标客户，减少主体厂商营销与客体厂商利益诉求之间的冲突。

其三，后向一体化。即企业通过收购和兼并若干处于价值链上游的厂商，如原材料供应商等，并拥有和控制其供应系统，实行供产一体化。在产品营销化过程中，可以把客体方看作价值链上游的厂商。解决产品营销化中主客体厂商之间冲突的一个办法就是，主体厂商的后向一体化。但是，当主体厂商在运用这一策略时，一定要注意其后向一体化后的结果。如果后向一体化能够为主体厂商带来的效益高于让客体厂商搭载带来的效益，进行后向一体化就是可行的；反之，则是不可行的。

2. 对于客体厂商而言

第一，尽量降低通过主体厂商进行的利益诉求搭载的费用。如果由于自身的搭载使得客体产品成为纯营销产品或者超级营销产品，则可以通过与主体厂商签订一些约束条件，例如共同管理营销渠道及营销方式等，保证客体厂商的利益诉求传达到其潜在客户群中。

第二，客体厂商也可以寻找多种多样的载体来分散自身对于主体厂商的依赖程度，并增强自身的讨价还价能力。比如，健康饮料生产厂家还可以利用杂志、电视广告等多种途径来搭载其利益诉求。

第三，改变对于主体厂商的付费形式，将按照销售单位付费的形式改变为总体付费的形式。比如，泰国旅游局对每张售出的机票都进行一定金额的补偿，这样的形式可以改变为，泰国旅游局对航空公司一次性支付一定金额的补偿。这样就可以在一定程度上避免主体厂商"滥用"营销产品的行为。

第四，前向一体化。即企业通过收购或兼并若干位于价值链前端的商业企业，或者拥有和控制其分销系统，实行产销一体化。通过前向一体化，也可以解决主体厂商与客体厂商之间的矛盾问题。但是，与后向一体化中的问题类似，是否进行前向一体化也必须考虑其是否能够为客体厂商带来更高的利益。

五、产品营销化战略的实施

产品营销化战略过程再完善，如果没有良好的战略实施机制来保证，那么产品营销化战略比传统的营销战略更容易失败。产品营销化战略涉及了多方的利益，产品营销化战略的失败对公司的损害比传统营销更大。完整的产品营销化战略实施包括了战略流程、人员流程和运营流程，如图8-5所示。

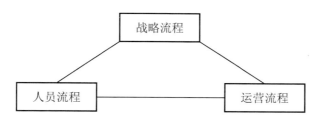

图8-5 产品营销化实施流程

战略流程指的是产品营销化战略的构思、制定和评估等过程。人员流程指的是对实施战略人员的选拔、配置、授权、考核和激励等过程。运营流程指的是对工作程序的规划、排序和作业等过程。

上述战略实施过程在产品营销化战略实施中有具体、独特的含义。

产品营销化战略在战略流程中的独特含义是，各利益相关群体都会高度参与。由于产品营销化战略是一种价值创新，而且涉及了多方利益相关群体，如第一方企业内部员工、第三方企业、第二方顾客、政府等。企业要赢得多方利益相关群体的认同和支持，除了构建共同的利益外，还要在战略流程中形成多方利益群体高度参与的机制。而且在战略流程中，企业要多方面寻求资源支持，克服寻找第三方的过程中，企业资源不足等障碍。

产品营销化战略在人员流程中的特殊含义是，如何让员工的思维和行动认同、适应新的商业思维和模式，即克服组织的障碍：一是认知上的障碍，如何唤醒员工，让员工认识产品营销化战略的重要性和必要性；二是动力上的障碍，如何鼓励员工快速、准确地行动，贯彻企业的1P战略。产品营销化战略在人员流程上可能需要打破原来的权力分配、绩效评估和激励政策模式。

产品营销化战略在运营流程中的特殊含义是，从个体、单向的运营流程转向协作、网状的运营流程。传统营销战略中的运营流程是个体、单向或者并不复杂的合作网络，企业的主要任务是内部流程的最优化和协同化。由于引入了第三方，产品营销化战略中的运营流程变复杂了，企业的运营流程和第三方的运营流程交叉，形成了更加侧重协作的运营流程，企业的任务变成了内部运营流程和第三方运营流程的最优化和协同化。

成功的产品营销化战略应在战略流程、人员流程和运营流程上妥善考虑，使产品营销化战略得以顺利实施，从而实现第一方企业、第二方顾客、第三方企业（顾客）的共赢。

六、对于产品营销化的进一步思考

从以上的分析中我们可以得出，营销产品不仅在产品的营销中有着广泛的应用，在服务业中也有很大的发展潜力。

产品营销化的积极意义体现在，通过营销手段的改进，优化了价值分配体系，提升了整个价值链，使得消费者、主体厂商和客体厂商都得到价值。

消费者得到的价值是，以更加低廉的价格购买到主体产品（服务），并且能够得到有关客体产品（服务）的相关信息和利益诉求。而是否购买或选择客体产品（服务），由消费者自己决定。

主体产品（服务）提供商得到的价值是：

第一，在主体产品本身特性和功能没有很大变化的情况下，通过产品的营销化，使对最终消费者的价格大大降低，因此而获得了巨大的竞争优势；

第二，由于产品的营销化，使得主体产品的市场细分和目标客户得到拓展，能够为主体产品带来更大的商机；

第三，由于产品的营销化，延长了主体产品的生命周期。

对于客体产品来说，可以借助主体产品的客户群体与自身的客户群体有

第八章 营销产品与产品营销化

重叠这一性质，有效地通过"搭载"的方式把自身的利益诉求传达到客户或潜在客户那里，从而提高自身产品的知名度和认知水平，达到提高销售量的目的。

可见，产品营销化实际上是为消费者、主体厂商和客体厂商提供了一种"共赢"的分配价值和提升价值的营销手段。

更进一步思考，产品营销化不仅可以体现在产品层面和服务层面，还可以体现在更高层面。比如，中国的经济特区政策其实包含了产品营销化的思想。地方政府如果需要招商引资，则必须投入大量的资金、人力和物力，进行基础设施的建设、投资环境的改善等，才能吸引外资企业来此投资建厂。这些投入，对于当地政府来说是巨额成本。我们可以把地方政府所在的省，甚至国家看成是"客体"。客体希望通过经济开发区吸引外商，带动本地其他相关地区和相关产业的发展。所以，国家或者省一级政府对经济特区投入资金，帮助地方政府建立完善的基础设施。同时，国家在政策上给予经济特区优惠，使经济特区吸引"最终消费者"——外商的竞争力大大加强，从另一个层面起到了产品营销化的作用。而国家也通过经济特区传达了自身的利益诉求。

产品（服务）的营销化为价格竞争带来了新的思路。传统观点认为，价格竞争实际上是一种两败俱伤的竞争策略。但是，产品营销化却使得这种观点在很大程度上不再适用。营销产品策略的运用实际上是由于其在提升价值链的层面上的独特性质，使得其在价格竞争的时候占有较大的优势，并避免了价降质也降的情况。营销产品策略不仅可以运用到产品的营销中，还可以运用到服务的营销中。本章通过"iTunes音乐风暴"案例阐述了1P理论中多功能化战略具有的典型意义的产品营销化战略，并详细分析了营销产品的特点及产品营销化的过程。本章节的描写，就是要让读者可以通过产品营销化过程来了解1P理论的实践过程。对于不同的产品，可以根据其特点和企业战略目标，确定所要采取的1P理论方法，运用与产品营销化相类似的实施过程加以实施。

第九章

1P理论在企业价值链中的应用

前几章阐述了 1P 理论在营销活动中的应用。本章主要从广义营销活动的角度出发，阐述 1P 理论在价值链环节中的应用。

广义的营销活动是将企业的整个经营活动纳入营销的考虑范畴之内。从企业的整个运营环节来看，企业的价值链中有很多环节都是要花钱的，最终要折算为成本，以产品的形式销售出去。所以，可以将企业的整个经营活动作为广义营销活动来考虑，也就是把价值链上的各个环节纳入营销的成本环节。1P 理论的实质是通过第三方的引入，改变企业多花少收的营销模式。对于广义营销活动，就是将第三方引入价值链环节，改变广义营销活动中企业花钱和收钱的模式。企业的价值链是价值的创造和传递过程，除了销售环节外，都是企业花钱的环节。在传统的广义营销活动中，经营模式只是花钱环节，不是收钱环节。但实际生活中我们发现，很多经营模式为企业带来了收益。肯德基因为将其经营模式标准化，从而为企业带来收入，就是一个例子。肯德基的经营模式不是传统的营销环节，即投入而不能直接获得收入的环节。肯德基的标准化经营模式得到了第三方——加盟者的认可，加盟者愿意为此支付使用费用，从而使价值链中的经营模式——这种无形资产为企业带来了收入。这正是 1P 理论在价值链中的应用。本章主要阐述，通过引入第三方，1P 理论如何在价值链环节中应用。

一、价值链的回顾

Michael E. Porter 1985 年首先提出了价值链的概念。企业的价值链是企业在特定的产业内各种活动的组合，是企业创造对买方有价值的产品的基础。从价值链的构成来看，价值链可分为基本活动和支持活动。基本活动是涉及产品的物质创造、销售、转移给买方及售后服务的各种活动，包括后勤运入、生产作业、后勤输出、市场和销售、服务等活动。支持活动是对基本活动起支持作用，并提供采购、技术、人力资源以及各种公司的职能，包括采购、技术开发、人力资源管理、企业基础设施等活动。企业对于价值链环节的管理，带来了企业管理模式和品牌等无形资产。

（一）基本活动

涉及任何产业内竞争的基本活动，都有五种基本类型，每一种类型又可根据产业的特点和战略划分为显著不同的活动。

（1）后勤运入：与接收、仓储和配送相关的各种活动，如原材料的搬运、仓储、库存控制、车辆调度和向供应商退货等。

（2）生产作业：将投入转化为最终产品过程中的相关活动，如机械加工、包装、组装、设备维护、检测、印刷和各种设施管理等。

（3）后勤输出：与产品集中、仓储及派发给买方有关的各种活动，如产成品库存管理、搬运、送货车辆的调度、订单处理和生产进度安排等。

（4）市场和销售：向买方销售产品及为引导其购买而实施的各种活动，如广告、促销、销售队伍、报价、渠道选择、渠道关系和定价等。

（5）服务：为了提高和保持产品价值而提供的服务活动，如安装、维修、培训、零部件供应和产品调整等。

根据产业情况的不同，每一种活动都可能是至关重要的。然而，在任何企业中，这些基本活动都在一定程度上存在，并对竞争优势发挥作用。

价值链的各个环节是基本相对独立的活动。根据产业的特点，各个环节在价值活动中体现的重要性不尽相同。

（二）支持活动

与基本活动一样，支持活动根据产业的具体情况划分为若干个显著不同的价值活动。

（1）采购：指购买用于企业价值链的各种投入材料的活动，而不是外购活动本身，包括外购原材料、储备物资和其他易耗品，也包括外购各种资产，如机器、试验设备、办公设备和建筑等。这些东西虽然与基本活动相联系，但却放在支持环节考虑。

（2）技术开发：每项价值活动都包含技术成本，无论是技术诀窍、程序，还是在工艺设备中所体现的技术。大多数企业所用的技术都非常广泛。技术开发是由一定范围的各种活动组成的，不是仅仅指研究和开发这个狭义的开发活动，而是包括从基础研究到产业设计再到媒介研究、工艺装备设计和服务程序等各种活动。

（3）人力资源管理：各种涉及所有类型人员的招聘、雇用、培训、开发和报酬等方面的活动。人力资源管理不仅对单个基本或辅助活动起到辅助作用，而且支撑着整个价值链。人力资源管理的各种活动发生在企业的不同环节。

（4）企业基础设施：企业基础设施包括大量活动，如总体管理、计划、财务、会计、法律、政府事务和质量管理等。基础设施为整个价值链起支持作用。

价值链将企业创造价值和产生成本的活动归结到基本活动和支持活动的九项活动中。每一项活动都包括直接创造价值的活动、间接创造价值的活动和质量保证的活动三部分。企业的价值活动既相互独立又相互联系。企业价值链在企业内部是相互联系的，在企业外部与供应商和顾客也是相互联系的。企业通过自己的价值链影响买方的价值链，从而达到减少顾客成本和提高顾客效益的目的。

价值链的构成是价值传递的过程，价值用顾客愿意支付的价格来衡量。企业的价值在传递过程中如果能削减成本，提高价值，顾客就会愿意购买，企业就可以获得利润，顾客也可以获得自己的利益。所以，企业要在价值链的各个环节为顾客创造更多的价值。

二、把第三方引入价值链

价值链是在企业内通过各种活动进行价值创造并传递的过程。价值链的每项活动对企业创造价值的贡献大小不同，对企业降低成本的贡献也不同。各个价值活动相对独立地创造价值，同时又对另外的价值活动带来影响。各个价值活动在创造价值时需要在投入有限资源的前提下创造最大价值。因此，获得最大价值成为独立活动及整个价值链要考虑的核心问题。同时，价值链的各种联系也成为降低单个价值活动的成本及最终成本的重要因素。

产品价值的创造和传递，最终是以顾客的认可和购买为评判依据的。价值链的运作是否良好，也是以最终的投入产出比来衡量的。企业在价值链的各个价值活动中，都需要恰到好处地控制成本，同时创造价值。而对于企业来说，这不是个容易的过程。因为价值的创造，意味着资源的投入，而资源的投入未必真的会带来价值上的回报。如企业投入资源建立厂房，但顾客并不会因为企业在建设厂房上的多投入而愿意多花钱购买其生产的产品。价值链的活动是否有效，要看最终投入产出是否合理，企业是否盈利，是否少花钱多办事。企业已经开始意识到价值链环节对于整个企业实现价值最大化的意义，纷纷进行流程再造等价值链环节的改造。而传统的价值链环节在考虑创造价值最大化时，完全是从企业自身出发，寻找如何降低成本、增加价值的方法。

现在引入1P战略的理念，看如何通过引入第三方使价值链的各个环节乃至整个价值链的价值最大化，也就是1P理论常提到的如何实现多收少花。从企业价值链的描述中可知，企业的价值链环节大多是企业需要投入资源进行价值创造的过程，也就是1P理论所说的多花环节。如何通过第三方的引入，使多花变成少花，使少收或不收变成多收，是1P理论在价值链环节中的应用。

（一）1P理论在价值链中的模型描述

企业的根本目的是通过把产品或服务卖给顾客而获得利润。随着竞争的白热化，企业之间争夺顾客的竞争越演越烈，获得顾客越来越难，顾客对价值的要求越来越高，企业必须考虑提高顾客的价值以吸引顾客。提高价值也就意味着企业价值链的基本活动和支持活动都要改善，增加投入或降低成本，对于企业来说就是增加了投入的环节。企业自身的投入会加大成本，企业自身的降低成本又会减少顾客的价值，而且自身降低成本也是有限度的，这就使企业陷入了两难的境地。如果把1P理论引入价值链，引入基本活动和支持活动的各个环节，就可以通过找寻第三方使企业原来多投入的成本，由第三方来部分或全部支付；通过引入第三方为原来价值链中不能为顾客创造价值的环节创造价值，获得收入。这样就可以在少花多收的情况下，为顾客创造更多的价值。

企业为了创造价值不得不投入资源。通过引入第三方，使企业原来多投入的资源由第三方来共担，从而降低企业成本或增加企业收入，最终提高整个价值链的输出价值。在传统的价值活动中，降低成本需要企业从自身找原因，找突破口。如肉制品公司会考虑将鲜肉加工基地建在畜牧场附近，从而实现在运输、保管等环节降低成本的目的。这种方案完全是企业从自身价值链的环节来降低成本，进行业务流程再造的结果。在网状经济中，企业与企业的价值链之间、行业与行业的价值链之间是网状相连的。把1P理论的网状概念引入价值链中，就可以通过引进第三方外包来解决这个问题。前面阐述的11种1P战略类型和相应的营销战略，是从营销环节考虑的，多花因素只有三个（产品、促销和渠道）。而从价值链环节考虑，我们会发现因为企业多花的因素更多，11种战略对于广义营销仍然适用，而且还会派生出更多的子战略。所以，通过1P理论的引入，企业价值链的各个环节都可以引入第三方，或者为企业增加收入，或者为企业降低成本，或者既增加收入又降低成本。如此，企业产品的价格就可以降低，甚至降为零。这正是1P理论面对企业多花少收的问题，提出的多收少花的战略营销思路。

本章将主要从企业价值链中原来多花环节和不能创造价值的环节出发，引入第三方，进而实现增加收入或降低成本，提高顾客价值的目的（见图9-1）。

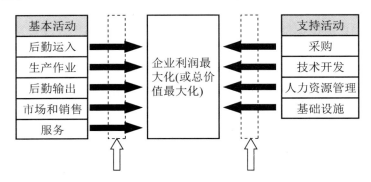

图9-1　1P理论——从价值链的角度考虑

耐克运动鞋在市场上销售火爆，可它并没有自己的工厂，它的产品都是通过OEM的方式加工的。实际上，如果耐克自己生产，成本就会提高，企业为了获得同样的利润，就会影响顾客的价值。OEM厂商拥有规模生产的优势，成本会更低。所以，耐克引入了第三方——OEM厂商，从而降低了成本。这体现了在价值链的生产环节中引入第三方，从而降低成本，提高利润，也提高了对顾客的价值。

通过价值链环节的第三方引入，使价值链中各个价值活动的资源进行重新整合，从而改变了企业改造价值链或降低成本仅从自身找解决方案的思路。第三方的引入，使企业可以借用第三方来改造价值链结构，以使不同产业中处于重要地位的价值活动发挥更大的作用，创造更大的价值。第三方的引入从收入和产出角度来看，就是增加企业的收入，降低企业的成本，从而实现价值创造。

第三方之所以能够引入价值活动，是因为企业的价值链也给第三方的价值链创造了价值。在信息和知识时代的网状经济背景下，价值链不仅与上下游有关联，而且形成了企业之间的立体网状结构。虽然，传统的价值链不是相互独立的，但也只与上下游的供应商和顾客的价值链存在直线式的关联。第三方的引入，完全打破了这种直线式关联，因为第三方可能是供应商，也可能是竞争对手，还可能是毫不相关的企业。企业价值链的改造因为第三方的介入，变得容易和简单了。如在铁路两旁，很多厂房的围墙上打着各式广告。这些广告对于拥有厂房的企业来说，既不是它的供应商，也不是它的顾客，但它可以将第三方（做广告的企业）引入企业的价值链，靠它增加收入。而它利用的资源（围墙外的环境）却是在企业原来的价值链环节中没有发挥价值作用的部分。

正是第三方的引入，构建了立体多方位的价值链构造。通过引入不同的第三方改善企业的价值链，就可以整合企业的资源，降低成本或增加收入，少花多收，同时使顾客价值不变或提高。

(二) 1P 理论改善企业的总收入与总成本

1. 1P 理论带来的总收入和总成本的变化

企业营销的目的是要实现企业利润最大化，1P 理论正是通过第三方的介入带来企业多收少花而获得最大利润。所以，1P 理论不仅是营销战略，更是企业战略。保证企业利润最大化是企业的基础和命脉，企业就是以追求利润最大化为目标。价值链的各个环节介入到广义营销系统里，从总收入和总成本的角度带给企业新的思路。

企业的利润等于总收入减去总成本。所以，维持或提高利润的方法，或者是维持或提高总收入，或者是维持或降低总成本。如果企业既能提高收入，同时又能降低成本，就会获得更可观的利润。

$$企业利润\ \pi = 总收入\ I - 总成本\ C$$

（1）总收入的变化

传统的总收入主要靠产品的销售收入（SI）获得。虽然也有其他收入，但因其所占份额较小，在此忽略不计。所以：

$$总收入\ I = 销售收入\ SI$$

1P 理论引入价值链环节后，因为第三方的介入，可以带来新的收入，使总收入发生变化，也可能使销售收入的地位发生变化：或者保持销售收入主导地位，或者导致销售收入的提高，或者使销售收入不占主导地位。如以下公式所示：

$$1P \text{ 理论下总收入 } I = \text{销售收入 } SI + \text{其他收入 } OI_1 + \text{其他收入 } OI_2 + \cdots + \text{其他收入 } OI_n$$

其他收入就是价值链上各个环节带来的产品销售之外的收入。如果有了其他收入，即使销售收入为零，总收入也不会是零。如此，总收入的压力就不会完全落在销售收入上，来自同行的竞争压力就能缓解，价格方面就有了更大的降价空间和竞争优势。这正是1P理论带来的优势，是从收入的角度运用1P理论带来的变化。

（2）总成本的变化

相对于收入，决定企业利润的另外一个关键指标就是成本。企业也可以通过降低总成本来达到企业利润最大化的目标。有不少企业就是以低成本管理获得市场竞争优势的。如长虹等家电企业依靠降低成本获得了很大的市场竞争优势。所以，降低成本是企业永恒的话题。

传统营销只从自身找原因，认为降低成本是自己的事，所以，企业只从内部进行流程改造、科学管理、规范制度，以降低各个环节的成本。如通过裁员降低人员成本的费用；通过流程改造，提高效率，降低设备的使用成本；等等。假设企业通过自身降低成本后，总成本为C，那么：

$$\text{总成本 } C = \text{产品成本 } C_1 + \text{营销成本 } C_2 + \text{其他成本 } C_3 + \text{其他成本 } C_4 + \cdots + \text{其他成本 } C_n$$

现在，从1P理论引入第三方来考虑，则是一个完全开放的系统。成本不仅靠自身的管理来降低，而且还可以通过引入第三方来降低各个环节的成本。企业可以从采购、物流配送、生产、营销、服务、技术开发、人力资源、企业管理等环节引入第三方，为第三方创造价值，降低自己的成本。现在，总成本为W，其构成为：

$$\text{总成本 } W = \text{产品成本 } W_1 + \text{营销成本 } W_2 + \text{其他成本 } W_3 + \text{其他成本 } W_4 + \cdots + \text{其他成本 } W_n$$

总成本C与总成本W之间的区别就在于C＞W。为什么会发生这样的情况？因为1P理论概念的引入，不仅降低了企业自身的成本，而且还因为第三方的介入，利用外部资源进一步降低了企业的成本。所以，传统营销理念下的总成本会大于1P理论下企业的总成本。

总之，1P 理论因为第三方的介入，带来销售收入、其他收入的增加，使总收入增加；或带来产品、营销等各类成本的降低，使总成本降低，最终实现企业利润最大化。

引入价值链分析，主要是引导企业从价值链的各个环节中找到增加收入和降低成本的因素，并找到第三方。

2. 价格成为营销的竞争优势

1P 理论从企业的主要收入——销售收入这个思路上获得了突破。1P 理论使总收入和总成本发生变化，从而使价格成为企业的竞争优势。我们知道，销售收入 $SI=$ 价格 $P\times$ 数量 Q。

传统意义上的销售收入的增加意味着如下几种情况的发生：

(1) 价格增加，数量增加；

(2) 价格增加，数量不变；

(3) 价格不变，数量增加；

(4) 价格降低，数量增加。

对于前三种情况来说，企业的销售总收入均可以增长。这三种情况的增长是在价格不变或提高的前提下发生的，说明企业在价格外的其他方面具有竞争优势，还不需要通过降价来保证销售收入的增加。但是，第四种情况就不同了，销售收入的增加是靠降低价格来获得的，说明企业在竞争中产品的差异性越来越小，只能靠降价来提高销售收入。但这必须要有一定的销售数量，实现薄利多销，才能获得利润。如果降价了，但数量的上升无法弥补降价带来的损失，那么销售收入就面临着减少的危险。在总成本不变的前提下，就会导致企业利润的降低。所以，企业的降价意味着企业利润受到威胁，而价格战也是企业最不愿看到的情况。上述几种情况是市场环境变化中必然发生的。只有产品具有差异化竞争优势时，才可以获得更高的利润。当产品同质化严重，产品没有竞争优势时，价格优势就会成为竞争优势。

从上述分析中可以看出，销售收入的增加与价格的变化紧密相连。按照传统的营销理论，企业不管怎样降价，价格的最低限制是企业的长期平均成本，企业降价不可能无休止地进行。所以，如何获得价格竞争优势是企业面临的严重问题。这正是本章要阐述的。

从 1P 理论的角度来考虑，对于上述四种销售收入增加的情况，在前三种情况下引入第三方，就会加大差异化，企业因这种差异化竞争优势能获得更多的收入。同时,其他收入进一步缓解了销售收入的压力。而第四种情况可能是企业正处于激烈竞争的环境下,第三方的介入已经无法从差异化的角度帮助企业获得竞争优势。但企业可以通过第三方的介入,从其他渠道获得收入,以弥补销售收入的损失。或者,企业从成本角度引入第三方,降低企业原来自身无法降低的成本。因为,其他成本的降低可以使产品以低价销售,乃至零价格销售,企业仍然可以获得收入和利润。

总之,由于在价值链环节引入了第三方,为企业带来了销售收入以外的收入,降低了原来企业自身无法降低的成本,从而减少了企业销售收入的压力。比如,原来需要1亿元的销售收入才能盈利,因为有了来自第三方的额外收入,现在只需要5 000万元就能盈利。这样一来,即使定价为原来的一半,盈利也不会减少,企业的价格优势由此彰显。

(三) 1P 理论带来的资源变化

1. 企业资源与第三方的关系

每个企业都具有多种资源,而资源应该创造价值。同样的资源对一个企业来说可能没有价值,而对另一个企业而言可能是关键资源;反之亦然。每个企业都可能有一些隐性资源或者显性资源的隐性价值(对自己或者对别人)有待发掘。所以,企业不仅要看到拥有的资源对自己的价值,还要看到它们对别人的价值;同时,还应该有意识地挖掘别人资源的利用价值,整合资源,借多方面的优势达到自己的目标。传统营销中企业价值链的资源未被重点考虑,而1P理论中第三方的引入,使企业的资源不仅是自身的资源,更是对第三方有价值的资源。这样,资源的价值就会增加。

1P理论把企业作为一个营销体系来考虑,把企业的经营活动当作营销活动来考虑。企业的各种活动都需要资源,资源通过价值表现出来。每个企业都有资源,同时也缺乏资源。根据企业的资源使用情况,可将资源分为闲置资源、适合资源和短缺资源三种情况。对于闲置资源,应该让它们为第三方创造价值,从而增加企业的收入;对于适合资源,应该考虑它们是否可为自己与第三方共同创造价值,或降低成本,或增加收入;对于短缺资源,应该借用第三方的资源来弥补自身资源的不足,达到少花钱、降低企业成本的目的。见表9-1。

表 9-1　资源状况与第三方引入效果表

资源状况	短缺资源		√
	适合资源	√	√
	闲置资源	√	
		多收	少花

(1) 闲置资源

闲置资源是指对本企业可能没有价值，或者利用不足，而对于其他企业具有更大价值的资源。这些资源应该被挖掘出来，寻找合适的第三方，使其为第三方创造价值，进而给企业带来收入。

> 诺基亚在中国的业务发展得非常好。为了给员工提供更好的培训，它成立了诺基亚大学。该学校有完善的机构设置和人员配备，每年都为诺基亚的员工提供系统的培训。学校的所有支出均需通过产品成本的方式，经销售后得到补偿，这就加大了销售成本。诺基亚大学于2005年决定对外招生，利用学校的资源为第三方创造价值。诺基亚的经营和管理理念受到很多中国企业的关注，这些企业的老总、经理纷纷报名参加诺基亚大学的培训。结果，诺基亚大学以此获得了额外的收入，给产品的成本减轻了压力。这就是借用自己的富余资源，为第三方创造价值。

(2) 适合资源

一个企业的某些资源也许是恰到好处的。这些合适的资源也可以为第三方创造价值，为企业带来收入或降低成本。其方法和思路与闲置资源和短缺资源的利用方式一样。

价值链的九种基本活动和支持活动是为企业创造价值和投入成本的活动，所以每个环节都是企业投入或因投入而产生的资源，如品牌资源是因投入而产生的稀缺资源。所以，企业的资源需要挖掘，需要分析。根据不同资源的情况，考虑企业自身和外部的情况，寻求双方合作的利益共同点，从而找到适合的第三方。1P理论最重要的环节就是引入第三方。第三方为什么愿意介入企业？因为企业的资源对其具有一定的价值。任何企业都不可能有完备的资源，而且随着时间和环境的变化，资源的价值也在发生变化，资源的利用就更加重要。

(3) 短缺资源

资源短缺时，若花钱去购买，就会增加成本；如果将要多花的钱节省下来，就相当于降低了成本，也就是少花。所以在资源不足时，就应考虑寻找合适的第三方，借用第三方的资源，达到减少投入、降低成本的目的。

第十章中的案例"杨先生的药店生意经"就是这方面的一个例子。现金是杨先生的药店最短缺的资源，是现金让杨先生的药店存活了下来。他引入了第三方供应商，并利用了第三方的资金，用其为药店创造了价值。第三方之所以愿意为其提供自己的资源，是因为第三方也可以获得相应的价值。供应商因为自己资金相对富余，可以为杨先生提供一个月的使用，而获得杨先生作为长期顾客的回报。

其实，杨先生还有很多利用第三方资源的手段。比如，他可以建立会员制，采用预付费的方式，让会员享受更低的折扣。这样，他就可以利用到手的现金进一步投资，而且也控制了顾客的流失。

对于企业和第三方都存在资源闲置、适合和短缺的情况，只有综合考虑它们对企业、第三方和顾客的价值，才能使1P战略得以实现。对于企业和第三方来说，要利用各个环节的资源，或者多收，或者少花；要考虑第三方的引入给顾客带来价值，即使不能直接带来收入或降低成本。

从表9-2中可以看出，企业与第三方的资源组合有九种情况。要根据企业自身的资源情况，分析与第三方资源的匹配状况，寻找到合适的第三方，这是企业突破创新的一个思路。举个例子说明。

表9-2 企业与第三方资源组合表

企业资源状况	短缺资源	A	B	C
	适合资源	D	E	F
	闲置资源	G	H	I
		闲置资源	适合资源	短缺资源

企业的资源不是孤立存在，而是互相联系的。企业不但要了解自己的资源，还要了解其他企业的资源，以及它们的联系。企业自身的短缺资源和富余资源的整合使用，会为企业带来多收少花的结果。从表9-2中A的资源组合可以看出，企业缺乏的资源，是第三方的闲置资源。企业资源缺乏，原本需要投入大量资金才能获得，但第三方正好此种资源富余，可以考虑少花资金利用第三方的闲置资源。这正是1P理论中的企业少花钱和从第三方获得额外收入的运用。表9-2中的情况C更为多见，它是资源整合的表现。比如，

企业自己的采购规模、物流规模不够，就会采取联合采购或委托一家物流统一配送的策略。

南京有个发电厂，由于原材料的费用太高，于是考虑用垃圾燃烧的热量来发电。对于市政来说，垃圾是无用而且需要投入处理成本的闲置资源；而对于企业来说，它缺乏的正是发电的燃料资源。于是，企业免费收集垃圾，为市政解决垃圾处理难题。结果，既节省了政府的资金，又节省了企业投入购买燃料的成本。这就是互补资源组合的例子。

2. 资源与资产的区别

资源与资产的定义要区分开来。资产是在财务上可以查到的资源。而资源的概念更广泛，一切能创造价值的东西，不管是否记录在账面上，都是资源。一切与企业有关联的人员、事物、事件等都是企业的资源，如顾客、供应商、位置、周边环境等。资源不仅是看得见摸得着的实物，也可以是企业的无形资源，如品牌、经营模式、管理理念、企业文化等。

诺基亚大学对外招收学员，不但利用了其学校的师资和设备这种有形的资源，更重要的是利用了诺基亚的经营理念、营销理念等软性无形资产。

寻找资源是企业能否为第三方创造价值的重要环节。下面从价值链的角度进行讨论，以探寻资源的存在和利用。

三、1P 理论在价值链的基本活动中的应用

企业的资源存在于企业价值链的各个环节中。从本节起阐述如何在价值链的具体环节中通过引入第三方使资源转换为价值。从基本活动到支持活动，都有人、财、物等资源的存在。各个环节都有其独特的价值，因其价值不同，对资源需求的侧重点也就不同。各个环节不是孤立存在和运作的，而是相互关联的，企业的整体运营是在对各个环节资源整合的前提下实现的。除了各个价值链环节的资源需要企业关注外，企业也需要关注它的总资源。

通过对企业价值链各个环节的资源以及企业整体资源的剖析和利用，寻找到第三方，实现企业收入的增加或成本的降低，就能为企业实现利润最大化作出贡献。这里首先从企业的基本活动开始探讨，找寻第三方，实现价值的创造和转移。

价值链的基本活动包括：后勤运入、生产作业、后勤输出、市场和销售、

服务等活动。这是企业从原材料到生产再到销售及服务的价值转换过程。

(一) 后勤运入环节上的 1P 理论应用

后勤运入环节包括：原材料的运入、保管和运送等流程。后勤运入环节的资源包括：产品原材料、资金、人员、库房及位置、运输工具、库房管理体系等资源，向上追溯还可以找到材料供应商。

在后勤运入环节上，闲置资源、适合资源和短缺资源这三种情况都存在。1P 理论通过引入第三方，利用后勤运入环节的富余资源或适合资源，为企业增加收入；从后勤的短缺资源入手，与第三方共担或交换资源，降低成本。

1. 产品原材料

原材料通过加工，变为企业的产品。原材料本身具有多种功能，而企业加工它时可能只用到其中的部分功能，其闲置功能作为资源就浪费了。比如，原材料本身的特征及原材料之间的关联性可能被浪费了，原材料在整个生产中的位置和作用等也可能被浪费了。所有这些都是企业可以拿出来与第三方合作的资源。

> 北京某小学要成立管乐队，请海淀区艺术学校的专业老师来挑选队员。为了被选中，同学们争相报名参加练习。学生在学校里可以用学校的乐器练习，但回家后也需要练习，所以他们有再买一把乐器的需求。于是，老师向家长推荐某品牌的乐器，说它乐质好，与学校所用的是同一品牌，对孩子的学习有帮助，而且从学校买可以获得折扣。结果无一例外，大家都买了这个品牌的乐器，而学校的管乐队也得到了这个企业的免费赞助。
>
> 这样，学校利用自有的资源节省了支出。也就是说，学校利用管乐队所需要的乐器和学员之间的关联特征，达到了通过学员购买乐器而使学校得到厂商赞助，为学校节省成本这个目的。

2. 库房及位置

库房及位置对于企业来说，可能是富余资源，也可能是不足资源，所以应使其为第三方服务，为第三方创造价值。库房及位置若是企业的富余资源，可以利用库房所在的位置及周边环境，引入第三方。如利用厂房为本企业的产品或形象做广告，此时的第三方是本企业营销环节中的广告部门。做广告需要花钱，而资金对于任何一家企业来说都是短缺资源。通过在库房的闲置资源上做广告,节省了企业的投入,降低了成本。这也是本企业的销售资金短缺与库房的位置富余资源互相补充,互相整合,使少花在内部完成,达到降低成本的目的。

当然,也可以在库房的外墙上为第三方做广告,为企业增加收入。这些原本未被考虑的周边环境和厂房,因为1P理论的引入,也成为企业的资源,为企业降低成本或增加收入作出贡献。

> 经过北京五环路的时候,我们注意到"洛娃大厦"四个大字。这是洛娃利用自己的公司位置,在办公楼的楼顶,竖起面向五环的公司广告牌。洛娃企业借用自己位置的资源优势,为自己做了广告。这里的第三方是企业自己,是利用企业的位置资源来节省广告投入。

不管厂房、办公楼还是库房,存在一个共性,都是位置资源。利用位置资源为自己或其他企业创造价值,是1P理论的体现。1P理论的关键不是找到谁,而是找到谁可以降低成本或增加收入。

考虑位置资源价值的大小,就要考虑位置周边的环境有什么样的特征,企业的位置及周边环境对于第三方有什么价值,如此才能将企业位置这个闲置资源加以利用。

企业的库房也可能是企业的短缺资源。如企业的库房空间不够,无法满足材料的堆放。这时,可以利用供应商的资源,也可以与其他企业联合使用库房,而不必自己重新建库房。下文中要提到的物流配送中心,就是利用1P理论来解决这一问题。

3. 运输工具具有运输、承载信息等特征

若运输工具是富余资源,企业就可以找到需要运输的第三方,为其提供运输,创造收入;若是短缺资源,企业则可以找到资源富余的第三方与之交换,进行合作。企业还可以利用运输工具的媒体功能,引入第三方做广告。比如,公共汽车的车身广告就是利用了它的媒体特征,出租车里的液晶电视广告、随车的免费报纸杂志广告等,也是利用了运输工具的产品承载功能。

4. 库房管理体系是企业的软性资产

有些企业因为比较小,所以缺乏库房管理经验。企业可以将库房管理体系销售给其他需要的企业;或者作为资源与第三方进行资源互换,从而达到降低成本、提高销售的目的。

5. 综合资源

当企业管理经验不足、管理理念不科学、资金缺乏、无钱投资新的后勤运入系统，因而无法承担后勤运入环节的部分或全部工作时，可以考虑找第三方来承担。目前流行的外包业务就是基于这一考虑而产生的。也可把仓储、配送等外包给专业的物流管理配送企业，利用专业公司先进的管理和规模效益。它不但降低了企业的运营成本、固定资产投入、人员等各方面的成本，同时也降低了管理成本和协调成本。

（二）生产环节上的 1P 理论应用

生产过程包括：将原材料通过人员、设备、软件和操作流程进行加工生产、检验、包装等环节，最后形成产品。

生产过程的资源包括：设备、厂房等固定资产、生产工艺、人员、包装、生产管理流程、成本控制、生产管理技术、资金、生产环境资源等。

1. 设备

设备是生产企业的资源。对于企业的设备，可从其自身的特征和功能获取资源；还可根据设备使用的时间，考虑利用时间资源；还可从设备在生产过程中所发挥的作用、设备所使用的功能和未使用的功能等角度考虑，如何利用富余资源，如何针对不足资源寻找合作伙伴。

263 和搜狐等网络公司，其网站运营的设备是电脑、服务器等网络设备。为了保证自己网站的安全运行，它们常常采用冗余技术，即要求设备资源常态富余。设备的闲置增加了运营成本。为降低此类成本，这些企业为小企业提供租用服务器空间的服务。对于小企业来说，自己购置和维护服务器，成本太高，而且得不偿失；而租用空间，不用花费太多的成本，还可以达到自建网站的目的。网络公司用自己富余的设备资源获得了收入。

2. 厂房

厂房作为生产产品的场所，其空间、位置、被使用的时间等均是资源。这些资源的富余或不足，都可以考虑引入第三方。

某企业的职工俱乐部，1998 年以前，一楼大厅是舞场，白天整个大厅空空荡荡；从晚上 7 点钟舞会开始的时候，场地才被充分使用。1999 年，该俱乐部重新装修，将一楼大厅改造，承包给一个乒乓球训练学校。该学校不但开展了乒乓球的训练，而且还将部分场地出租，作为乒乓球爱好者活动的场所。到了晚上，这里又成了舞厅。如此给俱乐部带来了新的收入。

俱乐部据此经验，不断地利用各种场地。如利用其室外场地进行招商，开产品展销会；对空闲场地进行格局改造，将新节省下来的场地进行新的引资等。

俱乐部以原来的思路经营不能盈利，而通过引入第三方，为俱乐部带来了更多的收入。

3. 生产工艺、生产管理等软性资源

生产工艺、生产管理、成本控制、生产资质认证等都是企业的软性资源。这些软性资源，或是因为企业的实力获得，或是由于多年的积累而成。它们有的留在文件上，有的埋在企业团队人员的头脑中。而这对于有些企业来说正是它们的短缺资源。如麦当劳的特许经营就是通过对这些软性资源的利用而不断获得收入。

某具有国家一级施工资质和甲级设计资质的建筑装饰公司，每年的销售收入里有60%是由合作企业完成的。他们的合作企业，是那些没有资质，但有一定的实力，可以承接一些大的装饰工程的企业。按国家的政策，一些工程在招标中要求竞标单位必须具备双甲资质。这些合作企业于是借用具有双甲资质企业的名称进行项目的投标与运作。

这在建筑行业已成为一种惯用的做法，它类似于特许经营，企业对这些合作伙伴收取一定的管理费。有些有资质的企业几乎所有的收入都来自于收取合作企业的管理费，自己的销售收入几乎为零。由此可见，将自己的资源合理使用，不仅给第三方创造价值，同时为自己带来丰厚收入。

4. 包装

包装也是企业的资源。包装因其与顾客的接触，也具有媒体的功能。包装不仅承载自己的信息，而且可以作为第三方的媒体。

卖饲料的某家企业，原来的饲料袋上一面印着自己的商标和地址，另一面空着。利用1P理论，企业为饲料袋的另一面招商，引入兽药的厂家在上面做广告，提高药厂的品牌知名度，从而获得了额外收入。

5. 企业的环境资源

企业的环境资源一般是企业所富余的资源。大量工厂的围栏被拆除后，

企业外部的环境资源也应该加以考虑。正如前面讲库房时提到的,环境是一种无需付费的资源,应该引起企业的注意。它可以用来为其他企业做广告,也可以为自己做广告。

首钢在2004年推出工业旅游的活动,在首钢集团的厂区内部开发出了一条旅游通道。这条通道是让旅游者感受现代化企业的生产环境,体验生产一线炼钢炼铁的火热场面,感受企业自动化生产的现代人性的办公环境。这种做法利用了企业的环境资源,引入游客这个第三方,既宣传了企业又增加了收入。

6. 综合资源

当综合考虑生产各个环节的资源,外部的环境资源以及成本降低和质量控制等都不能达到规模效益或带来收益时,意味着企业无足够资源建立加工生产流程或者整合更好的加工渠道以降低成本。这时,企业就可以考虑加工工艺外包。

西门子的产品很多都不是自己生产的,如洗衣机就是外包加工的产品,这种现象叫OEM。生产洗衣机的厂家不仅为西门子加工洗衣机,还为多个品牌加工洗衣机。因为,OEM厂家的厂房、设备、人员、加工工艺和管理等大都已经成为沉没成本,为多个厂家加工可实现规模经济,降低成本。所以,企业自己生产就不如让OEM厂家生产的成本低了。

西门子通过第三方——OEM厂商的引入,降低了生产成本;而OEM厂商,也因为利用自己的资源优势,获得了收入。

(三) 后勤输出环节上的1P理论应用

后勤输出与后勤运入环节有很多相似之处,它主要包括:库房、产品、运输等管理过程,在此不一一解释。其资源与后勤运入环节相同。对于这两个环节,在资源综合考虑的情况下,可以考虑用寻找第三方的方式来实现成本降低。在此,用物流企业在中国的发展为例,对两个环节进行探讨。

中国物流企业从来没有像现在这样火热。物流公司小的小到小红帽快递公司,大的大到全国连锁物流中心。为什么会发展如此之快?如果企业自己经营物流,因其缺乏规模效益,往往会造成人员、设备的闲置。而物流中心,却因为对于人员、设备的高效使用,大大降低了成本,从而为企业节省了费用。所以，后勤的运入输出职能，因为考虑到资源的整合利用，越来越多地外包了。如宝洁公司日用消费品的物流配送体系在中国成就了自己的同时，也成就了一家物流配送公司。各企业将自己的某种单项职能资源让出，由第三方进行集中整合，降低成本，各家均从这些整合资源中受益。

（四）市场和销售环节上的1P理论应用

市场和销售是将产品销售给顾客的过程。这个过程非常复杂，包括市场营销的各种营销活动，如产品、促销、渠道、顾客等环节。这些环节同时也是市场和销售的资源。

1. 产品

产品分为产品的基本属性、实体外形和延伸产品三部分，以及产品的品牌资源。下面，分别从这四个方面探讨产品所具有的资源情况。

（1）产品的基本属性

产品的基本属性就是产品的功能和属性。产品的功能有多种，在产品设计时不会只考虑产品的某个单一功能。产品的一种功能可能是另外一种或几种功能的第三方。每一种有价值的功能即是一种资源，利用这些资源就可以找出第三方

  脑白金作为一种改善睡眠的保健品，其基本功能就是药物保健作用。企业引入了第三方的礼品功能。当脑白金作为礼品的广告播出后，其礼品的功能就成了主导功能，购买产品的顾客不仅有使用者，还多了送礼者。产品的第二个功能增加了产品的销售收入。

  玫瑰花，因为引入第三方——爱的概念，在情人节那天，成本只有几元钱的花可以卖到几百上千元。爱的功能为花的销售增加了收入。

  产品的功能或属性也可能具有媒体的特征，可以为第三方提供媒体的作用，为第三方创造宣传价值。

  网络本身的功能就是传载信息，广告主利用网络做广告，网络利用自身的信息运载功能为第三方承载营销信息。这样的案例有很多，如免费报纸、杂志，免费电视节目，电影院里为新片或某些产品播放广告等，都是以产品本身的基本属性和功能作为资源为第三方创造价值，承载营销信息，实现产品营销化的过程。这就不难理解报纸何以能以低于成本

价销售而获利了。

借用产品的功能资源，与第三方的产品功能资源相结合，能创造更大的价值。

装修市场的集成家居概念越来越流行。海尔也提出了集成家居的概念，通过为顾客提供装修的全套方案，将海尔的家用电器巧妙设计进去。这是利用资源共享的概念，各装修材料和海尔电器互相利用资源，最后实现资源节约，为顾客带来更大的价值，同时增加销售收入。

（2）产品的实体外形

产品的实体外形包括品质、特征、造型、商标和包装等。产品这些实体若具有媒体的作用，就可以作为引入第三方的工具。

高速公路有大量客流通过，公路两旁和公路上方的广告为高速公路带来了额外收入，使收费站可以少收或不收司机的高速公路使用费，从而鼓励人们使用高速公路，提高公路为第三方承载营销信息的功能，引来更多的车流，实现更高的广告收入。同样，车辆本身也可以成为信息载体。

巧克力做成卡通人物形状时，是大人买给孩子的礼物；做成心形时，是情人互赠的礼物。所以，产品的外形特征也是一种资源，这种资源可以带来新的客源，增加收入。

某不知名的外国运动手表企业进入中国市场。初期宣传时，在自己产品的宣传彩页和海报上印上自己和耐克的商标。没多久，此表迅速走红。原因是手表企业借用了耐克的品牌特征，为自己在中国市场找准了定位。这是借助第三方产品商标的知名度为自己的产品张目。

（3）延伸产品

产品的延伸产品包括服务、运送、维修、保证等。这些延伸产品还包括增值产品。

表 9-3　产品属性与承载信息的对照表

		第三方营销信息				
		品牌	产品	差异化	渠道	定位
基本属性	功能					
	属性					

(续表)

		第三方营销信息				
		品牌	产品	差异化	渠道	定位
外形属性	外形					
	包装					
	商标/品牌					
	品质					
	特征					
附加价值	服务					
	运送					
	维修					
	其他					

(4) 无形资产——产品的品牌资源

品牌的价值众所周知。一杯汽水被标上可口可乐商标之前，每杯可能不到五毛钱；一旦标上可口可乐商标，价格立即变为每杯3元，这就是品牌的价值。品牌的价值无论对企业自身还是第三方，都是非常重要的资源。品牌可以缩短新产品的引入期，降低促销成本，增加销量。品牌是新产品的第三方。如果能够利用知名品牌的价值，那么产品或企业的价值也就得到了提升。

蒙牛集团在独立构建自己的牛奶产品之始，一点名气都没有，从生产到市场都远远比不上伊利。蒙牛集团总裁牛根生做了一个公益广告：让蒙牛与伊利集团共同把内蒙古打造成中国的第一奶业基地。牛根生巧妙地运用1P理论，利用第三方伊利的无形品牌资源，为自己的品牌定位和宣传，为蒙牛迅速变得家喻户晓打下了基础，抢占了市场的商机。虽然伊利集团作为第三方并没有为蒙牛付费，但其无形资产为蒙牛借用，相当于为蒙牛节省了大量品牌宣传的费用。这就是利用第三方品牌资源为自己创造价值。

2. 促销资源

促销主要通过促销促进、公共关系与宣传、广告策略、人员直接推销等方式开展。如何找出第三方为促销环节买单呢？

（1）从促销促进来寻找第三方

在促销环节，传统意义上是由产品的厂家或商家支付促销带来的费用支出。运用1P理论，可以考虑引入对企业产品的促销环节感兴趣的第三方。

> 海尔电视在促销时，可以找一家预推MP3新品的厂家，由其免费提供新产品给海尔作为促销品。这样，海尔电视的顾客就会注意到这个新品牌的MP3。若为MP3厂家提供一些问卷调查，就会得到更多的收效。

（2）通过公共关系与宣传寻找第三方

除了促销组合的应用，第三方还愿意支付费用借用企业的公共关系来宣传第三方的品牌或形象。在媒体宣传中，将不知名的新企业与业内知名企业放在一个主题下讨论，会向市场传递该产品的定位信息。

> 20世纪80年代，松本、松日等电工品牌的迅速推广，正是借助当年火爆中国的松下电器之"松"字，使人看到这两个名字就会联想到是日本的产品，使品牌宣传迅速得到认可。

（3）从广告角度寻找第三方

企业的广告资源可以被第三方借用获得收入，企业也可以借用其他资源节省成本。如在麦当劳的广告中，我们能看到可口可乐的广告。

> 在北京电视台的某段电视广告中，有一个北京电信有关电话号码查询系统的广告。为了突出查询的快速，画面是以查询到鸿福大酒店吃火锅这个案例反映出来的。这个广告就是鸿福大酒店借用第三方来宣传自己，分担企业的广告费用。

> 重庆的一家酒类企业在飞机座椅上做广告，广告词是"盛世唐朝是人民大会堂的国宴用酒"。盛世唐朝酒借用了人民大会堂的形象，传递了酒的品位和档次的信息。

（4）从直接销售的角度寻找第三方

在销售过程中，为了取得订单，会涉及人员直接推销。人员在推销过程中，要投入时间、精力、财力等资源。如果只推销自己的产品，就会增加成本；如果能增加其他产品的推销，就会加大销售促进。如航空公司在为顾客办理登机牌时，会提供一个装机票的信封，内有各种订票、订酒店、旅游等商家的宣传信息。这种方式增加了机场的收入。

3. 渠道资源

渠道由厂家到顾客的各个环节组成，它是产品的通路。渠道资源可能是富余的，也可能是不足的，要根据渠道的资源状况引入第三方。渠道的资源包括：人员、场地、物流、管理、服务、收付款以及渠道的整体性等环节。渠道的好坏评价是依据经济性、可控性和适应性来判断的。

(1) 从渠道特性上考虑

可以将某些有共性的产品在一条渠道上传递给有相近需求的顾客群。因为渠道特性的不同，可以为产品选择不同的渠道。产品本身的功能属性的变化可以为渠道带来新的产品，使产品在渠道上得到创新。

采乐洗发水，因为产品的去头屑功能为它的洗发功能买单，结果带来了渠道的创新——采乐洗发水进入了药店渠道。

上海某钢琴公司与上海某艺术学校合办"聂耳钢琴启蒙班"，以特别优惠的价格招收4—12岁的少年。钢琴公司提供钢琴，并聘请音乐行家在儿童试学结束后，对报名者是否具备弹钢琴的素质和天资做出鉴定，同时对初学合格的学童优惠提供钢琴。在这里，钢琴的功能加上了家长的期望，卖的不是钢琴的弹奏功能，而是家长的期望，由此引发了渠道的变化。钢琴因引入了家长的期望这个第三方而得以销售。

(2) 从人员角度找第三方

对于中间机构，雇用人员是必需的。如果找到第三方为人员的工资买单，就增加了渠道的收入。

在超市内推销饮水机的促销员是由饮水机的厂家为其支付工资的。若卖水的厂家支付佣金给既卖出饮水机同时又卖出水票的促销员，饮水机企业就会因邀得共享渠道者而获得额外收入。企业人员不够时可以与第三方合作以降低渠道成本。

某企业促销人员不够，但有空间为第三方产品提供场地，条件是让第三方产品的促销员同时销售该企业的产品。

(3) 从场地角度找第三方

企业从场地方面来寻找第三方的案例有很多。

在某地铁站附近有很多小的服装零售店，其中有一家的价格总是比其他家的低。原来，这家不到10平方米的小店由两个人合租，同样的进货成本，场租的成本却比别人便宜了一半，价格自然比别人卖得低。

一家文具商店地处一个繁华地段的拐角处，老板通过装修，将内部货位重新整理，把临街的一面分出来两个小间。一间租给二手房交易公司，该公司的门独立开设；另一间租给卖游戏软件的小商户，此店的门与文具店的门相通。如此，既多收入了场租费，又吸引了新的顾客群。结果，此文具店的文具产品比超市里的还有竞争力。这是因为文具店的产品因渠道的力量，使其价格得以降低。

（4）从物流角度找第三方

渠道有物流配送的成本，还有库存和运输的问题。针对这些问题是否可以找出第三方来付费以降低成本？渠道的物流配送更加琐碎和频繁，如果都由自己来承担，就会使成本加大。如何有效利用物流的资源，找到第三方，共享企业物流的优势，或者弥补物流的劣势？这些有关库存和运输的问题在上文中已经描述过，这里不再赘述。

（5）从产品采购的角度找第三方

产品的进货成本是渠道的重点考虑对象，降低产品的进价是降低渠道环节的成本的重要手段。

> 目前流行的团购建材，就是从产品成本的角度借用第三方。大家自发地组织起来，由原来单户购买 1 万元的地板的小单，发展到 100 户共同购买 100 万元的大单。结果，讨价还价的能力加强了，自然可以用较低的价格购得商品。对于商家来说，节约了交易成本、管理成本、促销成本，而且还可以因销量的增加，向厂家索要奖励和更低折扣；厂家也因为规模生产使成本降低，整个渠道的利润没有受到影响；而顾客也获得了价格满意的产品。这是因为渠道的各个环节互为第三方，产品进货的成本降低了。

（6）从管理和服务的角度找第三方

从管理和服务的角度，也可以寻求第三方买单。渠道做得好的企业，自然管理有序、服务到位，对第三方有价值。渠道管理和服务做得不好的企业，应该考虑如何找到第三方，来降低渠道管理的成本和服务的成本，如考虑服务是否可以外包。因为有关服务的内容在前文已有描述，在此不再重复。

（7）从渠道的整体性考虑

渠道的整体性表现为渠道的效率、销售收入和成本控制。如果渠道资源对于第三方是有价值的，第三方就会愿意花钱分享这个渠道。如果渠道资源对企业价值不足，企业就需找第三方进行合作，降低成本，达到共赢。

大卖场的营销模式是 1P 理论在渠道创新上最好的产物。超市内的产品互相借用渠道优势整合资源，从人员、场地、产品、管理和服务等方面互相补充，使原来产品各个渠道的交叉部分得以节省，给顾客提供了更低价格的产品。

(五) 服务环节上的 1P 理论应用

服务的资源包括多方面的含义，有软性服务和硬性服务之分。硬性服务需要各种设备和工具，软性服务只需要人员的参与。企业可根据服务资源的不同选择第三方。

可以在为顾客提供硬性服务的同时，为第三方传递各种营销信息；也可以在为顾客提供软性服务的同时，为第三方创造价值。

海尔洗衣机上门服务时，可以为某品牌的机用洗衣粉做广告，告知顾客，用海尔洗衣机并使用某品牌的洗衣粉，会使洗涤效果更优；也可以为海尔空调、电视等新产品做促销或宣传广告，派送宣传彩页等。通过 1P 理论整合内部资源，会达到更好的营销效果。

如果企业的顾客同时也是第三方的顾客，企业可以利用为顾客提供服务的机会，借用资源为第三方提供市场调查问卷。

综合考虑服务资源时，可以考虑服务外包。售后服务有时需要通过电话进行，单独设立人员和帮助台（HelpDesk）的成本太高，这时可以考虑外包的形式，通过第三方节约资源，降低成本。

携程公司整合了全国酒店、机场等的预订服务。过去顾客为了订酒店，需要给各家打电话，既浪费了顾客的时间和电话费，也降低了酒店的效率。通过整合全国的酒店，携程承担了推广预订服务的工作，不但给顾客提供了满意的预订服务，而且节省了酒店的资源。各酒店在预订服务资源不足的情况下，通过携程的介入，节省了预订服务的资源，获得了稳定的客源。携程也因获得大量的酒店信息，提升了自己在顾客心目中的地位，获得了酒店提供的佣金资源，达到了共赢。

四、在价值链的支持活动中探寻 1P 理论的应用

从价值链的理论可知，企业价值链的支持活动包括：采购、技术开发、

人力资源、企业基础设施环节。

(一) 从采购的角度应用 1P 理论

企业可以从采购可能涉及的环节和资源入手,找出富余和不足之处,如采购资源的供应商状况、采购的规模、采购的频率、资金的情况等。资源富余,就想办法寻找第三方增加收入;资源不足,就想办法与第三方合作降低成本。

如果企业的采购规模不足以让供应商降价,就可以联合多家企业共同(集团)采购,借用别人的规模资源压低价格。

> 集团战略采购的概念在房地产业很流行。一般而言,房地产项目都是独立开发的,项目独立核算,自己购买房屋建设所用的建材,自己管理,自己销售,按利润接受公司的考核。万科集团在全国的房地产项目有 50 个,但每个项目都独立采购,均无法为项目带来足够的降价空间。于是,他们采用集团战略采购的方法,在深圳总部单独设立部门,对各个项目进行分析,对各个建材品牌进行调查了解,然后圈定几家合格的供应商,邀请其参加总部的战略采购招标活动。如果有一家供应商中标,全国 50 个万科的项目就全部由这家供应商供货,以此降低采购成本。万科通过整合各个项目的经济规模资源,达到了降低成本的目的。在这里,各个项目互为第三方。

(二) 从技术开发的角度应用 1P 理论

企业要考虑技术开发的资源是否富余。如果资源富余,就考虑找第三方多收;若不足,就考虑找第三方合作以节省资源。

> 摩托罗拉推出"时尚即实用"的 OROKR 蓝牙太阳镜,将太阳镜和蓝牙技术整合,让顾客感到"移动体验更加有意义"。太阳镜的厂家 OAKLEY 作为第三家介入,使摩托罗拉的蓝牙产品具有创新的竞争优势。摩托罗拉不仅没有降价竞争,反而以更高价格占领了市场。

(三) 从人力资源的角度应用 1P 理论

企业可以通过整合人力资源的优势和劣势与第三方合作,达到增加收入、降低成本的目的。

某外资企业在全国各地雇用的员工有 6 000 多人,需要使用公司的内部局域网进行日常工作。为此,企业需要搭建网络系统。如果自己维护这样庞大的网络系统,就需要组建专业的维护队伍。为降低成本,公司引入了第三方进行设备搭建和服务的合作。设备全部采用 HP 的网络设备,网络维护人员是受过 HP 网络培训的专业人员,这就保证了网络的快速建立和日常维护。该企业缺乏网络人员资源,通过引进第三方专业人员降低了成本,实现了共赢。

北京市人才服务中心代理了多家企业的人事档案管理,生意非常好,成本自然也低。如果这些企业各自保管人事档案,需要建立档案室,还要有相关人员管理,会占用大量的资源。为了解决在这些方面资源不足的问题,它们找到北京市人才服务中心,互相利用资源,达到共赢的目的。

(四)从企业的基础设施的角度应用 1P 理论

企业的基础设施包括办公场所、办公环境、配套的电脑网络设备、福利设施等。

如果企业在基础设施方面资源富余,就可以综合利用;如果资源不足,就可以考虑资源整合的方式。

某企业的办公大楼在机场辅路旁的一个公寓院内。该企业利用它的位置资源为自己的企业做宣传,在院门口和机场辅路旁立了两个有公司企业形象的引入牌,自做广告。

某大型企业为提供福利班车,在北京共开设了 12 条线路。若这些班车只为公司员工上下班和机场接送服务,购置大客车成本就太高了。怎么办呢?公司引进了汽车租赁公司(第三方)的车辆。企业不需要自己购置和维护车辆,也节省了人员管理和车辆管理等成本。汽车租赁公司通过整合汽车的资源也增加了收入。

五、从企业的无形资产探讨 1P 理论的应用

企业的无形资产主要是指企业的内部软性资源,它包括产品的配方、企

业的资质、价值链管理、企业的经营管理、各类自行开发的软件、品牌，以及外部相关联的供应商、顾客、媒体等。

企业的软性资源是边际非稀缺资源，一经开发就可以零成本无穷复制。这种资源对其他企业可能非常有价值。

> 如家快捷连锁酒店自2002年成立以来，在全国已经拥有2 000多家连锁经济型酒店。它通过复制管理模式这种边际非稀缺资源大大降低了管理成本。

企业也要巧妙利用顾客、供应商、媒体等外部环节资源。媒体资源就是企业可以利用的第三方资源。

不属于企业所有的顾客资源尤其要利用。当企业的产品在某个顾客群中形成优势时，顾客就是企业的资源，一些相关的第三方会愿意为利用顾客资源而花钱。

企业的顾客资源与第三方的顾客资源可能具有相关性。他们可能是第三方的购买者、使用者或者影响者。

> 对装饰公司的设计师销售设计培训课程，可以吸引建材厂商的广告投入。设计师是培训课程的使用者或购买者，同时也是建材商的顾客的影响者。

通过寻找第三方，企业不仅能从渠道、产品、促销等传统营销活动中多收少花，还可以从整个价值链的各个环节引入第三方而多收少花，达到赢得市场竞争优势的目的。1P理论是从企业利润最大化的角度出发，寻找第三方，增加企业的收入，降低企业的成本，从而使销售收入作为企业主要收入来源的压力得以减轻，进而使企业获得价格竞争优势。1P理论为企业带来了全新的经营思路，通过第三方介入企业各个环节的资源，整合利用，获得价值，达到企业多收少花的效果，实现企业以低价格或零价格向顾客销售仍能获得利润的目标。当然，从环节获利并不是不再关注产品本身，相反，要从顾客的利益出发，对产品做出更多的创新和投入。

通过对价值链的基本活动和支持活动的各个环节的探讨，将各个环节的资源挖掘出来，并对资源进行分析，找出哪些是企业富余的资源，哪些是企业缺乏的资源。富余的资源可以引进第三方，靠其增加收入；缺乏的资源可以用富余资源与第三方交换资源，以降低成本；也可以与第三方共同整合资源，使缺乏的资源变成富余的资源。对于资源的挖掘，需要企业开动脑筋，不要把第三方仅仅理解为其他企业，第三方可以是个人、产品、产品的不同功能、本企业，以及互为第三方的情况。通过第三方的引入，整合资源，使企业多收少花而获利，达到1P理论的目的。对企业资源和第三方的探寻仍然需要做大量的工作，本章的努力只是开了个头。通过1P理论在价值链环节上的应用，可知企业不是孤立的、封闭的，而是与其他企业网状相连的。所以，企业需要与更多的企业合作，充分利用企业价值链的立体网络价值，实现共赢。

第十章

营销1P化：1P理论实践案例分析

人们自觉或不自觉地运用1P理论的案例无处不在。相信本章的一些案例能有助于读者进一步了解和掌握1P理论的权变和运用。让我们以"石头汤的故事"为本章的开头，先享受一下精纯的1P理论思维吧！

俄法战争后，许多战败的法国士兵被困在俄国无法回家。圣诞节快到了，天寒地冻，雪花纷飞，有一些人慢慢准备放弃了。但有一名法国士兵没有这样的打算。他已经三天没有进食，饥饿难耐。手上有的仅是一顶磨损不堪的钢盔。但他灵机一动，在路边随手拣了一块石头，走进村庄里，挨家挨户地大力敲打钢盔："来呦！来呦！大家快到教堂的广场，有一道您从没有享用过的美味免费请您享用！"很快，村中的老老少少都聚集在这个广场。法国士兵拿出钢盔，将石头置于其中说："我是外地人，因为身上已经没钱，所以只好请大家喝我祖传的美味浓汤。在我钢盔中的石头，是天下最好的调味宝石。任何浓汤，只要加入这颗宝石下去煮，一定鲜美无比。"村民一阵聒噪后，有一位妇人说："我们要亲口喝汤才相信！"大家也都你一句我一句说要喝喝看。这名法国士兵眼见机不可失，便说："可以，但是希望有人能借我一个锅以交换喝汤的机会。"有一位老先生很慷慨地答应了。接着，法国士兵又提出需要有人提供柴火、水、盐巴、肉、胡萝卜、洋葱等，以增加汤的美味，同时交换喝汤的机会。半天后，大家果然都如愿喝到天下最美味的汤，他也卖掉了手中的石头。三个月后，这名法国士兵利用这种方法，终于回到了朝思暮想的故乡。

这名士兵除了拣的一颗石头外，一无所有。如果按照传统的STP+4P营销方法，要把这颗石头当作宝石卖出去，先要对买宝石的村民进行细分，看看谁有钱，谁想要宝石，想要什么样的宝石，等等。然后，选定一部分目标市场，把石头进行包装。接着，开展推广活动，如打打广告、吆喝吆喝。最后，还得考虑卖多少钱才够回家的路费。最主要的是，在他把石头卖掉之前，他得花钱。也就是说，企业（这里是士兵）先花自己的钱去买东西，然后把东西卖给原有目标顾客（这里是村民）而获得收益。收益减掉花的成本，剩余的就是纯利润（这里是回家的路费）。这也是传统营销的基本思维。

在这个故事里，具有智慧的法国士兵向我们展示了精纯的1P理论思维。如何引入第三方？如何在为第三方创造价值的同时也增加原有目标顾客的价值？第三方如何为企业花钱？怎样通过第三方介入使企业收得更多？等等。对这个故事的具体分析将在本章的"1P理论的综合应用"中进行。

第十章 营销 1P 化：1P 理论实践案例分析

一、导读

本书的前面提出了一种新理论——1P 理论，对其产生的经济背景作了深刻的剖析，系统地分析了 1P 理论的 11 种类型，以及应用 1P 理论的五种规律。同时，列举了许多在我们身边无时无刻不在发生，但却很少被关注的 1P 理论的案例。那么，1P 理论能应用在哪些地方呢？如何具体地应用 1P 理论去变革业务和创新业务呢？

本章通过对案例的深刻分析，将五大 1P 理论规律应用于 11 种 1P 战略类型，最后在综合应用的案例中揭示出一些基本方法。读者可以先读"综合应用"的部分，对问题有一些基本概念后再回过头来读前面的部分；也可以带着问题，边读边思考。无论哪一种方式，都可以把自己身边发生的商业事件用 1P 理论的观点去重新审视，结合自己的工作实践，边读边应用 1P 理论思维和方法。本部分在每一个案例后都列出了思考题，是对案例进行的更深层次的挖掘。读者可以自己思考，也可以和朋友一起讨论，通过这种方式，也许能发现新的机会。

先来明确一个概念：营销 1P 化。寻找第三方企业为企业支付部分或全部营销成本，或者寻找第三方顾客为原有目标顾客支付部分或全部购买产品的花费，从而形成独特的价格竞争优势，这个过程就是"营销 1P 化"。营销 1P 化的基本特征是：企业在为原有目标顾客创造价值的同时也为第三方创造价值。营销 1P 化就是将 1P 理论的规律运用到 11 种 1P 战略类型的全过程。下面分别按照 11 种 1P 战略类型，结合五大 1P 理论规律分析案例，总结出一般的实用的方法，供读者对照自己的企业实际加以运用。

二、案例及分析

（一）杨先生的药店生意经

1. 案例简介

2003 年是北京的杨先生最困惑的一年。他三年前在北京朝阳门外开了一家药店，刚开始时，因为北京市对药店数量有所限制，他的生意很好，药店面积也越来越大。从 2003 年开始，连锁药店蓬勃发展，在他药店的附近很快冒出来好几家小药店，并打出了平价药店的招牌。杨先生的药店遭受了双重损失：一是销售额减少；更要命的是，价格也不得不向小药店看齐。由于他的位置好，租金比较高，管理成本也高于小药店。尽管销售额较大，但由于和小药店进行价格竞争，利润微薄，每月算下来正好打一个平手。好在供应商对他比较支持，结账期较长，流动资金没有问题。而小药店却有钱可赚。他面临两难抉择：一是关门大吉，但他对别的行业不熟，岁数大了也难以转行，这不是一个好选择；二是继续经营又无钱可赚。怎么办？

他创新的盈利模式如下：

（1）继续开药店，并重新装修，使之更加人性化，更吸引客户；

（2）对供应商不压价，只要求结账期增加一个月，使手头拥有大量现金；

（3）价格完全与小药店一样，增加销售额；

（4）利用药店占压供应商的资金投资房地产。

实际的运行结果与预计的基本一致。虽然药店还是不挣钱，但占压供货商的资金高达 500 多万。他利用这笔钱购买了高档住宅 10 多套，每月租金十几万元，还完按揭还有富余。目前，他正努力经营他的药店。十年后，当他还完银行按揭，就可以退休了。

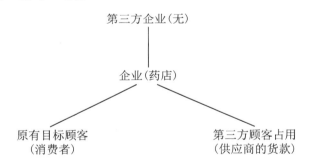

图 10-1　杨先生的药店运用 1P 理论的思维导图

2. 分析

本案例应用的是第一种类型的 1P 战略：只花企业的，同时收原有目标顾客和第三方顾客的。

这个案例符合 1P 理论的特点：降低了价格，不降低利润（房租变成了药店利润）。通过占用供货商的资金，为药店客户买单，使他们买到便宜药。环境和管理都改善后，不增加零售价。

从药店（企业）的角度来看，花的是自己的，收的来自于消费者（原有目标顾客)以及供应商的货款占用(第三方顾客)。

本案例的第三方买单模式不同于一般的第三方模式。它不是直接由第三方顾客为原有目标顾客支付费用,而是第三方顾客提供资源(这里是货款),再由企业把这些资源投入另外的第三方而产生收益,由第二链条的第三方为第一链条的原有目标顾客(药店顾客)买单。我们可以把这种模式称为第三方链式买单。当然,我们还可以有第三链条的第三方、第四链条的第三方……

3. 规律应用

本案例应用的规律是:战略利益。

杨先生凭什么要求供应商延长一个月的结账期呢?难道仅仅是因为和供应商有良好的关系?当然不是,做生意是讲利益的。虽然案例没有具体说为什么供应商答应延长结账期,但可以肯定的是,杨先生的药店对供应商有战略利益。这种战略利益在这里也许就是供应商的渠道占有率,也许是供应商保持渠道多元化,从而增加和周围的药店谈判的能力,等等。

战略利益有时很容易看出来,但更多的时候是一种隐性的东西。如一个供应商在家乐福已经连续亏损了两年,并且找不到扭亏的方法。那他为什么还要在家乐福卖呢?因为他图的是名声。别的厂商认为他能给家乐福供货,一定实力不错,从而在合作时会给他更好的交易条件。这就是战略利益的表现。

零售业如超市、电器连锁店等都是占用供应商的货款,而且还收取各种费用,如进场费、品牌费、促销费、店庆费等。这些零售终端充分利用了自己对供应商的战略利益,层层盘剥。

战略利益在谈判中的运用更为广泛,只要发现自己具有对方的战略利益,就可以立刻要求对方降低交易条件。

思考题:

(1) 列出自己的企业(或自己熟悉的一个企业)的各利益相关者,看看对他们的战略利益在哪里。

(2) 找出几个第三方链式买单模式的例子,看看它们有什么相同和不同点。

(二) 114查号的秘密

1. 案例简介

以前打电话到114查号台只能问到电话号码,现在不一样了,增加了很多服务项目。家庭生活小知识、家庭生活小窍门等，都可以十分方便地查询到。感谢114查号台免费为我们提供的额外服务，使我们的生活变得更方便。其实真实的情况是，这些额外服务另有其人替我们付钱。比如，我们要找一家酒店住宿，114查号台会把我们的订房电话直接转到酒店，然后向酒店收费；又比如，我们要找一家有特色的餐厅，他们通常会帮我们把订餐的电话转到餐厅，并且向餐厅收费。

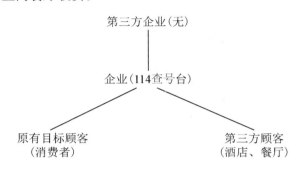

图 10-2　114 查号台运用 1P 理论的思维导图

2. 分析

如果114不和电信局分电话费，这属于第二种1P战略类型；如果114和电信局分电话费，这属于第一种1P战略类型。

站在114(企业)的角度，从花的3P(产品、渠道、促销)来看，114花的是自己的；从收的1P(价格)来看，如果114只收消费者(原有目标顾客)的，则是传统的4P战略；如果只收酒店、餐厅(第三方顾客)的，则是第二种1P战略类型——花企业的，只收第三方顾客的，不收原有目标顾客的；如果两者都收，则是第一种1P战略类型——花企业的，同时收原有目标顾客和第三方顾客的。

目前，大多数中介服务应用了第一种或第二种1P战略类型。例如，猎头公司(企业)只收招聘企业(第三方顾客)的钱，不收应聘者(原有目标顾客)的钱；婚介所(企业)既收男方的钱，也收女方的钱，这里男方和女方互为第三方顾客，相互省了钱；房屋中介(企业)既收房东的钱，也收房客的钱，这里房东和房客互为第三方顾客，相互节省。正是信息化和网络化的时代背景，才催生出这一类行业。

可见，1P理论在我们日常生活的各个方面都可以发挥作用，关键是怎样用心思考、运用这一理论。

3. 规律应用

本案例应用的规律是：战略利益。

本案例应用的实际上是战略利益下的子规律，我们不妨称之为"中介原理"。中介原理属于战略联盟的一种，而战略联盟就是战略利益的子规律。

中介原理，顾名思义，就是在两方之间或多方之间做中间人。本案例的中介原理运用的是"搭桥"方法，在供给和需求中搭桥，从而为双方节省成本，创造价值。

思考题：

运用中介原理设计出一套商业盈利模式。

（三）电子游戏中的广告

1. 案例简介

据说，万宝路是最早在电子游戏中做广告的公司。20世纪80年代，游戏者在世嘉公司的大型游戏机上模拟驾驶，超越一辆又一辆标着"Marlboro"的赛车。

《FIFA》系列足球游戏红极一时，从《FIFA98》到最新的《FIFA2004》，玩一场FIFA游戏，就像是参加一场真正的商业比赛。运动服上标贴着耐克、阿迪达斯、锐步等品牌的商标，各大赞助商的广告牌频繁出现，连运动员休息时喝的饮料也不会被广告投放者放过。很多人会在玩《FIFA》时暂停一下，以便看清楚某位球星代言的是什么品牌。

还有一些游戏在一些细小的地方放广告。比如，《冲浪高手》中的G—Shock手表，《超级猴子球》中的"多尔牌"香蕉等。如果玩家注意这些细节，可以在慢镜头回放下找到更多的广告：《古墓丽影》中的劳拉带着爱立信手机；《虎胆龙威——广场风云》中的道具是Zippo打火机和摩托罗拉手机……

随着受众的广泛普及，在电子游戏中做广告被看作大势所趋。尝试这种广告新载体的商家队伍日渐壮大，不少世界级品牌都曾在游戏中亮过相。

现在，商家想方设法把游戏和广告融为一体。在《Crazy Taxi》系列游戏中，玩家扮演一名出租汽车司机来完成各种任务。路边会经常出现必胜客或肯德基的快餐店，游戏中很多任务就是把乘客送到必胜客去吃比萨，或送去肯德基吃鸡腿汉堡。司机自己也可以到这两个地方去吃午餐，而且还可以得到不同的优惠券。类似的游戏还有以真实的中国香港街道和知名商店作为场景的经营类游戏《莎木》。

更有甚者，商家为了突出宣传某件商品，会以此作为游戏的主题。科幻游戏《黑犬》完全是为了给 M&M 彩虹糖做广告，游戏一开始就打出了"根据 M&M 公司广告改编"的字样。玩家若想过关，必须要收集一定数量的 M&M 彩虹糖，每完成一个任务都与彩虹糖分不开。要想打败大魔王，就要集齐各种颜色的彩虹糖才能得到足够的法力。这款游戏虽听上去多少有些乏味，但玩起来其 3D 效果很不错，画面和情节也十分有趣。

相比传统媒体，在电子游戏中做广告有不少优势。例如，它不受时间限制。8 点播放的电视广告，观众如果 8 点 10 分才打开电视机，那么就错过了；过期的报纸也很少有人再去翻看；但游戏可以随时玩。游戏广告的费用也要比其他媒体低廉。索尼公司在 1997 年投入一个游戏的广告费用约为两万美元，相比在电视或网络上投放广告的费用要便宜得多。如果把时间因素也算进去，当初推出的这款游戏现在还有人在玩，那么这样的广告可以说是一本万利。而且，玩家玩一款游戏少则几天多则数月，在这样长的时间内，多数广告都可以让游戏者熟记并接受。如果是那种最费时的网络游戏，广告效果就更加厉害了。一则网友评论说："如果在 CS 游戏里的 A 门上画上广告，那它一定是全球出镜率最高的一款产品。"

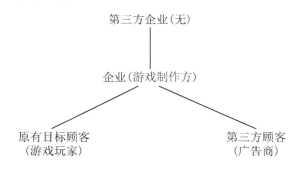

图 10-3　电子游戏制作方运用 1P 理论的思维导图

2. 分析

如果既收游戏玩家的钱，也收广告商的钱，则属于第一种 1P 战略类型；如果只收广告商的钱，则属于第二种 1P 战略类型。

站在游戏制作方（企业）的角度，从花钱的 3P（产品、渠道、促销）来看，花的是自己（企业）的成本；而从收钱的 1P 看，不仅收游戏玩家（原有目标顾客)的钱,也收广告商(第三方顾客)的钱。当然,如果广告商支付的价格足够企业盈利,也可以不收游戏玩家的钱。在这个案例中,广告商可以促进产品销售,打开市场,提高产品知名度。更进一步,在《Crazy Taxi》系列游戏中,司机吃午餐时,还可以得到不同的优惠券。如果游戏玩家打印优惠券去必胜客或肯德基吃东西,可以得到优惠。这无疑是一种更加互动式的广告技巧。

3. 规律应用

本案例应用的规律是:战略利益下的战略联盟。

我们可以把本案例看成战略联盟具体化的一个规律,即联合促销和渠道扩展。在一个电子游戏里,对于同一目标顾客群,几个不同品类的产品一起进行促销活动,能增加对顾客的价值,同时节约参与各方的成本。

思考题:

重看几遍你最喜欢的电影,假设你是电影制作方,你将如何在电影中充分运用1P理论。

(四) 关系中的商机——油田开发

1. 案例简介

十年前,某公司去陕西开发油田。创业初期,没有资金。但二十年前该公司已经在油田方面做过三年,积累了一些资源。经过三个月的实地考察后,通过中石油和当地的关系签了一个油田区块的经营权。后对其进行包装,并邀请石油学院的同学深入研究那里的地质情况和开发潜力,做出了开发前的所有可行与实施报告。此时,正值大量的开发资金潮水般涌入陕西,迫切寻找可供开发的区块。该公司与其中一家签订了合作合同,由对方投入全部资金,占股权的80%;该公司以经营权、前期工作、技术与管理入股,占股权的20%,以该公司管理为主。这样,在经历了两年的高效管理和经营之后,便收回了全部投资。第三年开始,该公司第一次分配到100万元的纯利润。

2. 分析

本案例应用的是第三种1P战略类型:同时花企业和第三方企业的,只收原有目标顾客的。

站在该公司(企业)的角度,从花钱的3P(产品、渠道、促销)来看,花的

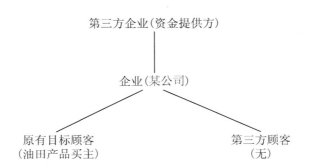

图 10-4 某公司运用 1P 理论进行油田开发的思维导图

是自己（企业）和资金提供方（第三方企业）的成本；而从收钱的 1P（油田产出的石油等产品的价格）来看，只从油田产品买主（原有目标顾客）那里获得收益。这个案例中，我们也可以看成该公司和资金提供方互为第三方企业。既可认为资金提供方（第三方企业）为该公司（企业）承担了部分成本，也可以看成该公司（第三方企业）为资金提供方（企业）分摊了部分成本。

经济生活中，这样的例子有很多。大多数合伙做生意，如技术入股、管理入股、合股等，都应用了第三种 1P 战略类型。

3. 规律应用

本案例应用的规律是：资源整合下的系统集成。

在本案例中，光有油田经营权，没有资金，油田开发不出来，该公司也没有收益；光有资金，没有油田经营权，油田也开发不出来，资金的收益也不会有那么大。正如一台机器由很多零部件组成，缺一不可，只有把这些零部件组合在一起，才能发挥出机器的效用。单个独立的零部件的价值相对其组成机器而产生的价值低很多。这就是系统集成的妙用。

应用系统集成的 1P 理论规律，有几点值得关注：一是零部件之间最好是相互独立的，而不是交叉的，越是独立发挥效能就越大；二是各个零部件的指向要一致，也就是目标要一致，要能相互融合，而不是拼凑；三是参与者越多，越能起到放大资源的效应；四是对未来收益和风险要有明确的认识和界定。

人也是一个系统集成体，每一个器官都是独立运行又相互依赖，任何一个器官出现问题，都会影响整个人的状态。组织也是一个系统集成体，每一个岗位都是独立的零部件，只有这些岗位相互组合成一个整体，才能发挥组织这个系统的功能。

思考题：

某西部省份的一大型开发区为了吸引投资，要建一个豪华型五星级多功能酒店。请用系统集成的方法为这个项目策划可操作性方案。

（五）《新京报》成长学院

1. 案例简介

2005年，由《新京报》成长学院举办的"瑞风企业高管训练营"，聘请知名学者、教授来讲授实战MBA课程以及企业经营的其他内容。招生对象面向社会、企业高级管理人员，没有其他条件的限制。2天食宿免费，"瑞风"车接送，收费500多元。另外，还有诸多优惠条件：《新京报》的订阅户、读者俱乐部会员，以及广告客户等，都有不同级别的大幅度优惠折扣措施。拿到证书者还可以免试跟读中科院的MBA班，并可以获得1万元的奖学金。在培训教育收费日益高涨的情况下，这样的价格相当于白送。而且，学习地点是在北京郊外的五星级度假温泉山庄，即使个人去度假旅游，花的钱也比500多元要多。

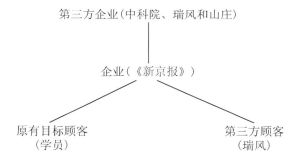

图10-5 《新京报》成长学院运用1P理论的思维导图

2. 分析

本案例应用的是第四种1P战略类型：同时花企业和第三方企业的，同时收原有目标顾客和第三方顾客的。

从主办方《新京报》（企业）来看，请老师的费用、车费、温泉山庄的费用等都有了节省；中科院自己的老师费用很低，通过中科院去请老师的费用也比自己去请便宜；车的费用是瑞风支付的；温泉山庄的费用还可以打个较好的折扣（因为在报纸广告上也打出了山庄的名称）。所以，从花钱的3P（产品、渠道、促销）来看，花的一部分是《新京报》（企业）的钱，另一部分是中科院、瑞风和山庄的钱,这里的中科院、瑞风和山庄是花钱方引入的3个第三方;从收钱的1P(成为训练营成员的价格)来看,不仅收了学员(原有目标顾客)的钱,也收了瑞风(第三方顾客)的钱,因为瑞风公司每期还另外支付给《新京报》一笔现金。学员也得到了实惠,不仅可以看作免费学习(因为去五星级度假山庄度假的费用都超过了学费),还可以跟读MBA,包括获得奖学金等。

如果把中科院看成企业,那么对它来说这是第三种1P战略类型:用很少的代价换来《新京报》几十万发行量的广告效应,在花的促销方面由于和《新京报》合作节省了不少钱。此时,《新京报》就是中科院的第三方企业。

同样的道理,温泉山庄不用花现金,利用现成或者闲置的客房资源做了宣传,还增加了销售;瑞风汽车也节省了广告费,开拓了潜在的客户。对于这两者来说,《新京报》是第三方企业,是《新京报》为他们节省了促销成本。这里,应用的也是第三种1P战略类型。

3. 规律应用

本案例应用的规律是:整合资源下的战略联盟。

从本案例中参与各方来看,彼此之间的战略联盟都是用自己边际成本几乎为零的资源进行整合,我们不妨把这种方式称为"资源置换"。其具体含义为:有些产品的资源不用也浪费了(如报纸的广告版面,电视的广告时段),有些产品的边际成本很低(如酒店客房,不住也浪费,住了成本也不高),而这些东西对他人却是很有价值的。所以,两个或多个企业拿自己的这些边际成本很低(或为零)的资源相互置换,能让资源发挥更大的效用。

我们也可以从联合促销的角度看这类案例。传统的4P框架下的各种促销手段,如免费促销、优惠促销、抽奖、捆绑销售等,实际上是厂商和消费者的零和游戏。任何的促销手段都要付出成本,跟厂家追求利润最大化的根本目的相矛盾。消费者从最初的信息不对称而被促销所吸引,到越来越知道"羊毛出在羊身上"的道理,精明的消费者让厂家的促销效果大打折扣。在零和的博弈中,一般厂商在促销中损失了利润,要取得双赢是很难的。而联合促销却充分整合了参与者各方的资源,各自为对方创造了价值,节省了成本,是多赢游戏,游戏的各方一起为顾客创造了新的价值。

思考题:

关注一个企业,列出这个企业闲置或边际成本很小或为零的资源,然后策划用这些资源去换取对这个企业有更大价值的其他资源。

(六) 免费运货

1. 案例简介

在当前货运业界，拼箱的做法是一个典型的 1P 理论的运用。例如，一个 40'集装箱从上海运往日本东京，海运费为 400USD（美元）。按正常的拼箱做法，一个 40'集装箱可以装 60CBM（立方米）的货物，拼箱的成本应该是 400/60≈7USD/CBM。如果以传统的营销策略来定价，加上成本和利润，销售价格应为 12USD/CBM，毛利为 12×60－400＝320USD。也就是说，一个 40'集装箱在装满 60CBM 货物的情况下可以盈利 320USD。但是在市场上，大的拼箱公司却是以零价格在市场上销售。可能有人会问：这样做公司岂不亏钱，连成本也挣不回来？他们为什么要这样做呢？关键在于集装箱到日本后拆箱有费用上的转化。在日本，进口的拆箱越多，价格也就越便宜。日本的人工很贵，一般进口拆箱的标准为 1 000USD/40'。若一个月超过 100 个柜子，拆箱的标准则为 300USD。针对实际收货人的收费标准仍是 1 000USD，剩余的钱退给起运港的代理人 700USD/40'。扣除运费 400USD，一个柜子还有 300USD 利润。因此，对客户来讲，服务没有变化，但价格是零，不用付钱就可以运货，当然非常愿意。

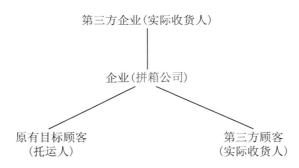

图 10-6　拼箱公司运用 1P 理论的思维导图

2. 分析

本案例应用的是第五种 1P 战略类型：同时花企业和第三方企业的，只收第三方顾客的。

以拼箱公司（即起运港的代理人）为企业。从花的方面来看，企业和第三方企业（收货人）共同承担了费用；从收的方面来看，实际收货人（第三方顾客）为托运人（原有目标顾客）支付了全部的价格，托运人不用花一分钱就可以把货从上海运到日本。

第五种 1P 战略类型可以简单地表述为：企业和第三方企业共同生产出一个产品或服务，再向另外的第三方顾客收费，原有目标顾客免费得到产品或服务。本案例中，为企业花钱和为原有目标顾客支付价格的第三方都属于同一第三方。

第三种、第四种和第五种 1P 战略类型只是在收的维度上有程度的不同，它们是可以相互转换的。如果把只收第三方顾客的转换为既收第三方顾客的也收原有目标顾客的，那么就从第五种 1P 战略类型转换到了第四种 1P 战略类型。在实际应用时，要根据具体的情况，适当地在各种营销战略之间转换，以达到应用 1P 理论的最大效果。

3. 规律应用

本案例应用的规律是：范围经济下的子规律——规模经济。

本案例中，对于拼箱公司来说，运用 1P 理论，并没有在 3P 上增加成本；相反，在价格降低的同时吸收更多的货物还能盈利；而且，货物越多盈利越多。这是用规模经济利用第三方。当一个产品的产量增加使其长期平均成本下降时，则会由于规模经济使得产品的价格有下降的空间。

思考题：

举出一个应用第三种 1P 战略类型的案例，分别用 1P 理论规律将其转化成第四种和第五种 1P 战略类型。

（七）家庭保健箱

1. 案例简介

某公司策划推出新产品——家庭保健箱。首先，找那些不惜重金在中央电视台打药品广告的企业，由他们出资定制有宣传标志的"家庭保健箱"；再由希望将自己企业生产的同质化家庭常用药品宣传出去的厂家赞助药品；组成精美、实用的"家庭保健箱"，通过居委会分发到各家各户。不花钱送上门的"家庭保健箱"被拒之门外的概率几乎为零。这样，赞助药品、药箱的厂商及药品配送商很容易被广大消费者所认同，也为药品的无店铺直销奠定了基础。消费者可以从药箱取出常用药来用，以一段时间为期，该公司根据消费者用完再补充的药收取消费者的费用，并补充进新的常用药。

第十章 营销1P化：1P理论实践案例分析

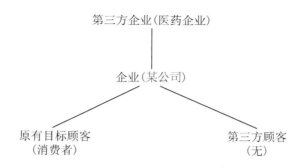

图 10-7 某公司"家庭保健箱"运用 1P 理论的思维导图

2. 分析

本案例应用的是第六种 1P 战略类型：只花第三方企业的，只收原有目标顾客的。

该公司的产品是"家庭保健箱"。如果把人力成本、房租等先撇开不看，单就"家庭保健箱"这个产品来看，该公司没有支付任何成本，药箱和药都是医药企业（第三方企业）赞助的。也许，第二批药要花钱，但那是另外一个问题，我们先谈第一次的。从花的方面来看，花的是第三方企业的；从收的方面来看，收的是直接消费者（原有目标顾客）的，这是典型的 1P6 理论类型。

花第三方企业的钱生产产品和服务，再卖给原有目标顾客（顾客），这是 1P6 理论类型的本质，也是第六种 1P 战略类型的神奇所在。

如果该公司利用"家庭保健箱"这个渠道，再另外收取其他医药企业的费用（如帮这些企业夹带宣传广告等），那就是在收的方面也引入第三方顾客，属于第七种 1P 战略类型：只花第三方企业的，同时收原有目标顾客和第三方顾客的。

3. 规律应用

本案例应用的规律是：整合资源。

"家庭保健箱"就近整合资源，寻找赞助厂商，签订独家终端用户配送协议，以最低的消费成本赢得终端用户的信赖，从而获取竞争优势。在终端为王的竞争年代，控制了终端就主宰了市场，也为企业的价值链延伸——药品生产创造了机会，帮助医药企业提升了销售量。

目前，这个运营公司在深圳的业务已蓬勃发展。这种商业模式操作的后几步概述如下：建立"家庭保健箱"直销网络；以住宅小区或片区为单元，设置药品配送专员；每个城市设置家庭保健咨询配送服务中心；建立"家庭保健网站";建立全国性直销网络;注册商标;进行形象宣传。

如果把医药企业看作企业,"家庭保健箱"运营公司看作第三方企业,消费者看作原有目标顾客,那么医药企业应用的是第三种1P战略类型:由于"家庭保健箱"运营公司的介入而节省了他们的促销和渠道成本,还是收消费者的钱。应用的规律是产品多功能化(开发了"家庭保健箱"的广告功能),以及战略利益下的联合促销和联合渠道。

> **思考题:**
> 应用第六种1P战略类型进行资源整合,设计一套可操作的商业模式。

(八)垃圾处理中的范围经济

1. 案例简介

因环保公司的资金问题,先进垃圾处理设备的厂商营销产品给环保公司异常艰难。于是,设备厂商找到回收垃圾的公司,游说他们买下设备,免费送给环保公司,要求环保公司负责把处理后的垃圾提供给回收垃圾的公司。这样,环保公司既节约了填埋垃圾的费用,还可以从垃圾回收公司分红。

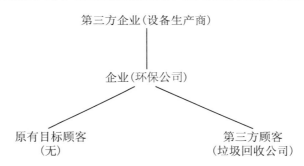

图 10-8　环保公司运用 1P 理论的思维导图

2. 分析

本案例应用的是第八种1P战略类型:只花第三方企业的,只收第三方顾客的。

之所以把环保公司看作企业,把回收垃圾的公司和设备生产商看作第三方企业,是因为环保公司原来是要把垃圾填埋,没有原有目标顾客,环保公司就是产业链的终端。

本案例中的产品是垃圾处理设备。从花钱的角度看,是设备生产商花费全部的3P(产品、渠道、促销),环保公司对垃圾处理设备这个产品的成本没有任何贡献；从收钱的角度看，垃圾回收公司作为另外的第三方顾客支付给环保公司费用。

从设备生产商作为企业的角度看，环保公司是原有目标顾客，垃圾回收公司是第三方顾客，那么设备生产商应用的是 1P2 理论类型：垃圾回收公司为环保公司买了单。也可以看作，垃圾回收公司以负价格提供给环保公司产品。因为，环保公司不仅不花钱得到了垃圾处理设备，还可以从垃圾回收公司拿到处理垃圾后的分红。

在本案例中，运用 1P 理论创造了财富，整合了资源，导致产品以负价格销售。

3. 规律应用

本案例应用的规律是：范围经济。

本案例的产业链条为：设备生产商→环保公司→垃圾回收公司。为什么能成功地应用 1P 理论？因为，环保公司的垃圾是垃圾回收公司的原料，同时，设备生产商的设备是环保公司的生产工具（只是因为贵而不买）。这样，本案例把两个单独生产的公司（环保公司和垃圾回收公司）整合在一起生产，节约了成本，创造了价值。这就是串联范围经济的生动运用。

范围经济还有另外一种形式，即并行的范围经济，其下有一子规律：同一流程生产出多个产品。比如，前面提到的电厂生产出电和炉渣。同一流程生产出多个产品，还有另外一种表现形式：如果一个产品可以分为两个部分收费，则先送一部分，然后顾客成为第二部分的忠诚顾客，我们把这种形式称为"两步营销"。比如，数字电视的运营商免费送机顶盒；软件提供商免费送软件，然后靠软件升级赚钱。对于任何一个产品，只要能找到和它的目标顾客相同的一个可以"两步营销"的产品，都可以捆绑起来增加自己的价值。"两步营销"的产品分类是：第一，硬件＋软件型；第二，产品＋服务型；第三，其他采用两步定价策略的产品。

说到范围经济，还容易让人联想起商界炒得很热的一个话题：是多元化还是专业化。对于此话题，众说纷纭，都有道理。但如果存在范围经济，从经济学的角度来看，肯定是多元化比专业化好，因为节约了成本。

思考题：

（1）对一个初看起来认为是不可分割的产品实行"两步营销"。

（2）观察一个公司，看看它在哪些方面存在范围经济，然后策划公司多元化的战略。

（九）下岗女工的馄饨店

1. 案例简介

山东的一位下岗女工开了一家馄饨店。若按传统做法，馄饨用猪肉、牛肉、羊肉作馅，配料是大众口味，其销售业绩也就一般，没有发展。该女工别出心裁，一方面想办法增加种类，另一方面让人们免费品尝，得到公众认可后再推出产品。结果，得到越来越多人的肯定，慕名而来的顾客也越来越多。最后，很多人找她要求加盟开连锁店。现在，她的企业发展得非常红火。这是营销创新成功的一个典型。她的发家经历就像麦当劳一样！

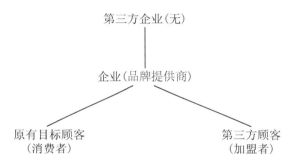

图 10-9　下岗女工的馄饨店运用 1P 理论的思维导图

2. 分析

本案例应用的是第九种 1P 战略类型：边际零成本生产，只收原有目标顾客的。

在本案例中，撇开她先期的投资及运营成本，只就她发展连锁加盟来讨论。在开发新市场、新客户方面没有投资，利润从连锁中获得，既提升了其品牌又增加了利润。这是利用她的声望或名声发展，即利用品牌赚钱。声望（或品牌）是边际非稀缺产品，追加生产不需要增加成本。

从花的角度来看，品牌的提供成本为零；从收的角度来看，消费者是原有目标顾客，加盟商是第三方顾客。如果只收加盟商的钱，就是第十一种 1P 战略类型：边际零成本生产，只收第三方顾客的。如果根据加盟商销售额的比例来收消费者的钱，是第九种 1P 战略类型。如果两者都收，是第十种 1P 战略类型：边际零成本生产，同时收原有目标顾客和第三方顾客的。

3. 规律应用

本案例应用的规律是：边际非稀缺产品。

边际非稀缺产品既可以是无形产品,如品牌、声誉、知识、信息等,也可以是有形的产品,如公共产品等。

无形产品中最常见的边际非稀缺产品是品牌。有两种最基本策略:一种是加盟形式,复制已经形成的强势品牌和成熟的盈利模式。这在零售业较为普遍,如麦当劳、肯德基等;另一种是把强势品牌从现存品类延伸到其他品类。可以通过授权的方式,也可以通过自营或合营的方式。如皮尔·卡丹从服装延伸到化妆品、建材等。

还有一类边际非稀缺产品是信息、知识之类。已有的信息、知识或技能,无论使用多少次,使用范围多广,都不会增加边际成本。

有形的边际非稀缺产品,如供人行走的街道,增加行人的数量,不增加边际成本。

思考题:

选取一个产品,把它分解为稀缺部分和边际非稀缺部分,然后根据1P理论规律,策划把它的边际非稀缺部分重复销售。

(十) Cyworld(赛我网)大众娱乐型博客服务

1. 案例简介

2004年,韩国掀起了一股Cyworld(赛我网)的热潮,在网民间甚至出现了"Cyworld holic"(Cyworld中毒)现象。有调查显示,虽然SK Communications公司的赛我网当初的定位是10—20岁的青少年,但发展到后来,韩国男女老少都热衷于赛我。截至2004年年底,赛我网在韩国的会员高达1 400万名,日收入达1.5亿韩元。也就是说,每3个韩国人中就有1个拥有自己的赛我个人主页。赛我风靡韩国的现象引起了业内专家极大的关注。

通过调查,专家发现定位于"构筑专业个人网站"的赛我网最吸引网民的是它的"迷你小窝"。这是一种类似MSN Space的服务,不同的是,它采取的是网民不断通过诸如"红豆"之类的网上货币购买布置"迷你小窝"的物品,比如沙发、头发、皮肤等,并可以在"小窝"中尽情展现个人风情。而注册"迷你小窝"的绝大部分网民用的是实名,这与整个赛我网提倡的"注重真实"的观念有关。"迷你小窝"由于它的真实与感性,很快获得韩国广大网民的认可。尤其是那些很少有机会与外界沟通的家庭主妇们,更是借助它来展示自己,并达到与亲朋好友不断沟通的目的。

图 10-10　赛我网运用 1P 理论的思维导图

2．分析

这个案例应用的是第十种 1P 战略类型：企业零可变成本生产（无形产品），原有目标顾客和第三方顾客共同支付价格。

做一个"迷你小窝"的博客空间成本比较低。这里的企业是 SK Communications 公司，它利用边际非稀缺资源进行生产，从而享受到零成本生产的优势。原有目标顾客是博客，他们通过购买虚拟货币而营造"迷你小窝"、上传音乐等。第三方顾客是在网站上做广告的广告主，他们为顾客支付一部分价格。

3．规律应用

本案例应用的规律是：边际非稀缺产品和发掘产品的潜在功能。

边际非稀缺产品是赛我网的营业模式，它创造了"迷你小窝"的概念。其商务模式跟一般博客的不一样。

赛我网的营业模式不同的是，网民不断通过诸如"红豆"之类的网上货币购买布置"迷你小窝"的物品，比如沙发、头发、皮肤等。这就充分地发掘了"迷你小窝"的情感功能。同时，网络运营商利用信息搭载的功能负载了很多企业的广告信息。所以，他们的收入相当一部分来自广告主所支付的广告费用。

> **思考题：**
>
> 假设你是 SK Communications 公司营销战略的制定者，请用 1P 理论为"迷你小窝"设计一套完全不同于现有模式的营销战略。

（十一）纽约市公共产品的冠名权

1．案例简介

如果纽约市内建设了微软公司地铁站、Dunkin Donuts 汽车站、IBM 公路和克莱斯勒天桥,你想会怎么样?

纽约交通管理部门正在商讨把地铁站、公共汽车线、主要的天桥等交通方面的公共财产的冠名权销售给企业的方案。因为纽约市的财政亏损越来越大,按现在的状况,估计在 20 年内纽约市的年财政亏损将超过 10 亿美元。

纽约市是世界上最著名的城市之一,她对其他城市的影响不可忽视。所以,销售公共财产的冠名权,不但影响到纽约大众交通系统,还会影响到其他的城市,甚至其他国家。

纽约交通管理部门表示对销售冠名权非常乐观,希望通过这个方案解决财政上的亏损。纽约交通管理部门的一位高层官员说:"我们知道,这个方案会导致一些纽约市民的反感,但是这个方案会缓解大众交通费和征税问题,所以我们尽全力检讨销售公共财产的冠名权方案。"拉斯维加斯曾经把地铁站里的广告权利以 12 年 5 000 万美元的价格卖给了一家公司。另外,波士顿市也试图实施这种方案,不过未获得批准。

很多国家和政府正关注着纽约市的决定,他们觉得这种方案的确有比较好的效果。还有很多企业也盯着纽约市,希望购买公共交通的冠名权。

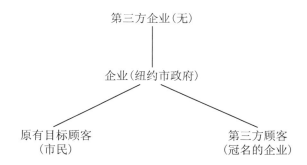

图 10-11　纽约市政府交通管理部门运用 1P 理论的思维导图

2. 分析

这个案例应用的是第十一种 1P 战略类型:企业零可变成本生产无形产品,第三方顾客支付价格。

这里的企业是纽约市政府。市民是原有目标顾客,他们不需要花什么钱就可以免费使用公共产品。购买公共产品冠名权的企业是第三方顾客,政府收到的钱就来自第三方顾客。第三方顾客为什么出钱买冠名权呢?因为冠名是一种很好的广告,可以提高公司的知名度。

3. 规律应用

本案例应用的规律是：边际非稀缺产品。

边际非稀缺产品可以是无形的产品，如品牌、声誉、知识、信息等，也可以是有形的公共产品。这个案例中的边际非稀缺产品就是公共产品的冠名权，纽约市交通管理部门营销边际非稀缺产品，利用已经形成的公共产品来得到利益。

纽约市政府要解决财政上的损失，想把公共财产的冠名权销售给第三方企业。从花的角度来看，边际成本为零，因为公共财产的冠名权是边际非稀缺产品，供给不需要增加成本。这种用零边际成本生产而得到利益的营销战略就是边际非稀缺产品营销战略。

思考题：

　　某动物园里有许多珍稀动物，但缺少必要的饲养经费。请用 1P 理论为这些珍稀动物找到足够的资金。

三、1P 理论的综合应用

　　在本章开头的石头汤的故事里，法国士兵一无所有，却最终赚到了路费，回到了故乡。让我们用 1P 理论思维来分析这位法国士兵是如何应用 1P 理论的。这位士兵随手捡起一块石头，就说这是天下最好的调味宝石。他引入了一个边际非稀缺产品——"调味宝石"，无论用它多少次，煮汤多少锅，都无须增加任何成本。这里的关键是"调味宝石"这个概念，而不是石头本身。他在任何地方随手捡起一块石头，只要把"调味宝石"的概念附加上去，就是一个边际非稀缺产品。

　　如果有村民相信了他，买下他的调味宝石，然后他再捡起一块石头，又有人买下，那么他应用的就是第九种 1P 战略类型。在这里，士兵好比企业，买宝石的村民是原有目标顾客，宝石是产品。士兵没有花任何钱而创造了一个产品，收的是原有目标顾客(买宝石的村民)的钱。这是典型的第九种 1P 战略类型。

　　事实上，村民并不相信他。他需要促销，需要渠道，因为光有产品(调味宝石)还不够。士兵没花钱就创造了一个产品，但要推销出去还得花钱啊！在故事里，士兵借用了众多第三方力量来帮他促销：出锅的老先生，提供柴火、水、盐巴、肉、胡萝卜、洋葱等的村民，都可以看作第三方企业，而对他们的价值是得到喝汤的机会。接着，靠村民的口碑传播把他的宝石宣传出去。如果有村民买了他的宝石，那么士兵应用的就是第六种 1P 战略类型：只花第三方企业的，只收原有目标顾客的。士兵作为企业没有花钱，在促销和渠道上是第三方企业（提供原料的村民以及帮他宣传的村民）帮他花费成本，而他收的是原有目标顾客（买宝石的村民）的钱。这里应用的 1P 理论规律是范围经济之联合促销。把种种原料集成在一起，煮出汤来，汤好喝了，宝石也好卖了，柴火、水、盐巴、肉、胡萝卜、洋葱等的质量肯定也不错，也能卖个好价钱。

如果有人认为这是个好的商机，可以投资和士兵一起卖天下美味的石头汤。这时，从士兵作为企业的角度来看，在花钱方面，引入了第三方企业（投资方）；在收钱方面，如果只收喝汤人（原有目标顾客）的钱，那么就是第三种 1P 战略类型——同时花企业和第三方企业的，只收原有目标顾客的。应用的规律是资源整合之系统集成。如果有企业愿意花钱冠名，例如叫蒙牛石头汤，那么就属于第四种 1P 战略类型——同时花企业和第三方企业的，同时收原有目标顾客和第三方顾客的。应用的规律是开发产品的潜在功能。当然，我们也可以说石头汤能调节免疫力，增强体质，等等，这是产品多功能化的另外的表现形式。

读者还可以发挥自己的想象，把这个故事不断地深入。总的原理就是，应用 1P 理论的五大规律，达到 11 种 1P 战略效果。下面，我们再分析几个综合型的案例，进一步说明 1P 理论是如何在实际中应用的。

（一）益民笔厂的新营销

1. 案例简介

在计划经济年代里，益民笔厂是国内一家有名气的国有企业，无论在产量上还是在效益上，均居同行业之首，处于国内垄断地位。改革开放后，一些企业生产出来的圆珠笔虽在功能上和质量上均与益民的大致雷同，但价格上却十分有竞争力，这使益民笔厂的英雄牌圆珠笔的销售量直线下降，在短短一两年里，其市场占有率跌至约 10%。

于是，益民笔厂决定调整企业战略，扩大英雄牌钢笔的产量，压缩圆珠笔的产量，在质量和品种上狠下工夫。

首先，他们引进了国外的笔尖生产线，使益民笔厂的产品质量上了一个档次。在圆珠笔生产方面，益民笔厂除生产高档圆珠笔外，还保留一定数量的大众消费笔产量。但他们对这类产品的潜在功能进行了充分发掘,使圆珠笔变成宣传广告等信息的载体,还采用景泰蓝工艺和雕刻工艺生产礼品圆珠笔,使圆珠笔的功能不仅仅局限在书写上,而且还具备了宣传广告和工艺品的功能,从而创造了益民笔厂圆珠笔的新价值。

在销售渠道方面,从原来以分销为主的方式改为直销的方式。产品从便民店、杂货店走了出来,到了大百货商场的专柜和专卖店。主流客户多来自机关、公司、社团等单位,而不再是个体购买者。在促销方面,益民笔厂不以打折为代价,而是靠广告商和社团单位等组织的赠品消费为英雄牌圆珠笔买单。

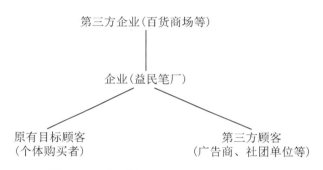

图 10-12　益民笔厂运用 1P 理论的思维导图

2. 分析

本案例综合应用的是第四种 1P 战略类型:同时花企业和第三方企业的,同时收原有目标顾客和第三方顾客的。

如果把益民笔厂看作企业,那么在花钱的 3P(产品、渠道、促销)方面,既花自己的钱,也花别人的钱,如引入百货商场专柜新的渠道,这里的百货商场就是第三方企业;在收钱的 1P(价格)方面,既收原有目标顾客的钱,也收第三方顾客的钱,这些第三方包括广告商、社团单位等。总之,在花和收两方面都引入了第三方,应用的是第四种 1P 战略类型。

3. 规律应用

本案例应用的规律是:开发产品的潜在功能、范围经济之联合渠道。

把圆珠笔的功能拓展,从书写到宣传广告、工艺品、礼品以及赠品等,益民笔厂成功地运用了开发产品的潜在功能的 1P 理论规律。它大大拓宽了目标市场,不仅有消费者型的顾客,还有企业型的顾客(如广告商、社团单位等),也增加了对顾客的价值,从而确立了新的竞争优势。

产品从便民店、杂货店走出来,到了大百货商场的专柜和专卖店;主流客户多来自机关、公司、社团等单位,而不再是个体购买者,这就应用了联合渠道的1P理论规律。

思考题:

益民笔厂对圆珠笔较好地应用了1P理论规律,请帮助他们对另一个拳头产品——英雄牌钢笔设计一套运用1P理论的方案,在4P(产品、渠道、促销和价格)的每一个P都引入第三方。

(二)东方大学城的建设模式

1. 案例简介

东方大学城是坐落于河北省廊坊市经济开发区的高校密集型教育基地,紧邻京津两市。

在建设及运营东方大学城中,政府的目的在于增加城市功效,提高人民生活水平,加大税收。而土地本身不能够升值,只有通过利用开发来完成土地的升值。政府提供低价格土地,表面上好像受到了直接损失,但东方大学城在短短几年的时间就增加了10万人口,形成了一个特殊的中国教育城市;城市的建立又直接带来了大量的工作岗位,解决了城市就业;商业的运作又使税收大量增加。东方大学城的建立使得原来不能升值的土地升了值,政府在投入土地的时候虽然表面上受到了损失,可是带来的却是长期稳定的发展。

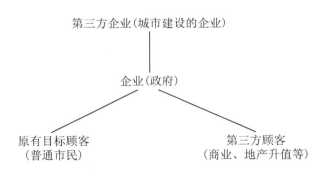

图 10-13 政府运用 1P 理论建东方大学城的思维导图

2. 分析

本案例综合应用的是第八种1P战略类型:只花第三方企业的,只收第三方顾客的。

政府想要搞城市建设,又没有资金,怎么办?东方大学城的案例给了我们一个模板。在这个案例中,如果把政府看作企业,负责城市建设的企业看作花钱方面的第三方企业,那么城市建立起来后产生的商业、地产升值等都属于收益方面的第三方顾客,而原有目标顾客就是普通市民。从花的方面来看,政府没花一分钱,花的都是负责城市建设的企业的钱;从收的方面来看,没有收原有目标顾客(普通市民)的钱,收的是企业的钱,而得益的却是每一方。这里的关键是,通过这样的运作,整个东方大学城的价值大大提升,而各相关利益者从中得到了各自的利益。在这里,政府没有为城市建设买单,企业没有花费更多的土地使用费用,双方均以第三方的形式为目标市场直接买了单,又同时成了受益者。

如果站在负责城市建设的企业的角度,则运用的是第五种 1P 战略类型:在花钱方面,由于政府的介入节省了不少买地的钱,享受了其他的优惠条件;在收钱方面,收的也是第三方顾客的钱,没有收市民的钱。

国际上有一种 BOT 模式,运用的也是 1P 理论。"BOT"是英文"Build—Operate—Transfer"的缩写,也就是"建设—经营—转让",是政府将基础设施项目的经营权授予承包商,承包商在一定的期间内负责项目设计、融资、建设和运营,并回收成本、偿还债务、赚取利润,特许期结束后将项目所有权移交给政府。在我国,BOT 融资方式称为"特许权融资方式",指国家或地方政府通过特许权协议,授予签约方承担公共性基础设施项目的融资、建造、经营和维护;在协议规定的特许期限内,项目公司拥有投资建造设施的所有权,可以收取设施使用者适当的费用,由此收回项目投资、经营和维护成本并获得合理的回报;特许期满后,项目公司将设施无偿地移交给签约方的政府部门。

3. 规律应用

本案例应用的规律是:战略利益和产品多功能化。

正是由于政府在其后的商业中获得了收益,以及东方大学城平地而起,为政府部门创造了许多利益,如政绩、就业机会、全国知名度等。对于政府来说,这些就是战略利益。也正是由于有这些利益,政府才会给企业那么多优惠政策,如零地价、无息贷款、税收优惠等。对于企业来说,也正是由于有那么多优惠,以及其后开发商业带来的利益,这些战略利益才促使企业去投资建设东方大学城。

产品多功能化的 1P 理论规律应用最多的就是开发信息载体功能。从本质上说,这也是一种思维定式,首先想到和容易做到的是开发产品的广告功能。其实,产品的多功能化是个很广泛的概念,几乎任何产品都有多功能。例如,在前面提到的阿司匹林,除了可以治疗头痛,还可以稀释血液。下面再列举几个案例:

(1) 木炭,消费者只是用来冬天烤火取暖。随着空调、取暖器的普及,以及住宅的高档化,用木炭来取暖已越来越少。20 世纪 90 年代以来,日本家庭经常用木炭作清洁剂、除味剂,非常流行。木炭厂商抓住机会,不但宣传木炭的清洁、除味功能,还增加其作为装饰品的功能,令消费者更加喜爱。

(2) 既可以作胸花又可以作发夹的女性小饰品很受女孩子欢迎。

(3) 钻戒既是一种首饰,更是一种爱情长久的见证。

(4) 玫瑰花既是一种鲜花,更是一种象征,不同的组合表达不同的意义。

任何一种产品除主打功能外都还有附加的功能,能够找到其附加功能推广利用,其产品定位、价格成本、营销渠道、销售方法也就迎刃而解。

例如,"礼品装"和"精装"就是产品功能再开发的一种特殊形式。像天价月饼、天价荔枝以及脑白金等都是"礼品装"形式。而"精装"就是在原有产品的基础上,只要把包装改善,就可以卖出更高溢价,让顾客感觉价值增加。同一本书从平装到精装,同一棵白菜洗干净分装几个袋,常常可以多卖几倍的价钱。

当我们用线性的思维去思考时,只能发现事物之间一对一的联系;而当我们用网状思维去创造时,却发现世界万事万物都是普遍联系的。

1P 理论的产品多功能化强调跳出传统的思维局限,努力发掘自身对第三方的利益点。找到的利益点越多,引入的第三方也越多,对所有参与方的价值就越大。

思考题:

试分析 BOT 模式中可以应用哪些 1P 理论规律,应用的是哪一种 1P 战略类型。

(三) 电影院的多元化经营

1. 案例简介

某市有近十家专业影院,都曾经是市民文化生活中的主角。在 20 世纪 90

年代前，电影在该市文化市场上一枝独秀，看电影是人们重要的业余文化生活方式。

到了 90 年代初，由于国产电影生产不足等原因，电影市场开始走下坡路。到了 90 年代末，在日益多元化的娱乐形式和盗版光盘的冲击下，电影市场更趋萧条，各个影院的效益也是每况愈下。为了生存，一些影院不得不出租场地或者改项经营。

目前，该市有"银都"和"天鹅"两条电影院线，旗下一共还有不到十家专业影院放映电影。这些影院绝大部分建造时间较长，采用的是单厅放映，普遍存在场所破旧、环境脏乱的问题。无论是放映设备、内部装潢，还是管理和服务等方面都较为落后，满足不了时尚观众的需求，上座率逐年下降。目前，全市只有两三家盈利，其他的只能保本，甚至赔钱。

震颤中的影院经营需要新思路。如何防止不被"狼"吃掉？在多厅影院市场的冲击下，该市的一些影院不甘失败，除寻求对策向小厅、多厅化发展外，还利用 1P 理论重新对影院市场营销进行策划：

(1) 在影院外增加灯箱广告，获取营业收入；

(2) 在影片播放前增加 10—15 分钟的广告；

(3) 采取免费观看电影，增加观看人群；

(4) 采取免费供应饮料看电影的营销方式，饮料由厂家免费提供（为饮料厂家做宣传），以提高服务水平。

通过传统营销模式和 1P 理论营销模式相结合的营销体系，重新组合影院行业的盈利模式，取得了很好的效果。

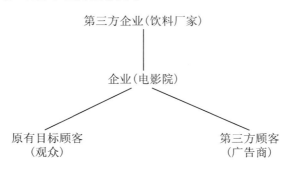

图 10-14　某市电影院运用 1P 理论的思维导图

2. 分析

本案例综合应用的是第四种 1P 战略类型：同时花企业和第三方企业的，

同时收原有目标顾客和第三方顾客的。

在这个案例中,电影院是企业,看电影的观众是原有目标顾客,饮料厂家、广告商是第三方。从花钱的3P(产品、渠道、促销)来看,电影院既花自己的,也花第三方企业(这里是饮料厂家)的;从收钱的1P(价格)来看,既收原有目标顾客(观众)的,也收第三方顾客(广告商)的。在花和收两个方面都引入了第三方,属于典型的第四种1P战略类型。

3. 规律应用

本案例应用的规律是:范围经济之联合促销和开发产品的潜在功能。

影院免费送饮料给观众,而饮料是厂家免费提供的,影院也许会在广告方面给饮料厂家以补偿,这就是联合促销。如果饮料厂家再在电影院设点销售(估计会这样做),那就是渠道拓宽的策略。

在影院外增加灯箱广告,是开发影院建筑的信息载体功能;在影片播放前增加10—15分钟的广告,是开发电影的广告功能。这都属于产品多功能化的一种。

对于资源有互补部分的企业,进行战略联盟这种合作,能降低各自的成本,产生更大的效益,也就是常说的"1+1>2"的效应。在这里,有几点值得关注:一是参与各方资源互补性越强,对各自的价值越大;二是给各参与方与其资源相适应的价值;三是如果各参与方的总目标是高度一致的,效果会更理想。

思考题:

当你去电影院看电影时,可以运用1P理论的规律,为那家电影院设计一套运用1P理论的方案。

(四) 广州宝洁的洗发水之战

1. 案例简介

提起广州宝洁公司和它的系列日用品,中国老百姓可谓无人不知,无人不用。宝洁(P&G),即美国 Procter & Gamble 公司的简称,1837年创建于俄亥俄州辛辛那提市。经过170多年的艰苦奋斗,它发展成为目前世界上最大的日用消费品制造商和经销商之一。它在全世界60多个国家和地区设有工厂和分公司,所经营的300多个品牌的产品畅销140个国家和地区,年销售额超过300亿美元。

1988年8月，宝洁正式进入中国，建立了广州宝洁有限公司。为了促进"海飞丝"、"飘柔"等品牌产品的销售，宝洁采取了独特的促销方式。

据分析，广州市区有发廊3 000多家，以每个发廊每天接受20个人洗头计算，一个月洗头总人数就接近广州市区的总人数，广州洗发水销量中发廊占到34%左右。因此，公司首先选取了10家位于闹市区、分布合理的发廊参与此次活动。

接下来，宝洁设计了6 388张洗发券，消费者不需要买任何宝洁产品，只需剪下一张宝洁产品的广告，就可换取一张相当于自己一天甚至两天工资总额的在指定发廊的洗发券。这样，就算是没有工资收入的学生或家庭主妇也一样有机会凭运气到高级发廊享受服务。

第一周，到广州体育馆换票。由于整个宣传是立体式的，遍及全市报纸、电视、电台及发廊，结果，前来换票的人空前踊跃，直到换完最后一张票，还有3 000多人排队。第二周，改用了寄信换票的方式，公司每周都有固定的票数发出，每周都是先到先得。

另外，以每周五《羊城晚报》1/4版广告作为整个活动的高潮，连续推出4周。固定的报纸篇幅、固定的媒介发布时间，公布每次不同的换票游戏规则。活动期间，天河区星期五的晚报下午5点钟就卖完了，大大提高了各种职业、区域消费者的投稿取票回报率。

这些活动的结果是，宝洁公司用只能拍5条广告的费用，使"海飞丝"、"飘柔"在广州地区的销售额比上年同期增加了3.5倍，使广州宝洁获得了1990年度P&G总部的两项全球性大奖——"最佳消费者创意奖"及"最佳客户创意奖"。

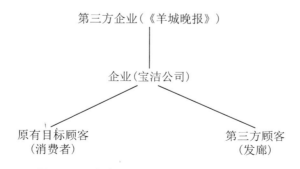

图10-15　宝洁公司运用1P理论的思维导图

2. 分析

本案例综合应用的是第五种1P战略类型：同时花企业和第三方企业的，只收第三方顾客的，不收原有目标顾客的。

我们把宝洁公司看作企业，那么，原有目标顾客是想洗发的消费者，他们可以免费享受发廊的洗发服务；第三方顾客是发廊，它们买了宝洁的洗发水，为消费者支付了成本；而第三方企业是《羊城晚报》，免费刊登了促销广告。

3. 规律应用

本案例中应用的规律是：范围经济下的联合促销。

我们来看看参与各方都得到了什么样的利益。

（1）消费者：消费者没有花费一分钱，仅仅需要去排队就可以得到洗头服务。宝洁和发廊为消费者享受的这种服务买单。

（2）发廊：参加活动的10家发廊为消费者支付了购买宝洁洗发水的钱，但他们同时也因为宝洁的活动招揽了更多的顾客，这些顾客在洗头之后很可能继续消费发廊里的其他服务，诸如剪发、烫发、染发等。可以说，宝洁为这些发廊做了大规模的免费宣传。

（3）《羊城晚报》：该报纸为宝洁免费刊登每周五的1/4版广告，他们为宝洁的一部分宣传费用买单。但是，由于宝洁在其他渠道的宣传扩大了《羊城晚报》的知名度，最直接的效果就是推动了报纸的销售。从案例中我们可以看到，活动期间，天河区星期五的晚报下午5点钟就卖完了。

这是一个典型的多赢局面。在这个网状经济中，消费者、发廊和《羊城晚报》都找到了合适的第三方为他们买单。

思考题：

请分别站在发廊和《羊城晚报》的角度（即以它们为企业），分别画出它们运用1P理论的思维导图，并进行分析。

（五）盛大网游免费运营的盈利从何而来

1. 案例简介

2005年11月28日，盛大的一则公告让所有人大跌眼镜，两款大型角色扮演类网络游戏（MMORPG）《热血传奇》和《梦幻国度》将永久免费。一天之后，"11·28大地震"的余波再次震撼网络世界，盛大另外一款业绩贡献主力《传奇世界》也将于 2005 年 12 月 2 日起正式免费。盛大称,将逐渐把这种新的模式推广到旗下所有的 MMORPG 中。被称作中国互联网业最会赚钱的陈天桥"疯"了吗?这真的是网游玩家的免费午餐吗?

盛大对免费的官方描述是,玩家在正常游戏时间将不再收取秒卡和月卡费用,可以免费享用《热血传奇》中的常规应用服务。而玩家要享用盛大提供的其他增值应用服务,如闯天关、锻造、商城等,仍需付费。

长期以来,大型网络游戏通常的盈利方式是对游戏时间收费,玩家购买网游运营商的点卡获得游戏时间。但随着网络游戏产业的发展和游戏产品的不断增多,同质化现象不断加剧,多数游戏都是在杀怪、练级、PK,游戏商出售游戏时间的盈利模式面临挑战。

盛大一直是中国网络游戏的领跑者。盛大表示:"新的模式可能会导致短期利润的下滑,但是盛大对自己有信心。免费无疑可以积聚大量的人气,玩家人数将达到顶峰,而增值服务将带来巨大的利润。"

盛大目前缺少的不是利润,而是大量圈进用户的手段,有了用户才能拥有下一个回合持续发展的资本。正如陈天桥对投资者所说的:"虽然短期是有影响的,但长期一定是好的。"

盛大抓住《热血传奇》的转型所获得的用户资本,再次加深、加快公司整体向家庭战略的转型。盛大要做的是一个"互动娱乐媒体"——"互动"不仅局限于电脑,还基于手机、手持设备和电视的互动。基于电脑的互动——网络游戏一直是盛大过去的主营业务。盛大旗下的北京数位红软件应用技术有限公司负责与摩托罗拉合作,联合研制融合网络游戏的手机,推出两公司的联合品牌。2005 年 10 月,盛大联合神达电脑推出了其精心筹备的 EZmini 掌中机,建立了手持设备的互动平台。"易宝"的推出更是完成了盛大的电视"互动"战略。这标志着盛大已经建立起基于手机、电视、电脑与手持设备四大平台的统一业务构架。

另外,网游的盈利模式的创新还可以用其他方式为盛大创造利润源。例如,在网游中出售虚拟广告的盈利模式。事实证明,盛大已经并且继续在利用这种模式创造自己的利润:

(1)盛大的《泡泡堂》的轰动程度有目共睹,同时 70 万的在线人数造就了它周边产品的热卖。当时,无论在哪家大型的商场或网上商城,都能看到相关的公仔或手链等物品出售。从利用泡泡堂游戏平台制作的各种广告可以想见,以后,由于免费网游的增多,网上商城的热销,一定程度上会促进电子商务的相对进步和完善，也会促进新的周边产业链的逐步发展，比如玩具、书籍、影音、服饰等。

（2）从 2006 年 4 月中旬开始，百事可乐与盛大洽谈的一系列合作计划渐渐浮出水面——以盛大 2005 年推出的"女性网游"《梦幻国度》作为合作的载体来推广百事可乐。2006 年 6 月 22 日晚 20：00 点整，传闻已久的百事盛大合作一事终于在媒体的关注下有了新进展，百事最新蓝色风暴广告片当晚破天荒地在盛大网站（www.sdo.com）首播，盛大庞大的用户群（盛大注册用户约 3.5 亿）争相登陆盛大网站，盛大服务器在 1 小时内突破峰值。至此，百事和盛大之间的合作，正式拉开序幕。

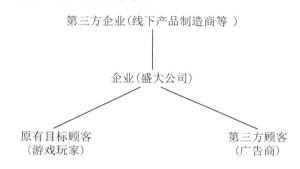

图 10-16　盛大公司运用 1P 理论的思维导图

2. 分析

本案例综合应用的是第四种 1P 战略类型：同时花企业和第三方企业的，同时收原有目标顾客和第三方顾客的。

我们把盛大公司看作企业，其提供的产品是网络游戏；原有目标顾客是游戏玩家，第三方顾客是在游戏里打广告的广告商，例如百事可乐；而第三方企业则是线下产品制造商，例如摩托罗拉，以及《泡泡堂》线下产品的产业链。

在营销过程中，盛大不断地使用各种 1P 战略类型。例如，《泡泡堂》线下产品运用的就是第十种 1P 战略类型：企业（盛大）零可变成本生产（无形产品），原有目标顾客（这里是游戏玩家）和第三方顾客（这里是产品形象授权生产商）共同支付价格。盛大和摩托罗拉合作开发网络游戏手机则是第三种 1P 战略类型：企业（盛大）和第三方企业（摩托罗拉）共付 3P（产品、渠道、促销）成本，原有目标顾客（购买手机的玩家）支付价格。

3. 规律应用

本案例中应用的规律有：战略利益、边际非稀缺产品和范围经济等。

（1）战略利益

盛大旗下的网络游戏对游戏时间免费，为它争取到了更多的用户，在提高市场份额的同时打击了竞争对手。几款游戏虽然并非全面免费，但对普通玩家来讲，无须再为游戏时间支付费用，这绝对是利好消息。大多数的《热血传奇》玩家都将从收取门票的"自助餐消费模式"转换到免费入场、自选自购的"超市消费模式"。为盛大分担成本的第三方是其经销商——盛大的销售渠道是业内公认的和盛大公司本身利益捆绑最紧密的利益群体，经销商将与盛大一同期待长期利益的反馈。而为玩家买单，使游戏玩家能够得到免费待遇的，是网游平台上播出广告的众商家，如百事可乐等。从它们身上获得的广告收入，一方面为玩家买了一部分单，一方面减轻了网游免费举措的成本压力。盛大抓住《热血传奇》的转型所获得的用户资本，再次加深、加快公司整体向家庭战略的转型。它要做的是一个"互动娱乐媒体"——不仅局限于电脑的互动，还基于手机、手持设备和电视的互动。所有这些都是战略利益的体现。从长期来看，盛大提供的免费午餐实际上是自己规划已久的战略决策。

（2）边际非稀缺产品

盛大的《泡泡堂》同时70万的在线人数造就了它周边产品的热卖，相关的公仔或手链等物品随处有售。利用泡泡堂游戏平台播出的各种广告在一定程度上会促进电子商务的相对进步和完善，也会促进新的周边产业链的逐步发展。

（3）范围经济

为了打造"互动娱乐平台"，盛大对各种资源进行整合，运用了网络经济下的运营模式：与摩托罗拉合作，联合推出融合网络游戏的手机；联合神达电脑，推出了精心筹备的EZmini掌中机，建立了手持设备的互动平台。通过与协作伙伴结成战略联盟，共同分担了产品、渠道和促销成本，获得竞争者难以比拟的优势。

思考题：

仔细阅读本案例，进一步厘清盛大公司采用了哪些1P理论规律与哪些1P战略类型。

四、总结与问题讨论

在前面对案例的分析中,我们看到了 1P 理论规律在 11 种 1P 战略类型中的应用。那么,1P 理论到底是什么?1P 理论能应用在哪些地方?如何具体地应用 1P 理论去变革现有业务以及创新业务?这又回到了本章开头的问题。

(一) 1P 理论是什么

本书一开始就提出了系统的 1P 理论。1P 理论的本质特征就是为第三方创造价值,引入第三方为企业和原有目标顾客买单。

第一,1P 理论是在以 4P 营销为代表的传统营销理论的基础上的一种创新营销理论,它能指导营销策略的具体制定。

第二,1P 理论中最主要的内容是第三方理论,强调的是为第三方创造价值,达到多赢的局面。所以,1P 理论是一种思维方式,是一种发现自己的资源优势,整合网状资源,强调合作多赢的网状思维方式。它在利益相关者之间考虑企业的问题,为企业的发展提供更多的途径和方法。

第三,本书总结了五大 1P 理论规律,11 种 1P 战略类型,清晰地展示了一个结构化的工具。1P 理论不仅是一种新理论,更是一种实用的策划工具。它不仅可以用于营销策划,也可以用于发展策划。

第四,本章的案例中展现了很多商业模式,这些商业模式都是商界精英智慧的结晶。1P 理论给我们提供了一整套创造新的商业模式或盈利模式的方法。

第五,1P 理论是解决问题的方法。当遇到问题而找不到答案时,第三方的介入会带给我们新的解决方案。

(二) 1P 理论应用在哪些地方

本章列举了许多实际应用 1P 理论的案例,对于 1P 理论的应用范围,以下几点很重要:

第一,1P 理论是一个普遍规律,可以适用于任何行业和产品。即使有些产品不能使用 1P 理论规律,通过 1P 营销把 1P 化产品和非 1P 化产品捆绑,还是能运用 1P 理论的方法。

第二，1P 理论不仅适用于改造 4P(产品、渠道、促销、价格)，也适用于改造企业管理，如企业职能外包、虚拟型组织、项目小组等。

第三，从企业战略到企业管理、企业运营，再到具体营销活动，都可以用到 1P 理论。1P 理论在商业组织的方方面面都可以发挥作用。

第四，最能有效使用五种 1P 理论规律和 11 种 1P 战略类型的是营销策划。1P 理论是一套完善的策划理论，它的关键是资源整合。

(三) 如何具体应用 1P 理论去变革和创新业务

第一，用结构化的思维应用 1P 理论。熟练掌握 1P 理论的"一"、"二"、"五"、"十一"——一个关键：第三方理论；二个维度：花钱的 3P(产品、渠道、促销)和收钱的 1P(价格)；五大规律：发掘产品的潜在功能、战略利益、范围经济、整合资源和边际非稀缺产品；十一种类型：从 1P1 到 1P11。

第二，应用 1P 理论时，引入的第三方越多，越能扩大 1P 理论的运作空间；引入的第三方越强，达到的效果越好。

第三，需要注意的是，应用 1P 理论是有成本的，要灵活掌握应用 1P 理论的尺度，明确使用 1P 理论的目的，不要为了应用而应用。

第四，要艺术地、动态地理解 1P 理论，超越 1P 做 1P。在应用 1P 理论还不熟练时，要用结构化的 1P 思维去做；当运用娴熟时，就可以自然达到 1P 的境界。

1P 理论之学以致用

自 1998 年开始，我就在新加坡、澳大利亚和中国等国家讲授 1P 理论，受到学术界和企业家听众的广泛好评。《1P 理论》出版后，EMBA 学员学习和运用《1P 理论》所写的体会和成功案例，可以满满出好几本书。这里节录了部分企业家和研究生学以致用的体会，权当是部分读者为《1P 理论》再版升级写的长跋，相信有助于读者进一步加深对 1P 理论的了解与运用。

北京大学光华管理学院 EMBA　张立民

通过学习 1P 理论，我的理解主要有以下三点：

（1）对于 1P 理论的应用，为何称之为网络思维？我认为 1P 理论是一种社会化思维，它讲的是方方面面的整合，把社会资源加以不同领域、不同方式、不同时间、不同地点的整合和利用。比如社会化思维、跨界思维、分享思维、平台思维、大数据思维，本质上说的都是一种网络思维。

（2）1P 理论实际上是一种整合社会资源、产业链和供应商的方式，加以科学的、理论的总结，便于人们在经济活动中应用。为什么说这是一种方式呢？我觉得可以从五个方面来说明：

第一，把供应链、产业链单向的价值流动转化为不同阶段和不同方向的同步流动。过去常说的产业上游化、产业下游化和多元化经营，都是这种思维的早期表达方式。随着社会的进步、科技的进步和经营理念的进步，人们对供应链的理解也发生了本质的转变，不再是一种有绝对先后顺序的正向或逆向流动，不论顺序的任意两个点都可以独立出来，价值可以同步流动。比如说商品的流动，传统的产业链指从获得原材料，加上生产、运输、销售代理再到终端销售店的过程。按照 1P 理论的应用，完全可以把中间环节省略，由原材料生产厂家直接到商品生产和销售终端，取消中途批发、运输环节。这个取消，不是真正意义上的取消，而是虚拟取消，采用外包、合作、整合的方式解决。例如 Nike 公司，绝对控制自有品牌，完全可以当地生产，当地销售，当地结算。

第二，把不同的产业、业态、商业模式、销售方式和产品产业链中不同的两点进行虚拟的连接。比如打火机销售，成本 0.5 元/个，销售 1.0 元/个，利润 0.5 元/个。现在有一家饭店，为了给客户提供更好的服务，定制 1 万个打火机。这批打火机既可以用于商品销售，更可以用于饭店或者厂家的广告。将这笔订单和普通的产品销售订单合并在一起，由于量的增长，成本可以摊薄到 0.4 元/个。而对厂家来说，可以获得广告、宣传机会，价格还可以摊薄到 0.3 元/个甚至更低。1P 理论提供了一种创新的资源整合方式，在关联企业和关联客户上想办法，是非线性的网状思维。

第三，1P 思维是不同商业模式的一种组合。网络思维本质上是一种跨界思维，比如说淘宝、京东，都是零售模式、批发模式、产业链模式等不同模式、不同品牌在同一个平台上的应用。

第四，1P 思维是价值链不同环节的拆分整合。正如打火机销售的例子，把产品销售、营销和产品本身在流动过程中产生的价值整合到一起，在销售的过程中价值得到了整合，成本降低，且功能扩大化。

第五，1P 思维是分享经济，网络思维不可或缺。信息在供应链的各个环节之间相互流动。比如嘀嘀打车，把乘客的信息转达给司机，同时把司机的信息转达给客户。用互联网，用新的商业模式把两者结合在一起，起到桥梁的作用。类似的还有 58 同城以及阿里巴巴，在供需双方之间建立一个桥梁，也是一种分享思维的应用。

（3）1P 理论是一把创新商业模式的"万能钥匙"。应用这个理论，创新随处可见。大家熟知的"蓝海"战略是在现有的经营模式基础上，结合人的思想、社会的发展、环境的变化，甚至社会文化的进步和革新，进行企业战略的选择和转型。任何一种商业模式都有利弊，任意两种商业模式中的相互碰撞，"利"和"弊"就会发生变化，我们所要做的就是对这些新的变化加以评估，将两种或多种模式的利弊，用现代用户所需要的方式组合在一起，这就是一种创新。按照这种思维来看，创新无所不在。

综上所述，1P 思维是高屋建瓴的，具有高度概括性、指导性甚至战略指导性的一个理论，对于我们每个人所处的行业以及企业所实施的商业模式都具有非常大的理论上的指导意义。

中南大学 EMBA　刘益

听王教授的 1P 理论，给了我较大的刺激与启发。我们传统的定价，均是售价不能低于企业的平均成本，否则将出现亏损，甚至被市场淘汰。通过这次学习，我活学活用了一次王氏 1P 理论，通过合理、有效地选择第三方，冲出红海，奔向蓝海。

我们公司是一家施工企业，以路桥建设为主，以路桥养护、旅游地产为翼，在建合同 43 亿元，年主营业务收入约 10 亿元，市盈率约 10%。随着建设市场的不断开放，透明程度越来越高，市场价格越来越低，企业利润空间越来越小。

我们传统的成本管理思维为：成本＝人工费＋机械费＋材料费＋间接费用，欲望利润＝报价－成本。在高通货膨胀的市场条件下，为了企业的生存，我们不得不一而再、再而三压缩我们的欲望利润，这使我们陷入了只能生存而无发展的窘境。

王氏 1P 理论告诉我们，如果能够合理、有效地选择第三方，可以找到第三方分摊我们的生产成本，提升利润，还可以三方共赢。

我面临的情况是：（1）我公司承建湖南省某一条高速公路路面项目，线路长 26 公里，造价为 2.45 亿元，预计利润率 9%。（2）路面施工设备约 2 000 万元一套，我公司已经采购了两套，现在均已投入在建项目，并且公司现无计划购买第三套路面设备。如果租赁的话，该项目租赁费约为 800 万元，油耗等设备使用费约为 200 万元。（3）中联重科新研制出一套路面设备，取名为 super130，但推广很艰难。

我的做法是：（1）我受王氏 1P 理论启发，选择中联重科为本项目的第一个"第三方"。与其做了多次沟通后，中联重科同意将 super130 免费提供我公司"试验性"使用一个项目，要求我公司作为省内路桥行业的龙头型企业，如试验成功，对该型设备给予适当的推广。这样就有效地节约了设备租赁费。（2）我受王氏 1P 理论启发，又将公司下属劳务施工队作为本项目的第二个"第三方"。因为我公司实行计件制，给公司劳务队的工资中就包括了一定数额的设备租赁费用。与劳务队沟通后，我不削减劳务队的计件工资，但要求其承担 super130 的使用费，由于使用费低于租赁费，劳务队也欣然同意了。

结果，中联、我方、劳务队，三者不是线性关系，在这个项目中形成了一种网状市场关系，而这种网状结构为三者间的价值关联提供了战略空间，从而实现"三方多赢"的局面：

（1）我方：通过选择两个"第三方"，节省了大额设备费用，使该项目我公司的利润率由9%提升到了11.25%。在这个项目中，我们的成本被压缩成"人工费＋材料费＋间接费用"，利润由原有的"欲望利润"变成了"欲望利润＋机械费"，通过"欲望利润"数额的实质提高，夯实了我公司生存的基础，提升了公司发展能力。（2）中联重科：节省了广告费用，无形之中把湖南省行业龙头企业变成自己的推销员，扩大了顾客群，增加了利润。（3）劳务队：增加了利润。

这是王氏1P理论的实践，是成功运用王氏1P理论的案例，感谢王教授。

北京大学光华管理学院 EMBA　冯凯

听了王建国教授的1P理论、易经分析和六维管理的课程，本人受益匪浅，收获颇丰。王教授真是个奇人奇才，学识渊博，融贯东西。能把易经讲得通俗易懂，把商业模式讲得明明白白，把管理学及经济学从科学与艺术的角度归纳得清清楚楚，把生命的意义描述得生动有趣，可谓悟得生命的本质。难者不会，会者不难，王教授讲得幽默、深入浅出、易懂可用！

商业模式听了不少，王教授用一张坐标图就讲明白了。传统的商业模式局限在第一、第二象限，售价高于平均成本才进行合作。创新商业模式，售价低于成本，甚至免费合作都可进行，关键是找到第三方买单及盈利模式的改变。网络价值用互联网技术整合起来，颠覆了很多传统的商业模式，对于我这个传统制造业的管理者来讲启发很大。多思考商业模式的创新比埋头苦干更重要，创新商业模式空间无限。第三、第四象限价值可挖掘，第一至第四象限只是平面状态，将来用立体思维去探索其他空间的商业模式潜力巨大。

王教授用批判的思维、创新的思维看待问题，改造固定陈旧的知识体系，并探索未知领域。此门课使自己打开了思维，提升了思想境界，学会了用简洁、实用的科学工具，对自身的事业、生活、价值观都颇有帮助。

新加坡南洋理工大学 EMBA　刘文意

我对王氏《1P理论》最感兴趣，下面是我的体会和摘录：

《1P理论》浓缩了王建国教授十年研究的精华，是一部突破西方营销理论的创新力作，是一把开启商界精英盈利思维的钥匙。

1P理论是网状经济时代跨越"蓝海"、实现"长尾"、创造网络价值盈利的全新商业模式。

为什么企业少收或不收目标顾客的钱，甚至找钱给顾客还能赚钱？这是当今时代网状经济的特质造就了企业零价格销售照样盈利的奇迹！王建国教授独创的 1P 理论突破了传统 4P 营销思维，提出了与当今网状经济时代相匹配的崭新商业模式，为企业的经营管理者带来了新的思路、出路与财路！

1P 理论所引入的第三方买单的观点很好，真正诠释了我们日常所见的免费促销的真正内涵，值得我们现在认真去思考！通过第三方付费来做的，都达到了双赢和多赢的效果，真的很值得我们大家来研读！

在以信息、网络、知识和文化为经济本质的今天，许多产业已经没有明显的甚至干脆没有了边界。相应地，企业产品的目标顾客市场不再是单一的，产品与目标顾客之间不再是一一对应的关系，而是一种网状的关系。互联网一词最能反映网状经济的本质：经济是一张网，网网相关，网网相连，网网互生外部效果。在这种关系中，所有经济活动都具有某种外部效果，所有经济活动的参与者都是不同程度的利益攸关者，从而为企业之间的相互合作共赢提供了战略空间。

1P 理论就是关于如何利用网状经济形成的外部效果，在企业价值链环节之间、企业与企业之间、企业与顾客之间引入第三方利益攸关者买单，把企业之间竞争博弈的盈利模式转化为合作共赢的盈利模式的理论。

《1P 理论》提炼出了 11 类商业模式类型和寻找第三方买单的五大规律，并结合大量国际、国内案例予以阐述，使企业的战略创新有了实操性的指导。

1P 理论不仅可以解释我们平时得到的"小赢小利"，更主要的是可为公司的营销战略及大项目运作改变思维、开辟新路。

1P 理论就是 4P 理论加上第三方买单，书中分析了许多联合第三方共同创造网络价值、交易网络价值达到三方互利共赢的案例。

利用 1P 理论，我们甚至可以推测出，未来人们坐汽车、看电视、玩游戏不但不需要缴费，还可能得到一笔费用或赠品呢！尽管现在听起来是很可笑的，如白日做梦一样。

王建国教授的另一杰作是"六维管理"理论，下面是我在王教授课堂上的摘录：

六维管理理论是在扬弃西方现代管理理论的基础上，融入东方的管理经验和智慧，总结提炼当代管理的实践，用创新的观念和思维建立起来的一门区别于西方管理的新管理学。

六维管理学从六个方面讨论现代组织的管理，其中，文化管理具有核心管理职能。（1）文化管理：讨论怎样判别事物的对错，找正确的事做，以求效果——该不该——正。（2）信息管理：讨论怎样确定事物的客观性、可靠性，以求做真实可靠的事——确不确——准。（3）知识管理：讨论怎样用理性的、正确的方法做事，以求效率——会不会——狠。（4）艺术管理：讨论领导的艺术，用不同的方法激励不同个性需求的人，使领导具有奇效和美感——美不美——美。（5）权变管理：讨论管理怎样适用时空和环境的变化，力求变通地做事——通不通——活。（6）整合管理：讨论文化、信息、知识、艺术和权变五个管理方面协同一致的整体管理执行力——合不合——和。六维管理是体用结合的管理体系：文化、信息和知识是管理的体；艺术、权变和整合是管理的用。归结为6个字：正、准、狠；美、活、和。

对于王建国教授的理论我还是觉得学习不够，或是了解肤浅。因其博大精深，真的很值得我们仔细来研读！

新加坡南洋理工大学 EMBA　黄远昌

1P 理论是对生产力的一次重要解放（蒙牛 CEO 牛根生语），是冲击"红海"，跨越"蓝海"，实现"长尾"需求的盈利模式，更是在网状经济下创新商业模式理论基础。

银联商务充分运用 1P 理论取得了成功。银联商务专业从事银行卡收单业务。所谓银行卡收单就是在任何以现金支付的行业布放 POS 机具，受理银行卡结算。运作成本涉及 POS 机成本（每台 3 000 元）、签购单成本（每份 0.05 元）和结算服务成本。关键在于收单机构确立手续费率，以使获得继续服务的同时，获得一定的利润。随着收单市场开放，竞争日益激烈，能否创造新模式成为生存与发展的关键。在关键的时期，公司组织大家阅读建国教授《1P 理论》，结合收单业务实际进行分析，发现在收单业务中，商户和收单机构加之第三方广告商都是不同程度的利益攸关者。在收单业务中，我们以签购单原本无价值的背面，引入江苏金达广告公司作为广告代理商，为其他机构发布广告。由广告商承担每份 0.05 元的成本，每年银联商务签购单的使用量在 1 亿份以上，江苏金达广告公司每年承担其中三分之二的签购单成本，约 7 500 份，从而每年为商户节约签购单成本约 375 万元。其他收单机构往往以降低手续费率同银联商务竞争，但由于银联商务已同特约商户结成利益同盟，即使银联商务同其他收单机构采取同一手续费率，商户也会选择我们，而其他收单机构再降手续费率，无疑是无利可图，从而使银联商务立于不败之地。经过六年的发展，银联商务已成为中国最大的专业化收单公司，在全国设立了 35 家收单机构，服务商户达 50 万户，布放 POS 机达 70 万台，占全国市场份额 50％以上。

北京大学光华管理学院 EMBA　刁青

我在听课时常常比较自负，可能是听云山雾罩的说教太多了，说者滔滔不绝，听者不知所云，由此渐渐养成了一点所谓的批判精神。当初选王教授的课主要是奔着"易经分析"去的，因为在我以前的认知中，我觉着《易经》挺"八卦"的，到底是科学还是迷信，我想在北大教授这里听点门道儿。没想到，选对了，听着过瘾，谈天说地，收放自如。看似不经意的比喻，却蕴含着极强的思辨性。比如："聊到天上，才能看清地上的东西"；"什么是生意，生意就是生出创意"；"何为缘分？不可能发生的发生了，就是缘分"；"何为科学和宗教？由因推果即生科学，由果推因即出宗教"。这样极具启发的精彩句子比比皆是，妙语连珠，代入感很强，基本上使我丧失了批判性，全过程享受其中。

四天的课程，贯穿其中讲了三个管理创新专题：

一是以《易经》分析方法为核心的企业战略管理创新和案例分析。其中把易经的立体和动态分析方法应用于案例分析，克服了现代案例分析方法的平面性和静态性缺陷。

二是以企业文化为核心的六维管理，即文化、信息、知识、艺术、权变和整合管理。其中扬弃了以战略管理为核心的西方管理理念，形成了区别于西方管理的全新的现代管理方法。其特点就是强调做正确的事，做可靠的事，环境变通地做事，正确地做事，对象变通地做事和协同统一地做事。

三是以第三方买单为核心的营销战略和商业模式创新，即 1P 理论。突破 4P 营销的传统理念和方法，探讨通过整合第三方共同创造网状价值、交易网状价值、成本分摊和支付买单，在定价小于平均成本（$P<AC$）或价格大于顾客原有意愿价格的条件下如何盈利的问题，揭示了在网状经济环境下取得商业成功的新模式。

听完这三个专题，我深深地折服了，可以说在我目前已听过的北大光华 EMBA 课程中，这是让我感到最具开创精神的一门课。既有哲学高度和理论深度，又富有创新观念和鲜活案例，充分展现了逻辑的力量、创新的魅力。

最让我感到珍贵的是王教授将他在长期的学习、研究和实践中总结的学习方法论、观察问题方法论和培养自身能力的方法论系统贡献于我们，让我自然地想到了韩愈的《师说》——"师者，传道、授业、解惑也"，不由地从心底对王教授肃然起敬，这种感觉如同商业模式的逻辑是自然生长出来的。谢谢王教授！

北京大学光华管理学院 EMBA　　赵光明

今年，我在北大光华的《2014EMBA 选修课指南》上早早选定了王建国教授的"易经分析、六维管理和 1P 理论"，感觉他应是一个与众不同的学者。本人从事企业管理教育培训多年，听课无数，一直对国内包括商学院在内的管理学界有看法。中国改革开放 36 年，今年进入世界 500 强企业过百，竟然没有一位中国本土的学者、教授总结中国企业的成功经验并上升到理论层次，开口全是西方管理理论，闭口全是 GE、苹果案例。我甚至认为中国人永远不可能创造出能被主流经济学界、管理学界推崇的理论体系。但这次课让我完全改变了看法，王教授打通了数学、经济学、管理学、营销学等学科的边界，创造性地建立了具有独立知识产权的理论体系和思维方式，并且用这套理论涵盖和解释了从传统管理、经济学到现代经济、网络思维的深刻内涵。听他的课，我随时能够感受到他对人生的领悟和哲学智慧。当王教授谈到 1P 第三方买单理论时，我领悟到我们必须改变传统一对一的线性思维方式。当我们用网状思维方式去观察事物时，发现世界万事万物都是普遍联系的，看似不相关的行业联系在一起，就可以创造性地解决问题。同时，为第三方和目标市场都创造了价值，从而真正地实现多赢。

我所在机构主要是面向中央企业开展中高级管理人员培训，其中，每年都安排一定数量的出国培训团组，经费来源一般为企业自筹，项目运作时间长了会凸显两个问题：一是出国培训与国内培训相比费用偏高，企业感觉有负担；二是受训人员与项目要求总有偏差，培训质量达不到预期。关于费用方面，我们也考虑过寻求赞助的方式，并且做了个别尝试。学习了 1P 理论，我们找到了理论依据，心里更有底气，原来这是可以放手大胆干的。国外著名企业在华经营多年，深谙在中国关系营销的重要，很想通过某个便捷途径与央企高管建立直接联系，以便近距离寻求商业合作机会。实际上，对于央企高管来讲也有同样需求。同时，中央企业有机会到国外企业本部学习和体会管理精髓，回国为本企业服务，这不是一件多赢的好事吗？于是，我们出面与德国西门子、法国标致雪铁龙等公司洽谈，双方一拍即合，外方愿意每年安排中央企业高管2个团组赴德国总部、法国总部学习、考察，只要中方企业人员级别为集团高管人员，他们愿意支付包含学习、交流、考察以及食宿在内的落地后全部费用。我们要求中央企业派出对等级别的高管人员，企业只需负担本人机票，同时缴纳我们一定的管理费用即可。西门子总部非常重视这个项目，出来交流的全部为四大业务板块全球CEO及以上级别人员，保证了学习、交流的质量和效果。法国标致雪铁龙亦然。可以看出，外方企业达到了互识、交流和寻求商机的目的，中方企业达到了互识、学习和寻求商机的目的，双方高度赞扬我们的项目策划能力。我们保证了双方高管的深层次对接，保证了培训质量。同时，经济收入一方面来自于外方，另一方面来自于中方，取得了不错的收益。各方对这个方案都非常满意，最终形成了多赢的局面。而且对于我们来说，这种模式还可以有效复制下去，深耕细作。

当然，这个案例还不能说明1P理论的博大精深。但正因为这样，才使我体会到1P理论具有强大的实用价值，解决原来根本没有想过、做过的事情，这就是网络思维、放射思维的妙处。衷心感谢王教授。

北京大学光华管理学院 EMBA　周建裕

谈一下1P理论在物业服务中的应用。笔者所在的是一家现代城市服务业集团公司，现代物流业、旅游饭店业和物业经营业是我们最主要的三个经济板块。其中物业经营业，在中国物业市场环境还不够成熟的情况下，取得了一定的经营业绩，规模不断做大、品牌影响力进一步提高。在学习王建国教授的《1P理论与易经分析》的过程中，我深刻地感受到，正是对1P理论的不自觉实践，保障了物业费收缴率的较高水平，使我们公司服务品质逐步得到了广大客户和业主的认可。这其中的典型案例就是，通过引进较多的第三方，达到物业的无偿增值服务，为业主提供多元化服务，增加业主满意度，促进物业费收缴，较好地克服了物业费一成不变，而物业成本逐渐上涨的压力。

一是集成服务提质创效。整合社会资源，利用物业服务平台为业主和客户提供快递、邮政、订餐、订票等服务，利用自身资源，提供入住验房、二次装修设计审核、单次免费保洁等服务。这些服务不仅不增加企业运营成本，而且方便了业主和客户的工作生活，增进了企业和消费者的感情沟通，既提高了物业服务的品质，又可推动物业费收缴率提高，从而实现企业获利。

二是关联合作降价增收。与家政、装修、洗衣、垃圾回收等公司合作，为业主和客户提供拥有品质保证的、快捷专业的、消费价格明显低于市场水平的服务。将这些服务的运营费用分摊到第三方，并适当收取一定的管理费，从而实现企业和消费者的双赢。

无论是集成服务还是关联合作，我们都是将顾客的市场对向了企业和消费者两个方面，通过为他们创造价值，使企业多收少花，增加企业的利润空间。在企业近几年的运营过程中，不仅克服了物业市场环境日益严峻的影响，而且取得了较好的经济效益和社会效益。写字楼、住宅、机关办公楼等各业态的物业费收缴率平均达到 90% 以上，而且获得了国家一级物业服务资质，有力推动了企业的市场拓展步伐，新获得北京及外埠多个物业服务项目，进一步提升了企业在物业行业的影响力。

1P 理论是对西方传统的 4P 营销战略的突破，是以第三方关联伙伴和关联客户参与价值创造和买单为核心的营销理论，能够为企业制定产品销售策略提供战略性指导，节约产品费用，降低成本，获得价格优势。

笔者所在的企业正处于转型发展的关键时期，通过此次学习，将会为我们在以后的战略管理创新上起到积极的推动作用。我们在由传统的煤炭流通企业向现代城市服务业的过渡的战略历程中，做强主导产业，做优支撑产业，培育新兴产业，实施"走出去"战略一直是我们的重要途径。日后灵活运用 1P 理论将会为我们的战略合作带来新的思路和方法，特别是在现代物流业和饭店旅游业，在产权、品牌、资源、技术、市场等多种合作方式上取得新的突破，达到"不为所有、但为所控"，为我们开发更多的客户、降低运营成本，创造更大利润空间。

总的说来，王建国教授的此门课程，内容充实系统，案例经典鲜活，使我汲取了新知识，检验了工作实践，得到了新启发，受益匪浅。

北京大学光华管理学院 EMBA　夏巍峰

王教授关于商业战略和商业模式的分析，令我耳目一新。通过学习，了解到经济本身是网络的，模式也是网络的。商业模式是网络经济的价值逻辑，它不是设计出来的，而是网状经济下生长出来的。一切新企业和行业的出现都是商业模式创新的结果。

商业战略是零和思维，商业模式是共赢思维。重复竞争、零和互损的结果会走向合作，这是发展的动态过程。商业战略思维面对的是红海，只有在理性的情况下，走向商业模式思维才能迎来蓝海。而我们常常谈到"互联网思维"，其实，互联网只是技术工具，用互联网技术实现网络价值的是网络思维，互联网本身不是思维。

1P 理论，更为我们企业管理带来了新的思路、出路和财路。在网状经济时代，企业价值链环节、企业与企业之间、企业与顾客之间引入第三方利益攸关者买单，1P 理论是把企业间竞争博弈的盈利模式转化为合作共赢的盈利模式的理论。

1P 理论简单的表达是"1P 营销＝4P 营销＋第三方买单"。通过这个分析，1P 理论可以分解为多类商业模式。因此可以通过创新细分变量、利用共享目标顾客、共享产品定位、共享产品、共享渠道、共享促销、共享价值链、成本分摊、信息搭载、产品多功能开发、战略联盟、外部效果、范围经济、边际非稀缺产品等手段来灵活运用 1P 理论。

1P 理论为企业的营销实践开启了一个全新的多维视角和创新的思维方式。可以说，一切的营销实践都可以围绕这些手段来思考和展开。在新经济的背景下，营销关系走向网络化，通过 1P 理论的学习，不仅开阔了企业营销的思路和方法，而且这些方法创新而实用！

北京大学光华管理学院 EMBA　周侠

1P 理论是在第三方买单的情况下，产品价格低于平均成本、免费甚至负价格还能盈利的创新思维。

1P 理论把企业之间的竞争战略思维转化为合作战略思维，把零和竞争转化为多赢合作，把企业对顾客的营销转化为企业对企业的营销。从根本上讲，1P 理论是通过多赢安排寻找第三方企业和顾客共同支付，使得企业能够在多花少收的情况下仍能保持对顾客的吸引力并增加盈利的营销战略。企业可以降低针对直接目标顾客的价格，是因为第三方输入的价值弥补超过了降价所造成的利润损失。企业也可以让第三方出钱参与生产产品或提供服务，这样企业就能以更低的成本为顾客提供同等质量的产品或服务。成本的降低为价格的降低提供空间，企业就可以在为顾客降低价格的同时不损害自己的利润收入。

1P 理论是多收少花的营销战略，但在 1P 理论中的多收并不是多收顾客的钱，而是多收第三方的钱；1P 理论中的少花也并不是以降低产品或服务的价值为前提，也就是说，企业在产品、渠道和促销等方面并没有少花，只是所花的成本中有一部分甚至全部由第三方支付。

我公司是一家从事系统集成服务的企业，通过竞标取得项目，但是现在的竞争越来越激烈，投标利润越来越低。我们在日常的工作中也经常思考如何提高我们的利润空间，即在降低客户的消费的同时也能够增加我公司的企业竞争力。所以我们在日常的客户群定位中，同时在寻找我们的战略合作伙伴，通过战略合作伙伴的需求来达到共赢的目的。

教育系统的智能化建设是我们公司的一个重要客户细分群体，我们在北京高校的市场占有率为40%左右，但是还是面临其他两家公司的竞争，这两家的市场占有率均为25%左右。在一次项目投标中，与客户一次偶然的沟通，客户问我们能不能赠送部分投影仪，用于电视教学，我们当时就答应了。这次要求的投影机的数量为三台，价值约10万元。我们联系了爱普生、三洋、松下、索尼几家公司，问能不能以较低的价格采购，因为我们也是赠送的，没想到联系到松下公司的时候，松下说可以赠送5台，但是需要我们共同帮助开拓该客户，当时我们想也没想就同意了。结果在投标中，我们中标了，其中很大的原因就是我们赠送的这5台松下投影仪。后来了解到松下为了开拓北京高校的市场，这些赠送产品是在市场营销费用中的预算。

这次听完王老师的课，忽然启发了我的思维，其实我们可以把松下投影机事业部当成合作伙伴，在投标过程中我们赠送松下的设备，这些赠送的设备能提高我公司的中标率，但是没有增加我们的任何成本，也没有增加客户的付款，还帮助松下投影机在高校的电子教学市场打开了局面。其实这就是一个典型的王老师的1P理论的实践案例。

王教授的课启发了我们从红海竞争中如何借力借势从而脱颖而出！

北京大学光华管理学院EMBA　李进钊

通过1P理论的学习，我感觉自己的事业范围变得更加宽阔，它颠覆并彻底超越了传统营销的思维范式，深切契合了网状经济时代的特征。长期以来，我在保险公司任职，目睹了愈演愈烈的市场竞争。可以说，生意场就是一个战斗惨烈的战场，虽然没有真正意义的硝烟弥漫，但是你却处处能够感受得到厮杀的战斗氛围。以前，为了战胜竞争对手，赢得客户市场，扩大市场份额，我们总是在4P上花尽心血。结果殚精竭虑改进的市场环境没过多久又被竞争者赶超，我们只能进一步多花少收，甚至把自己逼到退无可退的境地。是1P理论解放了我们的思想，让我们得以准备新的武器，在这个全新的时代背景下继续战斗。我想很多同学一定和我一样，在未来的战场上又增加了胜算的信心。

新加坡南洋理工大学 EMBA　夏建新

1P 理论给人以全新的视角和深刻的启迪。从传统经济到互联网经济，从传统的 STP+4P 营销战略到 1P 理论的出现，既惊奇又自然，它是网状经济条件下的必然结果，而王建国教授却发现了其中的必然逻辑联系和应用价值。这对于实践营销的组织和管理者而言，如获至宝！

应用案例：自 2007 年起，股票交易的资金交割制度发生了大的变化，即引入"第三方银行存管"制度，旨在防止证券公司挪用客户保证金，股票交易流程相关者由股民、券商两方关系，改为股民、券商、银行三方关联关系。如图：

由于银行是法定的股民资金监管者，从这一关联关系来看，券商的客户（股民）一定是银行的客户，而银行的客户未必就是股民，未必就是券商的客户，从而银行在客户的储存上占有绝对优势。同时，券商开发新的股民也会增加某银行的客户，从而带来利益。所以银行和券商对于客户有共同利益而所提供的服务却是差异的，这就给银行在开展传统营销（增加客户）过程中引入"第三方买单"提供了可行性。

原有营销方式：

银行 ⇌ 客户
（获取／支付费用）

引入第三方方式：

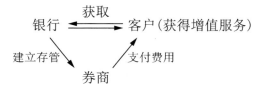

点评：（1）三方共赢：银行减少费用支出，券商获得客户。客户得到证

券开户增值服务。(2) 银行（主体产品）引入券商（客体产品）同时提升了顾客价值（额外券商服务），银行的成功之处在于引入第三方（券商）。(3) 银行与券商属于横向网络和网状网络，主要是通过战略利益、资源整合方法。

思考：网状经济条件下，企业营销模式的改变所具备的自身条件是什么？我们讲现代企业的成功不是因为你拥有多少资源，而是你能整合/利用多少资源，即资源的整合能力！而这"能力"体现在哪里？从阿里巴巴、谷歌的成功可以看出，掌握主导的是创新商业模式整合科技和资源！

商业模式已被复制 N 遍，唯阿里巴巴、腾讯、谷歌却成为业内翘楚，原因又是何在？1P 网络模式思维使然！

北京大学光华管理学院 EMBA　马强

1P 理论使我受益良多，给我很大启发。王老师把 1P 理论通俗地概括为如何利用网状经济形成的外部效果，在企业价值链环节之间、企业与企业之间、企业与顾客之间引入第三方利益攸关者买单，把企业之间竞争博弈的盈利模式转化为合作共赢的盈利模式的理论。下面我用一个房地产开发的案例，谈谈自己对 1P 理论的理解。

案例简介：华凯集团在亚龙湾国家旅游度假区内投资开发了一个休闲地产项目，该项目占地 150 亩，被 36 洞高尔夫环抱，背山面海，绿意盎然，景色宜人。由美国顶级设计师倾心设计，拥有 108 栋尊贵高尔夫湖畔泳池别墅及 110 间豪华精致五星级酒店客房。

考虑到众多在三亚买别墅的人群大多数时间并不在三亚，因此如何让这些别墅在闲置时间能得到较好的打理甚至是增值成为众多购房者考虑的一个问题。正是考虑到这一点，华凯集团在销售别墅之前，引入了第三方酒店运营机构——港中旅，由港中旅运营项目中的酒店（三亚维景国际度假酒店），并且在把别墅产品卖给消费者的同时，由港中旅为业主提供一项别墅托管服务，即由港中旅统一对别墅进行管理，业主在入住时可以享受港中旅五星级酒店的服务，在别墅空闲时会被纳入酒店产品系统中，对外营业，由此产生的利润会按照比例返还给业主。结果此项目大获成功，华凯集团、港中旅、购房者都得到了实惠。

案例分析：如果华凯集团按照传统的方式来运营此项目，即把酒店作为别墅的商业配套，然后简单地把别墅当成不动产卖给消费者，可能此项目不会如此成功。然而可喜的是华凯集团在此项目的运营过程中，没有按照传统的运营方式，而是引入第三方酒店运营机构，这一步可谓是画龙点睛之笔，也正是这一步让项目的三方获得了多赢。

（1）购房者赢了。原因有三个方面：一是在购房成本没有增加的前提下购房者可以直接享受港中旅五星级酒店的优质服务，二是购房者的别墅变成了一个可以持续盈利的持有物业，三是别墅在闲置时也能得到最好的打理。

（2）港中旅赢了。原因有四个方面：一是这些高质量别墅的加入能够丰富酒店的产品类型，提升酒店的产品竞争力，二是直接提升了酒店的客户接待能力，三是这些业主会直接变成酒店的客户，四是对于这些别墅产品，酒店的推出壁垒较小。

（3）华凯集团赢了。原因有三个方面：一是华凯集团迅速完成销售回笼了资金，二是项目的成功大大提升了品牌影响力，三是酒店持有物业可以为公司带来持续性的收益。

用1P理论的概念进行总结，港中旅作为第三方被引入项目，虽然没有替消费者买单，也没有直接降低消费者的购房成本，但是却能为消费者提供更加优质的服务，并且把消费者的房产变成可以持续盈利的持有物业，从而提高了消费者的收益。因此可以说华凯集团把港中旅作为第三方引入项目从另外一个层面上降低了消费者的购房成本，提高了华凯集团以及自身的收益，从而最终把竞争博弈的盈利模式转化为合作共赢的盈利模式。

案例借鉴：我们地产集团近期计划在天津高铁站旁边开发一个高端休闲地产项目，主要面向京津有休闲需求的高端人群。华凯集团的经验非常值得我们借鉴，我们也要积极引入第三方专业机构，比如说，在项目的运营阶段引入一个第三方专业服务运营机构，由这个第三方机构来整合我们的会所、酒店、业主的休闲房产以及项目周边的其他可利用的重要资源，从而为业主提供一条龙优质管家服务，并为业主增加收益，最终达到自动营销的目标。

课后感想：通过对1P理论的学习，结合多年的工作经历，我主要有三点感想：（1）当今社会合作是主题，企业在和各方利益相关者合作的过程中要努力实现所有利益相关者的互利共赢。（2）要想真正摆脱红海，唯有"颠覆传统、创新思路、变革模式"一条路。（3）企业想要可持续发展，成为百年老店，必须要动态地、辩证地去看企业自身和所处的环境。

新加坡南洋理工大学EMBA　郝振利

掌握了1P理论，在现实中可以把这一理论广泛应用于各种领域。如在矿产及石油等工程承包项目开发中，承包商就可以很好地应用这一战略。一般在这种项目中，项目业主主要进行前期的可行性研究和勘探，而这是有风险的。这些工作需要业主花费很大的费用和成本，而最终业主会把这些费用计算到项目总成本中或转嫁给承包商来承担，影响了业主自身或承包商的利润。而运用1P理论，承包商可以帮助业主做前期的科研和勘探等工作，而不需要业主自己花钱来做，这是任何业主都愿意做的事情。承包商能拿到项目说明他有很强的竞争实力，业主会愿意把项目交给这样的承包商。而承包商也不要自己出钱来做这些事情，他可以找到有能力的设计院和未来能够与承包商一起完成项目承包的施工单位，与他们签订战略性合作协议，由他们出钱来完成前期科研及勘探等工作，并共同完成项目承包工作。这样就由设计院和其他施工单位来替业主花钱，完成了本应由业主完成的事情，使业主免去了前期的风险投资，在不增加成本的情况下实现目的。对承包商来讲，也没有增加费用，不会因为有可能受到业主转嫁费用而使项目价格失去竞争力，同时因为提前为业主找到了愿意花钱的人，而使业主更愿意将项目交给自己。

总之，1P理论是对传统营销战略思维的创新，只要掌握了其精髓，就可以在各种领域，根据具体情况，量体裁衣，灵活运用，更好地完成营销任务。

新加坡南洋理工大学 EMBA　　陈云

1P战略成功实施的精髓是"找谁为顾客买单"。所以，只要找到了为顾客买单的客体，降低了价格而不降低利润，1P战略即成功实施了。在20世纪90年代中期我在云南创业的过程中，有一个经典案例。如果早知1P理论，则该事业现在必兴旺发达。

我曾经销售通信设备电缆交接箱给电信公司。由于定位正确，竞争也不激烈，在前期的经营中，利润可观。但由于利润可观，新的进入者不断增加，产品功能和性能趋同性加强，最后进入价格的厮杀之中，利润锐减，市场萎缩。电缆交接箱是户外街道上的立体产品，如果运用1P理论，我可以把该产品定义为"营销化产品"，即承载了非产品自身的营销信息，并因此使价格降低而获得显著竞争优势的产品。如果这样，我就可以与电信公司协商，把电缆交接箱的外体经营使用权让给我，而该产品我以成本价销售给对方，箱外经营使用权我以拍卖的方式让予广告公司经营，从广告公司那赢得该产品的使用费，从而弥补交接箱的低价丧失的利润，大大提升我产品的竞争优势。

遗憾的是，我一年后才接触并领悟到王教授的 1P 理论。可喜的是，在以后的事业中，由于掌握了 1P 理论，可以大大地提升我的营销能力。同时，我也注意到，主体产品价格需求弹性越高，1P 理论策略成功的可能性越大；顾客对产品价格越敏感，1P 理论的运用越广泛。

新加坡南洋理工大学 EMBA　王庆东

随着我国市场经济的发展，金融改革的深化，银行之间的竞争越来越激烈。各银行为竞争优质资产客户使出浑身解数，不惜降低各项融资条件。在为企业贷款的过程中，各商业银行不得不遵照央行规定的贷款利率，使贷款利率按照基准利率下降的幅度不超过 10%，这样企业的融资成本比较高。另外，客户将资金存到银行，各商业银行也要执行央行规定的存款利率，因此要想在没有风险的情况下增加收益是不可能的。但是，应用 1P 理论，既能突破利率下浮不超过 10% 的规定，从而在一定程度上降低企业的融资成本，又能为客户找到风险极低的高收益产品，为银行争揽到优质客户，增加中间业务收入。

某银行"公路行业"发展的主要困难有：（1）中长期贷款比例高：在资本充足率的约束下，扩大中长期贷款的经营模式难以为继。（2）专业化程度不够：无论是在行业还是在金融工具的使用上，专业化程度都不高，表现在不能有效指引企业的发展方向；对于当前使用较为广泛的金融工具，如票据、信托以及租赁等不能熟练运用。

从战略高度认识公司融资策划与理财服务的重要性：第一，在细分市场的基础上，根据特定客户的不同需求，制订专业化服务方案。第二，改变传统银行"非存即贷"的同质化经营手段。第三，公司理财业务就是银行将优势行业中的领先型企业的低成本融资需求与资金盈余企业和个人的稳健理财需求相结合，利用信托等多种金融工具，定制成为理财产品后进行销售与管理，从而达到节约资本、改善业务和收入结构、提升盈利水平的目的。

结成利益共同体：

（1）对企业的吸引力：第一，满足其中长期融资需求；第二，成本低，一般低于同期项目贷款利率的 15%，突破了银行贷款不得超过下浮 10% 的底线；第三，后续贷款安排方面，因有银行介入，免除了其每期信托到期的顾虑；第四，提高企业的社会知名度，扩大企业的影响。

(2) 对银行的益处：第一，留住了客户，促进了公路行业的发展；第二，增加了中间业务收入，按照目前市场收益，中间业务收益空间为 0.8%—2.78%；第三，为未来资产证券化、银团贷款以及信贷资产转让等业务提供了资源。

(3) 对信托公司的益处：不需要承担任何风险，只是出借自己的通道，就能收取发行金额 0.2% 的手续费。

(4) 对机构投资者和个人投资者的吸引力：在没有风险的情况下，获取比银行同档次利率高 50% 的收益。

我行进行了业务创新，设计的信托化融资方案如下：申请人——某高速公路有限公司；发行对象——机构及个人投资者；金额与期限——理财计划金额为 3 亿元，期限 2 年；预期收益率——4.1%；贷款用途——用于置换申请人现有贷款；信用增级——由银行提供担保，出具 3 亿元融资性保函。银行另提供 7 年期后续贷款额度。反担保方式：以某高速公路收费权质押反担保。

信托计划担保收益测算：收益资产年利率预计为 5.935%，理财产品预期年收益率为 4.1%，银行担保费为 1.835%，按年（季）收取。中间业务收入（年）＝发行规模×(收益资产利率－理财产品预期收益率－信托公司手续费率)×(1－5.5%)＝30 000×(6.135%－4.1%－0.2%)×(1－5.5%)＝52 022.25(万元)。

信托计划的发行可有效降低企业财务费用，又为银行带来较高的中间业务收入，实现银企双赢。

后续 7 年期贷款收益测算：年万元贷款利息收入(基准利率)＝30 000×6.84%＝2 052(万元)。

信托公司收益：30 000×0.2%＝60(万元)。

机构投资者和个人投资者新增收益：30 000×(4.1%－3.06%)＝312(万元)。

根据 1P 理论，我将原来一个传统的银行中长期贷款项目转化为一个新的理财项目，使银行在竞争优质资产项目过程中取得了优势地位。

附　记

学习容易创造难。创立一套完整的理论，光有学不行，还要有灵感和方法论。看透事物，光从一个角度不行，要多视角观察才行。做好事情光有单方面的能力不行，还要有多方面的能力协同一致才行。人生光做成事业不行，还要悟透人生才行。做企业只有有效的商业模式营销不行，还要有有效的组织内部管理。附文里的四篇文章，是我对这些方面的体悟和分析，与大家分享。

学习、观察与能力培养方法精议

学习八法：学、习、修、炼、思、批、创、行

学是向外学知识，搞清概念、逻辑、方法和结论。习是运用、实践和温习所学，检验所学的结论和前提是否符合实际。修是达到某种心态的方法，炼是实践运用修的方法。比方赤子（初生小孩）之心，这种心态能达到孟子所言"富贵不能淫，贫贱不能移，威武不能屈"的境界，因为赤子的心是平的，对万物没有歧视，所以眼是平的，世界是平的。平心才可以平眼，才可以平世界，才可以一视同仁。这样，看书也好，交往也好，要永葆赤子之心，才会客观地吸取知识，不会有偏见，不会以势利的眼光学习知识、看待世界。

思指思辨，学到的东西不思考、不辨别真伪对错的话，就是囫囵吞枣，不能消化理解，不能转变为自己的知识。只有思辨所学，辨别对错，才能发现问题。思辨后才会有批判，批判就是破，破错才能立对，破旧才能创新。立就是创，即创造新知识、建立新的知识体系。创新后还要行，行是把创新的知识运用于实践，这样才知道创新的东西是不是经得起实践考验。行还包括行万里路，长见识。

如果实践验证新知识是正确的，就回到第一个学字，成为可被他人所学

的知识。这样就形成一个循环。学习知识的目的是创造知识，解释世界和解决问题。不批判创造，知识就会陈旧，就永远不会有新知识。学习知识而不创造知识，是知识的寄生虫。

观察八法：观察事物的八个视角

从空间观察事物有三个视角，即立体观察：天地人、我你他或长宽高。例如，从我的角度观察有激情、有动力，从你的角度观察有可行性、有良心，从他的角度观察客观公正。《易经》八卦就是从天地人空间三个角度观察世界。天可看成所有存在必须遵循的自然法则，地可看成双方竞争的同一资源，人可看成竞争双方。天地人三度又可分为阴阳两面，根据情势分析，对于某一特定事物或人，在天地人三度的每一度必处一势，或阴或阳，三度各取其一，组合形成一卦。卦即特定事物或人所面对的格局或问题，卦辞即对格局或问题的解决方案。

从时间观察事物也有三个视角，即过去、现在和未来的动态观察。要历史地、现在地和未来地看问题，否则不能确定现在是不是拐点，这就可能会在从现在出发时，在确定未来的方向上犯错误。《易经》从天地人的立体视角和过去、现在、未来的动态视角看问题，形成两个八卦，由过去情势推出的现在八卦和由现在预测的未来八卦。现在八卦与未来八卦组合，形成立体动态的六十四个格局或问题，即六十四卦。

第七个视角，是超人地看问题，即从自然的角度看问题。人和自然的一切存在都是平等的，万物皆齐。这样才不会以人为中心看待问题，才不会歧视和破坏自然，才会与自然的一切存在和谐相处。

第八个视角，是超自然地看问题，即站在上帝或鬼神的角度，从异度空间看问题。我们无法知道和证明鬼神的存在，但也无法证明它不存在。假设它存在呢？没有无因之果，如果我们的空间是 A，那么是什么产生了 A 呢？必有生出此空间的彼空间，假设它是 B。虽然无法验证 B 空间的存在是什么状态，但它的存在性不容置疑。基本的思维是不能损害 B 空间中存在的利益，与上帝和鬼神和谐相处，与异度空间的存在沟通往来。用降维类比的方法能帮助我们更好地理解异度空间。比方，第四维是无法验证的异度空间，可用四维与三维的关系类比三维与二维的关系，帮助我们理解第四维与第三维的关系。

在观察事物的视角上，《易经》的六十四卦，从立体动态视角看问题，也只有六个视角；宗教从异度空间看问题，是超自然的；道学不是宗教而是哲学，它站在超人的自然角度看问题。我将这些视角整合在一块，成为观察问题的八个视角。

六种能力：做好事情所需要的六种能力

一是文化能力，即做正确的事的能力；二是信息能力，即获得科学决策信息依据的能力；三是知识能力，即用正确的方法做事的能力；四是权变能力，即能随环境的变化而变通地做事的能力；五是艺术能力，即能随对象的变化而满足不同对象个性需求的能力；六是整合能力，即协同一致相互配合地做事的能力。

以上是我在长期的学习、研究和实践中总结的学习方法论、观察问题方法论和培养自身能力的方法论系统。有了学习的八方法和观察问题的八视角，学习知识和看待问题就不会片面，也不会食古不化，食洋不化。有了六个方面的能力，就能把事做好。

对于观察事物，我推荐苏东坡的一首诗："横看成岭侧成峰，远近高低各不同。不识庐山真面目，只缘身在此山中。"这首诗告诉我们，看问题必须从多个视角去看。它也告诉我们，做任何事情都存在灯下黑的问题。

对于学习，我推荐北朝民歌《敕勒川》的结句："天苍苍，野茫茫，风吹草低见牛羊。"风吹草低是方法论，牛羊则是本质。这是透过现象看本质的学习方法。

对于学习的精神、毅力和路径，我推荐王国维讲的学习三境界："'昨夜西风凋碧树。独上高楼，望尽天涯路'。此第一境也。'衣带渐宽终不悔，为伊消得人憔悴。'此第二境也。'众里寻他千百度，蓦然回首，那人却在，灯火阑珊处'。此第三境也。"。经此三境，何学不精？

原载于《北京大学学报》，2013 年第 4 期

水悟空色人生

水的哲理，被古人说绝。古人从水性、水能、水态、水形……无不悟出一番哲理。老子思水性，认为人当若水："上善若水，水善利万物而不争，处众人之所恶，故几于道。""无为而无不为。"孔子喜水灵，"知者乐水"。荀子悟水力，"积小流，可成江海；水可载舟，水可覆舟"。古人悟水，有的悟流

水不腐，有的独高山流水，有的爱伊人在水一方……

水的哲理，也被今人说透。水理说得好的，郁缀其一。郁缀兄明知水理几被说尽，偏给我出个水题，要我写一篇水感。

冥思苦索，以为水悟。一查文献，方知所感，他人早已成文。叫我如何下笔？

一日，与 EMBA 学员上课。有一信佛的老板问我："《六祖坛经》中有一偈，'菩提本无树，明镜亦非台。本来无一物，何处惹尘埃。'为六祖慧能的禅悟。一般的解释是，菩提树空，明镜台空，身心俱空，空无一物，故无处惹尘埃。王老师有何新解？"又一官员跟问："有权有钱有家有业，仍感生活迷茫。人生到底为何而活？"这一问，居然勾起水悟。

人说急中生智，我也突来灵感。索水悟、问空色、解人生，有三玄之妙！我何不以水为例，把空色人生来个水解，在 EMBA 课堂上侃上半个小时，把这三个问题一起来探讨。

一直以来，人们都把"菩提本无树，明镜亦非台。本来无一物，何处惹尘埃？"的最后一句用句号结束。我以为，六祖原意应是疑问号才对。前两句是说六祖慧能已悟透色即是空，即万物皆无本性，皆由他性构成，他性即空。后两句是个问句，是说六祖慧能没能悟透空如何生成色。色即为没有自性的万物，他不知空是怎么生出万物的，故提出来探讨。

以水为例。水不是水，水是空，因为水没有本性。水是由氢和氧生成，氢和氧是水的他性，是水的空。氢和氧虽是水的空，其本身又是色，因为氢和氧又由别的元素生成。生成氢和氧的元素是他性，是氢和氧的空。他性又有他性，万物生生不息，既是空也是色。空和色是相对的，此色为他色之空，他色为此色之空。空即是色，色即是空。空也是绝对的，他之又他，直至他外无他。他外无他的他是绝对的他性，即绝对的空。

问题在于，氢和氧这水的空未必生成水这个具体的色。因为只有 2 个氢和 1 个氧的结构才能生成水，任何其他的氧氢结构不生成水而生成他物。这说明，空要生成具体的色，必须通过个性结构转化。氢和氧这水的空，通过 2 个氢和 1 个氧的个性结构惹成了水这个尘埃。个性在这里既不是空，也不是色，而是数，是空向色转化的量度结构，是空色之外的独立存在。空加上个性才能生成具体的色。

一旦水还原为氢和氧，即色还原于空，氢和氧的个性结构就消失了。水的个性消失了，水就成了纯粹的空，水作为具体的色就不存在了。所以水存在的意义，除了氢性和氧性即空性之外，还有量度结构个性即数性。保持水的个性，就是保持水的生命即水的具体存在。水是为个性而活，为空性而死。水活着的时候，个性是它生存的意义；水死去的时候，空是它死去的意义。这里的死，并非绝对的死。因为在一定条件下，氢和氧又会再生成水而活过来！从这个意义上说，万物生生不息，是为永生！当然，空有绝对性，所以水的最终意义还是空。也就是说，水作为一个整体，终有一天会绝对消亡！

水要活出水样，除了个性，还要有一定的环境。对水而言，最重要的环境就是温度。在一定的压力条件下，0度的水成固态；100度的水成气态；0度到100度之间的水成液态。水是活成固态、气态、还是液态，决定于温度选择。水要活出水样，除了温度，还要选择压力、时间、地点、情景和对象。在高压还是低压下？在春天、夏天、秋天还是冬天？在海里、河里、塘里、下水道里、泥土里还是草里？在风里、浪里、雨里还是阳光里？那活法，那体验是不一样的。

所以水的一生要活出个性来，也要活出生态来，还要活出空境来。要活出空境，就要活出死亡来；要活出个性，就要活出量度来；要活出生态，就要活出环境来。

水的一生要活出空境、个性和生态，必须解决三大问题：守空，认识自己是水又不是水，坦然面对死亡，又对来生充满希望；扬性，认识个性是生活的意义，要尽量把握量度，色透过程，活出个性；择境，认识环境决定生态，选择环境就是选择生活方式，要尽量活出生态，活出目标。

人生如水生，人生又何尝不是解决水生这三大问题呢？水生也许不能选择，但人生可以选择。悟透和解决这三大问题，是我们人生的主题。活在梦里，就是忘生出色，就能活出空境；活在个性里，就是忘死入色，就能活出自己；活在可以率性的环境里，就是择境适性，就能活出生态！

原载于《北京大学学报》，2010年第3期

管理的新视角：六维管理

六维管理是我16年来独立研究的、以文化管理为核心的管理创新理论。六维管理理论是在扬弃西方管理理论的基础上，融入东方的管理经验和智慧，总结提炼当代管理的实践，用创新的观念和思维建立起来的一门区别于西方

管理的新管理学。本书将由北京大学出版社出版，这里做一个提要概述。

现代西方管理学以战略管理为核心，主要研究计划、组织、领导和控制四大基本管理职能，它是关于科学和策略管理的学问，而文化、信息、艺术、权变和整合管理则被放在次要和忽略的位置，虽然他们也提出了科学管理之外的因素，但在西方的管理学框架里只点到为止。六维管理，除科学管理之外，还包括文化管理、信息管理、艺术管理、权变管理和整合管理。

组织文化，是组织的灵魂。文化管理是要保证组织做正确的事，为组织确立一套做事的行为价值标准，以此判别哪些事是应该做的，哪些事是不应该做的；哪些事是第一重要的，哪些事是第二、第三重要的。组织的文化即组织的个性，不同的文化形成组织不同的志向、动力、追求、激情和凝聚力，它在企业管理中居于核心地位。例如，沃尔沃、奔驰和丰田三家汽车制造商的制造技术难分高下，但企业文化各不相同。沃尔沃把安全放在第一位，奔驰把豪华放在第一位，丰田则把省油放在第一位。不同的文化价值观决定了它们不同的追求和不同的资源优化配置顺序，由此形成不同的产品个性和核心竞争力，树立组织鲜明的个性形象。可以说，它们产品的品牌垄断力或卖点主要来自文化个性而不是技术优势，因为它们各自的技术优势和产品个性是追求个性文化的结果而不是原因。文化管理执行力的关键在于文化的制度化，即把企业的核心价值理念变成不得不执行的制度约束和氛围营造。

信息是事物存在状态的确定性标识。信息管理的核心是了解事物的确定性程度，力求做真实可靠的事。事物确定性程度的信息是科学决策的依据，准确可靠的信息是科学决策的前提。没有信息，做事就是盲目的。盲目地做事，天大的本事也是白搭。完全信息叫做确定，完全没有信息叫做不确定，部分信息叫做风险。完全的决策能力叫做完全理性，没有决策能力叫做非理性，不完全决策能力叫做有限理性。人们的常态决策能力是有限理性，人们拥有的常态信息量是风险信息，因此，常态决策只可能是依据风险信息做出有限理性的决策，决策的常态效果只可能是满意决策，即正确决策的一定概率，而不可能是完美决策，即百分之百的确定正确。追求完美决策的结果只可能得不偿失。关键决定成败，细节成就完美，但越接近完美，其追加成本越高，追加收益越低，越得不偿失。追求细节就是追求完美，必定得不偿失。细节决定成败是错误的观念。

知识包括科学和技术，科学解释问题，技术解决问题。凡是解释和解决问题的正确方法都是知识，知识告诉我们用正确的方法做事。知识管理强调如何保证组织用正确的方法做事，当代西方管理强调知识和理性，它以计划管理为核心，随之以组织、领导和控制管理，形成西方现代管理的四大职能。策略、制度、流程和技巧等管理手段都属于知识管理的范畴。知识管理追求效率，它以文化和信息为前提，以理性、普遍性和客观性为基础。也就是说，在事情本身是错误的、不确定的、没有普遍性的情况下，在决策者主观非理性的情况下，知识管理没有用武之地。由于知识具有普遍性、通用性和可学性，所以知识管理不可能长期保持垄断，创新是保持知识管理领先地位的唯一途径。知识管理的最高境界就是"累死"制度，一切重复的、有规律可循的管理活动，都用制度去规范，通过制度去管理。在六维管理中，知识管理这个维度与现代西方管理中的计划、组织和流程管理完全一致，但把领导职能放到了艺术管理，控制职能放到了权变管理。

坚持组织的个性叫做有文化；包容组织成员的个性需求，发挥组织成员的个性生产力叫做有艺术。艺术管理就是要保证组织个性变通的做事，它要求因人而异，对象变通的沟通、激励和领导，用人性、自然、简单、和谐的方法满足个性需求，有效激励下属努力工作。人性有理性和共性的一面，又有非理性和个性的一面；前者用科学管理有效，后者用艺术管理有效。一旦管理失去对被管理者的非理性和个性的敏感，它就不能用特殊的方法激励和领导特殊的人群。艺术管理的关键是通过沟通充分了解下属的个体兴趣和个性需求，设计可选择的激励方案以满足不同的个性群体，用匹配个性需求的管理风格进行包容性的领导，使每个下属都能充分发挥个性生产力，达到"累死"别人，别人还倍感自我实现和自尊的效果。艺术管理的境界是人性、自然、简单、和谐，如果运用得当，就会产生美感和取得奇效。

权变管理是要能随环境的变化，权衡变化的利弊，调整管理的方法，变通地做事，以适应新环境。文化、信息、知识和艺术都是随着时空和情境的变化而变化的。如果环境变化了却不知道变通，文化、信息、知识和艺术就会成为僵化无用的东西。环境会改变文化，改变人的价值判断，过去正确的事情现在可能是错误的。知识会随时空变换而陈旧，信息也会随环境而变化。同样，环境变化也会改变艺术的标准和方法。例如，在静态的环境下，刻舟求剑是可以求剑的正确方法，但在动态的环境下，它就是错误的方法。如果环境变了，管理的方法不调整，就叫僵化。管理的原则是要做正确的事，可靠的事和用正确的方法做事，但事情正确、事情可靠和做事的方法正确是有条件的，这些条件就是对象和环境。对象变通是艺术，环境变通是权变。环境条件包括时间、空间、事物和情景的变化。在权变管理中，信息分类搜集发现环境变化和信息组合分析构成战略问题，然后逐一找出解决战略问题的方案，叫做战略管理。对偏离计划轨道的行为进行修正，使其回到计划轨道叫做控制管理。权变分为应变、预变、改变和突破四类，西方权变管理理论主要研究应变问题。《易经》是权变管理的圣经。

整合管理就是整合资源，相互配合，统筹兼顾，协同一致，达到整体效果最大化的管理。具体到六维管理，整合管理是指通过对文化、信息、知识、艺术和权变协同一致的管理，以达到整体执行力的最大化。整体执行力是一个整体而非单维概念，五个维度执行力之间的关系类似于木桶原理（木桶的容量由最短的那块木板决定），其中任何一种执行力的缺失都可能导致整体执行力大打折扣甚至全部丧失。没有文化执行力，难以保证做正确的事情，其他四种执行力就可能失去意义；没有信息执行力，意味着决策失去了信息依据，此时的知识执行力等于零，而文化、艺术和权变执行力则会大打折扣；没有知识执行力，意味着用错误的方法做事，其他执行力就会失去效率基础；没有艺术执行力，意味着不能因人而异地有效激励和领导人们积极工作，其他执行力必会事倍功半；没有权变执行力，意味着做事僵化教条，这就大大增加了其他执行力失败的几率。由此可见，管理的整体执行力是五种执行力平衡、协调和一致发展的综合结果。

在六维管理中，文化、信息和知识管理是组织管理的三大原则，是管理的体；艺术、权变和整合是组织管理的三大条件，是管理的用。这六个维度缺一维不可，多一维多余，它们既是必要的又是充分的，既是完备的又是自洽的，由此构成一个管理逻辑的整体。

为什么要用六维管理理论改造西方管理学？因为西方管理学具有很大的片面性。西方人崇尚理性和科学，他们把管理的核心主要归结为科学和战略，归结为做事的正确方法。我们知道，科学是抽象的学问，它只有在具有理性的共性的和客观性的地方才能使用，在非理性的、不具有共性和客观性的地方不宜使用。管理确实存在理性、共性和客观性，但更多的时候是非理性、特殊性和个性。所以管理在更多的情况下是文化、艺术、信息和权变的管理。

管理中科学的部分可以适用于任何地方，但文化、艺术、信息和权变的部分只能因时因地制宜，也就是说，科学和战略管理的作用受到文化、艺术、信息和环境的约束。只用正确的方法是做不好管理办不好事情的，比用正确方法做事更重要的是事情本身的正确性和可靠性，同样，做事的权变性和艺术性也很重要。可以说，没有文化，知识有害；没有信息，知识为零；没有权变，知识僵化；没有艺术，知识丑陋；没有整合执行，纸上谈兵。所以，我们需要一个新的管理学的框架，它不仅包含管理的共性，而且能够融合和处理中西方的管理个性，以此来克服我们管理中的洋腔洋调、古香古色（或者说食洋不化和食古不化）、重视战略和轻视文化的有害倾向。

原载于《人民日报》理论版，2006年2月24日，转载略有修改

从战略思维到模式思维

管理学界和政商界人士大多将企业的战略思维或者战略作为企业的成功关键，但管理理论和企业成功的思维关键，是商业战略思维向商业模式思维的转化。谁掌握了这个互动转化的思维，谁就掌握了企业发展和强大的生命密码。我写《1P理论》首版思考了10年，写《1P理论》的完整版又思考了8年，用的就是这个思维转化。这篇短文，用最通俗的语言，诠释了商业战略思维向商业模式思维转化的威力。

把对手转化为合作伙伴

战略思维的根本特征，是以打败对手为企业一切战略的出发点，这是一种红海思维，一种只有你死才能我活的博弈思维。相对而言，模式思维是一种合作共赢的整合思维，更接近商业的本质，更符合蓝海思维的属性。

例如，麦当劳在成立初期，其战略思维和任何一家饼店并无太大区别，它的战略对手就是隔壁的饼店。由于其战略思维是以个别对手为对象，即使获得了战略上的全胜，也不过是把隔壁的饼店吞并，能获取的顾客无非就是自己原先的顾客加上竞争对手的顾客。战略思维方式使它的规模和盈利能力不可能实现迅猛扩张。

必胜客的案例与麦当劳相似。据说披萨最初起源，是马可波罗在杭州吃过馅饼，回到意大利后仿制出来的。现在许多意大利人来到杭州，还会去寻找和拜访杭州祖传的家庭馅饼老店，尽管味道一流，却仍然只是一个几个人经营的小店，意大利人的披萨店却早已遍布天下。

这两个例子都说明一个问题：如果不能找到一个好的模式，仅仅以打败对手为思考出发点，企业是不可能获得超常规发展的。

麦当劳很快就放弃了这种战略思维，不再以隔壁的饼店为对手，而只考虑怎样把自己的饼做好，实现生产与管理流程的规范化，然后创造连锁加盟的模式。麦当劳的商业模式由此发生了根本性的变化：首先是改变了创造价值的模式，其次是改变了交换价值的模式。

麦当劳当初创造价值的模式，是做汉堡包，产能决定盈利，它的盈利与扩张能力受到产能约束；后来的模式则是出卖管理与生产流程，收取加盟费。它从每个加盟店收取 100 万美元左右的加盟费，而模式自身却几乎没有追加成本，这就好比一台印钞机，每加盟一个店就等于印一张 100 万美元的钞票，而它只需要一次性投入，把印钞机做出来就行了。

麦当劳由此实现了一个在价值创造上的创新。这种加盟店模式，对麦当劳而言能够无追加成本且无规模限制地增加收入，对加盟者来说起到了节省成本与时间的作用，因为任何一家饼店创造达到麦当劳级别的品牌和促销的成本远不止 100 万美元，并且失败的几率很高。

更重要的是，通过加盟，麦当劳把原有竞争对手乃至潜在竞争对手都变成了合作对象。虽然麦当劳的东西未必就比它隔壁的那个代代相传的饼店更好吃，但现在全球却有 4 万多家麦当劳店。麦当劳虽然是一个传统的商业案例，却非常典型地显示了模式思维和战略思维的根本区别。

以整合替代竞争

传统的企业大多停留在战略思维的层次上，强调吃苦耐劳，而一个商业巨富的财富积累，需要经过几代人的艰苦努力。

到了现代，例如谷歌，它做大的过程只有短短几年，而它所创造的财富却远大于传统的家族企业。导致其不同发展速度的主要原因在于商业模式的区别：在传统商业时代，产品价格低于平均成本就会亏本；而在新的商业模式里面，价格等于零也可以赚钱，而且可以赚更多的钱。

首先，看谷歌的价值创造模式。使用谷歌的搜索服务是免费的，假设上网搜索采取的是收费模式，一年收 1 000 美元，有 1 000 万人付费，年收入是 100 亿美元；而现在的免费吸引全球 20 亿人上网搜索，搜索服务提供者把这 20 亿顾客资源卖给第三方，即通过谷歌把他们的供给信息传播给这 20 亿顾客的所有个人和机构，年收入能够达到 2 000 亿美元，较之卖服务给顾客赚钱的传统模式，送服务给顾客然后把顾客需求信息资源卖给第三方，销售收入增长了 19 倍。

谷歌实施这个商业模式的时候，并没有考虑到怎么去打败竞争对手，它的核心是怎么整合资源，整合第三方，整合社会上对所有享受搜索服务的顾客感兴趣的人。因此，它不是红海战略思维，而是真正的蓝海模式思维。

苹果与诺基亚和摩托罗拉所采取的模式也很不一样。诺基亚、摩托罗拉在做手机的时候，是以打败竞争对手为战略出发点，即那种你得即我失的红海思维。苹果在做手机的时候，根本没有把摩托罗拉和诺基亚作为竞争对手，他所思考的是怎样通过整合第三方，通过整合有外部关联价值的客户创造新的价值，然后共同分享，达到多赢的局面。

比如，诺基亚把手机卖给顾客是 2 000 元，如果成本是 1 500 元，卖一个手机赚 500 元，但手机卖出后就和顾客没有关系了。随着竞争越来越激烈，价格就会逐渐下降，利润会趋零乃至亏损。

苹果则不仅把手机作为一个商品，而且把手机做成一个平台。当它把手机卖给用户时，用户还会和苹果继续产生联系，因为平台上整合了第三方，把那些和手机用户有价值关联的企业或顾客整合到手机这个平台上。比如唱片公司可以通过这个手机的下载功能卖唱片，顾客可以由此更方便更便宜地获得这些产品，因此也就愿意出更高的价格买苹果手机。这个手机对用户而言不仅是一个通信工具，也是一个更方便、更便宜的购买商店。通过手机售卖服务和商品的商家，也节省了营销成本，增加了收益并扩大了顾客群，所以他们愿意和苹果来分享他们的销售收入。

由此可见，苹果获得了三方面的营收：第一是卖手机的钱；第二是顾客由于附加值而愿意支付的溢价；第三则来自与苹果合作分利的商家。所以，尽管苹果手机卖 3 000 元一个（顾客愿多付 1 000 元），它的总收益却达到了 4 000 元（合作商家愿意分给苹果 1 000 元），而它的成本仍然是 1 500 元，所以他每卖一个手机的利润就能达到 2 500 元。在这个例子中，创造价值的方法变了，交换价值的方法也变了，通过整合资源，从红海的战略思维转变成互利共赢的模式思维。

再比如，市场上的打火机最便宜的一个才 1 元钱，打火机厂家相互竞争那些使用打火机的顾客，这种竞争模式也是战略思维。即使把对手全部打败，整个市场的购买力也只有比方 100 万元，而且不可能再扩大。但在模式思维下，市场购买力却大大地增加了：把打火机卖给第三方，比如，上岛咖啡，再由上岛咖啡把打火机送给顾客，于是 B2C 变成 B2B2C。

假设打火机的成本是 0.5 元,原来卖 1 元,销量 100 万个,盈利 50 万元。现在把打火机卖给上岛咖啡或别的商家,这些商家用打火机做广告,免费送给顾客,销量 1 000 万个,单位成本降到 0.2 元,售价 0.3 元,盈利 100 万元。通过整合第三方把战略竞争转化为模式合作,顾客享受免费,商家节省促销成本,制造商多赚 50 万元利润,三方共赢。

新行业是模式思维的产物

以教育行业为例,中国古代的孔子、孟子、鬼谷子等,基本的商业模式都是私塾模式,就如前面案例中提到的饼店一样,大师们卖的是自己的学识,竞争对手是其他老师,其收益和经营规模都被老师个人的教学规模所限制。

到了近代,教育行业作为一个产业突飞猛进,关键是教育的商业模式变了。经营者开始对教育资源进行整合:给教师比开私塾更高的工资,但只教他们专长的课程,同时向学生收取比私塾更低的学费,这一整合的结果,就是出现了学校这种新的组织,新的行业。在这个模式中,不仅是老师得益,学生得益,办学校的人也得益。

严格地说,从古到今,一切新行业与新商业模式的产生,都是模式思维的结果。从上面的例子也再次看出,一个创业者和创业企业,最需要的并非饼店或者私塾老师所拥有的厨艺和学问,而是模式思维,即整合各种资源创造蓝海的思维。而观察当代的商业现象,可以发现,大多数的创业者和创业企业,其实都是不同形态的中介商和中介平台而已。

那么,中间商是怎样产生的呢?假设有 5 个制造商,8 个顾客,5 个制造商要把东西卖给 8 个顾客,双方至少要买卖 40 次。假设每次的交易成本是 100 元,这 4 000 元的总交易成本就能成为创业的市场空间。如果中间商报出比原来顾客更高的价格,5 个厂商都会把东西卖给中间商,合计只要交易 5 次,8 个顾客也都会从中间商那里买东西,合计交易 8 次,一共 13 次,由此减少了 27 次交易,也就是节省了 2 700 元钱的交易成本。中间商从这个 2 700 元中分给厂商 900 元钱(产品出厂价总计高 900 元),分 900 元给顾客(零售价总计便宜 900 元),剩下就是自己的利润。

其实,古代最早的商人从事的就是中间商的行业。事实上,任何一个行业的产生都是模式思维的结果,任何一个行业产生出来也是多家创业者创业的一个整体结果。从古到今,模式思维就是比战略思维更符合商业本质的一种思维，也更能描述我们商业的发展。

　　当然，这并不是说战略思维就不重要了。用商业模式替代商业战略，走出了商业战略竞争的红海，获得了业绩和竞争优势的大幅提升，进入一个更广阔的网络价值市场，但又会面临新市场的竞争，正如麦当劳用新商业模式跳出了与单个饼店的垄断竞争市场结构，又进入了与肯德基的寡头垄断竞争市场结构。要超越新的商业战略竞争，又必须用更高层次的商业模式思维再次进行商业模式创新。所以，商业模式与商业战略是一个不断替代前行的过程。竞争导致合作，合作又导致新的竞争，以至无穷，一波红一波蓝，蓝海要比红海强。这就说明，企业家和管理者要兼备战略思维和模式思维，同时使用也交替使用，既不怕竞争又寻求合作，既能跳出零和竞争，进入合作共赢，又能迎接新的竞争，再度寻求更高层次的合作。